“‘丝绸之路经济带’框架下中国与中亚投资便利化及投资保护法律机制研究”
基金（15BFX194）资助

RESEARCH ON THE LEGAL MECHANISM OF
INVESTMENT FACILITATION AND GUARANTEE
BETWEEN CHINA AND CENTRAL ASIA COUNTRIES
UNDER THE FRAMEWORK OF
THE SILK ROAD ECONOMIC BELT INITIATIVE

# “丝绸之路经济带”框架下
# 中国与中亚投资便利化
# 及投资保护法律机制研究

王林彬　等◎著

法律出版社
LAW PRESS · CHINA
——北京——

图书在版编目(CIP)数据

"丝绸之路经济带"框架下中国与中亚投资便利化及投资保护法律机制研究 / 王林彬等著. -- 北京 : 法律出版社, 2023

ISBN 978-7-5197-6911-6

Ⅰ. ①丝… Ⅱ. ①王… Ⅲ. ①国际贸易-国际投资-研究-中国、中亚②国际投资法学-研究-中国、中亚 Ⅳ. ①F752.736②D996.4

中国版本图书馆 CIP 数据核字(2022)第 126641 号

"丝绸之路经济带"框架下中国与中亚投资便利化及投资保护法律机制研究

"SICHOU ZHILU JINGJIDAI" KUANGJIAXIA ZHONGGUO YU ZHONGYA TOUZI BIANLIHUA JI TOUZI BAOHU FALÜ JIZHI YANJIU

王林彬 等著

策划编辑 沈小英
责任编辑 刘晓萌 王 鸿
装帧设计 鲍龙卉

出版发行 法律出版社
编辑统筹 法治与经济出版分社
责任校对 王晓萍 王语童
责任印制 吕亚莉
经 销 新华书店

开本 710 毫米×1000 毫米 1/16
印张 19.5 字数 367 千
版本 2023 年 3 月第 1 版
印次 2023 年 3 月第 1 次印刷
印刷 北京虎彩文化传播有限公司

地址:北京市丰台区莲花池西里 7 号(100073)
网址:www.lawpress.com.cn
投稿邮箱:info@lawpress.com.cn
举报盗版邮箱:jbwq@lawpress.com.cn

销售电话:010-83938349
客服电话:010-83938350
咨询电话:010-63939796

书号:ISBN 978-7-5197-6911-6
定价:98.50 元

凡购买本社图书,如有印装错误,我社负责退换。电话:010-83938349

# 前 言

2013年9月习近平主席在上海合作组织元首会议上提出建设“丝绸之路经济带”的倡议后，我国对中亚5国的投资迅速增长，投资便利化和投资保护问题成为“丝绸之路经济带”建设的重要议题。以往有关中亚投资便利化的研究主要集中于经济学领域，法学专业对投资便利化的研究较少，也缺乏较系统的论证，专门聚焦于中亚国家投资法律制度的研究则更少。本书重点研究了中国与中亚国家投资便利化和投资保护机制与“丝绸之路经济带”建设的互动关系及重要意义，在此基础上阐明了我国对中亚国家投资便利化和投资保护法律机制的内容、不足和完善建议。此外，本书也对中国与中亚国家的双边投资协定及上海合作组织相关协定作了详尽的研究。还聚焦于对中国与中亚国家在能源、交通、金融、农业和信息通信等五大领域投资便利化，提出具体的制度完善建议。

本书分七章，主要包含以下几个方面的内容和观点：

第一章：“丝绸之路经济带”倡议与中亚投资便利化及投资保护之互动关系。“丝绸之路经济带”倡议之制度建设的目标之一就是实现中国与中亚，主要是中国对中亚投资便利化的稳定机制，促进与中亚国家的投资便利和投资安全是“丝绸之路经济带”建设的核心要义之一。

第二章：投资便利化及投资保护之法律机制的理论

概述。从基础概念入手,对比投资便利化与贸易便利化及投资自由化的异同,指出投资便利化的基本概念,并提出投资便利化的具体举措。此外,鉴于中亚地区存在诸多投资风险,中国对中亚地区投资存在较大不确定性,所以投资保护是本书的另一项研究内容,本章总体概括了中国与中亚投资保护的基本制度框架和法律体系,为消解投资风险作出理论铺垫。

第三章:中亚国家投资环境的经济分析。通过翔实的数据,结合经济学视角跨学科分析中亚国家总体投资环境,根据历史文化、自然资源、劳动力资源、基础设施和营商环境等要素,结合国家竞争力等综合经济指标和投资便利化指标分析中亚的总体投资环境。此外,从中国对中亚投资规模、投资结构、投资前景和存在的问题入手,分析中国对中亚国家投资的现实情况及需要解决的问题。

第四章:中国与中亚投资便利化及投资保护法律机制研究。分国别研究了中亚国家投资法的立法演进及主要内容,从双边投资条约入手,分析中国与中亚投资立法现状,在此基础上探讨中国对中亚投资便利化和投资保护法律机制存在的不足及其原因,为对策建议的提出奠定基础。

第五章:中国与中亚国家重点领域投资便利化法律机制现状分析。结合中国对中亚各国投资的实践,选取能源、交通、农业、金融和通信等主要行业作为具体研究领域,分析现状和问题,并有针对性地提出投资便利化对策。

第六章:投资便利化及投资保护法律机制的经验与启示。以亚太经济合作组织、中国－东盟自由贸易区及上海合作组织的投资便利化进程及机制建构为范例,总结经验和启示,进一步为后续对策建议的提出提供参考。

第七章:中国与中亚投资便利化法律机制之完善。分别从国内法和国际法两个层面提出中国对中亚投资便利化和投资保护的完善意见。在国内层面应密切关注中亚国家国内投资风险,强化对中资企业在中亚投资的法律保护和救济机制。在国际层面,通过完善双边投资协定,推进投资便利化,强化投资救济和争端解决机制,借助上海合作组织形成多边层面的投资便利化机制,提出具体建议。

本书为国家社科基金项目的同名结题成果,课题组成员参与了本书部分内容的写作,其中第三章为博士研究生袁保生撰写,第五章各节分别由董芳、李玲艳、郝晓撰写。

鉴于作者研究能力有限,疏漏之处在所难免,恳请读者批评指正。

王林彬

2023 年 3 月

Contents

# 目录

# 第一章　“丝绸之路经济带”倡议与中亚投资便利化及投资保护之互动关系

“一带一路”倡议从理念的提出，到作为中国推动经济全球化，促进与相关国家合作共赢，构建人类命运共同体，无疑是中国继 1978 年改革开放后又一次影响世界的重大举措。如果说，1978 年的改革开放是中国主动向世界敞开国门“请进来”布局谋篇，“一带一路”就是新时代的中国充满自信昂首阔步“走出去”的时代宣言。“一带一路”倡议既表明中国积极推进全球化立场，又体现中国主动作为、承担国际责任、与世界共赢的大国风范。积极主动地开拓与沿线国家的经贸往来，并致力于共同打造政治互信、文化多样的人类命运共同体，是“一带一路”倡议的基本内涵和追求目标。

因本书研究对象是中国与中亚国家的投资关系，故“一带一路”倡议只做研究的宏观背景，具体研究对象只包括“丝绸之路经济带”，不涉及“海上丝绸之路”。

## 第一节　“丝绸之路经济带”倡议之内涵解析

“丝绸之路经济带”建设是中国“一带一路”倡议的重要组成部分，也是我们研究如何深入推进中国与中亚国家经贸合作，提高彼此间贸易和投资便利化水平的基本背景。离开这个背景，对中国与中亚相互关系的研究就失去了立足点。当我们将中国与中亚的经贸关系置于“丝绸之路经济带”建设的框架之下,相互的经贸往来就不再随意和无序,而是立足在中国及中亚互利共赢的基础上。以“丝绸之路经济带”倡议为指导,促进中国与中亚形成经贸深入合作、政治友好互信、文化交流融合的国际关系。故“丝绸之路经济带”理论研究就成为本书研究的逻辑起点。

## 一、“丝绸之路经济带”的基本理念与意义

### (一)理念的提出与构建

1877 年德国地理地质学家李希霍芬在其《中国——亲身旅行的成果和以之为依据的研究》一书中首次将“公元前 114 年到公元 127 年间,中国与中亚、中国与印度之间以丝绸贸易为媒介的西域交通道路”命名为“丝绸之路”。[①] 古丝绸之路实际上是始于张骞出使西域后逐渐形成的联通中国与中亚、西亚至南欧的陆路贸易通道,起始于长安,绵延 7000 多公里,途经西北边陲,把中亚、波斯和罗马帝国这些欧亚文明最重要的国度连接到一起。

古代丝绸之路始于汉、盛于唐、衰于明,绵延 1500 余年。经营西域有方者,丝路盛;经营无方者,丝路衰。古代中国以丝绸贸易为主要内容的“丝绸之路”时至今日焕发新的生机,当代的“新丝绸之路”也经由和辐射这一广大地区。“丝绸之路”,这条古代的贸易路线,引起了新的关注,成为中国重新推进向中亚、西亚和欧洲经贸往来构想的当代表达。

习近平主席于 2013 年 9 月在哈萨克斯坦纳扎尔巴耶夫大学演讲时,首次提出共建“丝绸之路经济带”倡议。习近平主席指出,中国和中亚国家可以用创新的合作模式,共同建设“丝绸之路经济带”,以点带面,从线到片,逐步形成区域大合作。“丝绸之路经济带”倡议集中体现了习近平主席在坚持全球经济开放、合作和自由原则指引下促进世界经济繁荣的新理念,也高度揭示了中国和中亚经济合作并带动中国与中亚区域经济一体化进程的新思路,更是中国站在全球经济繁荣的视野深入推进中国与中亚合作跨区域效应的新举措。世界银行前副行长帕拉西奥认为,“中国将延续古代丝绸之路文明沟通的桥梁作用,而不冲突、不对抗政策则是新丝绸之路的精华所在”。[②] 继“丝绸之路经济带”倡

---

① 石佑启等:《“一带一路”法律保障机制研究》,人民出版社 2016 年版,第 1 页。

② 《“一带一路”研究若干观点要览——对近期国内学术研究、国外研讨会观点的调研报告》,载人民网,http://theory.people.com.cn/n/2014/1020/c40531-25869356.html。

议提出后,习近平主席又在印度尼西亚国会作演讲时提出“海上丝绸之路”的设想。习近平主席的两次重要讲话,初步确立了“一带一路”倡议成为中国新时期治国理政,开展内政外交的重大举措。

如果说习近平主席的讲话只是一种宏大理念的提出和思想肇始,那么“一带一路”的倡议从理念、治国方略到具体方案则是经过一系列的具体举措而逐步构建的,经历了一个从宏观到具体,从模糊到清晰的过程。2013 年党的十八届三中全会首次将“一带一路”写入党的重要文件中,标志着“一带一路”倡议从理念到国家方略的初步形成。2014 年博鳌亚洲论坛年会开幕大会上,李克强总理在以“共同开创亚洲发展的新未来”的主题演讲中,着重强调“一带一路”倡议的建设。2015 年 3 月 28 日,中国商务部、发展改革委、外交部共同发布《推动共建丝绸之路经济带和 21 世纪海上丝绸之路的愿景与行动》这一指导性文件。文件发布,意味着酝酿近两年的“一带一路”正式以国家意志向内向外宣传推进。

2014 年 12 月 29 日,资金规模为 400 亿美元的丝路基金有限责任公司在北京成立。丝路基金首期出资 20 亿美元即是投向中亚,设立中哈产能合作基金,投资覆盖“丝绸之路经济带”沿线国家资源开发、产业合作、基础设施、金融合作等领域,以实际行动践行“一带一路”倡议。2015 年亚洲基础设施投资银行成立,成为推动“一带一路”倡议的中亚平台。2017 年 4 月 20 日,中国、白俄罗斯、德国、哈萨克斯坦、蒙古国、波兰、俄罗斯 7 国铁路部门正式签署《关于深化中欧班列合作协议》。这是中国第一次与“一带一路”沿线主要国家签署有关中欧班列开行方面的合作协议。2017 年 5 月 14 日至 15 日,首届“一带一路”国际合作高峰论坛在北京举行,主题为“加强国际合作,共建‘一带一路’,实现共赢发展”,来自 29 个国家的国家元首、政府首脑与会,来自 130 多个国家和 70 多个国际组织的 1500 多名代表参会,形成 76 大项、270 多项具体成果,并在 2019 年 4 月全部落实。① 2017 年 11 月中国与爱沙尼亚、立陶宛、斯洛文尼亚三国签署合作文件,实现了共建“一带一路”倡议与中东欧 16 国的全面对接。中国积极履行国际责任,在共建“一带一路”框架方面与联合国开发计划署、世界卫生组织、亚太经社会签署共建合作文件。2018 年 7 月 16 日,在第二十次中国欧盟领导人会晤期间,在李克强总理、欧盟委员会容克主席和欧洲理事会图斯克主席

① 《“一带一路”六周年大事记》,载中国一带一路网 2019 年 10 月 2 日,https://www.yidaiyilu.gov.cn/xwzx/gnxw/105276.htm。

的共同见证下，欧洲投资基金（EIF）与丝路基金签署《关于中欧共同投资基金首单项目落地与继续深化合作的谅解备忘录》，宣布中欧共同投资基金投入实质性运作。①

2018 年 6 月，“一带一路”国际商事争端解决机制和机构建立，这是针对国际商事争端解决机制和机构改革创新的重要探索。2018 年 11 月 20 日，中国与东盟 10 国全部签署共建“一带一路”政府间合作文件。

第七十一届联合国大会于 2016 年 11 月 17 日一致通过第 A/71/9 号决议。决议欢迎“一带一路”等经济合作倡议，呼吁国际社会为“一带一路”倡议建设提供安全保障环境。第 A/71/9 号决议首次写入“一带一路”倡议，得到 193 个会员国的一致赞同，体现了国际社会对推进“一带一路”倡议的普遍支持。

在新时期“一带一路”从理念到国家顶层设计的最高体现是将“一带一路”倡议纳入党的十九大报告和党章之内。这充分体现了在中国共产党领导下，中国高度重视和坚定推进“一带一路”国际合作的决心和信心。“丝绸之路经济带”倡议在古丝绸之路精神的指引下，经中国国家领导人的大力倡导，在很短的时间里就焕发出勃勃生机。

“一带一路”倡议提出到 6 年多的建设，已经从一开始的新型国际合作的理念，逐步发展成为中国引领沿线国家积极参与的国际交往模式，并产生积极的效果。截至 2019 年 5 月，亚洲基础设施投资银行（以下简称亚投行）成员已从最初创立时的 57 个扩大到 97 个。② 42 个为“一带一路”沿线国家，已经批准 20 多个投资项目，累积投资 37 亿美元。丝路基金已签约 17 个项目，承诺投资金额累计达 70 亿美元，所涉项目总额 800 多亿美元。我国已经与 53 个沿线国家建立了 734 个友好城市，博览会、旅游节、电影节论坛、联合考古等交流活动频繁。③ 2019 年 4 月 25 日至 27 日，以“共建‘一带一路’、开创美好未来”为主题的第二届“一带一路”国际合作高峰论坛在北京举行。形成了共 6 大类 283 项成果，通过了《第二届“一带一路”国际合作高峰论坛圆桌峰会联合公报》。据世界银行研究报告，“一带一路”倡议将使相关国家 760 万人摆脱极端贫困、

① 《中欧共同投资基金正式成立并投入实质性运作》，载中国一带一路网 2018 年 7 月 16 日，https://www.yidaiyilu.gov.cn/xwzx/hwxw/60248.htm。

② 刘红霞、郁琼源：《亚投行理事会批准新一批成员　亚投行成员增至 97 个》，载中国一带一路网 2019 年 4 月 22 日，https://www.yidaiyilu.gov.cn/xwzx/gnxw/86693.htm。

③ 《“一带一路”数据观——“一带一路”的 2017》，载中国一带一路网 2018 年 1 月 12 日，https://www.yidaiyilu.gov.cn/xwzx/gnxw/43662.htm。

3200万摆脱中度贫困,将使参与国贸易增长2.8%至9.7%、全球贸易增长1.7%至6.2%、全球收入增加0.7%至2.9%。“一带一路”倡议是名副其实的资源共享、共同繁荣、共同发展之路。①

**(二)“丝绸之路经济带”的意义**

作为一项涉及64个国家,44亿人口,国民生产总值达21万亿美元的宏大倡议(其中“丝绸之路经济带”地域面积为3962.12万平方公里,总人口31.47亿人,GDP总量为13.42万亿美元)。

1. 维护国家安全,构建区域新秩序

中国陆路与14个国家接壤,与6个国家隔海相望。绵延数万公里的边界线意味着国际交往中的国家安全对中国意义重大,也是国家的核心利益。

全球性的金融危机使世界面临困境,民族主义、贸易保护主义推动下的反全球化逆流而动,中国作为自由贸易和全球化的受益者,理应在维护自身利益的策略选择中发出声音,主动作为。中国西北部边疆深受国际恐怖主义、极端主义和分裂主义的影响,中亚诸国、阿富汗和巴基斯坦在不同程度上都存在诸多不稳定因素。与西北8个邻国之间的关系无疑是中国向西发展的重心所在,而这些国家自身发展的复杂性,利益诉求的多样性都要求与之交往应更加务实,力争实现双赢共赢。众所周知的是,维护同中亚、南亚等国家的良好关系,事关我国向西的陆路安全和能源安全,避免能源供给和向西开放的路径过度依赖马六甲海峡。

维护自身的国家安全不是传统现实主义的零和博弈,而是应通过积极推进经济合作与文化交流,塑造一种和平共处的新型国际关系。中国政府强调,“一带一路”建设过程不会与现有的经济合作体制机制产生竞争,亦不会刻意追求一些强制性的举措或安排,不仅如此,还将会从资金、人力、信息、技术等方面为各国经济发展搭建良好平台和分享机制。

2. 推进全球化、促进区域经济合作共赢

维护自由贸易,促进经济全球化深入发展是中国作为第一贸易大国和第二大经济体的必然选择。中国是全球化的受益者,面对后金融危机时代,贸易保护主义和反全球化甚嚣尘上,在维护国际和平发展的大背景下,中国需要主动作为以营造有利于自身的国际经济环境和经济秩序。就国际发展形势而言,中国也都需要争取在和平的环境中求安全发展。“一带一路”显然是中国制定的

① 《新时代的中国与世界》,载中国一带一路网2019年9月27日,https://www.yidaiyilu.gov.cn/zchj/zcfg/104814.htm。

经济版“和平共处”原则。具体来看,“丝绸之路经济带”可以从以下几个方面促进中国和区域经济发展。

一是可以依托西北地区的地缘优势、资源优势和人文优势实现能源引进和商品输出。① 我国西部地区与8国接壤,山水相连,有较多跨境民族,文化相通,中亚国家和俄罗斯大多自然资源丰富,与中国经济发展有很强的互补性。但长期以来,中国与中亚各国、俄罗斯等国的经济潜力并未得到释放。通过“丝绸之路经济带”建设实现经济互补,保障中国稳定的能源和矿产资源供给,对俄罗斯和中亚国家而言,也可减少能源出口对欧洲的依赖。通过能源的供给和管道运输,进一步加强中国与中亚、俄罗斯的经济依存度,增强政治互信,对维护中国西北国家安全意义重大。依托“丝绸之路经济带”建设,欧亚两大经济板块联系在一起,打通陆路运输,可促进贸易投资便利化,实现资金融通,形成亚欧大陆板块稳定的经济增长点,实现多边共赢的良性合作格局。

二是推动中国内陆地区与沿海、沿边地区联动发展,形成东中西协调发展的全方位对外开放格局。中国东西部发展不平衡,西部经济落后,但潜力巨大,理应成为中国经济新的增长点。西部大开发战略由来已久,但总体上收效甚微,在西北部经济需求不足、消费能力低下的情况下,东部地区除了借助西部丰富资源转移落后重工业,并无太强的动力进行西部开发。中东部地区的产能过剩和资本过剩已经成为突出的问题。加大西部开放的力度,契合中南亚、俄罗斯基础设施建设的旺盛需求,向境外寻求更广阔的市场也是境内企业心之所向。国家倡议为国内企业寻求国际市场有效缓解本国产能过剩和资本过剩的压力,也是后危机时代深化改革开放与提振经济的有效举措。

“丝绸之路经济带”倡议提出5年以来,在经济领域成果非凡。根据商务部统计,5年来中国已经与29个国际组织和106个国家签署了150多份合作文件,就“一带一路”建设取得广泛共识。从2013年至今,中国与沿线国家进出口总额接近6万亿美元,对“一带一路”沿线国家投资总额超过800亿美元,在沿线国家建立了82个经贸合作区,总投资额超过280亿美元,创造24万多个工作岗位,有将近4000家企业落地、动工、投产。②

---

① 周宇:《构筑丝绸之路经济带的现实意义与实施困境》,载《延安大学学报(社会科学版)》2015年第1期。

② 《中国对“一带一路”沿线国家投资超800亿美元,已签署150份合作文件》,载中国新闻网,https://www.chinanews.com.cn/cj/2018/09-19/8631503.shtml。

3. 促进文化交流，提升国家软实力

中国的崛起选择的是一条和平之路，不以武力攫取利益，与世界和平相处合作共赢是实现中国梦和构建人类命运共同体的中国外交的基本方略，所以提升国家软实力是中国和平崛起的必由之路。“和平合作、开放包容、互学互鉴、互利共赢”的“丝路精神”是中国与沿线国家文化交流融合的基石。

中国向西经中亚、中东至欧洲，自古就是多元文化汇聚之地。多民族、多语言、多宗教构成的不同文明在这一片广袤的土地上交相辉映，形成了多层次、多维度、多样态文明形态。大国在此也是群雄逐鹿，力求发挥更大影响力。不同文明主体之间只有通过不断深入的交往互动，文明的交流对话才能真正得以实现。“丝绸之路经济带”以经济交流为主体，但文化的互动和融合有互相借鉴、取长补短、增信释疑、加强合作之功效。如联合国教科文组织总干事阿祖莱所说：“一带一路”倡议契合教科文组织的工作宗旨，文化和教育合作与交流是该倡议中最富深意的内容。“这一倡议为东西方交流增添了新活力。”[①]所以，通过国家政策引导实现经济交流和文化融合是“丝绸之路经济带”建设的核心内涵。

## 二、“丝绸之路经济带”的内涵和实施路径

### （一）“丝绸之路经济带”的内涵

“丝绸之路经济带”倡议自2013年9月一经提出就引发中外学者的广泛关注，对其内涵有不同的理解。有观点认为，中国的新丝绸之路不过是中国版的“马歇尔计划”。[②] 众所周知的是，马歇尔计划作为欧洲复兴计划具有鲜明的意识形态和地缘政治属性。而“丝绸之路经济带”秉承古代丝路精神，与沿线国家平等交往，贷款援助亦不附加政治条件，不以意识形态划分交流界限，以平等合作为倡议的基石，二者有着本质区别。还有学者将“丝绸之路经济带”局限为以基础设施建设和中国过剩产能的国际转移为目标的纯粹的经济往来。[③] 国际关系学者从地缘政治的角度出发，将“丝绸之路经济带”的内涵归结为维护国家安

---

① 《联合国教科文组织总干事：“一带一路”为东西方交流增添新活力》，载中国一带一路网，https://www.yidaiyilu.gov.cn/ghsl/hwksl/60189.htm，2018年7月17日最后访问。

② 蔡淳：《“一带一路”绝非“中国版马歇尔计划”》，载人民网，http://politics.people.com.cn/n/2015/0617/c70731-27169416.html。

③ 林毅夫、汤敏：《“一带一路”助推对外开放》，载《光明日报》2015年3月12日，第15版。

全的大国周边外交安排。无论哪一种观点都是从各自学科专业的角度对“丝绸之路经济带”内涵作出预判、解读。虽见仁见智，亦有不识庐山真面目之嫌。

有关丝绸之路的内涵，从《愿景和行动》这一纲领性文件来看，通过政策协调构建区域经济合作构架是构建“丝绸之路经济带”的核心内涵。毫无疑问，经济合作是“丝绸之路经济带”的应有之义和核心内涵。但“丝绸之路经济带”的建设显然并不能仅仅满足于区域性的经济合作那么简单。经济合作促进地缘政治安全、推动文化交流、实现民心相通。作为新时期中国大国外交的新布局，“丝绸之路经济带”的内涵应该更广泛，应当包括安全内涵、经济内涵和文化内涵，以交通、经贸和金融合作为抓手，巩固向西地缘政治安全，推动文化交流，是形成经济共赢、政治互信和文化交融的良性及新型国际合作关系的倡议。

**（二）“丝绸之路经济带”的实施路径**

“丝绸之路经济带”本质是中国确定新时期大国外交的基本方略，也是实现中国梦和构建人类命运共同体的具体举措。作为大国外交方略，其实施注定不是一蹴而就的，而是要分阶段和层次，有其具体的实施路径。

从层次上来看，“丝绸之路经济带”建设可以分为阶段性目标和终极目标。就阶段性而言，就如习近平主席在纳扎尔巴耶夫大学的演讲《弘扬人民友谊 共创美好未来》中指出的：“共同建设‘丝绸之路经济带’。这是一项造福沿途各国人民的大事业。我们可以从以下几个方面先做起来，以点带面，从线到片，逐步形成区域大合作。”①具体的实施路径概括起来包括以下几个方面：

1. 加强政策沟通和国际合作机制建构，为国际合作奠定基础

首先，作为新时代的国家外交方略，“丝绸之路经济带”的实施需要国家层面的推动。自习近平主席提出“一带一路”倡议之后，中国先后成立丝路基金和亚投行，为其实施提供资金保障，也表明中国推动“一带一路”倡议的决心。

其次，通过政策沟通，消除疑虑。毫无疑问，“丝绸之路经济带”倡议的实施面临诸多挑战，可谓困难重重。美国和日本对“丝绸之路经济带”建设的互利合作持怀疑态度，并不希望中国在中亚、南亚的拓展对冲自身对该地区的影响。俄罗斯和印度一直视中亚和南亚为自己的势力范围，因担心中国借“丝绸之路经济带”建设渗透至后院而疑虑重重。沿线国家文化多样，经济发展水平差距很大，对“丝绸之路经济带”倡议认知不足，既希望获得中国的资金扶持，又担心

① 《习近平在哈萨克斯坦纳扎尔巴耶夫大学的演讲》，载中国政府网，http://www.gov.cn/ldhd/2013-09/08/content_2483565.htm。

中国的影响力过大。中国应始终秉承和平、包容、共赢的发展理念，消除外界有关中国会借助“一带一路”倡议谋求霸权的顾虑。从国家层面上，重点是要围绕“五通”着力推进。其中，政策沟通是关键。

最后，构建国际合作机制，为倡议实施提供制度保障。“丝绸之路经济带”沿线国家众多，民族复杂，各种文化汇聚，经济发展水平参差不齐，对“丝绸之路经济带”倡议的认知和诉求各不相同。秉持“亲、诚、惠、容”和坚持共商共建的基本原则是推动“丝绸之路经济带”建设的基石。中国不以大国姿态居高临下，就需要密切关注各方不同利益诉求。基于“一带一路”远期目标是共同打造开放、包容、均衡和普惠的区域性国际合作构建和治理模式，因此，法治理念书写的规则构建和实施应是关键。① 法制先行是国际合作和国际治理的主要模式。在与中亚国家的交往过程中，彼此的交流和交易条件至关重要，条约和惯例为国家的交流提供了均可接受的“共同语言”，②因此，在“丝绸之路经济带”建设过程中，应注重加强各种形式和各个领域的双边和多边合作，并使之机制化、制度化。利用上合组织等现有国际合作机制，持续改善发展的软硬环境，促进同这些国家在交通运输、承接产业转移、保护生态环境、战略能源、文教卫生等领域更紧密的合作，更多地关注他们的社会发展和民生需求，以期将地缘政治优势便利条件最大程度地转化为各国间的务实合作优势和共同持续增长优势，提升我国的“软实力”，以负责任大国的形象发挥在“丝绸之路经济带”上的作用，进一步扩大我国的国际影响力。

2. 推进沿线国家基础设施建设，促进贸易投资便利化和资金融通

实现“五通”是“丝绸之路经济带”建设的核心内容，但就“五通”相互之间的关系而言，各自也有不同的功能与意义。基础设施联通不是“丝绸之路经济带”建设的根本目标，促进贸易和投资才是核心所在。“一带一路”连接亚太经济圈和欧洲经济圈，市场规模和潜力独一无二，沿线各国要积极推动贸易和投资便利化，消除贸易壁垒，降低贸易和投资成本，要推动实现各国在经常项目和资本项目下本币兑换和结算，以降低流通成本，增强抵御金融风险能力。

① 王林彬：《国际法内在“合法性”的经济分析——以交易成本理论分析为视角》，载《法学评论》2011 年第 1 期。

② 石佑启等：《“一带一路”法律保障机制研究》，人民出版社 2016 年版，第 14 页。

3. 拓展文化交流,实现民心相通

民心相通既是“五通”的基础,也是“五通”追求的结果。国民相互间的文化交流和认同,是经济交流活动的基础,而密切的经贸往来和相互合作,可以增进彼此了解的机会,在合作共赢的基础上,实现民心相通。在这一过程中,文化交流与经济交往相辅相成,不能厚此薄彼,要充分重视文化交流的重要意义。“丝绸之路经济带”贯穿亚欧大陆,途经东亚、中亚、西亚及欧洲,绵延数万公里,也是基督教、伊斯兰教和佛教交汇之地,多宗教、多民族聚居使这一区域文化多样,国家关系也异常复杂,这给“丝绸之路经济带”倡议的推行增加很大难度。加之沿线部分国家对中国的迅速崛起心存疑虑,各方利益诉求不同,对“丝绸之路经济带”的态度也不一致。哈萨克斯坦对“丝绸之路经济带”倡议回应积极,谋划本国“光明之路计划”与“丝绸之路”的对接。吉尔吉斯斯坦则因国内局势不稳,对“丝绸之路”比较冷淡。“丝绸之路经济带”建设不是单纯的经济活动。以经济、文化交流增进中国与沿线国家的民族感情,消除“中国威胁论”的负面影响,形成与周边国家互信互利的周边环境才是倡议实施的根本目标。“亲、诚、惠、容”的周边外交理念,可以使沿线国家对我们更认同、更亲近、更支持,特别是要突出“一带一路”倡议如何能够使沿线国家民众受益。可以邀请沿线国家的普通民众来我国参观访问,增进民间交流尤其是青年学生交流和民众友谊。

建交以来,中国与所有中亚国家都建立了战略伙伴关系,而人文合作是战略伙伴关系的重要组成部分,在双方签署的联合公报或声明中都有涉及。例如,2015 年《中华人民共和国和哈萨克斯坦共和国关于全面战略伙伴关系新阶段的联合宣言》提出,要签署和落实新的中华人民共和国和哈萨克斯坦共和国文化和人文合作协定。积极推动中哈实现互设文化中心,开展科研机构之间的合作,探讨建立中国问题欧亚研究中心的可能性。① 中国与中亚国家建交后陆续签署了教育、科技、卫生、环保、旅游等领域的相关文件,以指导和规划不同领域的合作。中国与中亚国家成立了政府间合作委员会文化和人文合作分委会。到 2016 年为止,中哈之间共举行了 12 次分委会会议。到 2016 年年底,中国已经在中亚国家建立了 12 所孔子学院,其中,哈萨克斯坦 4 所,吉尔吉斯斯坦 4 所,乌兹别克斯坦 2 所,塔吉克斯坦 2 所。2019 年 9 月 11 日,中国与哈萨克斯

① 孙力主编:《中亚国家发展报告:“中国与中亚国家建交 25 周年”专辑》,社会科学文献出版社 2017 年版,第 60 ~ 61 页。

坦签署了政府间《关于落实“丝绸之路经济带”建设与“光明之路”新经济政策对接合作规划的谅解备忘录》，旨在深化“丝绸之路经济带”建设与“光明之路”新经济政策对接，以路线图的形式突出方略对接的重点任务和主要举措，共同绘制中哈共建“一带一路”的“工笔画”。①

## 第二节　中亚国家投资便利化及投资保护在“丝绸之路经济带”建设中的重大意义

“丝绸之路经济带”倡议是古丝绸之路的现代升级版，从古丝绸之路的路线来看，横亘亚欧大陆的这条商道上，中亚地区无疑是最重要的一环。“丝绸之路经济带”是横贯欧亚的经济大陆桥，贯穿整个经济带，它有着明显的区段特征：一头连着繁荣的亚太经济圈，一头系着发达的欧洲经济圈，但在中国和中亚之间形成了一段经济凹陷带。在地缘意义上考量，中亚国家也是“丝绸之路经济带”建设名副其实的核心区。在地理意义上，“丝绸之路经济带”可以分为三个逐次延伸的区域：核心区、拓展区和辐射区。核心区由中国与中亚经济带组成，拓展区是指环中亚经济圈，辐射区由欧盟、西亚、日韩和欧亚经济共同体其他国家构成。② 基于中亚国家在整个“丝绸之路经济带”中的地缘优势，其贸易投资便利化的发展将直接影响“丝绸之路经济带”的建设进程。

### 一、促进中国与中亚投资便利化是构建“丝绸之路经济带”的重要内容

总体上看，打通欧亚大陆之间的贸易路线需要从两个方面着手：一是实现互联互通，二是实现贸易投资的便利化。在互联互通方面，不仅包括对陆地上中国至欧洲、东南亚、中东地区的铁路、公路运输网络建设和对沿海港口基础设施的建设，还包括简化通关手续等通关建设，切实提高运输效率、降低运输成本等。在贸易投资便利化方面，则是在尊重沿线国家利益诉求的前提下，最大限度地破除与这些国家之间的贸易壁垒、减少在投融资方面的约束，逐步推动自贸区的建设，打造区域利益共同体，重塑区域经济格局。

---

① 《“一带一路”六周年大事记》，载中国一带一路网 2019 年 10 月 2 日，https://www.yidaiyilu.gov.cn/xwzx/gnxw/105276.htm。

② 韩东：《推进中国与中亚五国贸易投资便利化研究》，新疆大学 2015 年博士学位论文，第 2 页。

### （一）促进中国与中亚国家投资便利化的积极意义

“丝绸之路经济带”的建设是一个复杂的系统性工程，经济合作与共赢是系统工程的核心要义。构建经济带既是目标也是手段，很难想象，缺乏足够经济交流的国际区域能够形成稳定的外交关系和多元文化水乳交融的和谐场景。经济领域的密切交流，形成相互依赖合作共赢的经贸关系，切实维护和促进各方利益，形成一个个利益共同体，才是确保国家完全实现民心相通的基础。

贸易和投资无疑是对外经贸关系最重要的两个方面，金融相通往往是实现贸易投资顺利进行的必要手段。国际投资作为最主要的经济活动之一，第二次世界大战之后经历飞速发展，其增速已经超越贸易增速，成为与贸易并驾齐驱的经济活动。在全球化不断深入的时代，贸易与投资又越来越呈现出一种伴生关系。国家间经济交往一般以贸易为肇始，投资活动随行展开。随着经济交往的日益密切，投资占比会逐步升高，这样的趋势标志着国家间经济交往的良性发展。贸易便利化与投资便利化是减少、取消国家间经济交往的壁垒和各种有形无形障碍的具体措施，虽然经常被学界放在一起讨论，但二者并不一致（其差异将在下文详述）。

中国自 2014 年已经成为净资本输出国，到 2016 年已经是第二投资大国。“丝绸之路经济带”沿线国家特别是中亚各国基本上都是资本净输入国，对外资的需求很大，故“丝绸之路经济带”建设在很大程度上是为我国资本的输出寻找合适的市场。中国目前已经是中亚国家主要投资国之一。然而，鉴于与中亚国家经济互补优势明显，投资潜力巨大，“丝绸之路经济带”建设之制度建设的目标之一就是实现中国与中亚，主要是中国对中亚，投资便利化的稳定机制，促进与中亚国家的投资便利和投资安全是“丝绸之路经济带”建设的核心要义之一。

促进中国与中亚投资便利化有利于实现“丝绸之路经济带”的战略规划，进而提升我国的投资水平，有利于改善我国的产业结构，有利于借助中亚各国市场的辐射能力打开通往俄罗斯、欧洲各国的贸易渠道，从而拓宽中亚、西亚以及欧洲的市场。因此，中国与中亚需要构建调整科学、有效的投资便利化制度，并发挥其在建设“丝绸之路经济带”中的重要作用。

### （二）促进投资便利化是构建“丝绸之路经济带”的主要内容之一

2014 年中国已经成为净资本输出国，每年 1400 亿美元的资本输出需要高效、安全的投资环境，中国对中亚 5 国的投资 10 年间增长了 70 倍，在“丝绸之路经济带”建设的大背景下，资本的“西进运动”也是完全可以预见的。目前在与中亚建立自贸区条件尚不成熟的情况下，推进贸易投资便利化便成为最现实的选择，也是“丝绸之路经济带”建设在现阶段的核心内容。

中国与中亚国家存在经济结构性互补的关系，中亚国家对外资需求量大是促进投资便利化的现实基础。中亚5国与中国具有天然的地理位置优势，自然资源丰富，生产要素的价格较低，经济上与中国具有良好的互补性，并且具有深厚的历史文化渊源。对中国而言，中亚国家具有良好的区位优势，能够激发双方投资合作的动力，同时也明确了基于优势所选择的投资领域。从资源禀赋看，中亚地区各种自然资源非常丰富，而中国是资源消费大国，在美国的遏制下，正面临日益严重的能源安全危机，这也是中国力图打造与中亚、俄罗斯的“能源俱乐部”的初衷。

从经济结构来看，由于受苏联经济发展战略影响，中亚地区产业结构严重失衡，轻工业和服务业发展水平非常落后。以哈萨克斯坦为例，该国油储量丰富，位于哈属北里海地区的卡沙干油田是近30年来全世界发现的最大的油田，储量达10亿吨左右。石油开采业是哈经济的支柱产业，近年来产值占到GDP的30%左右。[①] 中哈两国在加工制造业领域具有的高度互补性。一方面，加强中国对哈萨克斯坦的投资有利于中国供给侧结构性改革的实现。另外一方面，哈萨克斯坦内部制造业的发展相对滞后，不能满足其国内生产、生活的需要，其对进口设备的依存度惊人。根据2017年中国统计年鉴的数据显示，该国机械设备产品的进口量已经超过了消费总量的92%。[②] 因此，中国在机械、家电制造等领域的优势产能与哈萨克斯坦疲弱的制造业形成显著互补。两国在平等互利、协商自愿的指导原则下，通过对外贸易、投资以及设立商业存在的形式将中国优势的产能释放到哈萨克斯坦市场，不仅有利于中国转换优势产能，缓解我国供需矛盾，也有利于弥补哈萨克斯坦制造业需求的巨大缺口。

在建设“丝绸之路经济带”的大背景下，基于中国与中亚之间巨大的投资需求和良好的投资基础，如何在重点领域和制度层面为相互投资提供便利意义重大。从投资领域来看，本书的投资便利化研究集中于交通运输、能源合作、金融合作、农业投资开发、信息通信等五大领域。法律机制建构方面也以这五大重点领域的双边合作机制的建立和完善为研究的出发点。

---

① 王林彬、王晓峰：《哈萨克斯坦投资法律制度研究》，兰州大学出版社2012年版，第16页。

② 《哈萨克斯坦投资指南：六行业存在机会》，载第一财经网，https://www.yicai.com/news/4707346.html，2012年9月28日最后访问。

## 二、建立与中亚国家投资保护机制是“丝绸之路经济带”建设的根本保障

### (一)“丝绸之路经济带”建设在中亚面临的投资风险

1. 经济组织化程度低

“丝绸之路经济带”沿线国家中世界贸易组织(World Trade Organization,以下简称世贸组织或WTO)成员比重不高、市场化基础薄弱、争端解决机制不健全。中亚5国中,吉尔吉斯斯坦、哈萨克斯坦和塔吉克斯坦是WTO成员方,后两者是新近加入的。成为WTO的成员方不意味着这几个国家市场化水平很高,而是因为作为资源富集国家,其经济结构单一,便于规制,且对全球市场的影响不大,比较典型的是塔吉克斯坦。乌兹别克斯坦是典型的农业国。土库曼斯坦是较封闭的国家,奉行中立主义,不加入任何政治性国际组织,2013年提出加入WTO,但进程缓慢遥遥无期。中亚国家普遍市场化水平低,缺乏贸易、投资自由化的基础,意味着新的自由贸易协定(Free Trade Agreement,FTA)谈判或高水平的经贸协定推进的阻力较大,对较为成熟规则的认同度低,国内法制水平与国际标准难以对接,对外国投资保护、运用国际化争端解决机制的能力也将比较差。①

2. 双边投资保护协定陈旧、保护水平低

自1992年中国与哈、吉、土、乌4国分别签订了双边投资协定(Bilateral Investment Treaty,BIT),1993年3月中国又与塔吉克斯坦签订了BIT,此后,中国企业到中亚地区的投资逐渐增多,形式也日趋多样。早期中国企业以开设商店、公司,进行合资办厂为主,随后其逐渐转向资源与能源的开发。1997年7月,中国的石油天然气公司收购了哈萨克斯坦阿克纠宾斯克石油天然气企业60%的股权,该项收购项目象征着中国在中亚五国的投资上升到了新的水平。

但是,随着世界经济一体化的深入开展,国际投资,包括中国对外的投资活动已经不再是20世纪90年代的情形,这一时期对投资待遇、征收补偿标准、国际投资仲裁管理、投资的保护水平等方面提出了更高的要求。世易时移,90年代签署的BITs在一定程度上已经不再能够适应现今投资发展的需求。2011年4月19日,中国与乌兹别克斯坦共和国重新修订并签署了新一轮的《中乌关于促进和保护投资的协定》,该协定使乌兹别克斯坦成为继90年代后,中亚5国

① 刘艳、黄翔:《“一带一路”建设中国家风险的防控——基于国际法的视角》,载《国际经济合作》2015年第8期。

中第一个与中国重新修订双边投资协定的国家。该协定相较于20世纪90年代签订的BITs,在内容以及结构方面都有了很大的改善,提高了市场准入待遇,对征收、争端解决作了更加具体的规定,操作性更强,对中亚其他四国BITs的重新修订与签署具有重要的参考价值。总体上看,中国与中亚国家的BITs投资保护覆盖面小、保护水平低,缺乏海外投资保险机制,难以转化中国投资者的投资风险。

3.法治水平不高,立法变动频繁,存在一定程度的司法腐败

中亚国家还处于不断向市场经济转型阶段,加之部分国家如土库曼斯坦政权不稳定,内阁变动大,不断强化总统权力,多次修改宪法。中亚国家普遍存在政府权力高度集中,政府权贵参与各类项目建设和投资审批,“权力寻租”比较严重。例如,在土库曼斯坦,国家投资项目一律采用国际招标方式,但外国企业承揽项目必须经过总统令批准,总统令的法律效力高于任何形式的法律文件。[①]中亚国家普遍存在法制不健全,颁行法律甚至脱离国际实际难以执行的情况。例如,哈萨克斯坦政府颁行1996年《地下资源及其利用法》后,于2004年、2005年和2007年对其进行了近十次修改,并于2012年以总统令的形式对2010年新修订的《地下资源及其利用法》进行修改,[②]而至2015年再次修改。哈萨克斯坦新出台的法律及矿产资源开发政策的频繁调整充分体现了其矿业投资环境的变化,增加了对其矿业领域投资的诸多不确定性。

中亚国家市场化时间较短,社会各方面受西方影响较大。在哈萨克斯坦,外国的法律并没有受到当地文化的抵抗,相当平稳地融入哈萨克斯坦的法律体系中,甚至哈萨克斯坦的民法典是与来自莱登大学的荷兰学者紧密合作完成的。随着民主化进程的深化和市场经济体系的建立,哈萨克斯坦独立后法律发展的第二个阶段是寻找契合自己现实的合适的法律,哈萨克斯坦更多倾向于接受国际经济组织法律顾问的普通法理念。由于最初的外国投资者主要来自美国,他们的法律顾问成为哈萨克斯坦法律移植的重要来源,这在向哈萨克斯坦输出西方法律尤其是普通法方面起到了突出的作用。例如,石油法的起草是在1994年由哈萨克斯坦、美国和英国学者和石油专家组成的联合团队耗时8个多月完成的。而税法是由国际税收和投资中心以及国际税收基金两个美国的非

---

① 陈波编著:《中亚投资——法律风险与典型案例》,中国法制出版社2016年版,第34页。

② 王林彬、刘晨虹:《哈萨克斯坦矿产资源投资政策的变化及其对策分析——以哈国〈地下资源及其利用法〉的变迁为视角》,载《新疆大学学报(哲学·人文社会科学版)》2014年第2期。

政府组织起草的。而土地法和担保法是由美国专家小组牵头起草的。同样来自国际货币基金组织和世界银行的主要由普通法系的专家对于普通法传入哈萨克斯坦也起了很大的作用。在欧美立法专家的影响下,中亚国家的立法由简入繁,覆盖面广,技术性强,但也存在超前和执行不力情况。

执法与司法腐败一直是中亚国家长期存在的问题。法律的执行和解释缺乏持续性和公正性,东道国的国内法不能充分有效地保护外国投资者的利益。

**(二)建立中国－中亚投资保护机制的重要意义**

“丝绸之路经济带”覆盖30个国家,30多亿人口,GDP总量达到21万亿美元。但大多数沿线国家都是不发达国家,随着对“丝绸之路经济带”沿线国家投资力度加大,中国企业的海外投资风险显著升高。近些年因各种原因导致中国企业在“一带一路”国家的投资出现困难和危机,如利比亚战争爆发,中国国企损失惨重;中国与泰国政府签订的廊开至帕西高速铁路项目因政变英拉政府被推翻而中断;中国与斯里兰卡政府2014年达成的科伦坡港口建设项目也因政府更迭而搁浅;2013年中信集团在澳大利亚投资55亿美元于磁铁矿项目,至今投入超过75亿美元,已经形成巨额亏损;[①]2014年中石油在伊朗投资25亿美元石油项目也宣告失败。巨额投资失败的案例表明,在“走出去”的过程中,中国的投资者正经受着前所未有的严厉监管和非市场性困难。据统计,从2005年到2014年中国企业在海外投资共发生风险案例达130起,涉案金额高达2359.7亿元,平均每起18.2亿美元。[②] 在“一带一路”倡议的推动下,中国企业需要有走出去的勇气,但更需要具备确保投资安全的智慧。

中亚5国同属发展中国家,并不具备很完美的投资环境,各类非商业投资风险是中资企业投资面临的最大风险。战争、内乱、政权更迭和法律的不确定性都大幅度增加对中亚国家的投资风险。此外,中亚国家多是资源型经济,“资源诅咒”是导致民族主义、劳工罢工及以环保为由拒斥国外投资,甚至产生社会动荡的根源之一。而且,中亚国家在投资准入、企业设立、劳工保护、环境保护等方面与中国相关立法差异较大,制度的差异也成为潜在的投资风险。如何防控和减少投资风险,是顺利推进“丝绸之路经济带”建设必须解决的问题,为避

① 《中信集团称诉讼纠纷将危及公司澳洲铁矿石项目》,载山东钢铁网,http://www.shandongsteel.com/InfoDetail.aspx?cls=34&id=649923&type=0,2018年7月19日最后访问。

② 张瑾:《“一带一路”的投资保护国际法研究》,社会科学文献出版社2017年版,第18页。

免海外投资风险和保护海外投资利益,必须建立有效的投资保护机制,为中国投资者保驾护航。

基于中国在中亚可能面临的各种投资风险,建立系统性的投资保护机制至关重要。在“丝绸之路经济带”建设背景下,中国大多承担资本输出国的角色。资本输出意味着必须确保我国资本有系统的救济方式来消解投资非商业风险。目前,有几种可供选择的方法:

1. 尽快建立和完善我国海外投资保险制度

由于缺乏完善的海外投资保险制度,我国企业在海外投资过程中只能根据不同东道国的具体情况应对风险。目前国内立法侧重监管,而对于投资保护缺乏有力的措施。我国目前涉及海外投资的法律法规主要是项目审批、外汇管理和防止国有资产流失等方面,没有海外投资保险制度。2011 年国务院授权中国信用保险公司开展海外投资保险业务,但由于缺乏法律支撑、保险公司的性质不明确,投保的险别和范围设置狭窄,投资者的投保比例很低。在我国直接对外投资中,海外投资保险的承保率仅为 5.7%。① 随着我国已经成为第二大投资国,建立自己的海外投资保险制度已经刻不容缓。

2. 健全与中亚国家投资争端解决方式

中亚国家对吸收外资的态度并不一致,对外国投资争端解决的方式有差别。哈萨克斯坦作为中亚 5 国中吸收外资最多的国家,对外资持相对开放的态度,所以提供的投资保护及争端解决有更多的选择。需要强调的是,哈萨克斯坦现行的投资法要求投资争议通过诉讼或者国际仲裁方式加以解决时可使用的法律为国际条约或者哈萨克斯坦法律,排除了投资领域适用他国法律的可能性,但对国际仲裁机构的选择则未作硬性规定。

从中国与中亚 5 国签订的双边投资协定来看,文本中具体规定,双方应尽量借助外交方式加以解决,若在争议提出之日起 6 个月内仍未处理,则可将该事项提交专设仲裁庭。随后还规定了具体涉及仲裁的一系列问题,其中包含仲裁员的组成、仲裁的规则、裁决的作出及其费用的承担等事项。

而关于征收补偿数额的争议,中国与中亚 5 国 BITs 采用提交仲裁加以解决的方法,并在其内容中规定了仲裁的一系列问题(同前述),除此之外,并没有更多具有可操作性的条款。而中国和土库曼斯坦的 BIT 甚至没有该项内容的

---

① 张瑾:《“一带一路”的投资保护国际法研究》,社会科学文献出版社 2017 年版,第 18 页。

规定，只在第8条中约定当缔约双方是《关于解决国家和他国国民之间投资争端公约》(《华盛顿公约》)的成员时，缔约双方可以签订关于提请国际投资争端解决中心(International Center for Settlement of Investment Disputes，ICSID)解决相应争议的补充协定。关于争端解决的具体内容见表1－1：

**表1－1 争端解决具体内容**

<table>
<tr><th>争端类型</th><th>解决方式</th><th>仲裁成员组成</th><th>法律适用</th><th>裁决</th><th>费用承担</th><th>备注</th></tr>
<tr><td>BIT解释与适用争议(国家－国家)</td><td>外交途径→专设仲裁庭</td><td>1. 缔约各方应各任命一名仲裁员并推举第三名仲裁员，经缔约双方同意担任首席仲裁员；<br>2. 提请国际法院院长作必要任命</td><td>1. 自行制定其程序规则；<br>2. 依据本协定规定和公认的国际法原则和准则作出裁决</td><td rowspan="2">以多数票作出裁决且一裁终局</td><td rowspan="2">各方承担其任命的仲裁员费用，首席仲裁员费用双方平均负担</td><td></td></tr>
<tr><td>征收补偿数额争议(国家－投资者)</td><td>仲裁庭</td><td>1. 逐案设立：争议双方各任命一名并推举首席仲裁员；<br>2. 提请斯德哥尔摩商会仲裁院主席作必要任命</td><td>自行制定其程序规则，可参照斯德哥尔摩商会仲裁院规则</td><td>中吉征收款项的所有争议，中土则规定双方均为ICSID公约成员时，可提请ICSID仲裁</td></tr>
</table>

3. 建立多元化的投资争端解决机制

我国在与其他国家签订的双边投资协定中，常常将当事方协商解决作为投资争端解决的首选途径。通过友好协商达成和解在执行方面通常比司法裁判裁决更有优势，但协商结果不具有强制执行力。还有一种传统的投资争议解决的方式就是外交保护。以外交保护来解决投资争端，容易产生投资争议政治化，从而激化国家间矛盾，所以很少为国家所采用。除上述政治手段外，国际上通行的做法是司法和仲裁的方式解决投资争端。根据“用尽当地救济”原则，通常外国投资者应当先向投资东道国的国内司法机构，行政机构或仲裁机构提请解决投资争端，在国际投资实践中投资者出于对东道国法律公正性心存疑虑，更愿意将争议提交给国际仲裁机构解决。

目前由“一带一路”沿线国家参与的双边、多边、区域性投资协定中的投资者－国家争端解决机制（Investor-state Disputes Settlement Mechanism，ISDS 机制）并不能完全契合投资争端解决的实际需求。程序漫长、费用高昂的投资仲裁对沿线国家而言负担较重，裁决一致性和程序透明度缺失、对东道国外资规制权的限制也挫伤了沿线国家运用 ISDS 机制的积极性，甚至引发 ISDS 机制的合法性危机。因此，如何推进“一带一路”沿线国家间现有投资仲裁机制的改革，同时寻求仲裁外替代性争端解决途径是“一带一路”ISDS 机制构建中需要重点考虑的内容。① 从理想的角度看，打造全新的“一带一路”争端解决中心既可以满足“一带一路”倡议下争端解决的实际需求，也可以弥补现有机制存在的缺陷。② 早在 2016 年 10 月第四届“一带一路”国际论坛上，最高人民法院副院长贺荣就提出：“一带一路争端解决机制是一带一路法治化的一项重要内容。随着一带一路贸易投资金额和基础建设规模的不断扩大，商事领域的纠纷和争端将不断增多，建立一套合理高效，公正的争端解决机制势在必行”。③

## 第三节 中国与中亚投资便利化及投资保护的法律保障机制

“一带一路”倡议致力于构建全球经贸治理新规则和我国对外开放新体制，其有效实施离不开法治的保障。④ “一带一路”需要法律保障机制来保驾护航、解纷止争。国家引领，制度先行，“一带一路”的法治化已经达成共识。构建“丝绸之路经济带”需要从双边、多边条约和国内法等多个层面提供制度供给，需要就交通、贸易投资、金融、能源、争端解决等多个领域展开谈判协商，订立规则，建立合作预期。

---

① 石静霞、董暖：《“一带一路”倡议下投资争端解决机制的构建》，载《武大国际法评论》2018 年第 2 期。

② 同上。

③ 漆彤：《“一带一路”国际经贸法律问题研究》，高等教育出版社 2018 年版，第 73 页。

④ 石静霞、董暖：《“一带一路”倡议下投资争端解决机制的构建》，载《武大国际法评论》2018 年第 2 期。

## 一、“丝绸之路经济带”投资便利化建设需要国际法治

“一带一路”的安全、高效推进，必须有涉及贸易、投资准入便利化、自由化，以及投资保护和争端解决的国际规则作保障，用具有约束性的规则规制各国政府的行为，才能为中国海外投资利益提供安全保障和公平的竞争环境。

构建“一带一路”投资便利化法律制度，最终通过签订具有法律拘束力的投资便利化协定，实现“一带一路”投资便利化的法治化，可以保障沿线国家在投资便利化方面进行法律协调，明确沿线国家提升投资便利化水平的义务与责任，提高沿线国家投资法律政策的透明度、可预期性和稳定性，促进沿线国家投资管理部门与私人投资者之间的沟通与合作，创造更高水平的投资环境。① 对于私人投资者而言，“一带一路”投资便利化法律制度的构建，有利于投资者更加准确地掌握沿线国家投资法律政策，评估未来投资和再投资的法律风险，作出科学的投资决策。同时有利于投资者向东道国反应投资中遇到的困难，与相关投资管理部门沟通投资问题和投资争议，获得更便利的投资环境和更妥善的投资争议解决方案。

“丝绸之路经济带”从理念生成到框架确立再到实现路径，需要国家制度的顶层设计，经济带的建设是从点到面的渐进过程，各个阶段都需要从国家角度在双边、多边层面加以引导和制度建构。离开国家的推动，仅仅依赖地方省市、企业，经济带建设必将是缓慢而无序的。所以，要从国际法的角度深入分析当前与中亚5国的各类经济合作协议，从现有法律框架入手，结合各国贸易投资现状，探讨如何消除障碍，最终提高投资便利化水平的各项举措，并形成海关、交通、通信等领域内的稳定法律机制，以期对中国与中亚投资便利化及保护问题作较为深刻的剖析并提出具体实施方案。

## 二、中国与中亚国家的投资便利化需要法治保障

中亚5国从苏联时代就与中国开展过许多合作与交流，双方的合作轨迹基本上可概括为20世纪50年代上升，60年代下降，70年代停滞，80年代恢复，90年代调整、提高，21世纪初全面提升的几个发展阶段，并呈现多层次、多渠道、多形式、多方位合作的新局面。近年来，由于中国“改革开放”政策的深入发展和

① 费秀燕、杨宽：《“一带一路”倡议下的投资便利化的法律制度构建》，载《中国社会科学文摘》2019年第8期。

中亚5国独立后呈现新的发展趋势，加上与新疆特殊的地缘和人文优势，中亚5国与中国的合作越来越广泛，越来越深入，并且该地区正在形成一个令人瞩目的经济区域。[①] 中国已经成为中亚最大的贸易国和主要投资国。在“丝绸之路经济带”的倡议中，中亚作为核心区至关重要。中国已经为“丝绸之路经济带”建设确定了三大走向：一是从中国西北、东北经中亚、俄罗斯至欧洲、波罗的海；二是从中国西北经中亚、西亚至波斯湾、地中海；三是从中国西南经中南半岛至印度洋。[②] 其中，前两条线路都必经中亚。中亚国家积极响应“丝绸之路经济带”倡议。2016年G20杭州峰会期间，中哈两国元首见证签署了《中哈丝绸之路经济带建设和“光明之路”新经济政策对接合作规划》。中国与塔吉克斯坦、吉尔吉斯斯坦、乌兹别克斯坦等国签署了共建“丝绸之路经济带”的合作文件。近几年，中国优质产能的转移以及路经哈萨克斯坦的铁路和公路运输都给哈萨克斯坦带来了很大的实惠，中哈在“丝绸之路经济带”倡议下已经签署了50多个大型合作项目，经哈萨克斯坦通往欧洲的运输能力大幅度提升。大数据表明，哈萨克斯坦是与中国开展“丝绸之路经济带”建设合作最积极，取得早期收获最多的国家之一。[③]

基于前述原因，必须看到中国与中亚在“丝绸之路经济带”建设方面还存在诸多问题。中国与中亚国家相互间投资主要受各自国内法调整，各类壁垒较多，缺乏多边层面的有效规制。20世纪90年代初期在中亚国家建国之初，中国与中亚国家签订的双边投资协定早已不能适应“丝绸之路经济带”建设的现实需要。通过深入研究各成员间海关、交通、电信、金融、能源和农业等领域的合作现状，分析制约区域内投资便利化的主要因素，总结各种投资障碍，提出具有可行性的促进投资便利化的具体措施，形成各领域的投资便利化双边、多边协定的基本框架和主要内容，构建中国与中亚国家的国际投资法律体系和保障机制具有重大现实意义。

---

① 王林彬、王晓峰：《哈萨克斯坦投资法律制度研究》，兰州大学出版社2012年版，第1页。

② 推进“一带一路”建设工作领导小组办公室：《共建“一带一路”：理念、实践与中国的贡献》，载新华网，http://www.xinhuanet.com/world/2017-05/10/c_1120951683.htm。

③ 孙力主编：《中亚国家发展报告：“中国与中亚国家建交25周年”专辑》，社会科学文献出版社2017年版，第180页。

# 第二章　投资便利化及投资保护之法律机制的理论概述

随着全球国际货物、服务的加速流动，国际投资已经逐渐成为整合各国产业体系的主要推动力，与此同时，“丝绸之路经济带”倡议的逐步推进，为中国和中亚国家的投资合作带来了前所未有的机遇，也对中国和中亚各国的投资便利化水平提出了更高的要求。

## 第一节　投资便利化理论概述

长期以来，投资便利化与贸易便利化都是放在一起讨论，无论是经济学界还是法学界对投资便利化的研究都往往将贸易投资便利化作为一个整体研究。近些年，随着学科研究的细化，特别是我国逐渐从贸易大国成为投资大国，学界对我国海外直接投资（Outward Foreign Direct Investment，OFDI）的关注度日益提升。投资便利化问题越来越多地被作为单独主题来研究。但在研究中国与中亚投资便利化问题之前，为了确定本书之投资便利化的基本框架，需对投资便利化的基础理论问题进行探讨。

### 一、投资便利化的概念解析

投资便利化理论是在不断的投资实践中逐渐发展而来的。就其定义而言，随着实践中贸易与投资从分离不断走向融合的趋势,投资便利化的内涵边界也愈加模糊,以致要说清楚投资便利化的定义就不得不明晰投资便利化与投资自由化的关系。

### (一)投资便利化的概念界定

何为投资便利化?投资便利化虽未形成一个统一的定义,但基本达成共识的是:其旨在通过政府措施,减少或者消除投资者投资障碍,为投资者提供一个透明高效的投资环境,促进有效的投资与再投资。[①] 不同的关注视角会带来不同的结果,现阶段国际层面以及国内层面对投资便利化的定义也纷繁各异,但无论形式上的差异有多大,投资便利化需要实现的最终目标却是同步的。

投资便利化的概念是随着贸易便利化而出现的,其最早出现在亚太经济合作组织(The Asia-Pacific Economic Cooperation,APEC,以下简称亚太经合组织或 APEC)在 1995 年发表的《执行茂物宣言的大阪行动议程》(以下简称《大阪行动议程》),关于贸易投资便利化原则性规定中,其后投资便利化又随着国际投资在世界经济领域中地位的提升而逐渐独立,成为 APEC 发展的三大支柱之一。2008 年 APEC 公布的《投资便利化行动计划》开始将投资便利化作为与贸易投资自由化和经济技术合作相分离的一项独立议题。《投资便利化行动计划》将投资便利化定义为:"在投资全部周期内,政府作为主体通过加强对投资的管理和提高行政效率,以吸引外国投资的行动和做法",[②]其核心内容就是在确保成员方利益最大化的基础上,提升投资活动的效率。随后经济合作与发展组织(Organisation for Economic Co-operation and Development,OECD)对投资便利化的概念进行更新与细化,OECD 认为,投资便利化是指"在国际贸易中,在买卖双方之间传递货物和进行支付时所涉及的手续和相关信息的简化和标准化"。[③] 可见,OECD 的概念更加注重程序的规范协调和政策的透明和简化,可以说更加关注过程的简洁高效对目标的影响。

除了重要的国际组织对投资便利化作出定义外,不同的学者也从自己的研究领域出发对投资便利化作出了不同的解读。从定性的角度出发,有学者将投资便利化定义为"在投资周期的全部阶段内,通过简化、协调各类程序为企业的

---

① 漆彤:《"一带一路"国际经贸法律问题研究》,高等教育出版社 2018 年版,第 10 页。
② 董伟通:《中日韩投资便利化研究》,吉林大学 2015 年硕士学位论文,第 5 页。
③ 张小济:《面向 21 世纪的中韩经贸合作》,中国发展出版社 2006 年版,第 39 页。

国际投资行为创造更加开放、透明、便捷和可预见的投资环境”；①从定量的角度出发，有学者将市场的准入制度、审批程序的完善、信贷融资政策、投资保护和争端解决措施等具体内容以及评价指标纳入投资便利化的定义中，对其进行定量化实证研究。②

由于投资便利化内容上的开放性、投资活动的复杂性以及实践中与贸易范围的重合性等多方因素，使投资便利化的定义难以得到统一。笔者在综合上述理论并结合现阶段中国与中亚国家投资实践的基础上，同时也为了论述能够有一个更加合适的切入点，姑且将其定义为：投资便利化指在国际可接受的规范、准则的基础上，以条约法机制为操作准则，构建、完善组织法机制，协同创新争端解决机制，全方位调动各类主体积极性的一系列机制和举措，其作用在于为国际投资创造一个协调、透明、可预见的环境。

**（二）投资便利化与相关概念的辨析**

在法学界，长期以来对投资便利化的研究被忽视了，从国内来看，无论是学术研究还是政策制定，常常将贸易便利化和投资便利化合为一体，统称为“贸易投资便利化”。但实际关注却多集中于贸易便利化，重点强调二者共性的方面，如通关便利、人员流动、结算汇兑自由及政策和法律的公平透明等。实际上二者的差异是很明显的，贸易便利化强调货物、服务等的跨境流转，其便利化要求为这种跨境流转降低成本、减少障碍，例如通关便利、交通通信基础设施完善、人员流动自由等。而投资便利化侧重于设业权的许可、减少投资壁垒和风险等方面。

1. 投资便利化与贸易便利化的比较分析

追根溯源，“贸易便利化”正式出现的官方文件是1993年“名人小组”(Eminent Persons Group，EPG)向领导人会议提交的报告。③ 该报告建议APEC

---

① 采用类似观点的学者有王海燕、沈铭辉等。王海燕等：《贸易投资便利化》，华东师范大学出版社2012年版；沈铭辉：《APEC投资便利化进程——基于投资便利化行动计划》，载《国际经济合作》2009年第4期。

② 采用类似观点的学者有张建平、崔日明等。张建平、樊子嫣：《“一带一路”国家贸易投资便利化状况及相关措施需求》，载《国家行政学院学报》2016年第1期；崔日明、黄英婉：《“一带一路”沿线国家贸易投资便利化评价指标体系研究》，载《国际贸易问题》2016年第9期。

③ 1991年、1992年的APEC部长联合声明均提出，为广泛寻求咨询意见，同意建立“名人小组”(Eminent Persons Group)，就APEC成员方需优先解决的区域合作及经济发展制约因素等提出建议，并于1993年首次提交报告。

在四大领域进行合作,[①]但是未对贸易便利化的内涵作出明确界定,只是表示“贸易便利化旨在减少一些领域中的贸易障碍,如标准和认证要求、原产地规则海关程序等”。[②] 可见 APEC 虽认识到便利化的重要性,但对其内涵、如何实现等问题也尚未达成共识,可以说贸易便利化作为一个独立的议题还不够成熟。随后,许多国际组织在实践的基础上不断深化对投资便利化的认识,也不断进行理论上的探索。如 WTO 认为投资便利化是指“国际贸易程序的简化和协调过程”,该定义更加侧重程序的简化性和协调性,涉及的活动内容广泛;OECD 更加侧重在信息、支付、手续方面的简化和标准化,认为投资便利化就是“通过精简国际贸易的一系列流程,简化与贸易相关各类程序,使商品和贸易在国际和国内两个层面的流转都变得更加简单”;[③]世界海关组织(World Customs Organization,WCO)将避免贸易限制措施作为投资便利化的核心,强调现代科技和国际协调控制对贸易便利化的重要性;[④]联合国欧洲经济委员会(The United Nations Economic Commission for Europe,UNECE)认为投资便利化是指“在国际公认的标准、惯例和习惯性做法的基础之上,通过程序的简化和政策法规的相互协调,以减少贸易过程的复杂性、降低交易成本,最终创造一个简化、协调、透明、可预见的投资环境”。[⑤] 从学理上看,投资便利化的概念分为东道国视角和投资者视角两类。东道国视角下的投资便利化更偏重法律和政策;投资者视角下的投资便利化是指使投资者更易设立和扩张其投资,以及从事日常运营的举措,更偏重具体措施。[⑥]

由此可见,贸易便利化与投资便利化一样均未形成统一明确的定义,笔者在综合 WTO,OECD,WCO,UNECE 贸易便利化定义的基础上,对贸易便利化的定义进行分析提炼得出,各类主体对贸易便利化的定义和涵盖范围达成的共

---

① 四大领域是区域和全球贸易自由化、贸易便利化、技术合作以及 APEC 的制度化。

② 孟夏主编:《中国参与 APEC 合作问题研究》,南开大学出版社 2010 年版,第 253 ~ 257 页。

③ *Trade Facilitation Indicators*,载经济合作与发展组织官网,http://www.oecd.org/trade/facilitation/indicators.htm,2018 年 3 月 3 日最后访问。

④ *What is Securing and Facilitating Legitimate Global Trade*,载世界海关组织官网,http://www.wcoomd.org/en/topics/facilitation/overview/customs-procedures-and-facilitation.aspx,2018 年 3 月 3 日最后访问。

⑤ 祝珂昕:《中国(上海)自由贸易试验区投资便利化法律问题研究》,北京交通大学 2015 年硕士学位论文,第 4 页。

⑥ 黄志瑾:《中国引领投资便利化国际合作的证立与实现》,载《武大国际法评论》2019 年第 4 期。

识点在于通过简化程序减少贸易障碍、降低交易成本的一系列制度和举措。

贸易便利化与投资便利化既有其共性也有其特性。共性一方面体现在两者实现路径的一致性,即两者都可以表现为精简交易的程序和手续,降低交易的成本,构建更为透明的贸易和投资环境;另一方面体现在两者在实现上的一致性,即投资便利化的实现有助于带动贸易额的增长,而贸易便利化举措将促进投资便利化,从而进一步激发直接投资动力。

贸易便利化与投资便利化的特性体现在如下几个方面:

首先,从贸易和投资的特点出发,国际贸易主要是关注国家间商品和服务的流通自由,而投资则强调一国企业在他国设立商业存在、开展经营活动的自由,是两国之间经济贸易的更深层次交流融通。

其次,从定性的角度出发,贸易便利化涵盖进出口程序和手续便利化等国际贸易过程中的所有便利化措施,强调货物跨境流动过程中的便利性,①而投资便利化主要指通过简化和协调程序为企业的国际投资活动创造更加开放、透明和可预见的投资环境。②

最后,贸易和投资分属不同的活动类型,有不同的性质,在执行和操作上就有各自的侧重点,这一点从学界对贸易便利化和投资便利化采用的量化评价指标中可以看出:贸易便利化的量化评估体系基本沿用并拓展了世界银行(World Bank,WB)和世界经济论坛(World Economic Forum,WEF)的观点,即采用包括"基础设施、边境管理、信息通讯技术和政府管理"等为重点的评价指标,而投资便利化通常采用"市场准入、审批程序、金融环境、投资保护以及争端解决"作为评价指标。③

综上所述,两者在大部分内容上存在高度的一致性,即推动贸易便利化的实现可以促进投资的便利化,但贸易便利化的范围却不能完全涵盖投资便利化的所有内容。例如,对跨国企业而言,投资便利化主要是指对外投资时,在东道国设立商业存在所处的商业环境,而贸易便利化强调的是投资者母国的营业环境;就两者的保险险别而言,贸易便利化主要涉及的是出口信用险,主要是母国

---

① Portugal-Perez A, *Wilson J S. Export Performance and Trade Facilitation Reform: Hard and Soft Infra structure*, Policy Research Working Paper 7, p. 1295 – 1307(2010).

② 张亚斌:《"一带一路"投资便利化与中国对外直接投资选择——基于跨国面板数据及投资引力模型的实证研究》,载《国际贸易问题》2016年第9期。

③ 王茜、张磊主编:《多哈回合谈判2013年年度报告》,法律出版社2015年版,第99~103页。

给予的出口保护,而投资便利化主要涉及的是海外投资保险,其主要保护的是在东道国遇到的各类政治风险。

2.投资便利化与投资自由化的比较分析

关于投资自由化的含义目前同样存在分歧。联合国贸易发展会议认为投资自由化由两方面内容构成:一是要减少或消除政府对投资主体实施的限制性措施,废除造成市场扭曲的歧视性做法,以确保市场的正常运行;二是要实施鼓励措施,为投资者提供公平待遇。投资自由化主要原则由投资安全、投资中性和投资便利构成,其内容可分解为:减轻或消除市场扭曲;提高对外投资者待遇标准;加强市场监管以确保市场的正常运转。

投资便利化与投资自由化二者既有区别又相互联系。从投资自由化的原则可以看出,投资便利化是实现投资自由化的一种渠道,便利化的目的是实现真正的投资自由化。需要强调的是,投资便利化与投资自由化的逻辑关系为:两者互有交集,相互补充,投资便利化是为了实现投资自由化,而投资自由化涵盖的内容就宽泛许多。同时,投资自由化实现的难度更大,便利化可以通过单个国家的努力实现,而投资自由化非投资者母国和东道国双方共同努力则无法实现。因此,实现投资自由化不仅要考量本国的人民福祉、经济发展水平,还要考量投资另外一国的相应情况,只有共同参与的各方主观上均积极响应,客观上均具有合作的政治、经济条件,投资自由化才可以顺利推进。但是,完全的投资自由化目前而言只存在于理论状态中,无法真正达到,那么实现次有状态下的投资便利化更有深刻的现实意义。

## 二、国际投资法体系下推进国际投资便利化的两个维度

从国际投资法的体系来看,主要包含国际法和国内法两个范畴,国内法意义上的投资法主要指投资东道国的国内投资法,如中国的《外商投资法》,国际法层面主要指的是 BITs、多边投资条约如 WTO 体系中的《与贸易有关的投资措施协议》(Agreement on Trade-Related Investment Measures,TRIMs)和《华盛顿公约》等。投资便利化实际也可分为国际国内两个维度来理解。

一是国内投资法中的投资便利化措施。相关国家为创造良好的投资环境和营商环境,单方面采取一系列促进投资者设立和扩大投资及便利其运营的措施。各国投资便利化举措主要集中在以下五个方面:(1)促进投资政策和法律的可获得性和透明度,如哈萨克斯坦在国内实施的“一站式”服务;(2)促进投

资管理的效率和有效性，如中国企业准入“单一窗口”的设立；(3)设立投资咨询机构，如巴西创设了监察员制度；(4)增强投资促进的国际合作，如《中澳关于投资便利化安排的谅解备忘录》规定了中国企业到澳大利亚投资时签证签发问题；(5)增强投资政策适用的可预见性和连贯性，如乌兹别克斯坦规定国家行政机构不能对外国投资者提出额外要求。①

二是国际社会有约束力的投资便利化规则。从历史发展的脉络来看，现行国际投资便利化的发展主要归功于国际组织的推动，上述国内法中的投资便利化措施虽各有不同，但大体上源于联合国贸易及发展会议(United Nations Conference on Trade and Development，UNCTAD)的制度设计。从国际投资便利化的发展进程来看，国际立法层面，主要国际组织对投资便利化的行动计划较为一致。《APEC 成员经济体投资制度指南》(2007)、APEC 就 2008 ~ 2010 年实施“投资便利化行动计划”的框架性原则与当前 UNCTAD 提出的行动方针高度一致，包括提高与投资相关的政策制定和管理的开放性和透明度、构造建设性的利益相关方关系、对投资政策实行监督和评估机制以及加强国际合作等。提升电子透明度、减少投资风险和简化商业规则，被视为这一阶段 APEC《投资便利化协定》落地的三大优先领域。②《金砖国家投资便利化纲要》主要涉及增加透明度、提高行政审批效率和提升合作水平三个方面。

总体上看，国际性的投资便利化措施经过国际组织的推动、历经 30 多年的发展，其基本框架和规则已确立，但仍停留在宣言层面，未能摆脱框架性和宣示性的局限。基于国家经济实力的巨大差距及对投资风险的不同预期，各国对普遍的、精细化的投资便利化措施心怀疑虑，普遍持观望态度。在双边层面，现存的 3300 多个国际投资协定中，仅有部分条款载有投资便利化承诺，且多集中在投资者入境和居留便利化以及对提高法律法规透明度这两项义务上。

## 三、中国与中亚投资便利化的实现路径——法律保障机制

近年来，国际投资一直处于高速发展阶段，已经超过贸易成为全球经济发展的首要驱动力。通过“一带一路”为我国资本拓展投资空间势在必行。“一带一路”建设过程中，我国需要一个安全、便利、高效的外部投资环境，因此，推动“一带一路”投资便利化意义重大。为此，国际社会一直不懈努力，使投资便

① 王璐瑶、葛顺奇：《国际投资便利化趋势与中国实践》，载《国际经济评论》2019 年第 4 期。

② 同上。

利化成为促进全球投资法发展的核心议题。联合国贸易与发展会议在2016年达成《投资便利化全球行动清单》。2016年，中国作为轮值主席举办的G20杭州峰会达成《二十国集团全球投资指导原则》。该文件被认为是“全球首个多边投资规则框架，填补了国际投资领域空白”。[①] 在2017年12月的世贸组织第十一届部长级会议上，中方呼吁各成员国共同推动全球投资便利化，并获得积极响应，会议通过了关于《投资便利化的联合部长声明》。2017年“金砖国家”厦门峰会通过了《金砖国家投资便利化合作纲要》。在WTO，我国发起成立了“投资便利化之友”，并提出了“投资便利化”之中国方案。在组织推进全球投资便利化提供的中国方案的过程中，投资便利化议题得到世贸组织成员的广泛关注和积极响应，截至2017年12月11日已有中国、阿根廷、巴西等16个世贸组织成员加入“投资便利化之友”[②]。

在国内层面，中国率先示范。近年来，通过自贸区先试先行、备案制改革、出台《外商投资法》推行“准入前的国民待遇 + 负面清单”等举措积极改进投资政策，不断提升自身的投资便利化水平。《外商投资法》第3条明确规定，“国家实行高水平投资自由化便利化政策”；第18条、第19条对各级人民政府提出了对外商投资提供便利的要求，“各级人民政府及其有关部门应当按照便利、高效、透明的原则，简化办事程序，提高办事效率，优化政务服务，进一步提高外商投资服务水平”。

投资便利化的实现是一张宏伟蓝图，从宏观上选择实现路径有助于把握投资便利化的整体方向。宏观层面上，投资便利化可超脱投资者母国和东道国的主体界限而独立成制，比如促进投资便利化的国际协定、国际组织机制。微观上又可从主体细化区分为投资者母国和东道国某一领域的便利化措施，例如东道国矿产领域的投资便利化措施，基础设施领域的投资便利化机制等。内容上不仅涉及经济，还深受政治、文化等多层面影响。主体上不仅需要国家的引导，还需要非政府组织的协助和企业的积极参与、共同协调努力。基于篇幅的限制以及研究目的需要，本书立足于宏观层面，不区分投资者母国和东道国主体而将投资便利化的实现作为一个独立机制进行研究，同时为增加研究内容的实践

---

① 桑百川、任苑荣：《落实〈G20全球投资指导原则〉推动建立全球投资规则》，载《国际贸易》2017年第1期。

② 《投资便利化中国方案或世贸组织成员国积极响应》，载《光明日报》2017年12月12日，第10版。

性和丰富性，本书将从选择重点领域的投资便利化机制进行分析说明。

**（一）机制构建是实现投资便利化的有效路径**

机制构建是实现投资便利化的有效路径。实现投资便利化的前提是稳定的合作框架促成制度化的合作机制，而制度化的合作机制才能为国际投资创造一个协调、透明、可预见的环境。因此，通过机制合作搭建便利化的合作框架，才能在宏观上为投资便利化的实现提供方向和实现路径。合作机制中暗含或明示的原则、规范、规则以及决策的相应程序能对投资便利化国际合作进行制度化、组织化安排，并维系和完善投资便利化合作机制。

**（二）高效、协调的法律保护体系是机制构建的重点**

法治化是实现投资便利化的重要保障。现阶段，我国在“一带一路”的建设过程中需要逐步实现法治化这一问题已经基本达成共识，但对于实现法治化的具体途径却尚未可知：①有学者提出，“一带一路”法治化的建设是国际法与国内法的有机统一；②有学者认为，应当立足于完善我国的涉外法律体系，加强法院业务审判能力、提高法院审判技术，同时要求我国法院要具有国际担当；③还有学者选取“一带一路”建设的某一特定区域进行法律保障机制的研究并给出了构建的整体规划。④

综合以上学者的理论观点，法治化的实现需要国际法和国内法两个层面的协调配合：国际法层面可选择的方式较为稳定，主要包括签订贸易和投资协定、成立国际组织等方式；国内法机制因国家主体不同而各有差异。

就“丝绸之路经济带”法治化建设而言，可以将贸易投资便利化作为区域合作法律框架构建的切入点，从最容易推进的经济领域入手，不断拓展到其他领域。鉴于此，本书选择以中国与中亚国家投资便利化的法律保障机制为研究对象，从国际法层面构建法律保障机制，即以条约法架构机制运行原则和实施准则，以国际组织为机制运行提供实体和平台，以争端解决为机制运行提供保障。

中亚国家是“丝绸之路经济带”核心区，但其国内及区域内的投资法律制度相对落后，非关税壁垒依然是贸易及投资的最大障碍。中国和中亚国家的投资

---

① 蒋安杰：《专家学者纵论“一带一路”法治思维与法律服务》，载《法制日报》2015年12月23日，第11版。

② 包运成：《“一带一路”建设的法律思考》，载《前沿》2015年第1期。

③ 车丕照：《“一带一路”建设与中国法院的国际担当》，载《中国审判》2015年第15期。

④ 韩永红：《论21世纪海上丝绸之路法律保障机制的构建》，载《国际经贸探索》2015年第10期。

便利化法律保障机制是"一带一路"法治化建设的一部分，也是投资实现便利化的内在要求和有力保障。推进与中亚国家的投资便利化，减少投资限制和壁垒，提高行政效率和加强投资政策的协调和对投资的保护，可以从根本上降低投资成本和投资风险。本书认为，降低投资准入门槛，特别是重点领域内准入和投资便利以及健全投资保护，是构建中国与中亚国家投资法律保障机制的重中之重。

**（三）丰富的合作领域是投资便利化机制构建的基础**

投资便利化机制的内容选择上应当增加投资便利化合作的可持续性以及投资合作的深度，在深化重点经济领域投资合作的同时，推动政治、安全、文化合作并进。在经济发展上可以优先发展交通运输、能源合作、金融合作、农业投资开发、信息通信等重点领域，以成熟的重点领域的投资便利化机制为示范不断扩展到其他领域，以点带面逐步实现全方位投资便利化。在优先发展重点经济领域的同时，应当兼顾政治、文化等方面的合作。因为，目标单一的经济或者政治联盟虽然比较容易推进，但其他功能的缺失则会带来投资便利化合作的隐患。为了推动投资便利化合作的顺利进行，中国和中亚国家更加需要在政治层面进行沟通协作、强化合力，完善、巩固合作机制。在安全方面，中亚国家存在区域安全问题，既有大国地缘政治博弈，又存在恐怖主义、分裂主义、极端主义的困扰，确保安全合作，才能为投资便利化合作保驾护航。在文化方面，中国和中亚国家有着不同的文化底蕴，加大文化合作是化解各国矛盾、促使和谐共进的桥梁。因此，经济合作是中国和中亚国家现阶段投资便利化合作的首要任务，而各领域有目标、有重点的协调配合是投资便利化合作顺利进行的关键。

## 第二节　投资保护法律机制理论概述

如前所述，在中国与中亚国家的投资关系中，基于中亚地区的诸多风险，如政权更迭、政府违约、国家安全审查、执法和司法层面的不透明和不公正，以及国际投资领域的一般性政治风险（国有化及征收险、汇兑险等），导致中国对中亚投资存在很多的不确定性。随着中国对外投资的迅猛发展，当下的投资保护体系已很难适应"一带一路"建设的需要，特别是当我们面对中亚这样的投资法律环境并不尽如人意的投资区域时，投资保护的法律机制是降低投资风险和成本的有效手段，某种意义上也是"丝绸之路经济带"建设成败的关键。有学者认为，"丝绸之路经济带"区域合作法律框架的建构，应以贸易投资便利化和能源安全合作作为两个主要的突破点。[①] 而投资便利化之外，投资保护法律机制为投资保驾护航，亦是海外投资保障必须考虑的问题。

## 一、国际投资保护法律机制的基本框架

根据商务部数据统计，2018 年中国对外投资流量达 1289.3 亿美元，居世界第二位。[②] 在巨额的投资背后是各类巨大的潜在投资风险。在“一带一路”倡议下，对外投资流量年年攀升，但投资保护机制却相对滞后。

### (一) 国际投资法基本框架

在现行海外投资过程中，国际投资主要受国内法和国际法两个层面的调整，也即国际投资保护主要有国内法和国际法两类渊源。

从国内法层面来看，资本东道国一般都会制定包括外国投资准入、投资待遇、投资保护和投资争端解决等主要内容的投资法。从立法模式上看，或为单行投资法，或散见于宪法、公司法、税法等。从规制内容来看，投资法主要规定投资定义、投资主体、投资待遇标准、投资保护措施以及投资争端解决等。鉴于投资争端解决机制是投资风险事后救济措施，也是广义的投资保护措施，本书中的投资保护是基于广义的理解。

对于资本输出国而言，其国内投资立法是对本国海外投资者予以鼓励、监管和保护的国内法制度。发达国家立法侧重于鼓励和保护，例如包括避免双重征税、海外投资保险制度以及信贷优惠等内容。发展中国家基于国内就业、资本外流及汇率等金融安全的考虑，更重视对外投资监管，以求引导和管控对外投资。海外投资保险制度是投资保护中最有力的保障措施，以美国海外私人投资公司(Overseas Private Investment Corporation，OPIC)的非商业风险保险为主要形式，后为德国、日本、英国等效仿。海外投资保险制度对源于国有化、外汇管制、战争等遭受的非商业风险先予赔偿后，由政府取得代位求偿权向投资东道国索赔。

从国际渊源来看，主要是国家通过一系列的双边、多边投资协定以及有关投资争端解决和投资担保等国际条约的形式对跨国投资进行的规制和保护，在一定范围内也包括国际惯例和一些国际组织决议、宣言等形成的国际软法规范。

---

① 彭何利、毛勇：《“新丝绸之路经济带”的国际法治构建》，载《法学杂志》2015 年第 8 期。

② 商务部：《2018 年中国对外投资发展报告》。

在双边、多边投资协定方面，截至2017年年底，全球已经缔结投资协定3322项，其中各类双边投资协定达2946项。中国已经与130个国家签订了双边投资保护协定，与106个国家和地区签订双边税收协定、安排和协议，其中包括65个“一带一路”沿线国家。国家相互间通过制定投资协议，决定对外开放的领域及投资待遇，如中国近期承诺的市场准入前国民待遇、负面清单等。还有国家会制定投资保护条款，如国有化补偿以及投资争议解决条款等。

在国际条约方面，基于投资对国家安全、文化传统等方面的冲击和影响，普遍及实体性的国际投资保护公约尚不存在。虽然WTO的TRIMs协定是WTO一揽子协议的一部分，其调整对象也仅限于与贸易有关。在WTO法律体系中，《服务贸易总协定》《与贸易有关的知识产权协定》《补贴与反补贴协定》《关于争端解决规则与程序的谅解》对投资均有一定影响。除此之外的全球性投资公约主要是关于投资担保和争端解决的《多边投资担保机构公约》(《汉城公约》)和《关于解决国家和他国国民之间投资争端解决公约》(《华盛顿公约》)。随着区域一体化的深入，区域性投资安排在投资制度建构方面也颇有建树。具有代表性的是欧盟的《马斯特里赫特条约》《欧洲能源宪章》和《北美自由贸易协定》等。

在国际软法方面，联合国大会通过的《各国经济权利和义务宪章》《发展和国际经济合作》等联合国决议，经济与合作组织通过的《国际投资与跨国企业宣言》《跨国企业指导原则》，以及国际货币基金组织和世界银行推出的《国际投资指南》等，这些国际软法规范并不具有严格的法律约束力，但对国际投资已经形成指引，并逐渐成为共同遵守的国际行为准则。

从国际投资法的发展趋势来看，双边的投资协定逐渐呈现出投资自由化和便利化的趋势，例如投资准入门槛降低，在投资准入方面采用负面清单，投资待遇方面给予外国投资市场准入前的国民待遇。与此同时，投资保护力度在不断增强，投资争端解决机制不断完善。但必须强调的是，随着贸易保护主义的抬头，提高劳工待遇、强化环境保护以及加强投资安全审查的情况日益普遍。

**(二)国际投资风险及保护机制**

国际投资面临的风险通常划分为商业风险和非商业风险。非商业风险主要指国际投资遭受的政治风险，包括战争、动乱和国有化征收等。商业风险通常是投资主体在投资过程中承担的侵权风险、信用风险和违约风险等。在对“一带一路”沿线国家的投资中，由于大多数国家为发展中国家，投资整体环境并不理想。与中国临近的国家除新加坡、文莱等，多数国家处于缓慢发展阶段，社会冲突时有发生，政治风险也较大，如2010年5月，中石油收购叙利亚油气开发公司35%股权，后因叙利亚内战爆发、局势动荡，而被迫撤离叙利亚。又如，中国企业投资于苏丹、南苏丹边境地区油田开发项目，金额高达200万美元，2011年7月，苏丹南北分裂，战火不断导致石油生产陷入停顿，中国企业蒙受重大损失。此外，中石化在也门的投资项目，也因2015年以来也门的政治危机持续升温而基本停滞。①

中亚国家中，哈萨克斯坦由于石油资源丰富，投资开放度高，政治环境相应稳定，政治风险程度较低。但油气等矿产领域的开发较成熟，国际投资争夺激烈，因此外资投入这些领域的商业风险也较大。土库曼斯坦、塔吉克斯坦、吉尔吉斯斯坦和乌兹别克斯坦4国中，除吉尔吉斯斯坦因2010年总统制改议会制以后，各党派加强对议会席位的争夺导致政府更迭频繁外，其他3国因为执政党在国内的绝对优势，总体政局比较稳定。社会稳定方面，哈萨克斯坦、乌兹别克斯坦和塔吉克斯坦总体较为稳定，土库曼斯坦由于邻接阿富汗和巴基斯坦，边境地区存在一定的安全隐患。吉尔吉斯斯坦国内恐怖主义活动时有发生，2016年8月中国驻吉尔吉斯斯坦大使馆遭恐怖袭击，3人受伤。

国有化风险本质上为政府违约风险，中亚5国总体上的国有化风险已经大幅度降低。哈萨克斯坦实行内外资一致政策，处经济特区外，对外资一般无特殊优惠政策，且近年在国内推行私有化政策，对外资采取征收的可能性大为降低，也未发生相关案例。乌兹别克斯坦近些年大力吸引外资并推行私有化，中国和乌兹别克斯坦均为多边投资担保机构（Multilateral Investment Guarantee Agency，MIGA）成员，中乌两国2012年新修订了双边投资保护协定，这些法律法规以及双边和多边协定可以有效降低乌兹别克斯坦的国有化和征收风险。吉尔吉斯斯坦政府历史上曾对部分企业实行国有化政策，并引发国际仲裁，也曾多次修改或取消部分合同条款。其中最为典型的是2013年库姆托尔金矿股权国有化问题，该案严重挫伤了国外投资者的信心，近几年吉国政府正努力消除该案的国际影响，降低国有化的负面效应。塔吉克斯坦给予内外资基本一致的待遇，单独赋予外资的特殊优惠较少，立法上承诺给予所有投资者全面同等的保护，并未发生国有化的事件。土库曼斯坦国家立法上对外资保护承诺少，国家经济主要集中于油气领域且受政府影响较大，虽未施行过国有措施，但存

① 孙南申：《“一带一路”背景下对外投资风险规避的保障机制》，载《东方法学》2018年第1期。

在一定的不确定性。

对投资者而言,采取相应的措施以最大化减少投资风险及保障自己的投资利益是投资过程中的重中之重。在投资项目实施之前的风险评估是减少投资风险的必要措施,这需要对投资东道国的投资环境进行全方位的调查和评估,深入甄别各类投资风险,需要借助专业服务机构及相关信息平台的专业服务。在此基础上对投资可能面对的商业及非商业风险、产业政策及投资前景作出相对精准的评估。在投资过程中,从公司治理角度建立和强化企业风险管理机制,对我国国有企业而言,明确公司董事、监事和高管人员对公司的忠实和勤勉义务,强化投资过失责任的追责问责机制,减少投资的随意性和盲目性也是"一带一路"投资中需要强调的。

国际投资遭遇政治风险往往是企业难以承受的,例如我国企业在利比亚内战中遭受的巨大损失。当面对战乱、征收、汇兑限制等风险而遭受损失时,企业又难以对抗东道国政府而获得充分、及时、有效的保障,因而海外投资法律保护机制就成为投资法体系中的重要内容。

国际投资保护法律机制应当包含三个方面的内容:投资母国对本国赴海外投资者给予的保护或者救济措施;投资东道国对外国投资给予的保护措施;国际条约体系下的国际投资保护机制。第三种保护机制通常与前两者是相互融合的关系,是否缔结双边或者多边投资条约或者加入相关国际组织是投资母国或投资东道国给予国际投资保护的表现形式之一。

投资母国对本国海外投资的保护措施通常表现为三个方面。一是建立专门性的投资保险机制,即海外投资保险制度。海外投资保险指对外投资者将在投资东道国可能发生的政治风险作为保险标的,向投资母国海外投资保险机构投保并签订保险合同,如果在投资过程中发生了保险合同中承保的政治风险,可先由承保机构赔偿被保险人,承保机构赔偿后即可取得被保险人的代位求偿权,之后可向投资东道国求偿。在我国实践中,海外投资保险的机构为中国出口信用保险公司(以下简称中国信保),其他商业保险机构尚未推出政治风险保险产品。为促进中国企业"走出去",中国信保向企业提供海外投资保险来规避企业海外投资中可能遇到的政治风险。二是在双边或者多边层面建立较为完善的争端解决机制。在双边层面,主要是投资母国与东道国之间签订的 BITs 中包含的争端解决机制,用以解决投资者与东道国政府及东道国与投资母国之间的投资争端,防止主要依赖东道国当地救济而可能附带的属地保护主义。在此类争端解决机制中,为抑制东道国当地救济的适用通常都会引入国际投资仲裁,包括临时仲裁和机构仲裁。其中,机构仲裁一般是由可以受理国际商事争议的仲裁机构受理,如瑞典斯德哥尔摩商事仲裁院(Arbitration Institute of Stockholm Chamber of Commerce,SCC)、英国伦敦国际仲裁院(London Court of International Arbitration,LCIA),以及中国国际经济贸易仲裁委员会(China International Economic and Trade Arbitration Commission,CIETAC)等。近些年越来越多的BITs中适用“岔路口”条款,将投资争端解决方式引向国际仲裁机构,特别是国际商会仲裁院(ICC)、国际投资争端解决中心(ICSID)。三是投资母国为本国投资者提供外交保护。随着国际投资争端解决方式的不断发展,特别是国际投资仲裁制度被广泛接受,国际投资中的外交保护已没有太多施展空间,但并不意味着外交保护已经完全退出历史舞台。在投资母国和投资东道国之间未能签订有效的投资协定而缺乏双方都认可的投资争端解决方式或投资东道国已经明确表示将不遵守仲裁裁决时,投资母国政府的出面将是对本国海外投资的有力保障,但基于外交保护在两国之间可能会导致巨大的外交成本,故在投资争端中应审慎使用。

投资东道国给予外国投资的保护构成国际投资保护制度的核心,也就成为投资风险及法律环境评估的主要内容之一。东道国通常通过本国相关的投资立法确认对外国投资保护的法律义务,构成对外国投资保护的承诺。例如,非特殊情况下,不对外国投资实施国有化征收,对国有化征收采用严格限制并承诺提供充分及时有效的补偿;承诺除出现危机,不对外国资本实行汇兑限制;以对政府特许协议的承诺削减政府违约风险;在出现国际投资争端后,给予外国投资者包括国际仲裁在内的充分、公正的救济渠道等。东道国将对外国投资的保护以立法方式形成法律承诺,构成本国投资保护的法律义务,这种承诺被越来越多的国家通过双边投资协定的“保护伞”条款国际化后,成为国际法义务,在国际投资争端解决方面使国际仲裁机构拥有管辖权。

国际双边或者多边体系(包括国际组织)下的投资保护机制是对国际投资的国际法保护,其本质是投资东道国或者投资母国对国际投资的国际承诺和国际法义务,主要方式是通过提供国际投资担保和国际投资争端解决方式来保障国际投资安全。

国际投资担保机制主要指《多边投资担保机构公约》(以下简称MIGA公约)体系下的国际投资保险。MIGA是全球最具影响力的国际投资担保机构,已有 181 个成员，中国是其创始会员国并持有 3.358% 的股份。[①] MIGA 提供的政治险种类包括大多数非商业风险：货币汇兑险、征收险、违约险、战争和内乱险、不履行主权财务责任险。根据 MIGA 公约，MIGA 具有代位求偿权，即在 MIGA 为投资者提供赔偿后取代投资者享有向东道国求偿的权利，MIGA 以国际组织的身份介入投资争端给东道国施加了较大影响，更能保证投资争端的顺利解决。中亚五国都是 MIGA 的成员，也是 MIGA 适用比较多的国家。中国虽是创始会员国，也认购了一定的股份，但中国企业利用 MIGA 防范风险的实践极少。

就国际投资争端解决机制而言，大量的双边投资协议均有投资争端解决的约定，但总体上呈现出多样化和碎片化的特征。发展中国家签订双边 BIT 往往更强调用尽当地救济，而避免争端解决的国际化。在多边层面，全球性的投资争端解决主要集中于国际投资争端解决中心（ICSID）、联合国国际贸易法委员会（United Nations Commission on International Trade Law，UNCITRAL）等投资仲裁机构及 WTO 争端解决机制，而后者裁决的是国与国之间的投资争端。除 WTO 和 ICSID 外，一些国家也纷纷缔结区域性协定组成区域性组织以解决争端，欧盟、北美自由贸易区、中国－东盟自由贸易区等组织比较具有代表性。[②]

中国与中亚区域内并不存在可统一适用的多边投资条约，也就缺乏统一的投资争端解决机制。但除了乌兹别克斯坦和土库曼斯坦之外，中国与哈、塔、吉 4 国都是世贸组织成员，故 WTO 争端解决机制可以成为中国与中亚投资争端的选择。然而，考虑到诉诸 WTO 可能带来的政治成本和风险，中国与中亚国家不会轻易选择 WTO 作为投资争议的解决方式，因而 WTO 的争端解决机制很大程度上只是备而不用的选项。中国 1993 年正式批准加入 ICSID，中亚国家中除塔吉克斯坦外，其他四国皆为 ICSID 缔约国。中亚国家在 ICSID 受案占比也比较高，从区域来看，东欧中亚国家涉诉案件排第一位，占比达 25%。[③] 我国对 ICSID 的态度经历了从不接受到逐步接受的过程。故 ICSID 可以成为中国与中亚国家投资争端解决的选项之一。从双边层面看，中国与中亚 5 国主要在

---

① 杜微、刘沫含：《利用多边投资担保机制防范中资企业“走出去”政治风险》，载《开发性金融研究》2015 年第 1 期。

② 廖丽：《“一带一路”争端解决机制创新研究——国际法与比较法的视角》，载《法学评论》2018 年第 2 期。

③ 张瑾：《“一带一路”投资保护的国际法研究》，社会科学文献出版社 2017 年版，第 134 页。

1992年签署了双边投资协定,除2011年与乌兹别克斯坦重新签署新的投资协定外,与其他四国的投资协定一直沿用至今。就投资争端解决而言,大体上规定是一致的。如出现投资争议,争议双方应尽可能地通过协商方式解决,若6个月内无法协商解决,则将征收补偿额有关争议交专设仲裁庭解决。协定还具体规定了涉及仲裁的一系列问题,其中包含仲裁员的组成、仲裁的规则、裁决的作出及其费用的承担等事项。随着“一带一路”倡议的不断深入,我国已经开始启动与中亚国家签订新的双边投资协定,其重要内容应当是顺应形势完善投资争端解决机制的相关规定。

## 二、中国国际投资保护法律机制的基本内容

在“丝绸之路经济带”建设过程中,中国无疑具有资本东道国和资本输出国的双重身份。在改革开放的初期,我国以“三资企业法”为代表的投资立法显然是为了吸引和规范外资设立的。在很长的一段时间内,我国都是世界最佳的资本东道国之一,吸引国际投资排名在世界前两位。自20世纪90年代后,我国对外投资迅猛发展,至今已经成为世界第二大投资国。但从投资立法来看,中国尚未制定出一部系统性的海外投资法。基于海外投资存量相对较小的原因,现行相关法律主要立足于“引进来”,即主要以调整外商来我国投资为主,对我国投资者进行海外投资立法较少,且对外投资立法重监管轻保护。在“一带一路”倡议推动下,加快完善我国海外投资保护立法已势在必行。

截至2019年,中国颁布了许多与国际投资行为相关的行政法规,如国务院在2006年颁布的《关于鼓励和规范中国企业对外投资合作的意见》,外汇管理局在2009年颁布的《境内机构境外直接投资外汇管理规定》,商务部2009年颁布的《境外投资管理办法》,国家发展和改革委员会2014年5月颁行的《境外投资项目核准和备案管理办法》(此《办法》已被2018年3月起施行的《企业境外投资管理办法》所取代)。总体上看,中国关于海外投资的法律法规包含了投资项目管理、海外投资税收、金融、外汇、投资保险和投资监管等多方面的内容。

在国际法层面,我国对海外投资风险防控一贯非常重视,先后签署和批准了主要国际投资保护公约。例如,1988年中国加入《多边投资担保机构公约》,后加入《解决国家与他国国民间投资争端的公约》,依据该公约设立的国际投资争端解决中心(ICSID)为中国投资者与东道国间发生的投资争端提供有效的解决途径,该公约对发展中国家设有特别的保护。此外,WTO条约体系中的《与贸易

有关的投资措施协议》(TRIMs)、《服务贸易总协定》(General Agreement on Trade in Services,GATS)、《关于争端解决规则与程序的谅解》(Understanding on Rules and Procedures Governing the Settlement of Disputes,DSU)等也对相关投资行为加以规制,并辅之以 WTO 争端解决机制监督和救济,为促进创设良好国际投资环境和鼓励投资自由化创造了条件。

总体上看,为规避海外投资风险,中国海外投资保护的法律制度包括两个大的方面:海外投资保险制度和投资争端解决机制。海外投资保险是投资母国对本国海外投资者在投资东道国可能遭受的政治风险提供保证或者保险,待承保风险发生后,由保险机构对投资给予补偿的一种制度。中国出口信用保险公司是我国海外投资保险的担保机构。自 2003 年起中国信保开始正式为投资者提供保险服务,这里的投资者是指中国的投资者及虽在境外设立但境内实际投资比例达 95% 的企业,以及为项目提供融资的境内外金融机构。中国信保承保的风险包括战争、暴乱、征收、汇兑及违约等风险。[①] 目前中国信保承保与中亚有关的大型海外投资项目包括吉尔吉斯斯坦中大石油项目和中亚油气管道项目。但中国海外投资保险也存在诸如代位权缺乏条约依据而不得不借助外交保护或者东道国国内法救济,中国信保同时扮演审批和承保角色导致保险制度设计较为保守和僵化,以及由于投保机构偏少增加保险成本导致保险费率偏高等不足。

投资争端解决机制在一国海外投资保护法律机制中居核心地位。从历史演变的实践来看,目前已知的投资争端解决方法包括协商、调解、东道国当地救济、外国法院诉讼、外交保护、国际商事仲裁和 ICSID 仲裁等多种形式,[②]各种形式也各有利弊。投资争端包括投资东道国与投资母国间、投资者与东道国之间的争端,故国家间谈判与协商的外交途径、诉诸 WTO 争端解决机制均可成为争端解决的选项,但实践中由于国家成本过高而非优先选择。目前看来,以 ICSID 为代表的国际投资仲裁日益盛行,为解决投资者与东道国间的投资争端提供了非政治化的解决方式,ICSID 受案量大增也说明了这种趋势。但也应该看到,ICSID 由于其过于保护投资者利益、效率低下、裁决结果不统一等弊端也广受诟病。

---

① 参见中国出口信用保险公司官方网站:http://www.sinosure.com.cn/。

② 刘笋:《浅析 WTO 争端解决机制的司法性质及其对国际投资争议解决法的影响》,载《广西师范大学学报(哲学社会科学版)》2002 年第 1 期。

中国在开放初期因主要扮演投资东道国的角色而维护本国投资管理权，故力争投资争端解决的本土化而非国际化，在投资争端解决方面侧重于行政复议及当地救济，将国际仲裁限定在如征收数额等较小的范围内。随着投资身份的转变，中国对国际仲裁作为投资争端解决方式持越来越开放的态度，在投资争端解决方式上赋予投资者当地救济和国际仲裁的选择权，但一般要求投资者行使东道国的行政复议权。实践中，中国海外投资者已越来越多地利用国家对外签订的 BITs 和 ICSID 仲裁机制维护自身权益。在“一带一路”的背景下，海外投资风险很多为政治风险，因为法律和文化差异都较大，投资风险呈上升趋势，投资争端解决就显得异常重要，可以预见，中国相关的投资争端也会越来越多。中国投资争端解决机制也存在一些急需解决的问题，如中国投资遍布全球，但签订的 BITs 仅有 104 个，尚不能覆盖绝大多数的投资东道国；相当多的 BITs，如与中亚五国（除吉尔吉斯斯坦外）的 BITs 签订时间均较早，将国际投资仲裁限定在较小的范围，也未引进 ICSID 仲裁，极大限制了国际仲裁方式在投资争端中的适用。为了促进“一带一路”经济纠纷的解决，2018 年中国创建了“一带一路”国际商事争端解决机制并设立国际商事法庭，但这一法庭在管辖权上，明确将国与国之间的贸易和投资争端、东道国与投资者之间的投资争端排除在外。

## 三、中亚国家的投资保护法律机制

中亚国家在独立伊始，因失去苏联的支持而资金匮乏，急需大量资金，故在建国之初就纷纷制定本国的投资法以提供稳定可供预期的投资法律制度。1991 年至 1994 年，中亚 5 国中，哈萨克斯坦于 1991 年颁布了《对外经济活动基本法》《自由经济区法》《外汇调节法》，1992 年又颁布了《外商投资法》。乌兹别克斯坦 1991 年颁布《涉外经济活动法》《外国投资法》《关于外资企业、国际公司和组织及其分支机构在乌兹别克斯坦共和国成立与活动的办法条例》，1994 年颁布了《外国投资和外国投资者活动保障法》。土库曼斯坦和塔吉克斯坦均于 1992 年颁布《外国投资法》。吉尔吉斯斯坦于 1991 年颁布《外国投资法》，1992 年颁行《对外经济活动基本法》《企业由外商租赁经营法》《自由经济区法》《总统关于调整吉尔吉斯斯坦对外经济活动的命令》《租让和租让给外国人企业法》《关于开办和注册外资企业、合资企业、国际联合体及组织的办法条例》等。同处于脱离苏联母体、对苏联经济依赖大、产业结构不合理、基础设施较差等相同背景下，中亚5国的投资法体系和内容都较为相近，体系上看均以《外商投资法》《自由经济区法》《外资企业法》等为主要法律渊源，同时以大量的总统令适时调整，内容较为简单，立法变动很大。此后，经过一系列的完善，各国均已建立起系统的完善的投资法律体系（具体内容将在第四章详述）。

为吸引外资，除了外国投资者的基本权益、投资市场准入门槛、投资待遇等规定外，投资保护是重要的内容。为确保外国投资的安全和投资收益，提供安全稳定的投资环境，各国在投资法中均规定不对外国投资者实行国有化和征收措施，但立法保留国家基于特殊情况对外国投资进行没收和征收的权力。例如，哈萨克斯坦、吉尔吉斯斯坦和土库曼斯坦投资法都规定，只在遭遇自然灾害、意外事件、瘟疫等特殊情况下才实行国有化。对于国有化的财产补偿，都规定补偿不低于财产的实际价值，其实质是接受了西方充分、及时和有效补偿的基本原则。

在投资收益自由汇兑方面，中亚国家均规定投资收益的自由转移。在提交一系列证明文件后，无论个人还是法人，均可以通过银行向境外汇出其合法收入。同时，各国主权货币均实现了与美元在境内的自由兑换。

在投资争端解决方面，中亚国家在早期的投资法中只是作出原则性的规定，随着投资法的不断完善，争端解决的方式和手段也日益丰富。哈萨克斯坦1991年的投资法只有17条，仅对外国投资作出原则性的规定，并未涉及投资争端解决。至1994年的投资法，内容得到极大的充实，其第27条专门规定了投资争端解决的基本方式：与外国投资者的投资争议原则上尽可能通过谈判协商解决，协商不成可选择哈萨克斯坦司法或者依据《华盛顿公约》设立的国际投资争端解决中心仲裁解决，如果是非《华盛顿公约》缔约国，则可以选择依据联合国国际贸易仲裁委员会仲裁规则成立仲裁机构，也可以选择哈萨克斯坦的工商会仲裁委员会仲裁或者斯德哥尔摩国际商会仲裁。在法律适用方面，各国均规定：如果本国缔结条约包含争议解决条款的，以条约为准；否则，外商投资争议应由本国仲裁机构或法院审理，适用本国法律。这表明各国在转型过程中，都接受了“条约必须遵守”的国际法规则，顺应国际社会的普遍做法，为更好地吸引投资创造条件。

# 第三章　中亚国家投资环境的经济分析

中国是最早承认中亚5国独立并与之建立外交关系的国家。中亚国家独立以来，中国与中亚国家关系发展比较平稳和顺利。俯瞰“丝绸之路经济带”的地理版图，中国西北地区承内启外，延至现今的乌兹别克斯坦、哈萨克斯坦、乌兹别克斯坦、吉尔吉斯斯坦和土库曼斯坦所在的中亚地区，是“丝绸之路经济带”的核心区段。① 独特的地理要冲和能源安全保障区域都注定了中亚5国在中国周边外交版图中的地位举足轻重。因此，中国选择在哈萨克斯坦首次提出“丝绸之路经济带”倡议，也充分说明中亚国家在“丝绸之路经济带”倡议中的重要地位。而且中国与中亚5国均建立了战略伙伴关系，在中国外交史上还没有先例，可见中国对中亚的重视程度。②

## 第一节　中亚国家宏观经济环境分析

中亚国家地处欧亚腹地，陆路交通颇多障碍，经济基础薄弱，资金和技术都比较匮乏，故从独立伊始就特

---

① 李琪：《历史记忆与现实侧观——中亚研究》，中国社会科学出版社2016年版，第2页。

② 赵会荣：《东亚国家发展历程研究》，社会科学文献出版社2016年版，第274页。

别强调吸引资金和高科技技术以支持制造业的发展。在中亚国家建国之后,中国与中亚国家的经济发展十分迅速,已经成为中亚五国最重要的经贸伙伴之一。经过30多年的发展,中亚国家产业结构日趋合理,在能源、交通和农业等领域进步明显。中亚五国不断修订投资立法,改善投资环境,在吸引外资等方面取得了长足的发展。

限于篇幅,本节对中亚投资环境不单独做国别研究,在总结相关资料数据的基础上,以经济学视角对影响中亚经济发展诸要素做经济分析。

## 一、相似的历史文化环境

中亚各国历史是域内外力量共同塑造的历史,可以看作一部主体与客体之间的矛盾斗争史,也可以看作中亚居民与外来居民争夺选择权的历史。在被独立、博弈的过程中,中亚居民不断尝试主宰自己的命运,选择自己的发展方向和发展道路。[①] 中亚五国均脱胎于苏联,长期受沙俄和苏联的统治,其历史文化发展都与沙俄和苏联有千丝万缕的联系。中亚国家都是在1991年9月以后脱离苏联的,最早的是于1991年8月31日宣布独立的吉尔吉斯斯坦,随后是乌兹别克斯坦、塔吉克斯坦、土库曼斯坦、哈萨克斯坦相继宣布独立。

### (一)相似的历史发展历程

哈萨克族形成于16世纪初,曾经建立过哈萨克汗国,19世纪中叶受沙皇俄国统治。哈萨克人于1920年8月26日建立了哈萨克苏维埃社会主义自治共和国,其归属于俄罗斯联邦,后按民族划界于1925年4月19日改称哈萨克苏维埃社会主义自治共和国。1936年12月5日作为加盟共和国成为苏联的一部分。1991年12月10日改称哈萨克斯坦共和国,并于12月16日通过《哈萨克国家独立法》正式宣布独立,12月21日加入独联体。[②]

吉尔吉斯族形成于15世纪后半期,19世纪前半期之前属浩汗国。1924年成立卡拉吉尔吉斯自治州归属于苏联。1936年,吉尔吉斯苏维埃社会主义共和国宣布成立并加入苏联。1991年8月31日,通过国家独立宣言,正式宣布独立,后加入独联体。

10世纪,塔吉克人曾建立过萨玛尼德王朝,后被鞑靼征服,16世纪加入布哈拉汗国,1868年并入俄国。1924年10月塔吉克人建立苏维埃社会主义自治

---

① 赵会荣:《东亚国家发展历程研究》,社会科学文献出版社2016年版,第7页。

② 商务部:《对外投资国别(地区)指南:哈萨克斯坦》,中国商务出版社2017年版,第2页。

共和国,隶属于乌兹别克苏维埃社会主义共和国。1929 年 10 月改名为塔吉克苏维埃社会主义共和国,成为苏联 15 个加盟共和国之一。1991 年 9 月 9 日宣布独立后加入独联体。

“乌兹别克”意为独立,民族形成于 9 ~ 11 世纪,后被蒙古人征服。乌兹别克人曾于 16 ~ 18 世纪建立过布哈拉汗国、希瓦汗国和浩汗国。19 世纪 70 年代部分并入俄国。1924 年 10 月建立乌兹别克苏维埃社会主义共和国后加入苏联,成为加盟共和国之一。后于 1991 年 9 月,宣布独立并建立乌兹别克共和国。

土库曼人长期受鞑靼人统治,15 世纪形成土库曼民族,16 ~ 17 世纪受布哈拉汗国、希瓦汗国统治。19 世纪 60 ~ 80 年代部分归属于俄国。1924 年 10 月土库曼人建立土库曼苏维埃社会主义共和国,成为苏联的加盟共和国。土库曼于 1991 年 10 月 27 日宣布独立,建立土库曼斯坦,后加入独联体。1995 年联合国批准土库曼斯坦成为永久中立国,土库曼斯坦随后退出独联体。

**(二)相近的民族、宗教和文化传统**

1. 复杂的多民族国家

从中亚各国的国名即可看出各个国家都有自己的主体民族,但中亚国家又全部都是复杂的多民族国家。

哈萨克斯坦有 125 个民族,67% 的哈萨克族、22.3% 的俄罗斯族、3% 乌兹别克族、1.9% 的乌克兰族、1.4% 的维吾尔族等;乌兹别克斯坦有 134 个民族,78.8% 的乌兹别克族、4.9% 的塔吉克族、4.4% 的俄罗斯族、3.9% 哈萨克族、2.2% 的卡拉卡尔帕克族等;土库曼斯坦 120 多个民族 94.7% 的土库曼族、2% 的乌兹别克族、1.8% 的俄罗斯族等;吉尔吉斯斯坦 84 个民族,72.8% 的吉尔吉斯族、14.5% 乌兹别克族、6.2% 的俄罗斯族等;塔吉克斯坦 86 个民族,75.9% 的塔吉克族,22.7% 的乌兹别克族等。

2. 相近的宗教和语言

中亚地区由于地处欧亚大陆腹地,历史上不断被外族征服和统治,是古丝绸之路的枢纽,也是不同文化和文明碰撞融合之地,经常被喻为文化的万花筒和大熔炉。中亚五国主体民族中,除了塔吉克族属于波斯语族外,其他四个民族均属于突厥语族。人种方面,塔吉克族也有别于其他四个民族,属于欧罗巴印度地中海类型,形成于 9 ~ 10 世纪,而其他民族形成于 15 世纪以后。

5 国主体民族除使用本民族语言外,都在普遍使用俄语,同时绝大多数人都信仰伊斯兰教或东正教。其中哈萨克斯坦 69% 的人信仰伊斯兰教,30% 的人信仰东正教；乌兹别克斯坦90%以上的人信仰伊斯兰教，其他的信仰东正教；土库曼斯坦绝大多数的人信仰伊斯兰教，其他的信仰东正教；吉尔吉斯斯坦70%以上的人信仰伊斯兰教，其他的信仰东正教和天主教；塔吉克斯坦80%以上的人信仰伊斯兰教。中亚地区的主要民族由于经历沙俄和苏联，在风俗习惯上也吸收了斯拉夫民族的传统文化。俄语在中亚国家广泛流传，成为中亚国家各民族交流的通用语言。由于中亚主体民族都信仰伊斯兰教，都在独立后经历了伊斯兰教的复兴，伊斯兰化问题不同程度地存在于这些国家，也成为"丝绸之路经济带"实施过程中的不确定因素。（见表3－1）

**表3－1　中亚5国基本情况对比**

| 指标 | 哈萨克斯坦 | 乌兹别克斯坦 | 土库曼斯坦 | 吉尔吉斯斯坦 | 塔吉克斯坦 |
|---|---|---|---|---|---|
| 独立时间 | 1991年12月16日 | 1991年9月1日 | 1991年10月27日 | 1991年8月31日 | 1991年9月9日 |
| 主要民族 | 125个 | 134个 | 120多个 | 84个 | 86个 |
| 宗教信仰 | 伊斯兰教<br>东正教 | 伊斯兰教<br>东正教 | 伊斯兰教<br>东正教 | 伊斯兰教<br>东正教、天主教 | 伊斯兰教 |
| 语言 | 哈萨克语<br>俄语 | 乌兹别克语<br>俄语 | 土语<br>俄语 | 吉尔吉斯语<br>俄语 | 塔吉克语<br>俄语 |

## 二、丰富的自然资源

### （一）丰富的矿产资源

中亚5国矿产资源十分丰富，部分矿藏已探明储量巨大，不少矿藏的储量占全球储量的比例很高，详见表3－2。其中，哈萨克斯坦90多种固体矿产资源，1200多种矿物原料，已探明的有色、黑色、稀有及贵重金属矿产地超过500处，钨占比超过50%（全球第一），铀占25%（全球第二），铬矿占23%（全球第二），铅占19%（全球第六），锌占13%（全球第四），铜占10%（全球第四），铁占10%（全球第六）。乌兹别克斯坦探明近100种矿产品，黄金探明储量3350吨（全球第四），铀探明储量18.58万吨（全球第七）。土库曼斯坦主要矿藏资源有芒硝、碘、有色及稀有金属，同时还储备着苏联境内70%的碘和溴，以及钾盐（50亿吨）、食用盐（18亿吨）、硝、锶和硫酸钠等。吉尔吉斯斯坦探明黄金储量565.8吨（全球第二十二），水银储量4万吨（全球第三），稀土探明储量5.15万吨,铝探明储量3.5亿吨。塔吉克斯坦已发掘出400多个矿带,探明有铅、锌、铋、钼、钨、锑、锶、金、银、锡、铜等金属;有30处金矿,总储量达600多吨;银矿储量近10万吨,是世界上第二大银矿区。

**表3-2 中亚国家部分已探明矿产资源储量及全球排名**

| 国家 | 名称 | 储量(万吨) | 全球排名 |
|---|---|---|---|
| 哈萨克斯坦 | 钨 | 200 | 1 |
| | 铬 | 40,000 | 2 |
| | 铀 | 150 | 2 |
| | 锰 | 60,000 | 4 |
| | 铜 | 3450 | 4 |
| | 锌 | 2570 | 4 |
| | 铁 | 910,000 | 6 |
| | 铅 | 1170 | 6 |
| | 金 | 0.19 | 8 |
| | 铝土 | 45,000 | 10 |
| 乌兹别克斯坦 | 金 | 0.335 | 4 |
| | 铀 | 18.58 | 7 |
| 吉尔吉斯斯坦 | 水银 | 4 | 3 |

**(二)能源资源在GDP中占比突出**

根据2017年版《BP世界能源统计年鉴》报告及《对外投资合作国别(地区)指南》数据显示,截至2015年年底中亚5国已探明石油储量49.793亿吨,占世界探明总石油储量的2.16%,其中哈萨克斯坦已探明石油储量40.92亿吨,高居中亚5国之首,其次是乌兹别克斯坦已探明储量5.84亿吨,2017年原油开采总量为80.6万吨,同比下降6.3%。中亚5国已探明天然气储量214.42千亿立方米,占世界已探明总天然气储量的11.57%,其中土库曼斯坦已探明天然气储量175千亿立方米,居中亚第一,其次是乌兹别克斯坦已探明储量20.55千亿立方米,2017年天然气开采总量为564亿立方米,增长0.5%;哈萨克斯坦已探明储量10千亿立方米,塔吉克斯坦已探明储量8.8千亿立方米。中亚5国已探明的煤资源储量333.8亿吨,占世界总探明煤资源储量的2.93%,其中,哈萨克斯坦已探明煤资源储量最多，达256.05亿吨，其次是塔吉克斯坦已探明储量46亿吨，乌兹别克斯坦已探明储量18.3亿吨，吉尔吉斯斯坦已探明储量13.45亿吨。（见表3－3）

**表3－3 已探明的能源储量统计**

| 指标 | 世界 | 哈萨克斯坦 | 乌兹别克斯坦 | 土库曼斯坦 | 塔吉克斯坦 | 中亚合计 |
|---|---|---|---|---|---|---|
| 石油储量（亿吨） | 2307.21 | 40.92 | 5.84 | 0.82 | 1.20 | 49.80 |
| 天然气储量（千亿立方米） | 1854.00 | 10.00 | 20.55 | 175.00 | 8.80 | 214.42 |
| 煤储量（亿吨） | 11，393.31 | 256.05 | 18.30 | | 46.00 | 333.810 |

数据来源：《BP世界能源统计年鉴》（2017年版）。
注：土库曼斯坦煤资源较少且数据缺失未计算。

所有自然资源租金占GDP的比例就是从自然资源开发中获利占国内生产总值的比重，表示经济发展对自然资源的依赖程度。自然资源租金比重越高表明某国自然资源开发受国际能源、资源价格的影响较大。世界银行数据库中的所有自然资源租金包含煤炭租金、森林租金、石油租金、天然气租金及矿物租金。

从图3－1中可以看出，1996～2015年，哈萨克斯坦、土库曼斯坦、乌兹别克斯坦的所有自然资源租金占GDP的比重明显高于世界平均水平。其中土库曼斯坦一直处于较高水平，经济发展对自然资源的依赖程度最高，在2001年达到了80.92%，随着国际能源价格的波动，2001年之后有所下降，但2015年这一比重仍然达到18.98%，比同期世界平均水平高17.25%。其次是哈萨克斯坦和乌兹别克斯坦，这两个国家的所有资源租金占GDP的比例在1996～2015年中变化趋势和水平大致相同，在1999年之前都保持在10%以下，自此之后随着自然资源开放力度的增加，比重都有较大幅度的提升，在2007年前后都达到了最大值，自然资源开放获利占GDP的比重达到了28%左右，受国际能源价格影响，2012年后一直处于下降趋势，在2015年下降到9.2%左右，但仍然比同期世界水平高7.5%。

吉尔吉斯斯坦所有自然资源租金占GDP的比重在2000年以前一直处于较

低水平,这一方面与其自然资源的储量有关,同时也说明2000年以前吉尔吉斯斯坦对自然资源开发利用不足,在2000年以后吉尔吉斯斯坦的自然资源开发达到世界平均水平,并逐年提高,2011年达到12.38%,之后受国际能源价格影响下降,2015年为7.71%。塔吉克斯坦自然资源租金占GDP比重一直处于较低水平,但自2010年后逐年提高。近几年即使在国际能源价格较低的情况下,塔吉克斯坦的自然资源租金仍然有所提高。

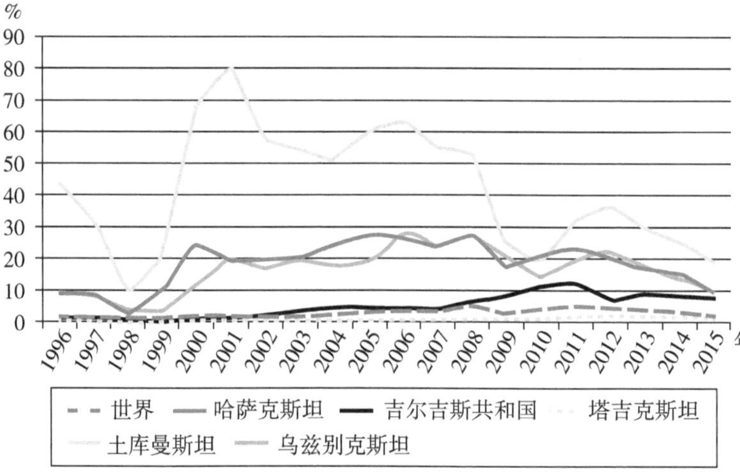


**图3-1 自然资源租金占GDP比例**

数据来源:世界银行数据库。

## 三、人口及劳动力状况分析

### (一)人口及劳动力结构

1.劳动力的性别结构

中亚5国女性人口占比较高,女性劳动力比例较高。如图3-2所示,截至2016年年底,世界平均女性人口比例为49.56%,女性劳动力占比为39.39%。中亚5国中哈萨克斯坦女性人口比例高达51.57%,女性劳动力比例比世界平均水平高9.45%;吉尔吉斯斯坦女性人口比例为50.41%,女性劳动力人口占比却不是很高,仅为40.18%,稍微高于世界平均水平;塔吉克斯坦女性人口占49.76%,接近于世界平均水平,但女性劳动力比例也很高,达到43.66%,比世界平均水平高4.27%;土库曼斯坦和乌兹别克斯坦女性人口占比分别为50.76%、50.16%，但是女性劳动力比例仅为39.2%、39.7%。这说明土库曼斯坦和乌兹别克斯坦受宗教及文化影响较大，女性较少参与社会经济活动。

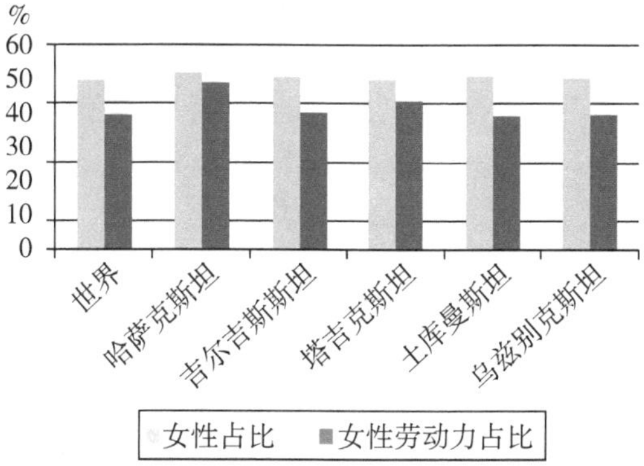


**图3-2　女性人口占总人口的比例**

数据来源：世界银行数据库。

2. 劳动力的年龄结构分析

中亚5国人口年龄结构相对比较年轻化，老年人口比例远低于世界平均水平，而且老年人口比例在近20年中都呈现下降趋势，中青年人口占比上升。2016年，世界15~64岁人口比例为65.45%，65岁及以上人口占比8.48%。2016年哈萨克斯坦、吉尔吉斯斯坦、塔吉克斯坦、土库曼斯坦、乌兹别克斯坦15~64岁人口比例分别为65.76%、64.13%、61.45%、65.01%、67.69%，分别比1996年上升了3.18%、6.89%、9.43%、9.45%、12.59%。2016年哈萨克斯坦、吉尔吉斯斯坦、塔吉克斯坦、土库曼斯坦、乌兹别克斯坦65岁及以上人口比例分别为6.84%、4.36%、4.36%、4.16%、4.33%，分别比1996年下降了0.37%、1.17%、0.5%、0.01%、0.18%。（见图3-3）

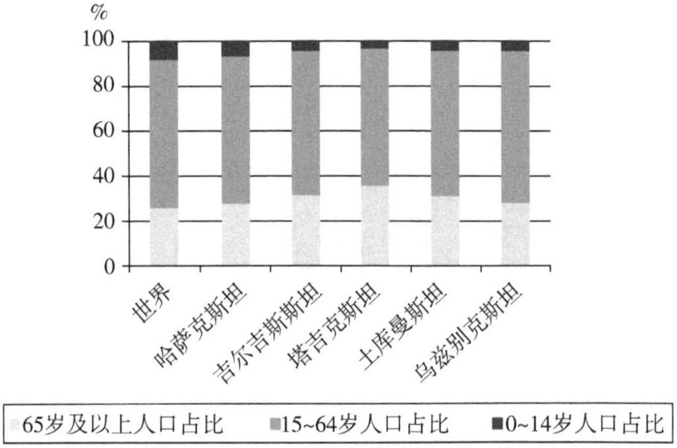


**图 3－3　人口年龄结构**

数据来源：世界银行数据库。

3. 劳动力的城镇化结构分析

随着全球经济的发展，世界城镇化水平也在逐渐提高，城镇水平比重逐年升高，据世界银行数据显示，截至 2016 年世界城镇人口比重达 54.3%，比 1996 年提高 9.24%。

中亚 5 国城镇人口比例除哈萨克斯坦外都比较低，且大多呈现下降趋势，经济增长并未出现城镇化现象。哈萨克斯坦虽然一直以来城镇人口比重较大，在 1996 年就达到了 55.94%，但之后城镇人口比例却没有提高，截至 2016 年仅为 53.23%，与 1996 年相比下降 2.71%，低于世界平均水平。吉尔吉斯斯坦、塔吉克斯坦、乌兹别克斯坦城镇人口一直较低，人口大都分布于农村地区，而城镇人口比例近年均出现不同程度的下降，2016 年 3 个国家的城镇人口比例分别为 35.85%、26.89%、36.48%，远低于世界平均水平，比 1996 年分别下降了 0.22%、1.45%、1.6%。土库曼斯坦城镇人口比例虽然不低，但发展缓慢，2016 年城镇人口比例为 50.4%，比 1996 年提高 5.38%，增加的幅度低于世界平均水平。（见图 3－4）

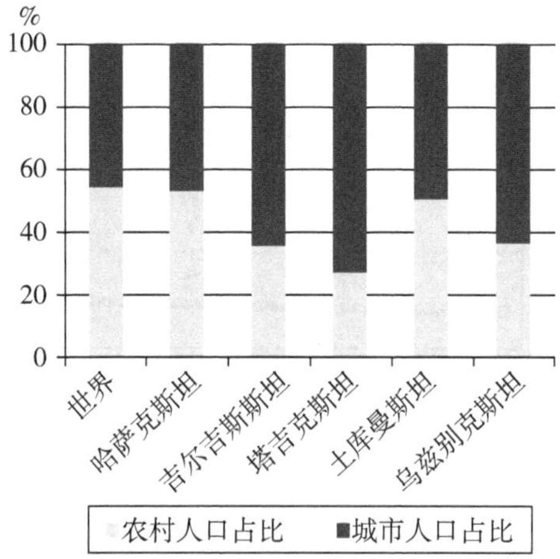


**图 3-4 2016 年城乡人口比例**

数据来源：世界银行数据库。

总体上看，中亚国家中乌兹别克斯坦劳动力人口基数最大、增长较快，2016 年劳动力数量达到了 1421.69 万人，1996～2016 年的 21 年间增长了 42.1%，劳动力人口占总人口的比例为 44.6%。哈萨克斯坦人口密度为 6.5 人/平方米，劳动力人口数量处于中亚 5 国第二位，但增长缓慢，2016 年劳动力人口 923.08 万人，21 年间仅增长了 17%，占总人口比例为 51.8%。塔吉克斯坦人口密度为 61 人/平方米，劳动力人口基数小，但增长较快，1996～2016 年增长了 43.7%，2016 年为 388.79 万人，占总人口比例为 44.5%。吉尔吉斯斯坦人口密度为 31 人/平方米，劳动力人口基数小，但在稳步增加，2016 年劳动力人口数量为 262.79 万人，比 1996 年增长了 27.4%，占总人口比例为 43.2%。土库曼斯坦人口密度为 11.4 人/平方米，2016 年劳动力人口仅为 566.25 万人，比 1996 年增长 35.4%，占总人口比例为 42.9%。（见图 3-5）

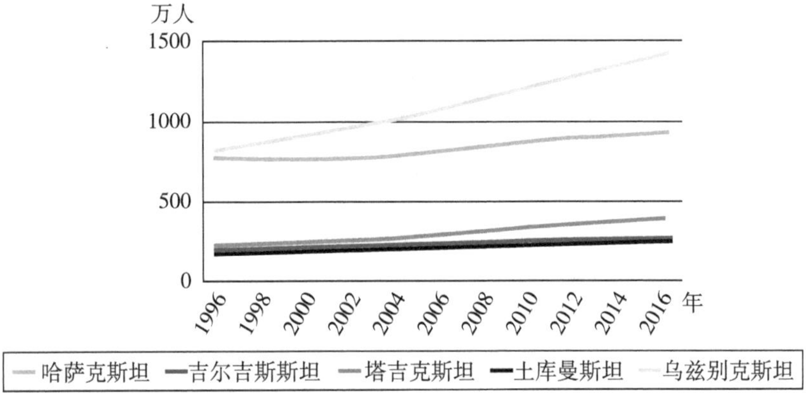


**图 3－5 中亚各国劳动力状况**

数据来源:世界银行数据库。

### (二)教育程度分析

中亚5国高等教育的程度差异较大。从图3－6来看,中亚5国高等教育毛入学率差异较大,这一方面与经济发展有关,另一方面也反映了中亚各国对教育的发展政策和投入存在较大差异。吉尔吉斯斯坦一直以来比较重视教育,对教育的投入也比较高,1999～2015年吉尔吉斯斯坦平均每年政府教育支出占GDP的比例为5.4%,高出世界平均水平近1%;高等教育毛入学率也一直处于较高水平,1999～2015年平均值为45%,且保持小幅度上升,2015年的数据为46.9%,比世界平均水平高11.21%。哈萨克斯坦虽然同样较重视高等人才培养,但是从高等教育毛入学率和教育支出的时间序列变化来看,波动较大,且有一定的下降趋势,1999～2006年高等教育毛入学率一直保持较快增长,2006年达到了最高水平58.03%,然而,自此之后开始下降。塔吉克斯坦教育经费的投入占GDP的比重逐年增加,从1999年的2.08%上升2015年的5.23%,但是受制于其经济水平总量,塔吉克斯坦的高等教育毛入学率一直低于世界平均水平。乌兹别克斯坦对高等教育的重视程度较低,投入一直呈现略微下降的趋势,远低于世界平均水平,1999年其高等教育毛入学率为13.14%,而到2005年仅为8.79%。土库曼斯坦2014年高等教育毛入学率仅为7.98%,处于中亚国家中最低水平,远远低于世界平均水平。

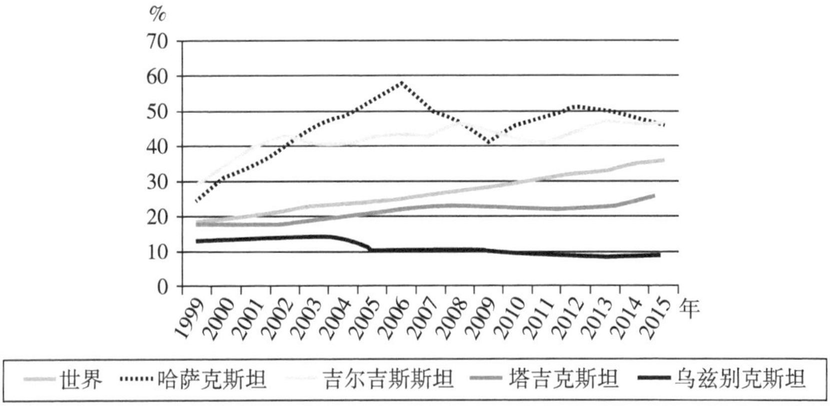


**图 3-6 高等教育毛入学率**

数据来源:世界银行数据库,国家统计年鉴整理。
注:土库曼斯坦数据缺失严重。

## 四、基础设施分析

### (一)交通基础设施状况

1. 公路状况

中亚 5 国公路设施相对较差,各国之间差异较大。截至 2015 年哈萨克斯坦公路总里程 9.74 万公里,公路密度 35.74 公里/千平方公里,仅为中国的 0.75%。吉尔吉斯斯坦公路总里程 3.4 万公里,公路密度 170.09 公里/千平方公里,密度仅为中国的 3.5%。塔吉克斯坦公路总里程 1.37 万公里,公路密度 95.74 公里/千平方公里,公路密度仅为中国的 2.01%。土库曼斯坦公路总里程 1.4 万公里,公路密度 28.5 公里/千平方公里,公路密度仅为中国的 0.6%。乌兹别克斯坦公路总里程 18.4 万公里,公路密度 409.89 公里/千平方公里,在中亚 5 国中公路密度最大,但也仅是中国的 8.59%。(见图 3-7)

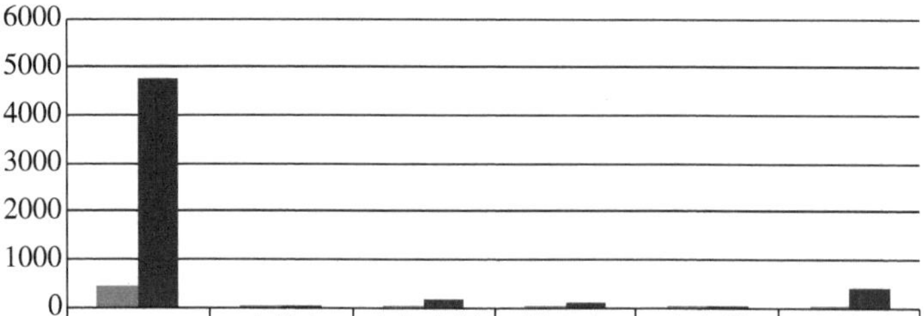


| | 中国 | 哈萨克斯坦 | 吉尔吉斯斯坦 | 塔吉克斯坦 | 土库曼斯坦 | 乌兹别克斯坦 |
|---|---|---|---|---|---|---|
| ■公路（万公里） | 457.73 | 9.74 | 3.40 | 1.37 | 1.40 | 18.40 |
| ■公路密度（公里/千平方公里） | 4769.51 | 35.74 | 170.09 | 95.74 | 28.50 | 409.89 |

**图 3－7　各国公路里程数**

数据来源:《对外投资合作国别(地区)指南》,2017 年国家统计年鉴整理。

2. 铁路状况

中亚各国铁路设施建设并不完善。截至 2015 年哈萨克斯坦铁路总里程 15,100 公里,铁路密度 5.54 公里/千平方公里,铁路密度仅为中国的 7.91%。吉尔吉斯斯坦铁路总里程 423.9 公里,铁路密度 2.12 公里/千平方公里,密度仅为中国的 3.02%。塔吉克斯坦铁路总里程 950.7 公里,铁路密度 6.64 公里/千平方公里,铁路密度仅为中国的 9.48%。土库曼斯坦铁路总里程 4000 公里,铁路密度 8.14 公里/千平方公里,铁路密度仅为中国的 11.62%。乌兹别克斯坦铁路总里程 6000 公里,铁路密度 13.37 公里/千平方公里,在中亚 5 国中铁路密度最大,但也仅是中国的 19.09%。(见图 3－8)

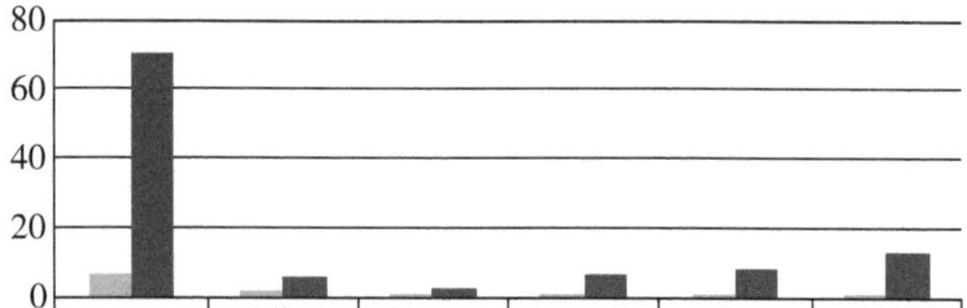


| | 中国 | 哈萨克斯坦 | 吉尔吉斯斯坦 | 塔吉克斯坦 | 土库曼斯坦 | 乌兹别克斯坦 |
|---|---|---|---|---|---|---|
| ■铁路（公里） | 67,212 | 15,100 | 423.90 | 950.70 | 4000 | 6000 |
| ■铁路密度（公里/千平方公里） | 70.03 | 5.54 | 2.12 | 6.64 | 8.14 | 13.37 |

**图 3－8　2014 年各国铁路情况**

数据来源:《对外投资合作国别(地区)指南》,世界银行数据库。

3. 航空设施状况

在机场数量方面，中亚各国机场数量不多。哈萨克斯坦现有大型机场 21 个，其中 12 个有国际航空运输服务，有 31 家航空公司。吉尔吉斯斯坦有 14 家航空公司从事民航经营，国民航企业 7 家，外航企业 7 家，民用航线 19 条，其中国内航线 3 条，中国飞吉尔吉斯斯坦的主要航线有 2 条。土库曼斯坦有 6 个机场，其中国际机场 1 个，国内国际航线共 50 多条，国际航线占 60%。塔吉克斯坦有 3 个机场，中国飞塔吉克斯坦的主要航线有 2 条。乌兹别克斯坦有 12 个机场，中国飞乌兹别克斯坦的主要航线有 2 条。

在客运量方面，中亚各国差异较大。如图 3－9 所示，哈萨克斯坦近几年航空客运人数增长迅速，2009 年之前持续缓慢上升，特别是在 2010 年客运量剧增，比 2009 年增长率 61%，达到 309.8 万人，到 2016 年达到 500.8 万人。乌兹别克斯坦航空客运量一直比较稳定，在中亚各国航空客运量中稳居第二，近几年一直保持在 230 万人左右。土库曼斯坦航空客运量在 2010 年之前也比较稳定，但是在 2010 年客运量大幅下滑后，近几年变化方差较大，2016 年客运量有所恢复，达到 131.8 万人。塔吉克斯坦航空客运量总体处于上升趋势，但是其客运量较小，而且增长速度缓慢，2016 年客运量为 103.7 万人。吉尔吉斯斯坦客运量最小，也比较稳定，近 3 年有小幅下降的趋势，2016 年客运量为 58.4 万人，比上年同期下降 6.6%。

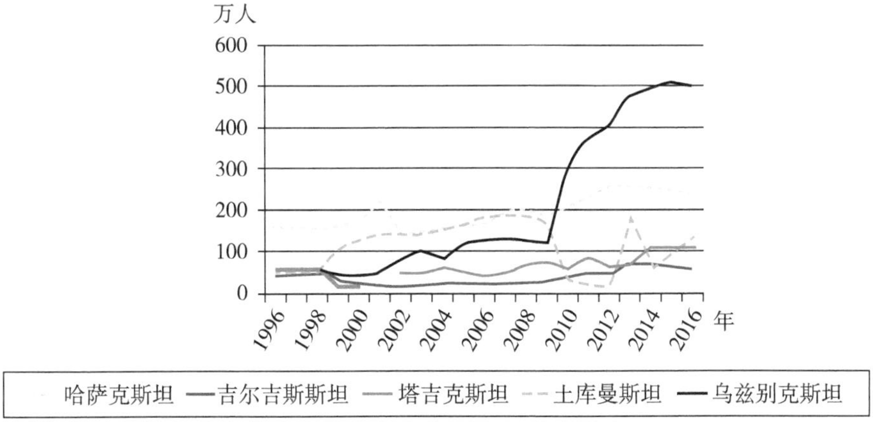


**图 3－9　中亚各国航空客运量**

数据来源：世界银行数据库。

中亚各国货运周转量与客运量的发展趋势并不完全相同。如图3－10所示,中亚各国中乌兹别克斯坦的客运量仅在第二位,且远低于哈萨克斯坦,但在货运周转量上乌兹别克斯坦居中亚国家第一,且远高于哈萨克斯坦,但是乌兹别克斯坦的货运周转量并不稳定,在2010年大幅增加之后就开始下降,2010年航空货运周转量达到153.7百万吨/公里,比2009年增长一倍,而2016年仅为112百万吨/公里,比上一年同期下降1.8%。哈萨克斯坦和乌兹别克斯坦变化趋势相似,哈萨克斯坦的货运周转量增长也不稳定,在2010年大幅增加,航空货运周转量达到42.4百万吨/公里,比2009年增长近2倍,之后缓慢增加,到2016年仅为38.9百万吨/公里。土库曼斯坦航空货运周转量在2009年之前相对稳定,基本保持在10百万吨/公里左右,但之后就开始缓慢下降,到2016年仅为5.95百万吨/公里。吉尔吉斯斯坦和塔吉克斯坦航空货运周转量较小,而且呈现下降趋势,2016年分别为0.09百万吨/公里、1.54百万吨/公里。

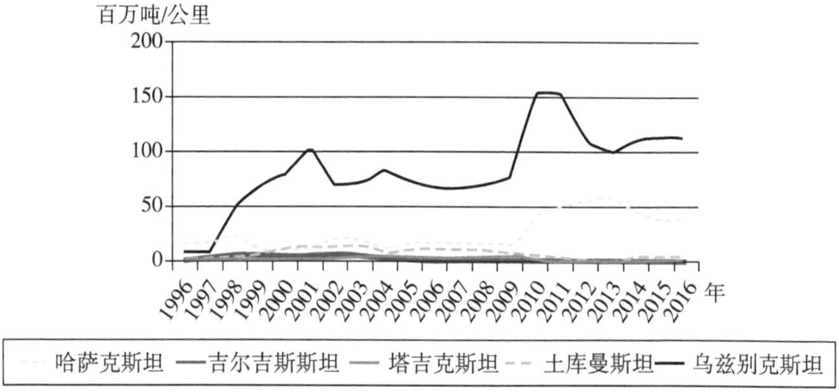


**图3－10　中亚各国航空货运周转量**

数据来源:世界银行数据库。

### (二)通信设施状况

在电话用户方面,中亚国家除乌兹别克斯坦外普及程度较高。根据世界银行统计数据,2016年世界平均每百人拥有101.55户移动电话,拥有13.57户固定电话。哈萨克斯坦的移动电话和固定电话的拥有率都远高于世界平均水平,其平均每百人的移动电话用户达到150户,固定电话用户数达到23.22户,分别高于世界平均水平49.45户、9.65户,但是该指标在近年来呈现下降趋势,2012年哈萨克斯坦平均每百人的移动电话和固定电话就已经分别达到185.82户和

26.8 户，之后就开始下降，原因可能是 2012 年国际能源价格下降，影响了人们的个人可支配收入，哈萨克斯坦消费者对移动电话、固定电话类的非必需、高耗品消费趋于理性。吉尔吉斯斯坦主要通信工具是移动电话，固定电话用户量不高，从图 3－11 可以看出 2016 年吉尔吉斯斯坦每百人移动电话用户为 131.38 户，远高于世界平均水平，每百人固定电话用户量却只有 6.59 户，远低于世界平均水平，从长期来看，吉尔吉斯斯坦近年来的移动电话和固定电话用户量都略有下降，这一情况与哈萨克斯坦类似。塔吉克斯坦 2016 年每百人的移动电话用户量为106.68户，略高于世界水平，固定电话用户远低于世界水平，仅为 5.31户，从长期来看呈现缓慢增长的趋势。在 2016 年土库曼斯坦每百人移动用户中有 157.67 户，远远高于世界平均水平，固定电话用户率略低于世界平均水平，但值得注意的是土库曼斯坦近几年中每百人中移动电话用户数，在数量较大的情况下仍然一直快速上升，每百人中移动电话用户从 2012 年的 114.06 户至 2016 年增加了 43.61 户，可能是土库曼斯坦消费者对手机消费偏好较大导致的。乌兹别克斯坦移动电话和固定电话普及率较低，平均每百人中移动电话拥有用户数仅为 77.33 户和 11.34 户，远低于世界平均水平，从近几年来看，处于先下降后又缓慢增加的趋势。（见图 3－11）

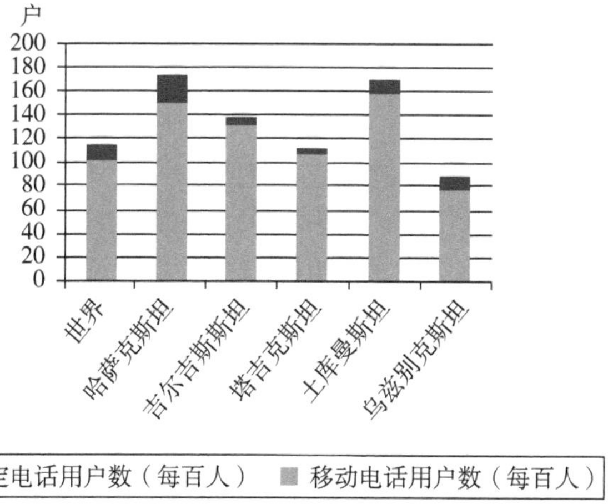


**图 3－11　2016 年每百人移动和固定电话用户量**

数据来源：世界银行数据库。

在互联网方面，中亚各国除哈萨克斯坦外普及率均较低。首先，从互联网个人用户数占总人口比例上看，2016 年全世界互联网用户的占比为 45.91%。

哈萨克斯坦互联网用户占总人口比例达到76.8%，远高于世界平均用户率，乌兹别克斯坦互联网用户占比为46.79%，略高于世界平均水平。吉尔吉斯斯坦、塔吉克斯坦、土库曼斯坦的互联网用户占总人口的比例较低，分别为34.5%、20.47%、17.99%，远低于世界平均使用比例，近几年中亚各国的互联网用户率都在以2%～4%的速度增加。

其次，从每百人的固定（有线）宽带用户数看，2016年全世界每百人宽带用户为12.52户。哈萨克斯坦每百人宽带用户13.68户，略高于世界平均用户量，乌兹别克斯坦每百人宽带用户为9户，低于世界平均水平。吉尔吉斯斯坦、塔吉克斯坦、土库曼斯坦的每百人宽带用户较低，分别为4.08户、0.07户、0.07户，远低于世界平均水平，特别是塔吉克斯坦和土库曼斯坦的宽带市场基本处于空白，而且近几年的发展也比较缓慢。

最后，从每百万人安全的互联网服务器看，中亚各国的该项指标与世界平均水平差距较大，增加的速度有差异，该市场发展空间较大。2016年全世界每百万人安全的互联网服务器为215台，远低于世界平均水平，从2009～2016年增加了19.31台。哈萨克斯坦每百万人安全的互联网服务器为30.96台，低于世界平均水平，从2009～2016年增加了27.73台。吉尔吉斯斯坦每百万人安全的互联网服务器为12.66台，从2009～2016年增加了11.73台。塔吉克斯坦、土库曼斯坦每百万人安全的互联网服务器分别仅有2.98台、0.71台，远低于世界平均水平，从2009～2016年分别增加了2.71台、0.51台。

**（三）电力设施**

1. 电力供给方面，中亚5国除塔吉克斯坦外电力供给基本能自给自足。截至2015年，哈萨克斯坦共有102座电站，装机容量2084.42万千瓦，年发电量910.7亿千瓦时，以火电为主水电为辅，基本能够满足用电需求，少量电力缺口依赖进口。吉尔吉斯斯坦共有18座电站，装机容量291万千瓦，年发电量130亿千瓦时，以水电为主，基本能够满足国内用电需求。土库曼斯坦共有10座电站，装机容量398.42万千瓦，主要是天然气电站，有一座小水电站，发电量主要用于出口，出口电力是自身用电的5倍。乌兹别克斯坦共有42座电站，装机容量1230万千瓦，年发电量555亿千瓦时，能够满足国内用电，有少量出口。塔吉克斯坦水资源丰富，总量居世界第8位，人均世界第1位，但是水电开发不足，共有30座电站，装机容量550.8万千瓦，年发电量171亿千瓦时，以水电为主火电为辅，冬季电力短缺严重。

2. 电力消费方面，中亚各国除哈萨克斯坦外人均电力消费量均低于世界水平。电力消费量主要与电力供给和经济发展水平密切相关，在电力供给充足的情况下，经济发展水平越高电力消费量越多。从图 3 - 12 可以看出，哈萨克斯坦由于其经济发展水平较高，电力消费旺盛且呈现长期快速增长趋势，截至 2014 年，哈萨克斯坦人均用电量达到 5599.9 千瓦时/人，比世界平均水平高 79%。土库曼斯坦、吉尔吉斯斯坦的人均用电量均远低于世界平均水平，但呈现出缓慢增长的趋势，2014 年这三个国家的人均用电量分别为 2678.8 千瓦时/人、1645.4 千瓦时/人、1941.2 千瓦时/人，分别比上年同期增加 0.5%、5.4%、2.9%。塔吉克斯坦人均用电量水平最低，远低于世界人均用电量，而且近几年一直处于下降趋势，2014 年人均用电量 1479.8 千瓦时/人，比上年同期下降 11.3%。

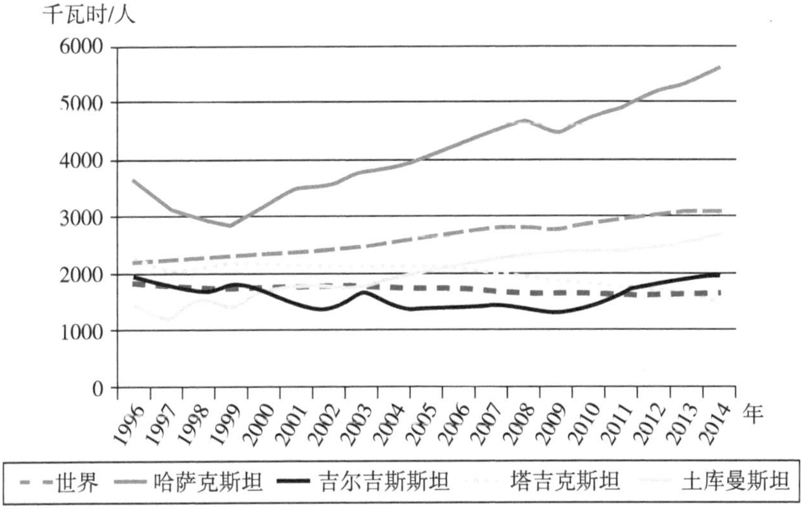


**图 3 - 12　人均用电量**

数据来源：世界银行数据库。
注：乌兹别克斯坦数据缺失严重。

## 五、中亚 5 国营商环境分析

### （一）营商环境指数分析

根据世界银行公布的《2017 年全球营商环境报告》，选取营商便利指数、企业信息披露程度指数、征信信息深度指数、法律权利力度指数进行分析，其中营商便利指数 = 1 表示其法规最有利于营商，数值越大越不利于营商；企业信息披

露程度指数 = 0 表示信息披露较少，企业信息披露程度指数 = 10 表示信息披露较多；征信信息深度指数 = 1 表示征信信息深度低，征信信息深度指数 = 8 表示征信信息深度高；法律权利力度指数 = 0 表示法律权利力度弱，法律权利力度指数 = 12 表示法律权利力度强。

一是营商便利指数。如图 3 – 13 所示，2016 年哈萨克斯坦营商便利指数为 35，比 2015 年的指数下降 16，说明其利于营商的法规得到较大改善；其次是吉尔吉斯斯坦营商便利指数为 75，但是比 2015 年的指数增加了 2，说明其利于营商的法规恶化。再次是乌兹比克斯坦营商便利指数为 87，且比 2015 年的指数增加了 5，说明其利于营商的法规也在恶化；利于营商的法规情况最差的是塔吉克斯坦，营商便利指数为 128，但是比 2015 年的指数下降了 2，说明其利于营商的法规在逐步改善。

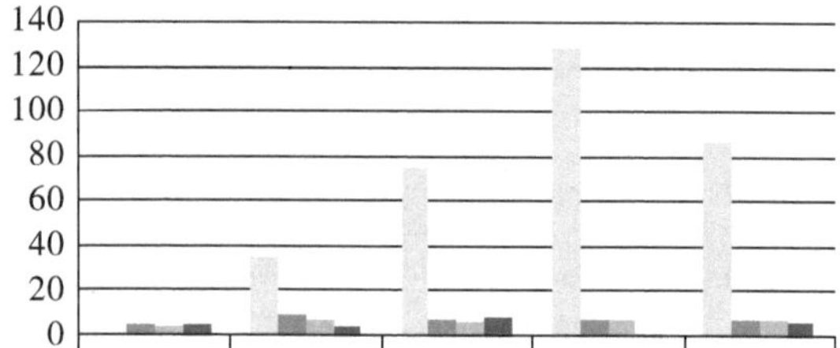


| | 世界 | 哈萨克斯坦 | 吉尔吉斯斯坦 | 塔吉克斯坦 | 乌兹别克斯坦 |
|---|---|---|---|---|---|
| 营商便利指数 | | 35 | 75 | 128 | 87 |
| 企业信息披露程度指数 | 5.57 | 10 | 7 | 8 | 8 |
| 征信信息深度指数 | 4.54 | 7 | 6 | 7 | 7 |
| 法律权利力度指数 | 5.21 | 4 | 8 | 1 | 6 |

**图 3 – 13　2016 年各项营商环境数据**

数据来源：《2017 年营商环境报告》。

二是企业信息披露程度指数。2016 年该指数的世界平均值为 5.57，哈萨克斯坦的企业信息披露程度指数达到 10，信息披露较多，中亚其他国家（除土库曼斯坦外）企业信息披露程度指数为 7 和 8，均远高于世界平均水平。

三是征信信息深度指数。2016 年该指数的世界平均值为 4.54，中亚国家（除土库曼斯坦外）企业信息披露程度指数指数为 6 和 7，均高于世界平均水平。

四是法律权利力度指数。2016 年该指数的世界平均值为 5.21，中亚国家的法律权利力度指数最高的是吉尔吉斯斯坦,数据为8,远高于世界水平,说明吉尔吉斯斯坦法律权利力度相对较强。乌兹别克斯坦法律权利力度指数为6,远高于世界平均水平。哈萨克斯坦的法律权利力度指数为4,低于世界平均水平。法律权利力度最弱的是塔吉克斯坦,该指数仅为1,远低于世界平均水平。

**(二)企业经营时间成本分析**

在企业经营时间成本方面,中亚各国耗时均低于世界平均水平。根据世界银行数据库,选取2016年创办企业所需时间、仓库建设所需时间、登记财产所需时间、纳税准备和缴纳时间、通电所需时间、履行合同所需时间、破产清算时间等7项经营业务过程中的耗时进行对比分析。如图3－14所示,2016年在中

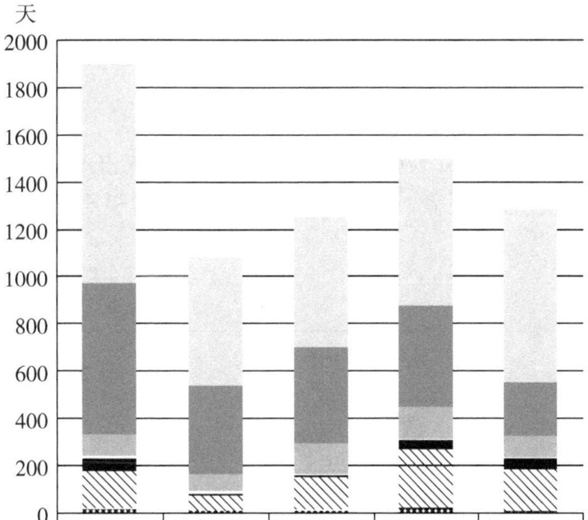


| | 世界 | 哈萨克斯坦 | 吉尔吉斯斯坦 | 塔吉克斯坦 | 乌兹别克斯坦 |
|---|---|---|---|---|---|
| 破产清算时间 | 930.75 | 547.50 | 547.50 | 620.50 | 730.00 |
| 履行合同所需时间 | 637.46 | 370.00 | 410.00 | 430.00 | 225.00 |
| 通电所需时间 | 92.87 | 77.00 | 125.00 | 133.00 | 89.00 |
| 纳税准备和缴纳时间 | 10.45 | 7.42 | 9.38 | 10.75 | 8.02 |
| 登记财产所需时间 | 50.51 | 3.50 | 3.50 | 37.00 | 46.00 |
| 仓库建设所需时间 | 156.44 | 68.00 | 142.00 | 242.00 | 176.00 |
| 创办企业所需时间 | 20.86 | 9.00 | 10.00 | 22.00 | 5.50 |

**图3－14　企业经营时间成本**

数据来源:世界银行数据库。

注:其他企业经营时间缺失严重未统计,土库曼斯坦数据缺失,每年度按365天换算。

亚国家中哈萨克斯坦7项业务均耗时最短，总耗时间1082.42天，比世界平均水平少816.92天。7项业务耗时较少的是吉尔吉斯斯坦，总耗时1247.38小时，是世界耗时的65.7%，但是通电所需时间却远高于世界水平，达到125天，比世界耗时多32天，其他各项业务耗时均低于世界水平。总耗时排名第三的是乌兹别克斯坦，总消耗时间1279.52天，比世界耗时少619.82天，特别是创办企业所需时间和履行合同所需时间分别仅需5.5天、225天，比世界及其他中亚国家都少，但是其破产清算时间却相对较高，达到730天，远高于中亚其他国家，但依然比世界的破产清算时间少200.75天。最后是塔吉克斯坦总耗时1495.25天，总耗时低于世界平均水平，但是塔吉克斯坦的创办企业所需时间、仓库建设所需时间、通电所需时间均高于世界及中亚其他国家的时间，分别达到22天、242天、133天，履行合同所需时间和破产清算时间远高于中亚其他国家，但比世界耗时低。

**（三）企业经营税收成本分析**

根据世界银行数据库，选取2015年总税收占商业利润的比例，将总税收分为利润税、劳动税及社保缴费、企业其他应付税金进行对比分析。（见图3－15）

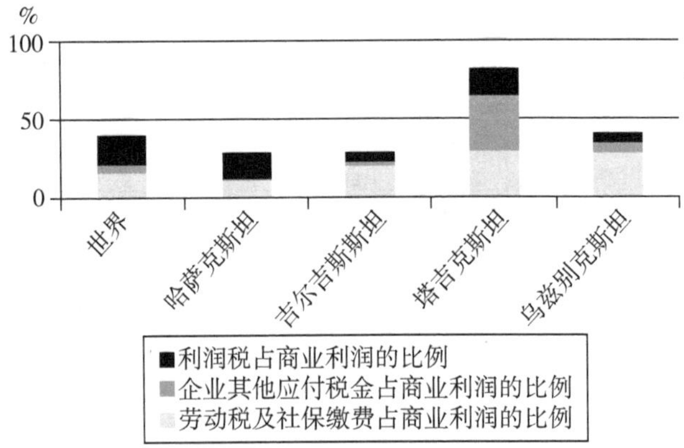


**图3－15　2015年企业税率占利润的比例**

数据来源：世界银行数据库。
注：土库曼斯坦数据缺失。

一是从纳税项数量上看。2015年世界各国平均纳税项为25.83项，哈萨克斯坦7项，吉尔吉斯斯坦51项，塔吉克斯坦28项，乌兹别克斯坦46项，长期来看,世界各国平均税收项目在逐渐减少,中亚国家除哈萨克斯坦外的纳税项都有不同程度的减少,特别是塔吉克斯坦及乌兹别克斯坦减少项目较多,其中塔吉克斯坦 2015 年的纳税项比 2013 年减少 41 项,乌兹别克斯坦 2015 年比 2013 年减少 12 项,哈萨克斯坦 2015 年的纳税项比 2014 年增加 1 项。

二是从总税收占商业利润的比例看。2015 年世界平均总税收占商业利润的比例为 40.35%。中亚国家中哈萨克斯坦和吉尔吉斯斯坦的赋税比重均比较低,总税收占商业利润的比例分别为 29.2% 和 29%;其次是乌兹别克斯坦税收比重为 41.1%,税收比重最高的是塔吉克斯坦,达到 81.8%,远高于世界平均水平和中亚其他国家。从长期来看,赋税比重总体处于下降趋势,特别是塔吉克斯坦和乌兹别克斯坦近几年降税比较多。

三是从税收结构上看,除塔吉克斯坦外,世界平均税收和中亚国家的税收构成主要是利润税、劳动税及社保缴费,其他应付税占比较少。世界平均税收中,劳动税及社保缴费、利润税、企业其他应付税金构成比约为 4:4:2;哈萨克斯坦的税收主要是利润税,占总税收的比例为 56%,劳动税及社保缴费占 38%,企业其他应付税仅占 6%;吉尔吉斯斯坦主要税收为劳动税及社保缴费,占总税收的 67%,而利润税、企业其他应付税均比较低,分别占 22%、11%;乌兹别克斯坦的主要税收是劳动税及社保缴费和利润税,分别占总税收的 69%、27%,企业其他应付税仅占 4%。然而塔吉克斯坦的主要税收是企业其他应付税,占总税收的 44%,劳动税及社保缴费和利润税分别占 35%、22%。

## 六、经济运行情况分析

### (一)国内生产总值

一是从经济总量上看,中亚各国差异较大,但都在逐年增加。哈萨克斯坦是中亚国家最大的经济体,按 2010 年美元(不变价)计算,2016 年 GDP 总量达到 1881.23 亿美元,远超过其他四个国家之和;其次是乌兹别克斯坦,2016 年国内生产总值为 624.69 亿美元;排名第三的是土库曼斯坦,2016 年 GDP 为 395.63 亿美元;吉尔吉斯斯坦和塔吉克斯坦经济总量不大,截至 2016 年 GDP 分别为 63.16 亿美元、84.59 亿美元。

二是从人均 GDP 看。2016 年世界人均 GDP 为 10,390.55 美元。哈萨克斯坦人均 GDP 达到 10,570.46 美元,略高于世界水平,总体来说比较富裕,但近几年呈现小幅度下降;其次是土库曼斯坦 2016 年人均 GDP 为 6986.86 美元;排名第三的是乌兹别克斯坦,其 2016 年人均 GDP 1961.46 美元;吉尔吉斯斯坦和塔吉克斯坦相当比较贫穷,2016 年人均 GDP 分别为 1038.31 美元、968.39 美元,不足世界平均水平的 10%。(见图 3-16)

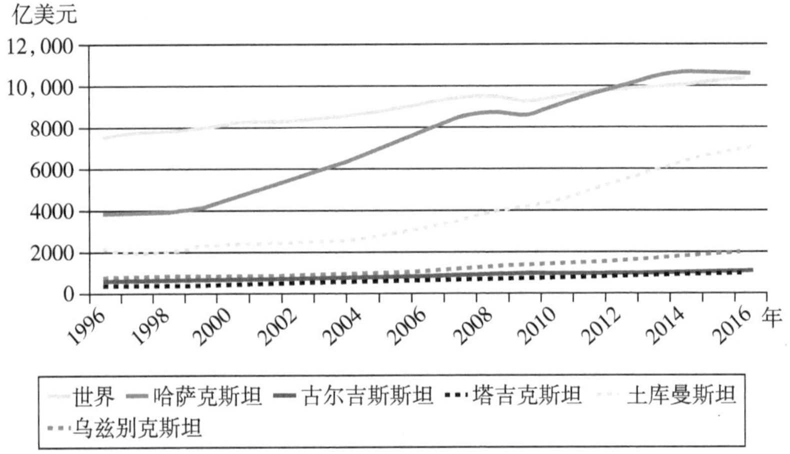


**图 3-16 1996~2016 年人均 GDP**

数据来源:世界银行数据库。
注:按 2010 年美元(不变价)计算。

### (二)经济增长率

中亚国家经济增长,除了受到国际经济环境影响外,容易受国内禀赋能源价格的影响。

从前述分析中可以看出,哈萨克斯坦国内的煤炭资源、石油资源和天然气资源储量都比较丰富,特别是石油和煤炭资源,自然资源租金占 GDP 比重较大,经济增长率受到国际能源价格变动的影响。在 1996~2000 年美国西德克萨斯中质原油价格从 22.16 美元/桶涨到 30.37 美元/桶,哈萨克斯坦的 GDP 增长率从 1996 年的 0.5% 飙升到 2001 年的 13.5%;2001 年美国“9·11”事件导致原油价格出现短期下跌,哈萨克斯坦的经济增长率就出现下降;之后随着原油价格的上涨,哈萨克斯坦的经济保持 9.3%~10.7% 高速稳定增长;直到 2008 年美国金融危机爆发,国际油价下跌到 2009 年的 61.92 美元/桶,当年哈萨克斯坦经济增长率仅为 1.2%;2010 年后国际原油价格上升并保持着 90 多美元/桶的价格高位,哈萨克斯坦的经济增长率也保持在 7% 左右;2012 年受欧债危机的影响哈萨克斯坦的经济增长率降到 4.8%;2015 年国际油价暴跌,从 93.28 美元/桶降到48.71美元/桶，哈萨克斯坦的经济增长率仅为1.2%；2017年哈萨克斯坦GDP增速为4%，预计2018年的增速可达到3.5%。（见图3－17）

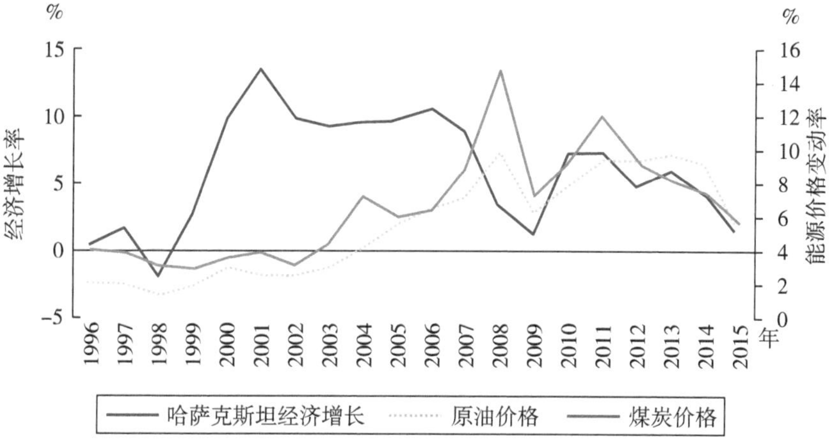


**图3－17　哈萨克斯坦GDP增长率与能源价格功率趋势对比**

数据来源：世界银行数据库，《BP世界能源统计年鉴》（2017年版）。

注：原油价格采用美国西德克萨斯中质原油价格（10美元/桶），煤炭价格采用西北欧煤炭标杆价（10美元/吨）。

土库曼斯坦天然气资源丰富，自然资源租金占GDP比例也比较大，经济增长率受天然气能源价格的波动影响。历史数据显示，土库曼斯坦在1997年之前经济一直处于极不稳的衰退中，自1997年伊朗开始从土库曼斯坦进口天然气后，其经济增长速度受在天然气价格的影响下实现快速增长。2001年的美国"9·11"事件导致土库曼斯坦的经济增速明显放缓，但是由于天然气一直在保持稳定涨价，拉动土库曼斯坦的经济每年按10%以上的经济增长率稳定增长，直到2008年金融危机后，天然气价格从12.55美元/百万英热下降到9.06美元/百万英热，土库曼斯坦的经济增长率也从14.7%降到6.1%，但是之后天然气价格迅速恢复并保持在高位，到达16.75美元/百万英热，土库曼斯坦的经济增长率又再次达到14.7%的历史高峰，2015年天然气价格从16.33美元/百万英热下跌到10.31美元/百万英热，土库曼斯坦经济增长速度开始放缓，2016年增长率仅为6.2%。（见图3－18）

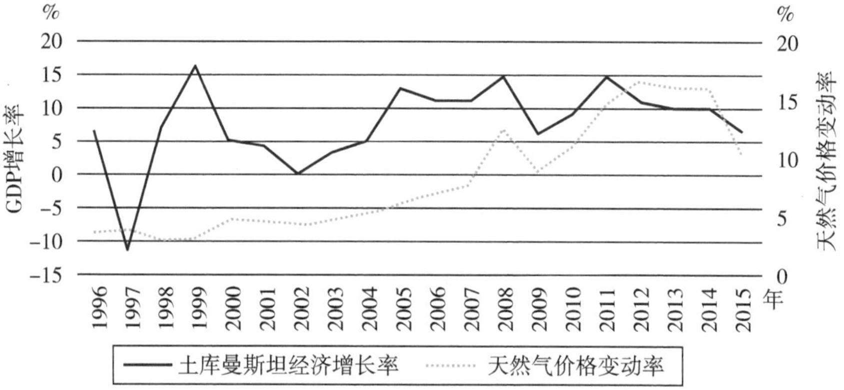


**图 3－18　土库曼斯坦经济增长率与天然气价格变动率趋势对比**

数据来源：世界银行数据库，《BP 世界能源统计年鉴》（2017 年版）。
注：天然气价格采用日本天然气到岸价（美元/百万英热）。

吉尔吉斯斯坦经济增长波动很大，极容易受国际国内的外力影响。吉尔吉斯斯坦每次经济放缓都受到国际国内事件的影响：1998 年俄罗斯金融危机，吉尔吉斯斯坦的经济增长率从 9.92% 降到 2.12%；2001 年美国“9 · 11”事件导致吉尔吉斯斯坦的经济增长率从 5.32% 降到 0.02%；2005 年吉尔吉斯斯坦发生“郁金香革命”，其经济增长率从 7.03% 降到 －0.18%，经济出现负增长；2008 年美国金融危机，吉尔吉斯斯坦的经济增长率出现严重下滑，从 8.4% 一直降到 2010 年的 －0.47%，再次出现负增长；2012 年欧债危机导致吉尔吉斯斯坦的经济又一次出现负增长，增长率为 －0.09%。我国提出“一带一路”倡议后，吉尔吉斯斯坦的经济得以稳定增长。（见图 3－19）

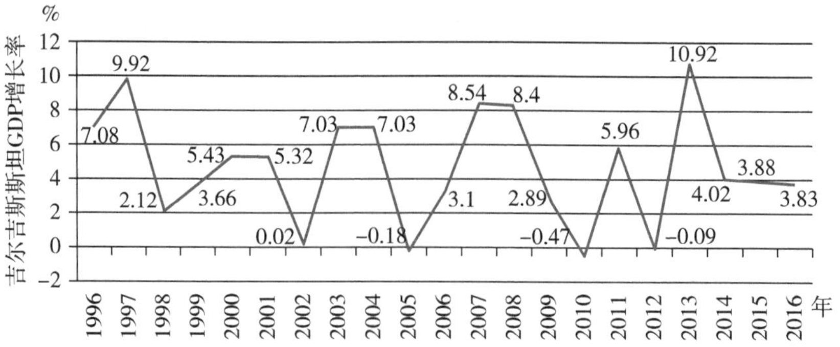


**图 3－19　吉尔吉斯斯坦经济增长率情况**

数据来源：世界银行数据库。

塔吉克斯坦和乌兹别克斯坦经济增长速度都比较稳定。自 1997 年以来，塔吉克斯坦和乌兹别克斯坦均保持中高速稳定增长，基本没有大起大落的年份。塔吉克斯坦的经济在 2008 年金融危机后出现小幅震荡，但很快得到恢复，自 2010 年以来塔吉克斯坦经济增长率均保持在 6% ~7.5%；乌兹别克斯坦的经济增长率更为稳定，即使在 2008 年金融危机的时候经济增长率也仅下降 1%，然后保持在 7.8% ~8.5% 稳定增长。

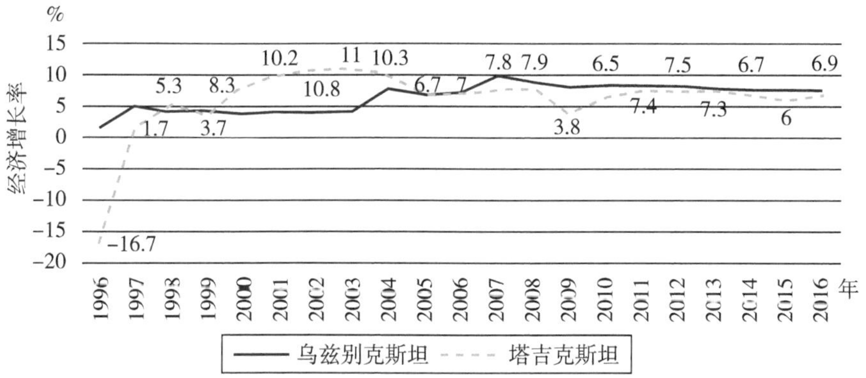


**图 3 -20　乌兹别克斯坦和塔吉克斯坦经济增长率**

数据来源：世界银行数据库。

### (三)产业结构

从中亚各国产业结构看，中亚各国第一产业比重持续降低，主要原因是随着各国工业化程度的加深及服务业的发展，农业对 GDP 的贡献率也在降低。哈萨克斯坦第一产业占比最低，从 2000 年的 8.7% 降到 2015 年的 5%；吉尔吉斯斯坦第一产业比例降低幅度最大，2015 年第一产业占比 15.9%，比 2000 年下降 20.8%；塔吉克斯坦第一产业比重最大，而且始终保持在 20% 以上，截至 2015 年仍然为 25%；乌兹别克斯坦第一产业占比下降也比较大，2015 年第一产业占比18.3%，比 2000 年下降 16.1%。土库曼斯坦第一产业总体处于下降趋势，截至 2012 年第一产业占 14.5%。

中亚各国第二产业比重大多有先升后降的趋势，第三产业比重基本保持稳定上升。主要原因是在工业化初期，受规模效应的影响，工业占 GDP 的比重会迅速上升，随后受边际效益递减规律的影响，工业增长率会出现下降，同时为工业服务的第三产业需求增加，而且当人们可支配收入增加时，旅游业、金融业、物流业等现代服务业迅速崛起，导致服务业比重上升。哈萨克斯坦第二产业比重在2008年之前处于上升期，达到43.3%，之后开始下降，至2015年仅为32.5%，第三产业基本处于上升趋势，2015年第三产业比重达到62.5%。吉尔吉斯斯坦第二产业比重在2011年之前处于上升期，达到30.9%，之后开始下降，至2015年仅为26.9%，第三产业一直处于上升趋势，2015年第三产业比重达到57.1%。塔吉克斯坦第二产业比重在2001年之前处于上升期达到40.1%，之后开始下降上升的波浪式变动，最低点是2013年为21.7%，第三产业先升后降，2010年之前处于上升趋势，并达到最大值55.4%，之后开始下降，2015年为47.1%。乌兹别克斯坦第二产业比重在2012年之前处于上升期，达到36.5%，之后开始下降，至2015年为34.6%，第三产业总体处于上升趋势，2015年第三产业比重达到47.1%。（见表3－4）

**表3－4　中亚各国产业结构**　　单位：%

| 国家 | 产业 | 2000年 | 2005年 | 2010年 | 2015年 |
|---|---|---|---|---|---|
| 哈萨克斯坦 | 第一产业 | 8.7 | 6.8 | 4.8 | 5 |
| | 第二产业 | 40.5 | 40.1 | 42.4 | 32.5 |
| | 第三产业 | 50.8 | 53.1 | 52.8 | 62.5 |
| 吉尔吉斯斯坦 | 第一产业 | 36.7 | 31.9 | 19.4 | 15.9 |
| | 第二产业 | 31.4 | 22.4 | 29.3 | 26.9 |
| | 第三产业 | 31.9 | 45.7 | 51.3 | 57.1 |
| 塔吉克斯坦 | 第一产业 | 27.4 | 24 | 22.1 | 25 |
| | 第二产业 | 38.9 | 31.3 | 28.2 | 28 |
| | 第三产业 | 33.7 | 44.8 | 55.4 | 47.1 |
| 土库曼斯坦 | 第一产业 | 24.4 | 18.8 | 11.5 | — |
| | 第二产业 | 44.4 | 37.6 | 60 | — |
| | 第三产业 | 31.2 | 43.6 | 28.5 | — |
| 乌兹别克斯坦 | 第一产业 | 34.4 | 28 | 19.8 | 18.3 |
| | 第二产业 | 23.1 | 23.2 | 33.4 | 34.6 |
| | 第三产业 | 42.5 | 48.9 | 46.8 | 47.1 |

数据来源：世界银行数据库、《中国统计年鉴》。

注：土库曼斯坦2015年数据缺失。

### (四)经济运行的稳定性

一是汇率变动情况。通过对中亚国家官方汇率变动率进行比较可知,中亚国家的汇率变动频繁,在投资过程中汇率风险较大,并不利于获得稳定的预期收益。2000 年以前,中亚国家汇率变动率大,2000 年以后变动率减小,但仍然不太稳定,在 2009 年和 2015 年均出现较大幅度的变动。(见图 3 - 21)

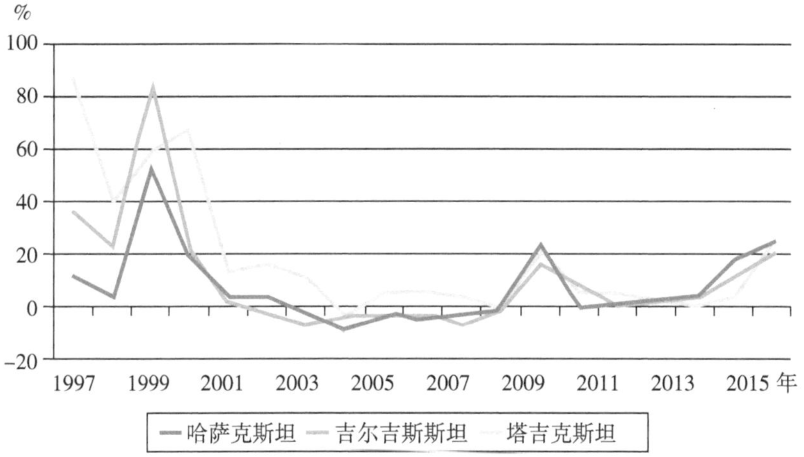


**图 3 - 21　官方汇率变化率**

数据来源:世界银行数据库、《中国统计年鉴》。
注:乌兹别克斯坦和土库曼斯坦数据缺失。

二是失业率情况。通过研究劳工组织模型估计的中亚各国总失业率(占 15 ~ 24 岁劳动力比例)可知,中亚国家的总失业率都比较高,且均高于世界平均水平。世界平均失业率一直在下降,截至 2016 年该指标为 5.73%。中亚国家中失业率最高的是塔吉克斯坦,一直保持在 10% 以上,2016 年总失业率为 10.82%;其次是乌兹别克斯坦斯坦和土库曼斯坦,其总失业率均为 8.9% 左右,吉尔吉斯斯坦 2016 年总失业率为 7.69%;哈萨克斯坦总失业率控制较好,2009 年之前逐年降低,自 2010 年后低于世界平均总失业率水平,保持在 5% 左右。(见图 3 - 22)

三是通货膨胀率。2016 年哈萨克斯坦通货膨胀率为 8.5%,其中食品类价格上涨 9.7%,非食品类上涨 9.5%,有偿服务类上涨 6.1%;2017 年上半年通胀率为 3.7%。2017 年吉尔吉斯斯坦物价平稳,通货膨胀率 3.7%。塔吉克斯坦 2015 年通胀率为 5.1%,2016 年 1 ~ 11 月通胀率为 5.8%。2017 年乌兹别克斯坦消费领域通货膨胀率为14.4%。由此可见，中亚国家特别是哈萨克斯坦经济增长缓慢，但通胀率却很高。

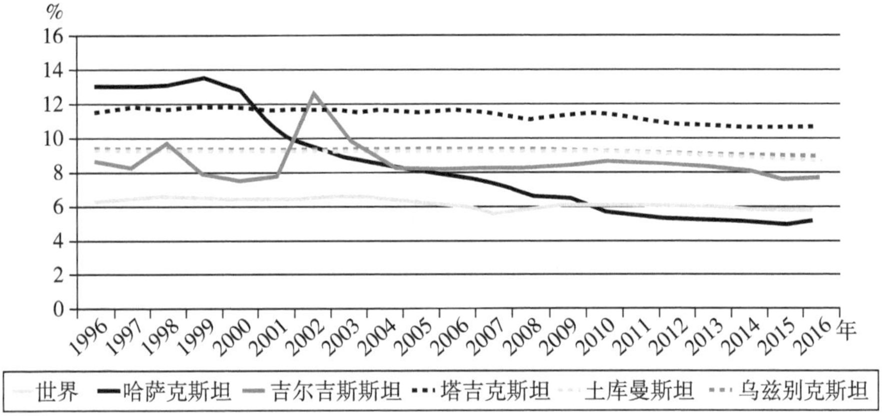


**图 3-22 1996~2016 年总失业率**

数据来源：世界银行数据库。

## 第二节 中亚国家综合经济指标和便利化分析

影响国家经济发展的诸要素只是决定经济发展是否具有客观条件的“自然禀赋”，诸要素在经济实际运行中是否发挥作用，还需要将诸要素置于宏观和微观经济运行中加以考量。

### 一、中亚国家综合经济指标分析

#### （一）人类发展水平

人类发展指数是联合国根据各国健康长寿的生活、知识以及体面的生活三个方面测算的一项综合指标，对各成员国家经济发展战略制定具有重要指导作用，用 0~1 表示，数值越大人类发展水平越高，指标分四个等级：低人类发展水平（HDI 值小于 0.550）、中等人类发展水平（HDI 值介于 0.550 和 0.699 之间）、高人类发展水平（HDI 值介于 0.700 和 0.799 之间）和极高人类发展水平（HDI 值大于等于 0.800）。

2015 年中亚各国人类发展指数在 0.627~0.794，其中哈萨克斯坦和乌兹别克斯坦人类发展指数分别为0.794、0.701，在全球188个国家和地区中分别排名56位和105位，属于高等人类发展水平国家；吉尔吉斯斯坦、塔吉克斯坦、土库曼斯坦的人类发展指数分别为0.664、0.627、0.691，全球排名分别为120、129和111位，属于中等人类发展水平国家。乌兹别克斯坦人类发展指数排名比2014年上升3位，其他国家排名保持不变。①

### （二）国家竞争力水平

全球竞争力指数从经济发展基本条件（要素驱动）、效率提升（效率驱动）和创新要素（创新驱动）三个层面构建指标体系，是衡量各国生产率水平的一项综合指标，对预测国家经济长期发展趋势具有重要指导意义，用1～7表示指数值，数值越大竞争力越强。

哈萨克斯坦2017年竞争力指数4.3，同比下降0.1，全球排名57位，比上年下降4位，比2015年下降15位，其中基本条件、效率提升和创新要素的得分和排名分别为（4.59，69）（4.32，56）（3.39，95），哈萨克斯坦创新动力不足，竞争力在逐渐下降，处于要素驱动向效率驱动发展阶段。

吉尔吉斯斯坦竞争力指数3.9，排名102位，同比上升9位，其中基本条件、效率提升和创新要素的得分和排名分别为（4.14，97）（3.61，108）（2.97，128），吉尔吉斯斯坦经济增长较为落后，尚处于要素驱动发展阶段，但是其增长趋势较好。

塔吉克斯坦竞争力指数4.1，全球排名79位，下降2位，其中基本条件、效率提升和创新要素的得分和排名分别为（4.4，81）（3.74，95）（3.72，62），塔吉克斯坦创新要素在中亚地区处于领先水平，但因经济发展基本条件和效率提升水平落后，仍然处于要素驱动发展阶段。②

### （三）贸易便利化水平

《全球贸易便利化报告（GETR）》自2010年以来每两年出版一次，该指数评估各国经济在何种程度上拥有机构、政策、基础设施和服务，促进货物在边境和目的地自由流动，涵盖市场准入、边境管理、基础设施及营商环境等方面的指标体系，用1～7的指数表示，指数越大贸易便利化程度越高。

---

① 《2016年人类发展报告——人类发展为人人》，载联合国开发计划署，http://hdr.undp.org/en/2016-report，2018年8月1日最后访问。

② 《2017～2018年全球竞争力报告》，载世界经济论坛，https://www.weforum.org/reports/the-global-competitiveness-report-2017-2018，2018年7月2日最后访问。

2016年哈萨克斯坦便利化指数和排名分别为4.05、88，排名下降5位，其中市场准入、边境管理、基础设施、营商环境指数和排名分别为（3.3，129）（4.2，88）（4.3，54）（4.5，53），可见哈萨克斯坦市场准入是贸易便利化水平的最大障碍，其他三个方面也有提高的空间。吉尔吉斯斯坦和塔吉克斯坦便利化指数和排名分别为（3.76，113）（3.74，114），吉尔吉斯斯坦排名比2014年下降15位，塔吉克斯坦排名比2012年下降2位，①由此可见中亚国家贸易便利化水平仍然较低。

**（四）经济自由度**

经济自由度指数，包括司法效力、税收负担、营商自由、贸易自由、财政自由、政府开支、货币自由、投资自由、金融自由、产权保障、廉洁程度和劳工自由等12个经济自由度指标，政府对经济的干预越高，经济自由度越低。经济自由度指数是反映一个国家市场经济环境的综合指标，用0～100表示得分，得分越高经济自由度越高。

2018年中亚5国中哈萨克斯坦经济自由度得分最高为69.1，全球186个国家中排名第40位（如表3－5所示），特别是在税收负担、政府开支、财政自由、劳工自由方面得分最高，分别为92.6、85.3、87.3、86.8，但在政府廉洁、投资自由和金融资源方面得分较低，仅为44.6、50、50。

中亚国家经济自由度得分第二的是吉尔吉斯斯坦为62.8，排名第78位，吉尔吉斯斯坦在税收负担和财政自由方面得分最高，分别为93.8和89.2，而在政府廉洁和司法效力方面表现较差，得分仅为29.4和22.1。

塔吉克斯坦2018年经济自由度得分58.3，全球排名第106位，在税收负担和财政自由方面表现最佳，分别得分91.8、90.4，在政府廉洁、投资自由和金融自由方面较差，仅得分38.2、25、30。

中亚地区经济自由度排在第四的是乌兹别克斯坦，2018年得分为51.5，全球排名152，同样在税收负担和财政自由方面表现较好，分别得分91、99.7，而其他方面则有待改善，特别是在投资自由和金融自由方面得分最低，分别为0、10。

土库曼斯坦经济自由度在中亚地区最差，2018年得分为47.1，全球排名169，但在税收负担、政府开支、财政自由方面表现较好，分别得分95.9、92.2、98.6，而在产权保障、政府廉洁、司法效力、营商自由、劳工自由、投资自由、金融

① 《2016年全球贸易便利化报告》，载世界经济论坛，http://reports.weforum.org/global-enabling-trade-report－2016/，2018年8月5日最后访问。

自由等方面均得分较低，特别是司法效力、投资自由和金融自由方面仅得分5、0、10。①

**表3-5　中亚国家经济发展综合指标及排名**

| 序号 | 名称 | 年度 | 指标 | 哈萨克斯坦 | 吉尔吉斯斯坦 | 塔吉克斯坦 | 乌兹别克斯坦 | 土库曼斯坦 |
|---|---|---|---|---|---|---|---|---|
| 1 | 人类发展指数 | 2015 | 排名 | 56 | 120 | 129 | 105 | 111 |
| | | | 数值 | 0.794 | 0.664 | 0.627 | 0.701 | 0.691 |
| 2 | 全球竞争力指数 | 2017 | 排名 | 57 | 102 | 79 | — | — |
| | | | 数值 | 4.35 | 3.90 | 4.14 | — | — |
| 3 | 贸易便利化指数 | 2016 | 排名 | 88 | 113 | 114 | — | — |
| | | | 数值 | 4.05 | 3.76 | 3.74 | — | — |
| 4 | 经济自由度指数 | 2018 | 排名 | 40 | 78 | 106 | 152 | 169 |
| | | | 数值 | 69.1 | 62.8 | 58.3 | 51.5 | 47.1 |

## 二、中亚国家投资便利化经济指标分析

国际直接投资便利化是用来简化并协调投资者在直接投资活动中所涉及的各种程序，旨在为国际直接投资活动创造一种协调、透明和可预见的环境，②2008年APEC公布的《投资便利化行动计划（IFAP）》指出："投资便利化是政府采取的一系列旨在吸引外国投资，并在投资周期的全部阶段上使其管理有效性和效率达到最大化的行动或做法。"③从基础设施质量、营商便利度及政策、金融市场发展、信息技术支撑、制度供给质量五个方面评价中亚五国投资便利化水平。

### （一）基础设施质量

基础设施是衡量一国互联互通程度的因素，是保障国家社会经济活动正常

① 《2018年经济自由度指数》，载美国传统遗产基金会，https://www.heritage.org/index/，2018年8月1日最后访问。

② 卢进勇、冯涌：《国际直接投资便利化的动因、形式与效益分析》，载《国际贸易》2006年第9期。

③ 张亚斌：《"一带一路"投资便利化与中国对外直接投资选择——基于跨国面板数据及投资引力模型的实证研究》，载《国际贸易问题》2016年第9期。

进行的公共服务系统。基础设施包括运输基础设施(公路、铁路、港口、航空)、电力和电话基础设施(供电、固定电话和移动电话)。总体上看,2017 年中国基础设施质量在全球 138 个国家和地区中排名第 46 位,比 2007 年上升 6 位。中亚国家中哈萨克斯坦基础设施质量总体最好,2016 年排名第 68 位,比 2007 年的排名分别上升 3 位,吉尔吉斯斯坦、塔吉克斯坦两国基础设施排名均在 100 名左右(见表 3-6)。这说明中亚国家的基础设施仍然落后。因为中亚国家基础设施大都是苏联修建,除哈萨克斯坦外中亚国家经济相对落后,基础设施建设的维护资金长期投入不足,普遍存在年久失修、失养情况,造成设施损坏、老化严重。吉尔吉斯斯坦、塔吉克斯坦两国的基础设施提升空间巨大。

**表 3-6 2007~2017 年中国、哈萨克斯坦、吉尔吉斯斯坦、塔吉克斯坦基础设施总体质量排名**

| 年份 | 中国 | 哈萨克斯坦 | 吉尔吉斯斯坦 | 塔吉克斯坦 |
|---|---|---|---|---|
| 2007 | 52 | 71 | 110 | 109 |
| 2008 | 47 | 76 | 111 | 101 |
| 2009 | 46 | 75 | 124 | 109 |
| 2010 | 50 | 81 | 124 | 116 |
| 2011 | 44 | 82 | 114 | 111 |
| 2012 | 48 | 67 | 121 | 118 |
| 2013 | 48 | 62 | 122 | — |
| 2014 | 46 | 62 | 115 | 120 |
| 2015 | 39 | 58 | 114 | 111 |
| 2016 | 42 | 63 | 113 | 103 |
| 2017 | 46 | 68 | 109 | 99 |

数据来源:《2008~2018 年全球竞争力报告》。

从指标来看(见图 3-23),道路质量方面中国表现较好(全球排名第 42 位),哈萨克斯坦、吉尔吉斯斯坦两国道路质量较差,2017 年的排名分别为 115、122,而塔吉克斯坦相对较好;铁路基础设施质量方面吉尔吉斯斯坦、塔吉克斯坦相对较弱,哈萨克斯坦较好(全球排名第 32 位);港口质量方面,由于哈萨克斯坦、吉尔吉斯斯坦、塔吉克斯坦等中亚国家均处于内陆地区,港口基础设施质量较弱，特别是吉尔吉斯斯坦、塔吉克斯坦在全球 138 个国家和地区中的排名倒数；哈萨克斯坦、吉尔吉斯斯坦、塔吉克斯坦 3 国在航空基础设施、可用机场座位和供电质量等方面的情况也不容乐观，特别是吉尔吉斯斯坦空运基础设施排名为 120；供电质量上吉尔吉斯斯坦、塔吉克斯坦不佳，排名均在 100 名左右；固定电话线路和移动电话订阅方面哈萨克斯坦较好，排名分别为 43、17，而塔吉克斯坦通信设施则较弱。

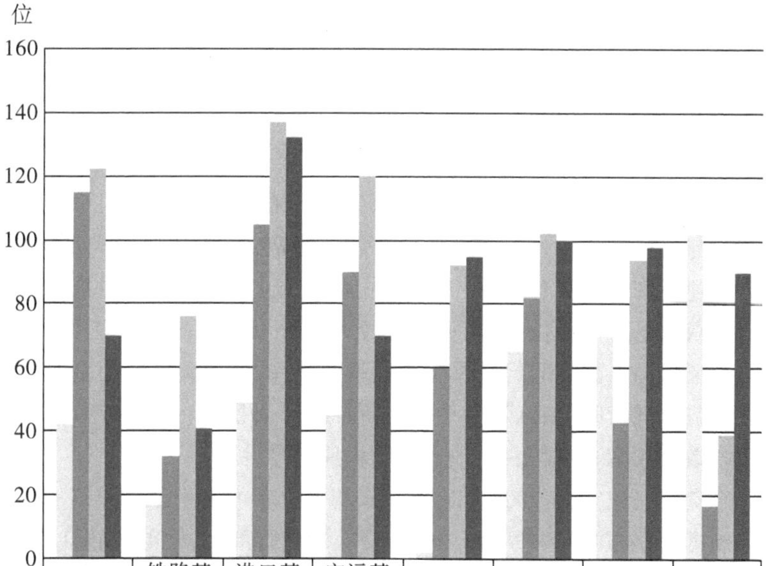


| | 道路质量 | 铁路基础设施质量 | 港口基础设施质量 | 空运基础设施质量 | 可用机场座位 | 供电质量 | 固定电话线路 | 移动电话订阅 |
|---|---|---|---|---|---|---|---|---|
| 中国 | 42 | 17 | 49 | 45 | 2 | 65 | 70 | 102 |
| 哈萨克斯坦 | 115 | 32 | 105 | 90 | 60 | 82 | 43 | 17 |
| 吉尔吉斯斯坦 | 122 | 76 | 137 | 120 | 92 | 102 | 94 | 39 |
| 塔吉克斯坦 | 70 | 41 | 132 | 70 | 95 | 100 | 98 | 90 |

**图 3－23　2017 年中国、哈萨克斯坦、吉尔吉斯斯坦、塔吉克斯坦的各项基础设施质量排名**

数据来源：《2017～2018 年全球竞争力报告》。

**（二）营商便利度及政策（见图 3－24）**

1. 哈萨克斯坦营商环境

哈萨克斯坦营商环境在中亚国家中最好，2017 年营商便利度在全球 190 个国家和地区中排名第36位，特别是在保护中小投资者、合同执行及资产登记方面表现突出，排名分别为1、6、17，但在跨境贸易方面有待改善，在全球排在第123位。自2007年以来哈萨克斯坦在营商环境方面不断出台相关政策措施，提高营商便利度。

在创办企业便利化方面：2009年哈萨克斯坦简化了创业要求，取消了在当地税务局登记程序；2010年将最低资本降到100坚戈，取消对公司章程及公证要求，缓解了创业的压力；2012年在公司成立后3个月内取消了最低资本金要求；2013年减少公司注册的时间；2015年简化了创业手续，取消了中小企业的注册费，缩短了注册时间，并取消了使用公司印章的法律要求；2016年简化了创业的过程，废除了公证公司文件和创始人签名的要求。

获取建筑许可证方面：2009年哈萨克斯坦简化了处理建筑许可证的工作，取消新电气连接费用，减少颁发建筑许可证的时间，降低地形测量成本；2010年建立与公共事业相关的技术条件一站式商店；2015年取消地形测量的要求，使办理建筑许可证更容易；2016年采用单一窗口办理建筑许可证，简化办理程序。

获取电力方面：2016年哈萨克斯坦简化了获取电力的流程，取消官方开具许可证和国家能源监督委员会的检查程序，减少了满足公用事业技术要求和签订供应合同时间，制定年度平均中断持续时间指数（SAIDI）和系统平均中断频率指数（SAIFI）的规范性，改善电力供应可靠性。

资产登记方面：2008年哈萨克斯坦建立了所有土地和建筑物统一登记的法律制度，把公共服务中心作为财产交易的主管部门，使财产转让变得更容易、更省时；2013年实施快速财产登记程序；2015年简化转让财产手续，取消获得转让技术的要求，并对买卖双方的公司文件进行公证；2017年提高土地管理制度的纠纷解决机制透明度，使财产转让更加容易。

获得信贷方面：2008年哈萨克斯坦信用局增加了信用的信息来源，诸如家具公司和煤气公司等公用事业公司；2015年通过有关担保交易法律，允许对作为抵押品的资产类别进行总体描述，改善获得信贷的渠道。

保护中小投资者方面：2010年哈萨克斯坦加强了对投资者的保护，要求企业在公司年报中披露更多信息；2011年加强对交易双方的监管；2015年采取新规定要求立即披露关联方交易，并在年度财务报表中详细披露，扩大取证方式，要求变更与股份有关的权利须经2/3表决通过，禁止子公司收购母公司的股份，要求披露董事会成员的其他董事职位及主要工作。2016年提出立即向公众披露关联方交易的要求，增加股东在重大公司决策中的权利和作用，明确所有权和控制权结构,并要求提高企业透明度,并允许在审判期间获取更多企业信息。

缴税方面:2007 年哈萨克斯坦降低了对公司迟缴税款的制裁;2009 年降低了社会税率和企业所得税税率。

跨境贸易方面:2010 年哈萨克斯坦实施风险管理系统和提高海关自动化,加快了贸易速度;2014 年开通新的边境站和铁路线,缓解与中国的边境拥堵;2016 年取消两份报关所需的出口文件,降低了出口成本。

合同执行方面:2008 年哈萨克斯坦增加了带薪年假,制定在裁员时适用的重新分配义务;2014 年引入合同电子存档系统;2015 年简化了小额索赔处理程序,简化了执行合同的程序和规则;2016 年制定新的民事诉讼法典并规定法官在特定案件中最长休庭次数,新的劳动法降低每周假期工作的工资溢价,取消了裁员前重新安排员工的要求,延长了试用期的最长期限,并在当事人可以向法院提起诉讼之前实施强制性的庭外调解程序。

破产处理方面:2012 年哈萨克斯坦延长破产期限,提高破产管理人的资格要求,改变破产申请的要求,延长债权人的权利,改变相关规定操作的延续,限期制定破产计划,加强法院监督;2014 年简化清算和重组条款,引入债权人会议,在破产程序中扩大债权人的权利,授权向有担保的债权人支付款项,明确债权人提出债权的程序;2015 年允许债权人启动重组程序和鼓励将资产出售作为持续经营的方式,改进了其破产制度,明确授权启动后融资,并优先于现有的无担保债权。2016 年改变重组计划的投票程序,并为反对重组计划的债权人提供保护,债权人在破产程序中获得了更多有关债务人的信息,允许对影响其权利的决定质疑。

2. 乌兹别克斯坦营商环境

乌兹别克斯坦 2017 营商便利度排名第 74 位,在中亚地区仅次于哈萨克斯坦,在创办企业、电力取得及合同执行方面表现较好,全球排名分别为 11、27、39 位,但是在获取许可证和跨境贸易方面不佳,全球排名分别为 135 和 168 位,其他方面因素环境排名仍然有改善的空间。2007 年采取一系列政策措施提高营商便利度,但也有一些使营商环境恶化的举措。

创办企业方面:2007 年取消注册中心进行实质性的审查,简化内部程序,明确拒绝注册的规则;2011 年降低最低资本要求,减化注册程序,降低注册成本;2012 年提供在线的名称预约服务,取消小企业开设银行账户费用;2013 年废除最低资本要求,取消了在开立银行账户前对签名样本进行公证要求;2015 年采取在线一站式服务，简化注册程序；2017 年实施新的商业登记平台，使创业更容易。

获取许可证方面：2009 年乌兹别克斯坦降低建筑许可证费用，但在 2010 年增加了与建筑许可证有关的所有手续费用；2017 年简化从各机构获得土地分配批准的程序，从而使处理建筑许可证更加容易。

资产登记方面：2007 年乌兹别克斯坦使用计算财产出售协议公证费用的公式，将最低工资考虑在内，从而使财产登记更容易、成本更低；2013 年降低财产公证费；2015 年取消了提供几种不同的无负担证书的要求，但也增加了与财产转让有关的成本；2016 年增加资产信息透明度。

获得信贷方面：2008 年乌兹别克斯坦私营的银行间信贷局开始收集个人和公司还款模式的信息；2012 年允许借款人有权检查其个人数据，改善了获取信贷信息的渠道；2013 年扩大信贷信息的范围，要求收集和分发超过 2 年的历史数据，提高信贷信息的获取；2015 年通过了新的担保交易法律，允许对作为抵押品的资产进行一般描述，并建立了一个现代化、统一的抵押品登记处，提高了获得信贷的机会。

保护中小投资者方面：2014 年乌兹别克斯坦要求上市股份公司在年报中披露有关关联方交易的信息，对董事会披露此类交易制定更高的标准，保证股东接受与此类交易有关所有文件的权利；2016 年明确所有权和控制结构；2017 年提高企业透明度要求，加强了对中小投资者的保护。

缴税方面：2007 年乌兹别克斯坦取消了生态税，减少了企业所得税所需缴纳的数额，降低了企业所得税的税率和统一社会支付税率；2009 年通过了与企业所得税有关的新税法；2013 年取消了一些小税；2016 年降低社会所得税税率和企业所得税税率，但提高了塔什干的土地税率；2017 年实施电子系统申报和缴纳增值税、地税、社会税、企业所得税、基础设施开发税、环境税、个人养老基金缴款和累计养老金缴款，从而使纳税变得更容易、成本更低，同时上调土地税率。

跨境贸易方面：2012 年乌兹别克斯坦实施单一通关窗口减少了出口时间及每次进口交易所需的文件数量；2013 年取消向海关登记进口合同要求，缩短银行登记出口或进口合同的时间限制，并减少了所需的出口文件数量；2014 年减少进出口的文件数量，并通过电子方式提交文件，使跨境贸易更加容易。

合同执行上：2013 年乌兹别克斯坦采用合同电子归档系统，使执行合同更加便利。

破产处理方面:2008 年乌兹别克斯坦通过了关于私营公司自愿清算的立法;2012 年调整破产和第二次拍卖的时限和程序,使企业能够在整个清算程序中继续经营。

3. 吉尔吉斯斯坦营商环境

吉尔吉斯斯坦营商环境排名第 77 位,在资产登记、创办企业、获取许可证和获得信贷方面表现较好,排名分别为 8、29、31、29 位,在电力取得、赋税、合同执行和破产处理方面表现不佳,排名都在 100 名以后,分别为 164、151、139、119 位。

创办企业方面:2008 年吉尔吉斯斯坦实施一站式服务,简化商业登记流程,取消其他手续,使创业更容易;2009 年取消最低资本要求、减少注册时间、取消某些注册费用以及在注册前需要开立银行账户等措施;2010 年取消了公司创始人签名公证的要求,简化了创业程序。

获取许可证方面:2008 年吉尔吉斯斯坦采取建筑许可一站式程序,严格规定审批期限,明确建筑局和地方市政局责任;2009 年实施安全审查和施工监督制度,允许低风险项目承担施工监督责任,使办理建筑许可证更便利。

资产登记方面:2007 年吉尔吉斯斯坦增加登记费使财产登记更加昂贵;2009 年简化财产登记文件要求和公证的可选性,使财产登记更加便利;2016 年实施在线获得无负担证书,使财产转移更加容易;2017 年吉尔吉斯斯坦不再向公众提供财产转让的官方统计数据,降低财产登记透明度。

获得信贷方面:2009 年吉尔吉斯斯坦通过修改民法和质押法加强其有担保交易制度,使有担保贷款更加灵活,允许对抵押资产和债务进行一般性描述,并规定将担保权自动扩展到原始资产收益;2015 年信贷局通过发布正面和负面的信贷信息,改善了对信贷信息的获取。2017 年吉尔吉斯斯坦通过两项新法规扩大信贷获得渠道,建立了统一的、现代的抵押品登记制度,颁布关于交换信用信息的新法律,改进了其信用信息系统。

保护中小投资者方面:2008 年吉尔吉斯斯坦允许少数民族投资者用法律保护自己作为股东的权利,要求在批准前对关联方交易进行独立评估,并在董事会疏忽的情况下增加补救措施。

缴税方面:2007 年吉尔吉斯斯坦降低企业所得税税率并取消社会保障缴费;2009 年减少包括企业所得税在内的各种税率,降低了企业纳税的成本;2011 年开征房地产税以提高企业的纳税成本,但也降低了销售税。

跨境贸易方面:2009 年吉尔吉斯斯坦取消了一些报关文件要求和简化检查

程序,使跨境贸易更便利、省时;2016 年吉尔吉斯斯坦加入欧亚经济联盟,减少出口的时间和成本。

合同执行方面:2009 年吉尔吉斯斯坦取消了第三方通知裁员的规定,并废除了在解雇冗余人员时再培训或重新分配义务及再就业优先规则。

破产处理方面:2010 年吉尔吉斯斯坦简化了破产程序,变更行政人员要求,但增加了新的手续以防止程序滥用。

4. 塔吉克斯坦营商环境

塔吉克斯坦营商环境在中亚国家中较差,2017 年其营商便利度排名仅为 123 位,保护中小投资者方面的表现相对好一些,但也排在第 33 位,在获取许可证、电力取得、获得信贷、缴税、跨境贸易和破产处理方面都不容乐观,全球排名均在第 120 位之后,分别为 136、171、122、132、149、148 位,其他方面也有待改善。在营商环境各方面的政策改革措施如下:

创办企业方面:2007 年塔吉克斯坦减少商业活动许可要求;2009 年降低了最低资本要求,缩短税务识别号码发放时间;2010 年塔吉克斯坦实施一站式服务,将国家注册和税务机关统一起来;2011 年允许企业家在开始经营后最多 1 年支付资本,消除了开设银行账户的要求;2013 年要求税务机关的初步批准和在注册时提交附加文件,使创业变得更加困难;2014 年要求统计机构在登记时为新企业颁发统计代码;2016 年要求年收入在 50 万美元以上的公司注册为增值税缴纳人,增加创办企业成本;2017 年提高强制增值税登记的收入额度,减轻企业负担。

获取许可证方面:2008 年由于行政积压,塔吉克斯坦延长办理建筑许可证的时间,并增加办理费用;2009 年通过取消几个许可证的办理程序,缩短办理时间;2014 年降低了建筑许可证的费用。

资产登记方面:2009 年塔吉克斯坦提高了财产交易的国家税率,增加财产转让费用;2017 年简化了财产登记手续,缩短了在市政府办理买卖协议登记的时间,但是增加了财产转移的成本。

获得信贷方面:2009 年塔吉克斯坦允许成立私人信贷局,改善信贷信息系统;2011 年 1 月动产抵押登记处停止办理业务,使动产获得信贷变得更加复杂;2013 年建立私人信贷局,增加获取信贷信息的途径;2014 年提供信用评分增加信贷信息的获取。

保护中小投资者方面:2008 年塔吉克斯坦制定了有关批准关联方交易的规定,提高了关联交易的信息披露要求,允许中小投资者代表公司对董事提起诉讼,保护小股东权利;2009 年修订《股份公司法》,加强了对投资者的保护,提高关联方交易的信息披露要求,增加了关联方交易损害公司的董事责任,允许股东撤销此类交易;2010年要求增加年度报告中的信息披露,并为中小投资者提供更多企业信息;2012年加强投资者在不公正关联方交易中起诉董事的权利。

缴税方面:2010年塔吉克斯坦降低了企业所得税税率;2013年将最低收入税与企业所得税合并,废除零售营业税,同时提高了土地和车辆税率;2014年采用电子系统申报和缴纳企业所得税、增值税和劳工税;2015年实施企业所得税、增值税和劳工税的电子申报和支付系统,并增加房地产税费;2016年采用电子发票和扩展电子系统简化纳税,降低公路税的纳税成本,并提高土地税率。

跨境贸易方面:2015年塔吉克斯坦采取电子方式提交海关申报,使跨境贸易变得更加便利。

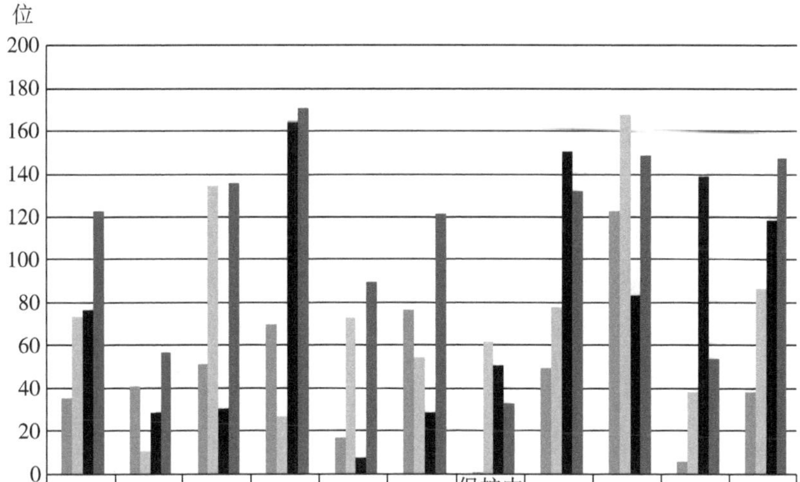


| | 营商便利度 | 创办企业 | 获取许可证 | 电力取得 | 资产登记 | 获得信贷 | 保护中小投资者 | 缴税 | 跨境贸易 | 合同执行 | 破产处理 |
|---|---|---|---|---|---|---|---|---|---|---|---|
| 哈萨克斯坦 | 36 | 41 | 52 | 70 | 17 | 77 | 1 | 50 | 123 | 6 | 39 |
| 乌兹别克斯坦 | 74 | 11 | 135 | 27 | 73 | 55 | 62 | 78 | 168 | 39 | 87 |
| 吉尔吉斯斯坦 | 77 | 29 | 31 | 164 | 8 | 29 | 51 | 151 | 84 | 139 | 119 |
| 塔吉克斯坦 | 123 | 57 | 136 | 171 | 90 | 122 | 33 | 132 | 149 | 54 | 148 |

**图3-24 2017年中亚国家营商环境排名**

资料来源:《2018年营商报告——改革创造就业机会》,载营商环境,https://www.doingbusiness.org/reports,2018年8月1日最后访问。

注:土库曼斯坦数据缺失。

合同执行上:2017年塔吉克斯坦修改离职补偿金法规,取消非孕妇和非哺乳期妇女的夜班工作限制。

破产处理方面:2009 年塔吉克斯坦改进破产程序,修改破产法,减少诉讼的期限和成本。

**(三)金融市场发展程度**

金融市场的发展程度表明金融业为实体经济服务的能力水平,可通过金融服务可用性、金融服务可负担性、通过当地股市融资、获得贷款便利度、风险资本可用性、健全的银行、证券交易所监管、合法权益指数等 8 个指标考量(见图 3-25)。

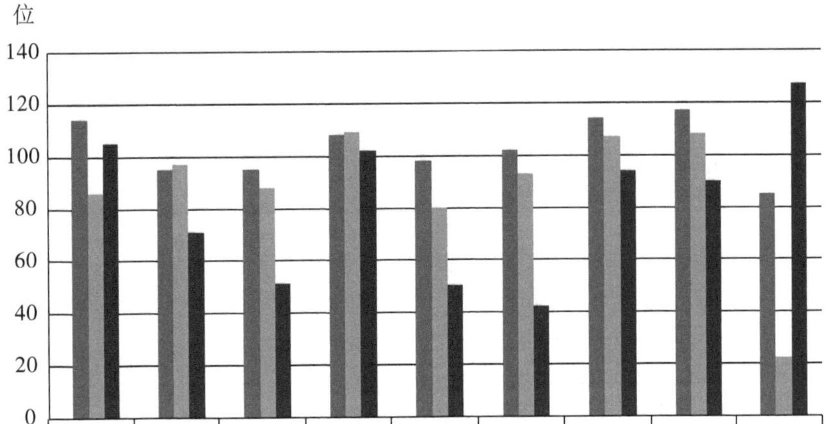


| | 金融市场发展 | 1-金融服务可用性 | 2-金融服务可负担性 | 3-通过当地股市融资 | 4-获得贷款便利度 | 5-风险资本可用性 | 6-健全的银行 | 7-证券交易所监管 | 8-合法权益指数 |
|---|---|---|---|---|---|---|---|---|---|
| ■哈萨克斯坦 | 114 | 95 | 95 | 108 | 98 | 102 | 114 | 117 | 85 |
| ■吉尔吉斯斯坦 | 86 | 97 | 88 | 109 | 80 | 93 | 107 | 108 | 22 |
| ■塔吉克斯坦 | 105 | 71 | 51 | 102 | 50 | 42 | 94 | 90 | 127 |

**图 3-25 2017 年中国及中亚三国金融市场发展全球排名**

数据来源:《2017~2018 年全球竞争力报告》。

根据全球竞争力报告数据,2017 年哈萨克斯坦、吉尔吉斯斯坦、塔吉克斯坦中亚 3 国金融市场发展排名分别为 114、86、105 位,这反映出中亚金融市场发展程度较低,金融为实体经济服务的能力不足。哈萨克斯坦金融市场发展程度最低,衡量金融市场发展程度的关键性指标中通过当地股市融资、风险资本可用性、健全的银行、证券交易所监管等全球竞争力排名均在第100名以后，充分反映了哈萨克斯坦直接融资和间接融资均不便利，其他指标的排名也不容乐观的情形。中亚金融市场发展最好的是吉尔吉斯斯坦，虽然其通过当地股市融资、健全的银行、证券交易所监管3个指标的竞争力排名也在第100名之后，但是吉尔吉斯斯坦合法权益指数却表现较好，全球排名第22名。塔吉克斯坦金融市场发展程度在中亚居中，金融服务可负担性、获得贷款便利度及风险资本可用性在全球竞争力排名也处于中上水平，排名分别为51、50、42位，但是通过当地股市融资和合法权益指数方面却排名靠后，分别为102和127位。

中亚国家的金融市场发展不足主要表现在银行体系不健全、企业融资困难、证券股票市场不完善等方面，其根本原因在于，一方面中亚除哈萨克斯坦外经济发展水平普遍低，储蓄规模不足；另一方面，中亚通货膨胀严重，货币贬值严重，储蓄风险大，信奉"即时消费、超前消费"理念，导致储蓄意愿低。中亚5国由于国内资金不足，积极利用外部融资，中亚国家的商业银行以低利率借入国外资金，再以高利率将钱贷放到国内，主要以房地产和消费贷款为主。但是在国际能源资源价格暴跌的时候，国外资金就会停止借贷，并收回已经放贷的资金，由于中亚国家主要以能源收入为主，而能源价格下跌，经济下滑，居民收入水平也会大幅下滑，难以偿还款，导致商业银行出现大量呆坏账，金融恐慌蔓延，"挤兑"致使银行破产。

**（四）信息技术支撑**

网络就绪指数（Networked Readiness Index）用于衡量一个国家利用信息和通信技术所带来的机遇来推动经济发展及提高竞争力的可能性。网络就绪指数根据全球139个经济体在四个方面的表现建立的一套指标体系，包括：环境指数——政府监管环境和商业创新环境；准备指数是信息技术产生影响的先决条件，用信息通信技术的负担能力、技能和基础设施来衡量；应用指数衡量个人、企业和政府对信息技术的应用，影响指数表示信息技术对社会经济的影响程度。

根据2016年全球信息技术报告，哈萨克斯坦网络就绪指数全球排名第39位，比2015年上升1位，成为中亚信息技术竞争力最强的国家，其中环境指数、准备指数、应用指数和影响指数排名分别为47、39、44、40位，哈萨克斯坦在每百人的手机订阅及成人识字率方面表现突出，全球排名均为第6名，但是在管理学校质量和移动网络覆盖率上却表现不佳，排名均在100名之后，分别为101和123位，同时企业吸收技术能力和使用虚拟社交网络等方面也有待提高，全球排名均在 90 名之后。

吉尔吉斯斯坦在信息技术竞争力上中亚地区居中，但 2016 年全球排名仅 95 位，虽然比 2015 年的第 98 位有所上升，但其整体信息技术支撑能力却又很大提高的空间。特别是在信息技术应用和影响方面，全球排名均在 100 名之后，分别为 104 和 110 位，而环境指数和准备指数排名仅为 95 和 79 位，其中政府通信技术推广、信息技术对商业模式的影响、信息技术对过得基本服务的影响等方面的排名均在 120 位之后。

塔吉克斯坦网络就绪指数全球排名第 114 位，说明其在信息技术方面的薄弱，尤其是准备指数和应用指数均排在第 110 位之后，分别为 121 和 116 位，但其环境指数排名为第 70 位，优于吉尔吉斯斯坦。在成人识字率方面全球排名第 7 位，表现突出，而其信息技术的个人和企业应用方面的大部分指标排名均在 100 位之后，互联网电话竞争力和政府在线服务指数更是排到 135 和 132 位。（见表 3 – 7）

**表 3 – 7 2015 年、2016 年中亚三国网络就绪指数排名**

| 年份 | 指标 | 哈萨克斯坦 | 吉尔吉斯斯坦 | 塔吉克斯坦 |
|---|---|---|---|---|
| 2016 | 网络就绪指数 | 39 | 95 | 114 |
| | 环境指数 | 47 | 95 | 70 |
| | 准备指数 | 39 | 79 | 121 |
| | 应用指数 | 44 | 104 | 116 |
| | 影响指数 | 40 | 110 | 99 |
| 2015 | 网络就绪指数 | 40 | 98 | 117 |
| | 环境指数 | 55 | 102 | 92 |
| | 准备指数 | 35 | 82 | 124 |
| | 使用指数 | 40 | 115 | 121 |
| | 影响指数 | 44 | 114 | 99 |

资料来源：《2015 年、2016 年全球信息技术报告》，载世界经济论坛，https://www.weforum.org/reports/the-global-information-technology-report – 2016，2018 年 8 月 5 日最后访问。

### （五）制度供给质量

1. 全球治理指标

世界银行发布的全球治理指数（WGI）用来衡量一个国家政府的施政水平，包括6个维度衡量：话语权和责任、政治稳定性和不存在暴力、政府效率、规管质量、法治、腐败控制，用0～100表示，分值越大施政水平越高。其中腐败控制表示假公济私、中饱私囊的程度；政府效率反映了公共服务水平、公务员质素、政策制定和执行的效果、政策承诺的可信度；政治稳定和不存在暴力衡量政治不稳定或政治动机暴力（包括恐怖主义）的可能性；法治表示对社会规则的信任程度和遵守程度，特别是合同执行质量、财产权、警察和法院，以及犯罪和暴力的可能性；监管质量反映了政府制定和执行健全的政策和法规、允许和促进私营部门发展的能力；声音和问责制说明国家公民能够在多大程度上参与政治，言论自由、社团自由和媒体自由。

中亚国家除哈萨克斯坦外，整体政府施政水平低下，市场经济体制不完善和法治体系不健全，政府部门“潜规则”普遍存在，贪污腐败现象严重，行政管理审批程序繁杂，审批时限不明确，缴费项目繁多。由于司法权受到行政机关干预，司法公正得不到保障。哈萨克斯坦2016年总得分219.6（总分600分），同比下降3分，其中在政府效率、政治稳定性和不存在暴力和监管质量方面表现相对较好，分别得分51.4、47.6和51.9，而在腐败控制及话语权和责任方面表现较差，而且有下降趋势。吉尔吉斯斯坦的施政水平在中亚国家处于中等，虽然在逐渐改善，但是总得分依然较低，2016年总计得分138.5，其中话语权和责任方面表现最佳，得分32.5，远高于中亚其他国家，但在腐败控制、政府效率和法治方面表现较差，得分均未超过20。塔吉克斯坦、土库曼斯坦和乌兹别克斯坦连续3年总计得分均未超过100，特别是塔吉克斯坦和土库曼斯坦施政水平总得分出现较大跌幅，2016年比2014年分别下降19.7、23.4（如表3－8所示），施政水平最差的土库曼斯坦在腐败控制、监管质量、法治、话语权和责任等方面得分均为个位数甚至为0分。

**表 3－8 2014～2016 年中亚国家全球治理指标**

| 国家 | 年度 | 总计得分 | 腐败控制 | 政府效率 | 政治稳定和不存在暴力 | 监管质量 | 法治 | 话语权和责任 |
|---|---|---|---|---|---|---|---|---|
| 哈萨克斯坦 | 2014 | 215.3 | 22.6 | 53.4 | 47.6 | 45.2 | 32.2 | 14.3 |
| | 2015 | 222.6 | 19.7 | 50.5 | 43.8 | 53.4 | 38.9 | 16.3 |
| | 2016 | 219.6 | 20.7 | 51.4 | 47.6 | 51.9 | 34.6 | 13.3 |
| 吉尔吉斯斯坦 | 2014 | 133.8 | 12.0 | 17.8 | 19.5 | 35.1 | 16.8 | 32.5 |
| | 2015 | 130.4 | 11.1 | 18.3 | 18.6 | 34.6 | 14.4 | 33.5 |
| | 2016 | 138.5 | 12.0 | 17.8 | 22.9 | 40.4 | 13.0 | 32.5 |
| 塔吉克斯坦 | 2014 | 93.7 | 12.5 | 22.1 | 23.3 | 14.9 | 13.9 | 6.9 |
| | 2015 | 82.7 | 11.5 | 19.7 | 18.1 | 13.9 | 13.5 | 5.9 |
| | 2016 | 74.0 | 12.5 | 14.4 | 19.5 | 12.0 | 10.6 | 4.9 |
| 土库曼斯坦 | 2014 | 81.7 | 6.7 | 18.8 | 49.0 | 1.9 | 5.3 | 0.0 |
| | 2015 | 75.1 | 5.8 | 19.2 | 42.9 | 1.9 | 5.3 | 0.0 |
| | 2016 | 58.3 | 4.3 | 11.5 | 34.8 | 1.9 | 5.3 | 0.5 |
| 乌兹别克斯坦 | 2014 | 89.6 | 9.6 | 27.4 | 36.7 | 3.4 | 10.1 | 2.5 |
| | 2015 | 87.2 | 8.7 | 27.4 | 33.3 | 3.8 | 11.5 | 2.5 |
| | 2016 | 93.0 | 10.1 | 30.8 | 34.3 | 4.3 | 11.1 | 2.5 |

数据来源：世界银行数据库。

2. 法治指数

世界司法项目（WJP）法治指数用以衡量普通民众在实际日常生活中对法治的体验和感知，包括政府权力约束、没有腐败、开放政府、基本权利、秩序和安全、监管执法、民事审判、刑事司法等 8 个分项指标，用 0～1 表示最低到最高分。中亚三国民众对法治体验度最高的是哈萨克斯坦，2017 年全球 113 个国家和地区中法治指数排名第 64 位，总分 0.51 分，主要是在政府权力约束、开放政府、基本权利、监管执法等方面得分较高，而在没有腐败、秩序和安全、刑事司法方面得分较低（如表 3－9 所示）。2017 年吉尔吉斯斯坦民众对法治感知排名为第 82 位，法治指数得分 0.47，其中政府权力约束、开放政府及基本权利在中亚三国表现最佳，得分分别为0.48、0.56、0.50，而在没有腐败、监管执法和刑事司法方面却是在中亚三国中最低的，得分仅为0.29、0.43和0.32。乌兹别克斯坦民众对法治的体验和感知最差，2017年得分0.46，全球排名第91位，在政府权力约束、开放政府和基本权利方面得分均处于中亚最低，均不超过0.4，但值得肯定的是，乌兹别克斯坦民众认为社会依然是有序安全的，得分为中亚三国中最高的0.92。

**表3-9　2017年中亚三国法治指标及排名**

| 项目 | 哈萨克斯坦 | 吉尔吉斯斯坦 | 乌兹别克斯坦 |
|---|---|---|---|
| 排名 | 64 | 82 | 91 |
| 法治指数 | 0.51 | 0.47 | 0.46 |
| 政府权力约束 | 0.45 | 0.48 | 0.32 |
| 没有腐败 | 0.45 | 0.29 | 0.34 |
| 开放政府 | 0.48 | 0.56 | 0.30 |
| 基本权利 | 0.45 | 0.50 | 0.38 |
| 秩序和安全 | 0.78 | 0.74 | 0.92 |
| 监管执法 | 0.52 | 0.43 | 0.46 |
| 民事审判 | 0.56 | 0.46 | 0.49 |
| 刑事司法 | 0.41 | 0.32 | 0.45 |

资料来源：世界正义工程：https://worldjusticeproject.org/our-work/wjp-rule-law-index/wjp-rule-law-index-2017-2018/current-historical-data，2018年8月8日最后访问。

## 第三节　中国对中亚国家投资的情况分析

### 一、中国对中亚国家投资规模

#### （一）中国对中亚国家总体投资流量

中国对中亚5国直接投资总体流量。当期对外直接投资流量等于当期对外直接投资总额减去当期境外企业对境内投资者的反向投资。2016年中国对中亚国家总体投资流量107,396万美元，占中国对“一带一路”沿线国家直接投资流量的7%，占中国对外直接投资总流量的5.5‰。近年来，中国对中亚5国直接投资流量波动性较大。2003～2016年，中国对中亚五国直接投资流量在2012年达到最大，投资流量为337,705万美元，在2015年出现最小值，投资流量为-232,609万美元，这两个年份可以把中国对中亚国家总体投资流量的趋势分为三个阶段：第一阶段为2003～20012年，这一阶段中国对中亚5国的直接投资呈稳步上升态势；第二阶段为2012～2015年，这一阶段投资流量急剧下降；第三阶段为2015年至今，这一阶段投资流量缓慢恢复。（见图3-26）2012年中国对中亚5国的直接投资高达337,705万美元，这一变化的原因与中国的国内环境有着密切联系，金融危机以后，中国为更好地刺激经济增长采取了一系列的较为宽松的财政政策和货币政策，刺激投资拉动经济增长，导致投资流量大幅增长，然而随着近两年中国经济下行压力的加大，特别是在2015年石油国际能源价格暴跌（2015年美国西得克萨斯中质原油价格48.71美元/桶，日本天然气到岸价10.31美元/百万英热，西北欧煤炭标杆价56.79美元/吨），导致中亚国家经济下行，我国对中亚国家的投资也达到近年的最低点。

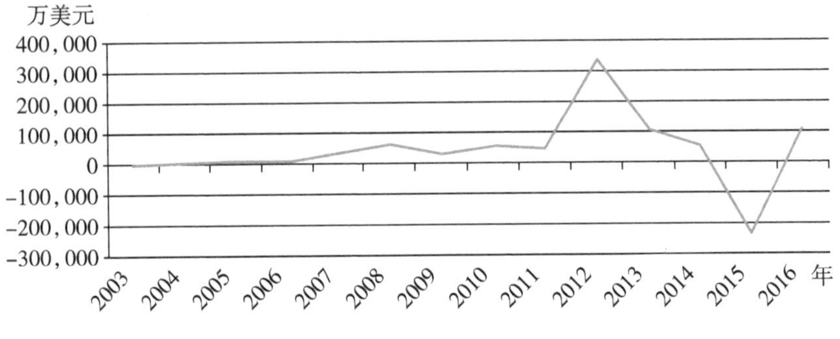


**图3-26　中国对中亚国家总体投资流量**

数据来源：根据2003～2016年中国对外直接投资统计公报整理。

### （二）中国对中亚各国的投资流量

中国对中亚各国直接投资流量。在中国对中亚各国的直接投资流量最大的是哈萨克斯坦。中国对哈萨克斯坦的走势完全影响着中国对整个中亚的投资走势。由图3-27中曲线可以看出对哈萨克斯坦的投资流量趋势与对中亚的总体投资趋势基本相同。

总体来看，中国对哈萨克斯坦的投资量最大，但震荡最为激烈，对其余国家的投资量较小。中国对哈萨克斯坦的投资流量在2012年达到最大值299,599万美元，在2015年出现最小值为-251,027万美元。其次震荡幅度较大的是对土库曼斯坦的投资，在2006年、2011年、2013年、2015年、2016年均出现了负投资情况，而且在2011年和2016年分别达到－38,304万美元、－31,457万美元。同时对乌兹别克斯坦的投资流量也出现负投资情况，但额度相对较小，在2012年的投资为－2679万美元，2017年乌兹别克斯坦吸引外国投资总额超过24亿美元，同比增长40%，占社会经济全年投资总额比重为20.4%，比2016年的15.3%上升5.1个百分点。投资流量最为稳定的是吉尔吉斯斯坦和塔吉克斯坦，自2003年以来每年都有一定的投资量，未出现投资负增长的情况，中国对吉尔吉斯斯坦投资量最大的是2013年，达到20,339万美元；中国对塔吉克斯坦的投资流量最大值在2016年，为27,241万美元。

从上述分析可以看出，中国对中亚国家的投资较小，而且不太稳定，容易受到其经济政策和能源价格的影响。

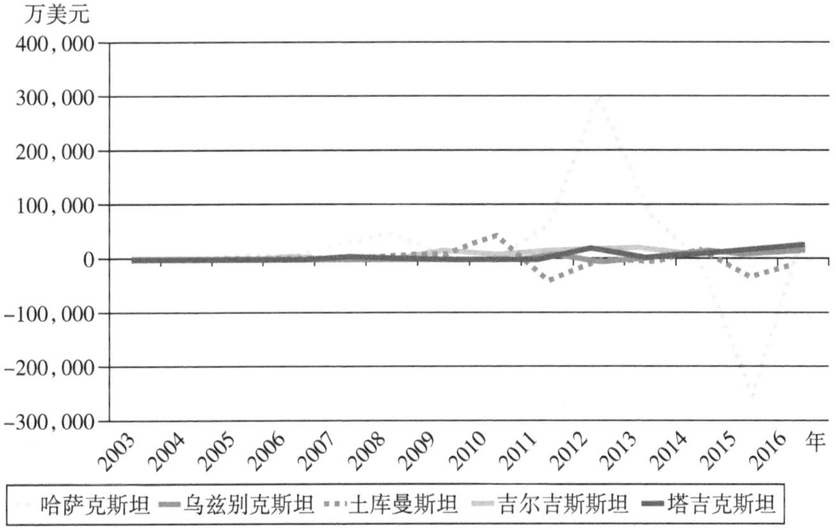


**图3－27 中国对中亚各国投资流量比较**

数据来源：根据2003～2016年中国对外直接投资统计公报整理。

### （三）中国对中亚国家总体投资存量

年末对外直接投资存量等于年末对外直接投资总额减去境外企业累计对境内投资的反向投资。中国对中亚地区直接投资总体存量整体呈现上升的态势，可分为三阶段，第一阶段为2003～2010年缓慢增长阶段，第二阶段为2011～2013年快速上升阶段，第三阶段为2014～2016年震荡反弹阶段。2010年之前虽然增长率大,但是由于投资存量小,截至2010年中国对中亚国家的投资存量仅为29.18亿美元,从2011年以后快速增长,到2014年已经突破100亿美元大关,达到100.93亿美元的历史峰值,之后受能源价格及中亚国家经济下行的影响,2015年投资存量出现首次下降,仅为80.9亿美元,2016年后反弹,投资存量达到91.43亿美元。(见图3-28)

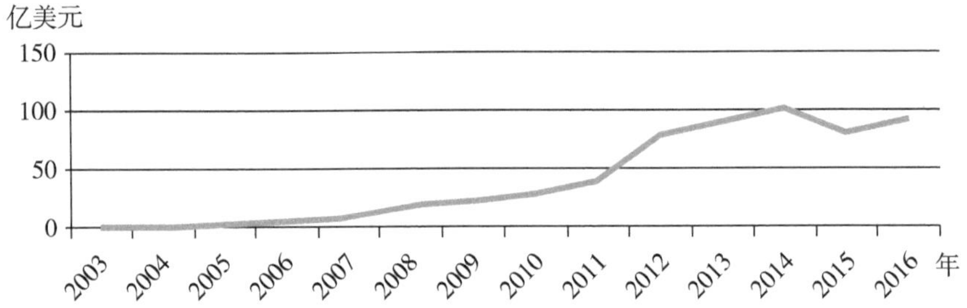


**图3-28　中国对中亚国家总体投资存量**

数据来源:根据2003~2016年中国对外直接投资统计公报整理。

**(四)中国对中亚各国的投资存量**

中国对中亚各国的投资存量中,主要投资国家是哈萨克斯坦,2016年中国对哈萨克斯坦的投资存量54.3亿美元,占中亚投资存量总额的59.4%,哈萨克斯坦在中国对外投资中排名第17位,2014年对哈萨克斯坦的直接投资达到75.4亿美元,在"一带一路"方略的沿线国家中排名第3位,仅次于新加坡和俄罗斯。其次是吉尔吉斯斯坦,2016年的投资存量达到12.38亿美元,同比增长15.6%,2006年的增长率达到364.6%。中国在中亚国家投资存量排名第3的是塔吉克斯坦,塔吉克斯坦吸引外资构成中,来自中国的投资占塔国外资总额的47.3%,来自俄罗斯的投资占外资总额的31.3%,第三大投资来源国是瑞士,其投资占外资总额的6.8%,2016年的投资存量达到11.67亿美元,首次突破10亿美元,同比增长22.1%。中国对乌兹别克斯坦的投资在2016年也突破了10亿美元,达到10.58亿美元,同比增长16.6%。投资存量最少的土库曼斯坦,2016年仅为2.49亿美元,而且中国对土库曼斯坦的投资波动性较大,在2010年投资存量达到峰值6.58亿美元后就开始走低。(见图3-29)

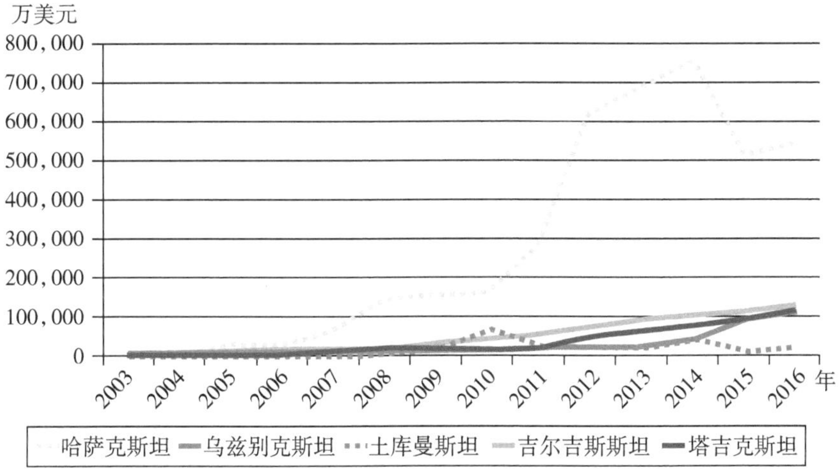


**图 3－29　中国对中亚各国投资存量**

数据来源：根据 2003～2016 年中国对外直接投资统计公报整理。

## 二、中国对中亚国家投资结构

### （一）中国对哈萨克斯坦投资的行业分布

2017 年 1～9 月哈萨克斯坦 FDI 总额达到 158 亿美元，较上年同期增长 5.3%，主要投资集中在油气领域和金属工业企业，中国占 4.8%。中国在对哈萨克斯坦直接投资主要集中于采矿业、制造业、批发零售业、租赁和商贸服务业等产业。哈萨克斯坦凭借极为丰富的自然资源条件，吸收了大量的中国投资，所以，采矿业也就成为中国在哈萨克斯坦直接投资最多的产业，中方投资矿产的企业主要是大型国有企业，单笔投资额较大。批发零售业则因其投资门槛低、投资较为便利等因素，成为吸收中国直接投资最多的产业。目前，中国在哈萨克斯坦投资的大型项目有：阿克纠宾项目、中哈石油管道项目、PK 项目、曼格斯套项目、KAM 项目、ADM 项目中哈铀开采项目、北布扎奇项目、鲁特尼奇水电站项目及阿克套沥青厂项目等。

### （二）中国对吉尔吉斯斯坦投资的行业分布

中国对吉尔吉斯斯坦投资 2.7 亿美元，同比下降 10.4%，为吉尔吉斯斯坦第一大投资来源国。[①] 中国投资企业主要为制造类企业（油产品、塑料、橡胶及其他非金属矿产生产）、矿产品开采类和地质勘探类企业。

### （三）中国对塔吉克斯坦直接投资的行业分布

中国在塔吉克斯坦投资主要涉及矿业、电信、农业、水泥等领域，代表性企业有：塔中国际、华新水泥、紫金矿业、新疆生产建设兵团在塔吉克斯坦设立的海力公司等。

### （四）中国对土库曼斯坦直接投资的行业分布

中国在土库曼斯坦投资总额超过45亿美元，投资行业主要包括：油气、化工、交通通信、农业、建筑业、食品工业和纺织等，代表性投资项目有：中石化胜利石油管理局执行的土库曼斯坦油井修复及钻井项目、中石油集团公司承建的中国－土库曼斯坦天然气管道项目等。目前已有40多家中资企业在土库曼斯坦完成注册，包括中国建筑股份有限公司、新疆佰川元投资有限公司、兰州兰石能源装备国际工程有限公司、中车资阳机车有限公司等。

### （五）中国对乌兹别克斯坦直接投资的行业分布

中国对乌兹别克斯坦主要投资领域包括：油气勘探开发；煤矿、铀矿勘探开发；天然气管道建设和运营；铁路和电信网改造；电站、化工厂建设；泵站、土地改良、制革及制陶等。目前已有400多家中资企业在乌兹别克斯坦完成注册，包括山东汇峰装备科技、懋实特（北京）国际机电、张家港飞鸽友联科技、安徽兴林机械集团、山东科瑞石油装备、德州景美石油机械、上海纺织（集团）、杰瑞石油天然气工程有限公司、东方电气集团国际合作有限公司、中铁十九局集团有限公司、中国核工业第二建设有限公司、河北建工集团有限责任公司、中国土木工程集团有限公司、河北建工集团有限责任公司等。

## 三、中国对中亚国家投资前景

### （一）中国与中亚国家政治互信进一步加强

中哈两国早就建立了“全面战略伙伴”关系，自习近平主席在哈萨克斯坦提出“丝绸之路经济带”倡议后，中哈两国最高领导见面16次，习近平主席6年中4次出访哈萨克斯坦。乌兹别克斯坦是最早支持和参与“一带一路”方略的国家，2017

---

① 《2017年中国为吉尔吉斯斯坦第一大投资来源国》，载中华人民共和国驻吉尔吉斯共和国大使馆经济商务参赞处，http://kg. mofcom. gov. cn/article/zxhz/201805/20180502741354. shtml，2018年3月6日最后访问。

年5月签署《中乌联合声明》,进一步扩大两国经济技术、交通运输、医疗、农业、水电、中小企业、基础设施、旅游和地方交往等领域的合作。中国与塔吉克斯坦于2013年建立战略伙伴关系,2017年签署《中塔关于建立全面战略伙伴关系的联合声明》、《中塔合作规划纲要》及科技、农业、能源、基础设施、人力资源、地方、媒体等领域10多项合作文件。中国和吉尔吉斯斯坦于2013年将两国关系提升为战略伙伴关系,同时在经贸、能源、投融资、中医药等领域多项合作开展深入合作。

**(二)中国与中亚国家产能合作成效显著**

中亚国家在参与"丝绸之路经济带"建设过程中扮演着关键角色。哈萨克斯坦将其提出的"光明之路"计划与"丝绸之路经济带"倡议对接。近几年,中国与哈萨克斯坦的产能合作包含51个项目,总投资额达到260亿美元。据中方统计,截至2017年年底,中方对哈萨克斯坦各类投资累计430.7亿美元,主要集中在采矿业、交通运输、仓储和邮政、建筑、金融、租赁和商贸等领域。哈萨克斯坦在华投资项目共333个,实际利用外资约1.2亿美元,主要涉及物流运输、化工、食品加工和机械制造等领域。[①] 哈萨克斯坦目前是中国在中亚地区的第一大贸易伙伴国,也是在欧亚地区第一大资本输出国,中国则是哈萨克斯坦的第六大直接投资国、第二大贸易伙伴国和最大出口市场。

乌兹别克斯坦、吉尔吉斯斯坦等中亚国家也签署了参与"丝绸之路经济带"建设的合作文件,与中国共同推进新亚欧大陆桥经济走廊和中国—中亚—西亚经济走廊建设。2016年,乌兹别克斯坦安格连—帕普铁路甘姆奇克隧道成功贯通,不仅成为乌兹别克斯坦铁路交通史上的重要里程碑,而且也是中乌两国继合作建设中亚—中国天然气管道乌兹别克斯坦段之后又一合作典范。与此同时,中国在吉尔吉斯斯坦、塔吉克斯坦两国的高压输变电项目和公路、隧道、桥梁建设项目也取得了阶段性成果。

## 四、中国对中亚国家投资存在的问题

**(一)中国对中亚国家投资规模及结构问题**

1. 投资规模比重小波动大

一是中亚5国占我国投资比重较小。从总的投资流量上看,我国2016年

---

① 《2017年中哈经贸合作简况》,载中华人民共和国驻哈萨克斯坦共和国大使馆经济商务处官网,http://kz.mofcom.gov.cn/article/zhhz/201802/20180202713397.shtml,2018年3月21日最后访问。

对中亚5国的投资流量仅为0.55%。2012年我国通过政策刺激投资，对中亚5国投资大幅度攀升，但是占我国对外投资流量比例仅为3.8%。从投资存量上看，2012年中亚国家投资存量占我国对外直接投资比重最高为1.47%，近几年呈逐年下降趋势，2013年、2014年、2015年、2016年分别占我国对外投资存量比重为1.35%、1.14%、0.74%、0.67%。

二是投资波动大。中国对中亚5国直接投资增长率的波动幅度很大，这说明中国对中亚国家直接投资存在很大的不确定性，特别是直接投资流量增长率的波动十分剧烈。从投资流量增长率来看，2005年和2012年增长率较高，分别达到698.9%、643.8%，但是在2015年投资流量出现巨大的负增长，增长率为-522.3%。投资波动性大的变化情况，同样在投资存量中可以反映出来，2005年、2008年、2012年中国对中亚国家投资存量增长率分别达到364%、120.4%、94%，在2015年出现负增长率-19.8%。

2. 投资结构不合理

一是投资领域单一。中国对中亚五国直接投资主要集中于石油、采矿行业、工程承包、通信、铁路等重工业领域，对中亚国家总体的投资结构单一。中国对哈萨克斯坦投资以能源行业为主，主要集中在采矿业、仓储和运输、金融保险业等，这些行业的直接投资占中国对哈萨克斯坦投资总额80%以上，其中运输和仓储投资最多，占该行业引资总额的40%左右。中国对吉尔吉斯斯坦直接投资主要集中于矿物勘探和开采、金融业和宾馆饭店，其中地质勘探投入、炼油厂等加工企业占90%以上。中国对乌兹别克斯坦直接投资主要集中于能源和机械等方面。对塔吉克斯坦的投资主要集中在与生活较为相关的行业，对土库曼斯坦的投资领域主要集中于油气、电信、交通、化工、纺织等领域。

二是投资机构单一。中国对中亚地区投资主体主要是大型国有企业，民营企业相对较少。虽然国有企业对中亚直接投资存量占比一直在减少，但仍然占到总投资的近60%。从融资渠道看，融资主要是通过中国的银行提供的政策性优惠贷款或者国际金融机构的联合贷款来完成。

三是投资国别不平衡。中国对中亚国家投资国别分布严重不均，对哈萨克斯坦直接投资常年占到对中亚五国直接投资额的60%以上，在2012年和2013年甚至达到80%。

### （二）中亚国家投资环境问题

1. 中亚国家经济发展不稳定

从前面的分析中可以看出，中亚各国经济发展稳定性差，具体表现在以下几个方面：

一是经济增长受国外因素影响较大，其中哈萨克斯坦经济增长率受到国际能源价格变动的影响较大，土库曼斯坦经济增长率受天然气能源价格的波动影响，吉尔吉斯斯坦经济增长极容易受国际国内的外力影响。二是汇率波动大，中亚国家的汇率变动频繁不利于获得稳定的预期收益，增加投资风险。三是通胀率高，2016 年哈萨克斯坦通货膨胀率为 8.5%，2017 年吉尔吉斯斯坦通货膨胀率 3.7%。2016 年 1～11 月塔吉克斯坦通胀率为 5.8%。2017 年乌兹别克斯坦消费领域通货膨胀率为 14.4%。四是失业率高，2016 年，塔吉克斯坦总失业率为 10.82%；乌兹别克斯坦和土库曼斯坦总失业率为 8.9%，吉尔吉斯斯坦总失业率为 7.69%，哈萨克斯坦失业率一直保持在 5% 左右。

2. 中亚国家投资营商环境有待改善

中亚国家经济发展水平总体偏低，经济结构单一，市场经济体制还不健全，立法执法不完善，投资环境仍有待改善。各国都存在一定程度的政府部门权力集中，行政管理体系不透明，执法水平较低，有法不依等现象。贿赂现象严重，一些政治派别组织当地民众干扰企业正常生产活动时有发生。《2017～2018 年世界竞争力报告》，哈萨克斯坦排在 57 位，比 2015 年下降 15 位，塔吉克斯坦排在第 79 位，吉尔吉斯斯坦位于第 102 名。哈萨克斯坦"全球竞争力指数"排位有所下降与腐败现象有关，在"预算资金不合理支出"排名下降 13 位，"政府开支浪费"排名下降 24 位，"审计和报告标准完善程度"下降 1 位。

世界银行《2017 年营商环境报告》显示，中亚国家除哈萨克斯坦外，其他国家营商环境有待改善。虽然在 2017 年中哈萨克斯坦、吉尔吉斯斯坦、塔吉克斯坦、乌兹别克斯坦在社会经济中的 10 个领域共计实施了 11 次改革，其中乌兹别克斯坦实施 5 次改革，哈萨克斯坦实施 3 次改革，塔吉克斯坦实施 2 次改革，吉尔吉斯斯坦实施 1 次改革。各国改革的主要领域集中在简化企业成立手续、保护中小股东权益、依法登记私有财产、确保合同执行力度、减少行政审批手续、提高政务信息透明度、完善司法诉讼程序、提供税费减免优惠、加大金融扶植力度、提高最低工资标准等方面。但是除乌兹别克斯坦改革成效显著外，其他国家改革成效并不显著，在《2018 年营商环境报告》总排名中，2017 年哈萨克斯坦营商便利指数为第 36 名，比 2016 年的指数下降 1 名；吉尔吉斯斯坦营商便利指数为第 77 名，比 2016 年下降 2 名；乌兹比克斯坦排第 74 名，比 2016 年上升 13 名；塔吉克斯坦排第 123 名，比 2016 年上升 5 名。同时中亚国家的营商环境虽然有所提升，但是除哈萨克斯坦外，其他国家的营商环境排名依然靠后，需要进一步改善。

3. 基础设施依然薄弱

如前所述，中亚 5 国中，除了哈萨克斯坦外，其余 4 国的基础设施建设指标排名均在百名之后。中亚国家独立后资金匮乏百废待兴，故基础设施建设发展缓慢。国家运输由于铁轨轨距不同、各段运输主体不同、往返货物运量多少不一等问题，导致货物运输效率不高。例如，吉尔吉斯斯坦全国的铁路网都存在严重老化问题，基础设施建设滞后严重阻碍了资本的流入。中亚国家由于发展水平的差异，关于交通基础设施领域的政策也不尽相同。塔吉克斯坦积极吸引资金鼓励公路、隧道、桥梁建设。吉尔吉斯斯坦的市场准入较宽松，经济自由度高，外资企业可以通过全资收购或部分参股等形式对吉尔吉斯斯坦企业实行并购，外国资本进入基础设施建设较为便利；土库曼斯坦和乌兹别克斯坦两国非 WTO 成员，对外资准入限制较多，在交通基础设施领域有相对严格的限制。

**（三）中亚国家投资政策问题**

1. 严格限制外籍劳务人员

哈萨克斯坦劳动力市场高级人才匮乏，同时从事低收入的简单体力劳动意愿不足，而且工资水平较高，导致劳动成本较高。当地劳动力专业技能素质偏低，工作中存在流动性大、效率低等问题，外籍劳务人员需求缺口较大。但哈萨克斯坦对一般外籍劳务人员的引进有严格限制，不但规定了配额数量，而且从 2008 年起，对外籍劳工的专业水平、工作年限、受教育程度等提出了更高的要求，原则上只有本国劳动力市场上无法找到合适劳动者需要替代的情况下，才允许雇用外籍劳工。2016 年哈萨克斯坦颁布政府令，引入外国劳动力数量为不超过哈萨克斯坦经济活动人口的 0.7%。吉尔吉斯斯坦劳动力供大于求，缺乏熟练技工人员，由于经济不景气为不影响当地居民就业，并不欢迎外籍劳务人员进入。塔吉克斯坦劳动力人口丰富但素质不高，2016 年塔吉克斯坦规定外国企业用工外国人不多于 20%，本地人不少于 80%。在乌兹别克斯坦工作的外国人员需要办理劳动许可证和工作证，办理程序烦琐、限制严格、签证困难、费用较高。土库曼斯坦当地劳动力素质不高，高级技工短缺，对外籍劳务人员管理严格，其外国公司中外国人与本国员工比例不得超过 2∶8，否则移民局等部门将限制外籍劳务人员入境。

2. 限制部分行业投资

哈萨克斯坦对外资持积极鼓励态度，对大部分行业的外国投资没有限制，但外国投资如涉及国家安全，则有权限制或者禁止该投资。对银行业规定外资不得超过国内银行总资本的25%；对保险业规定合资非人寿保险公司不得超过本国非人寿保险市场总资本的25%，合资人寿保险不得超过总资本的50%；对矿产投资能源部有权拒绝发放许可证;对土地投资外国人和法人只能租用土地,而且有年限限制。塔吉克斯坦则禁止投资博彩业,限制对金融、军工、法律服务、航空、矿藏勘探等行业的投资。土库曼斯坦在中亚国家中最为封闭,对外资采取多种限制并实行许可证管理制度,其限制外资进入的行业非常广泛,包括制药、卫生、能源产品销售、渔业、食品生产和销售、公路运输、危险品储藏和运输、航空、海运和内河航运、通信、化工产品生产和销售、建材生产、建筑、有色金属、电力、资产评估、银行、教育、出版和印刷、体育休闲、法律服务、涉外劳务、博彩、保险、证券、文化传媒等。

3. 投资方式受限

目前中国在中亚国家对外直接投资的方式包括新建和并购,而对新型的BOT(建设—经营—转让)和PPP(政府社会资本合作)投资方式受到限制,中国企业也无投资案例。哈萨克斯坦利用BOT方式的主要领域有交通、电力、市政基础设施、废物回收、水处理等,在哈萨克斯坦BOT方式处于探索阶段,其国内了解的人不多,项目利润也不大,中资企业还没有BOT模式的成功案例,同时哈撒克斯坦法律规定不允许社会公共基础设施采取PPP模式。吉尔吉斯斯坦暂无关于外资采用BOT的合作模式,当地也没有开展BOT的外资企业。塔吉克斯坦法律对BOT尚无法律规定,中资企业没有在塔吉克斯坦进行BOT和PPP模式的项目。在乌兹别克斯坦和土库曼斯坦都没有BOT的投资项目。

# 第四章　中国与中亚投资便利化及投资保护法律机制研究

在丝绸之路沿线国家这一巨大的“经济带”中，中亚国家基于其重要的地理位置，丰富的自然资源以及与中国良好的政治关系，成为经济带建设核心区。自2013年“一带一路”倡议提出，中国对中亚国家的投资不断增长且空间巨大，投资法律环境也越发受到广泛关注。中国与中亚国家投资便利化和投资保护是进一步促进双边投资制度设计的最重要的关切点。投资便利化和投资保护法律机制是投资法律制度的组成部分，宏观意义上研究中亚国家的投资法律制度和法律环境是深入研究投资便利化和投资保护法律机制的逻辑起点。鉴于中国与中亚国家在相互投资关系中，中亚国家对中国投资相对比例较低，故投资法律机制的研究以中亚国家为中心展开。

## 第一节　中亚国家投资法律制度

有关对外国投资的法律规制在苏联时期就已经存在了。早在20世纪20年代早期，苏联就出台了针对外国投资的立法了。[1] 在那个时代，苏联作为新兴的社会

---

① E. K. Dosmukhamedov, *Foreign Direct Investment in Kazakhstan: Politico-Legal Aspects of Post-Communist Transition*, Palgrave Macmillan, 2000, p. 51.

主义国家实施新经济政策,包括国有化等,这些措施是苏联经历严重的经济危机之后的结果。1923 年 3 月 8 日,租借法令的出台奠定了国有化公司向外资公司转化的基础,租界委员会作为国家机构有权与外国投资者谈判,外国资本与国有公司组成合资公司,以这种方式,外国资本容许进入苏联经济。[①] 与 20 世纪 20 年代相比,至 20 世纪 80 年代,伴随着市场化的改革已经有了实质性的变化,投资立法反映了苏联的经济体系正在趋向于更加开放和接受市场准则的强烈意愿,在苏联解体的前夕,1991 年 7 月 5 日,苏联最高立法机关——苏联人民代表大会通过了《外商投资法的基本原则》,这成为外商直接投资的第一部联邦立法。这部法律总结了苏联处理外资的基本经验,宣布保护外国投资并容许各个加盟共和国制定各自的投资法。

## 一、哈萨克斯坦投资法律制度

### (一)哈萨克斯坦投资法的历史演进

早在苏联解体之前,作为加盟共和国的哈萨克斯坦就出台了一系列投资法律法规,包括 1990 年 12 月 7 日的《外国投资法》;1990 年 12 月 15 日的《外资活动基本原则》;1990 年 11 月 30 日《自由经济区法》;1991 年 12 月 23 日的《租借法》(均已废止)。这些法律是哈萨克斯坦历史上建立外资立法的第一次尝试。苏联解体后,苏联时代的法律并没有被立刻废除,法律存在的时间往往取决于制定的时间和法律内容涉及的市场化程度。当成员在 1991 年 11 月批准加入独联体条约的时候,都一致同意苏联的法律依然有效,除非其与成员国现存的基本法发生抵触。直至成员以更为合适的法律取而代之。中亚国家以这种方式成功避免了苏联解体之后可能会形成的法律真空。

独立之后,中亚 5 国都把吸引外资作为促进本国经济发展的重点。为吸引外国投资,哈萨克斯坦在建国之初就制定和颁布了一系列对外经贸法律制度。哈萨克斯坦于 1991 年颁行了《对外经济活动基本法》、《自由经济区法》、《外汇调节法》以及《外国投资法》。毋庸置疑,在建国之初,一系列法律的颁布对哈萨克斯坦贸易投资发展起了极大的推动作用。1995 年哈萨克斯坦又公布新的《外国投资法》以替代旧法,后又颁布了一系列相关法律法规。[②] 2003 年 1 月,

---

① 王林彬、王晓峰:《哈萨克斯坦投资法律制度研究》,兰州大学出版社 2012 年版,第 46 页。

② 关于哈萨克斯坦投资立法的历史演进过程,可参见王林彬、王晓峰:《哈萨克斯坦投资法律制度研究》,兰州大学出版社 2012 年版。

哈萨克斯坦出台新《投资法》,之前的《外商投资法》和《国家支持直接投资法》同时废止。2012 年 1 月,哈萨克斯坦议会对 2003 年 1 月颁布《投资法》进行了修订。2012 年 6 月 22 日哈萨克斯坦批准有关管道和税收的法律修正案,规定国家有权优先参与任何新干线的管道建设,并至少占用 51% 的股份。① 2014 年 10 月 30 日政府通过了第 1153 号决议设置投资监察员。投资监察员的主要职能包括:审议投资者对在哈萨克斯坦投资活动期间的上诉问题,提出解决方案;协助投资者解决法外和预审决议中出现的问题;提交关于完善哈萨克斯坦共和国立法的建议。②

2014 年 6 月,为进一步改善投资环境和鼓励对经济优先领域的投资,哈萨克斯坦对外资政策作出重大调整,其总统签署了《哈萨克斯坦共和国关于就完善投资环境问题对一些法律法规进行修订和补充的法律》。此次调整无论是规模还是范围均是历年来力度最大的一次,其中对投资的优惠政策做了重大修改,规定只有对列入政府批准的优先种类名录中的项目进行投资才能获得优惠。③ 2014 年 12 月 29 日《哈萨克斯坦共和国法》第 171 – V3PK 号“就有关土地用途的若干法律条文的修订及增补”被接受,于 2015 年 1 月 11 日生效。修正案放宽和简化旧规则以吸引更多的投资。包括仅在战略矿藏和地区国家才有优先取得勘探和生产权的权利,国家将不再能够使用自由裁量权指定存款;能源部不能以投资者违约为由终止土地使用合同,投资者违反实体、财务或其他合同的期限,不再由能源部根据具体情况决定,而是由法律规定;延长开发和批准项目文件所需的时间;在勘探阶段合同草案的专家评论及项目文件一部分或全部取消;石油泄漏进行分类,最严重的泄漏清理活动必须由专业公司实施。④ 2015 年 1 月 1 日哈萨克斯坦《投资补贴规则》生效实施,对享受投资补贴的优先投资项目(包括有外资参与的实体),在投资门槛、法人资格、注册要求等

---

① *Kazakh President Signs Law on Pipelines*,载哈萨克斯坦通讯社,https://www.interfax.kz/index.php? lang = eng&int_id = expert_opinions&news_id = 1066,2018 年 8 月 7 最后访问。

② 《哈萨克斯坦 1153 号政府决议》,载投资政策中心网:https://investmentpolicy.unctad.org/,2018 年 8 月 9 日最后访问。

③ 王晓峰、王林彬:《丝绸之路经济带背景下哈萨克斯坦投资壁垒及中国的对策研究》,载《国际商务研究》2016 年第 4 期。

④ *Amendment to the Kazakhstan Legal Regime for the Oil & Gas Industry*,载伟凯律师事务所网站,https://www.whitecase.com/.,2018 年 8 月 7 日最后访问。

方面进行规范，明确投资补贴领取的行政程序。① 2015 年 11 月 5 日哈萨克斯坦批准《阿斯塔纳国际金融中心（AIFC）法案》，阿斯塔纳经济特区提供税收优惠政策吸引投资者，包括：免征 50 年的企业所得税，工作人员的工资和红利免征所得税，对非居民在中心购买商品免征增值税，企业主豁免取得外国雇员工作许可证的规定，外国工作人员、投资者及其家人将自动获得 5 年签证，避免了每年需重新申请工作签证。② 2015 年 10 月，哈萨克斯坦颁布《企业经营法典》，其中设置专门章节规范国家支持投资的内容，连同《关于国家支持投资实施的若干问题》《关于批准战略性投资项目清单》《关于国家支持投资的若干问题》《投资补贴发放办法》《投资优惠申请接收、登记和审议办法》等文件，构成了当前哈萨克斯坦投资领域的法律法规体系。③

2016 年哈萨克斯坦投资和发展部发布了《2016 ~ 2017 年依照 OECD 标准改善投资环境详细计划》，制定了一系列旨在吸引国内外各类投资的优惠鼓励政策，不断完善投资环境，努力实现经济多元化发展。

**（二）哈萨克斯坦投资法的主要内容**

1. 市场准入

所谓投资法中的市场准入，一般而言，就是指东道国之投资法中对可能进入本国的外国投资者资格、资本形态、投资方式及投资领域提出具体要求，根据《哈萨克斯坦投资法》，哈萨克斯坦对外资的市场准入作出了具体规定。

就投资者而言，哈萨克斯坦之投资商是哈萨克斯坦共和国从事投资活动的法人和自然人，包括外国法人、外国公民和由外国法人或外国公民控股的哈萨克斯坦法人，都可以成为投资者。除法律另有规定外，投资者有权对任何项目和任何经营种类进行投资。哈萨克斯坦对内外资无特殊优惠，内外资一视同仁，取消在 2003 年之前外资的超国民待遇。所谓外国投资的活动方式包括直接投资和间接投资，前者是指法人和自然人参与商业组织法定资本及创建、增

---

① *On Approval of the Rules of Granting Investment Subsidies*，载哈萨克斯坦投资发展部网站，https://www. invest. gov. kz/，2018 年 8 月 7 日最后访问。

② *Plans for New Astana Financial Centre Approved*，载经济学人信息部，http://country. eiu. com/article. aspx? articleid = 483715632&Country = Kazakhstan&topic = Economy&subtopic = Outook&trackid = 43&alert = bafab0f6 - f598 - 4c93 - 8421 - c038f98dd46d，2018 年 8 月 7 日最后访问。

③ 商务部：《对外投资合作国别（地区）指南：哈萨克斯坦》，中国商务出版社 2017 年版，第 60 页。

加商业活动资本。后者是指证券性投资,包括外资的股权式直接投资,如合资经营,也包括外资的非股权式直接投资,如国际合作开发和国际合作经营等。

除了投资一般性的规定之外,哈萨克斯坦也规定了鼓励外商向优先发展领域投资,包括农业、捕鱼、林业、纺织品、食品、毛皮、皮革的加工和生产服装、木材加工及木制品生产、印刷及印刷服务、纸浆、纸张、纸板生产、化学工业、其他非金属矿产品生产、橡胶和塑料制品生产、金属制成品生产、冶金工业、办公设备和计算机生产、机器设备生产、无线电、电视、通信器材生产、电力机器设备生产、测量工具、医用设备、汽车、拖车和半拖车生产、电力、天然气、热气和水的生产、家具生产、水处理、建筑、宾馆和餐饮服务、陆上运输、水运业、航空运输业、教育、卫生和社会服务、休闲、娱乐、文体活动等。总体上看,哈萨克斯坦除对涉及国家安全的领域采取限制或者禁止措施外,对外国投资持鼓励态度,特别倡导外商向非资源领域投资。①

哈萨克斯坦规定了限制投资的领域包括:

(1)银行业。哈萨克斯坦对外资银行的投资准入有限制性规定,外资银行投资占比不得超过其国内银行总资本的25%。

(2)保险业。《哈萨克斯坦保险法》规定:在非寿险领域,外资所占资本份额不得超过哈萨克斯坦非寿险市场总资本的25%;寿险合资公司总资本占比不得超过市场总资本的50%。

(3)矿业投资。依据《哈萨克斯坦地下资源及其利用法》规定,未经哈萨克斯坦能源部批准,企业不得擅自转让矿产开发权或出卖股份。此外,哈萨克斯坦政府还享有矿产企业转让的开发权或股份的优先购买权。

(4)土地方面的投资。2003年《哈萨克斯坦土地法》规定,只有哈萨克斯坦本国公民可以获得农业用地、商业用地、工业用地和住宅用地的所有权。外国公民或者企业只能租用土地,且有年限限制。

(5)根据2012年1月6日时任哈萨克斯坦总统纳扎尔巴耶夫签发的《哈萨克斯坦共和国国家安全法》第4章第6条第7款规定:“禁止在通信领域拥有地面通信线缆(包括电缆、光缆、无线电中继等)经营哈萨克斯坦内或国际通信业务的外国人、无国籍人士及外国法人直接或间接掌控、利用、处置或管理总额超

① 商务部:《对外投资合作国别(地区)指南:哈萨克斯坦》,中国商务出版社2017年版,第59页。

过 49% 具有投票权的股份、份额、法人股本。”①

哈萨克斯坦对投资加以限制的另一方式是许可证制度。《哈萨克斯坦许可证法》规定，只有申领了许可证才能实施需要相关的特定业务，该法规定 49 种经营活动类型需要办理许可证。需要办理许可证的行业包括：博彩业、餐饮业、建筑业、商业娱乐业、通信、互联网技术、热力生产、电力、输送和分配、医疗、石油产品的生产、旅游业、医药经营等。

在服务行业，哈萨克斯坦规定了大多数教育活动都须获得许可。提供体育运动、医学和医疗包括兽医服务、法律服务、金融、保险等也必须事先获得哈萨克斯坦政府的批准，获得许可证才能从事经营活动。②

在对外贸易领域，哈萨克斯坦放开了大部分商品的进出口权，只保留了贵重金属、武器、弹药、核材料、核设备、核技术、金属技术、宝石、特种设备、麻醉剂和精神病治疗药物、艺术品和古董和其他具有重要艺术、科学、文化及历史价值的作品，还包括危及国家安全物品的进出口权。只有国有企业或者政府指定的非国有企业才能从事上述产品的进出口。其他企业、社会组织只能按照哈萨克斯坦政府有关部门签发的许可证规定范围开展经济活动。

BOT 投资方式在哈萨克斯坦也在逐步被用于公用事业和基础设施建设。2006 年颁布的《特许经营法》是在哈萨克斯坦开展特许经营活动的主要法律依据。哈萨克斯坦法律规定特许经营权合同的最长期限不得超过 30 年，期满之后可以通过另行签订合同延长期限。目前，哈萨克斯坦利用 BOT 方式的主要领域为交通、电力、市政基础设施、废物回收、水处理等。大型项目有沙尔—乌斯季卡缅诺戈尔斯克车站、阿克套国际机场、“北哈萨克斯坦—阿克纠宾州”输电线路、阿克纠宾州坎德阿加什燃气涡轮电站、叶拉利耶沃—库雷克铁路、巴尔喀什火电站等。

2. 投资待遇

外国投资者待遇构成一国投资法律制度的基础和核心。联合国跨国合作中心发布的《双边投资条约》中指出：“外国投资者待遇分为两类：一般待遇标准和特定待遇标准。前者为公平和公正待遇、最惠国待遇、国民待遇等，涉及外国投资在东道国的所有投资事项；后者仅涉及具体、特定的问题，例如军事冲

---

① 《哈萨克斯坦共和国国家安全法》，载中国驻哈萨克斯坦商务参赞处网站，http://kz.mofcom.gov.cn/aarticle/ddfg/tzzhch/201201/20120107933187.html，2017 年 1 月 26 日最后访问。

② 《哈萨克斯坦共和国许可证法》第 10 条。

突、内乱或资金转移所致损失的赔偿等。”①

在哈萨克斯坦投资法的演进过程中，2003 年颁布的《哈萨克斯坦投资法》对原有立法体制进行了重大修改，废止了旧的《外国投资法》和《国家鼓励直接投资法》，将哈萨克斯坦外资立法从双轨制演变为单轨制，即对准入后的内外资不作区分，均享受相同的待遇，即实行准入后的国民待遇。同时取消了 1997 年的《外国投资法》第 22 条为合资企业确定的重要关税及企业所得税的优惠政策，即可享受所得税“2 免 2 减半”的优惠。优惠待遇的取消表明，哈萨克斯坦投资待遇从超国民待遇转变为国民待遇。

为引导资金流向，调整本国产业结构，哈萨克斯坦对特定领域的投资提供优惠。根据哈萨克斯坦实施第二个 5 年（2015 ~ 2019）《工业发展国家纲要》，哈萨克斯坦将重点发展 16 个制造行业，14 个为实体加工业（黑色冶金业、有色冶金业、炼油、石化、食品、农药、工业化学品、交通工具及配件和发动机制造业、电气、农业机械制造业、铁路设备制造业、采矿业机械设备制造业、石油炼化开采机械设备制造业、建材），其他为创新和航天工业 2 个行业。这些领域中被列入哈萨克斯坦政府批准的优先种类名录的项目可以获得优惠，优惠包括国家实物赠、免缴关税。

2015 年 1 月 1 日哈萨克斯坦《投资补贴规则》生效实施，对享受投资补贴的优先投资项目（包括有外资参与的实体），在投资门槛、法人资格、注册要求等方面进行规范，明确投资补贴领取的行政程序。

3. 投资保护

外商投资保护也可以认为是一种消极的投资待遇制度，当投资者的投资及收益受到侵害或者面临风险时可以寻求东道国、投资母国或者多边机制下的救济。在多大程度上为外资提供良好的保障是评估投资环境优良与否的重要尺度。

2003 年的《哈萨克斯坦外商投资法》确认了对外国投资的保护。《哈萨克斯坦投资法》第 4 条第 1 款规定：“投资商享有哈萨克斯坦共和国宪法、本法和其他哈萨克斯坦共和国法律文件，以及哈萨克斯坦共和国批准的国际条约保障下的完全的、无条件的权利和利益保护。”就国内法和国际法存在冲突时的优先适用而言，《哈萨克斯坦投资法》第 2 条第 4 款规定：“如果哈萨克斯坦共和国批

---

① United Nations Centreon Transnational Corporation, *Bilateral Investment Treaties*, Grabanl & Trotm Limited, 1988, p. 40.

准的国际条约存在与本法不同的规定,则采用国际条约的规定。”该条确定了哈萨克斯坦法律与国际法相冲突时国际法效力的优先原则,此规定有利于保护外国投资者在哈萨克斯坦的权益。

除了国内法外,近年来哈萨克斯坦一直以积极的姿态融入世界,加入多个多边投资条约。哈萨克斯坦政府 1985 年加入《创办多边投资保护协会釜山公约》,1992 年哈萨克斯坦加入了《解决国家与他国国民之间投资争端协公约》,接受 ICSID 的管辖。1997 年哈萨克斯坦加入了《投资权利保障莫斯科公约》。2015 年哈萨克斯坦正式加入 WTO,作为 TRIMs 协议的成员,与贸易有关的投资争端也必然受到 WTO 争端解决机制的管辖,投资争端解决有了更多选择。

在对外商投资的各类风险中,国有化即征收风险是在东道国投资所面临的最大的非商业性投资风险之一。国有化是主权国家主权权利的应有之义,但东道国如果一旦实施国有化措施,则外国投资者的投资和收益都会面临极大的风险。《哈萨克斯坦外商投资法》第 8 条规定:“在一般情况下不对外国投资实行国有化、征用和没收。除因社会公共利益需要,可以征用或没收外国投资。但应依法定程序及时向外国投资者进行全额补偿。”

除了战争、内乱之外,在和平时期可能对外资产生重大影响的非商业风险还有禁兑风险。为保障投资者收入使用权,《哈萨克斯坦投资法》第 5 条规定,“投资者根据哈萨克斯坦共和国法律纳税和缴纳其他财政上缴费后,自主使用自己的投资收入”。具体包括外国投资者有权用外汇同其他签约方结算,用外汇向居民员工和非居民员工支付工资,在哈萨克斯坦用外汇进行再投资;外国投资者有权在哈萨克斯坦境内自由支配属于其本人持有的哈萨克斯坦货币。投资者可以依据哈萨克斯坦《银行法》在其境内银行开立本币和(或)外币账户。

按照哈萨克斯坦法律规定,所有与外国投资有关的向哈萨克斯坦内外的外汇汇款均可自由及时办理。这些汇款包括:(1)收入;(2)因受损失得到的赔偿和补偿;(3)出售自己财产所得资金;(4)出售或清理部分或全部投资所得收益;(5)其他合法得到的资金。

投资争端解决是投资保护法律机制中的重要组成部分。国际投资中的投资争议通常是指投资者与东道国政府机构之间就投资发生的争议,争议通常是因为非商业性原因产生。外国投资者在商业经营过程中与其他企业产生的商业纠纷,视为是一般民商事争议可通过国内司法或仲裁方式解决。《哈萨克斯坦投资法》所规定的投资争议也是指“在投资商进行投资活动时,投资商和国家机构之间发生的有关投资合约业务的争议”。[①] 需要强调的是，哈萨克斯坦现行的《投资法》要求投资争议通过诉讼或者国际仲裁方式加以解决时可适用的法律为国际条约或者哈萨克斯坦法律，排除了投资领域适用他国法律的可能性，但对国际仲裁机构的选择未作硬性规定。

## 二、吉尔吉斯斯坦投资法律制度

吉尔吉斯斯坦是古丝绸之路的重要枢纽，是连接亚欧的重要通道。对哈萨克斯坦、塔吉克斯坦、乌兹别克斯坦等中亚邻国具有明显的辐射作用。中国出口到吉尔吉斯斯坦的产品，大部分转口至中亚邻国。[②] 此外，由于吉尔吉斯斯坦是中亚5国中最早加入世贸组织的成员，同时又是亚欧经济联盟成员国，因此，其产品出口独联体、欧洲和西亚国家也有一定便利。

### （一）吉尔吉斯斯坦投资法的历史演进

作为苏联加盟共和国之一，吉尔吉斯斯坦的发展历程与哈萨克斯坦类似。与哈萨克斯坦相比，吉尔吉斯斯坦的经济落后很多。其经济发展的重点是棉花种植业、水电业和畜牧业，基本属于“有色金属采掘+水力发电+棉花种植”为产业支柱的经济发展模式，经济保持低增长态势。[③] 吉尔吉斯斯坦经济对外依存度较大，深受俄罗斯和哈萨克斯坦的影响。2009年受金融危机及俄罗斯和哈萨克斯坦经济下滑的影响，加之2010年“4·7”革命，国内政局动荡，经济出现负增长。2013年经济快速复苏，实现高速增长，但2014年后又出现大幅度回落，呈现低速平稳发展的趋势。

为吸引外资，吉尔吉斯斯坦政府很快通过了多项鼓励外国投资的法律。包括：1991年通过《吉尔吉斯斯坦外国投资法》；1992年颁布《吉尔吉斯斯坦对外活动基本法》《吉尔吉斯斯坦外国租赁经营法》；1992年12月通过《吉尔吉斯斯坦自由经济区法》。这些法律在建国伊始对吸引外资产生了积极的影响，达到了良好的效果。

几乎是在与哈萨克斯坦相同的时间，吉尔吉斯斯坦于1997年对1991年《吉尔吉斯斯坦外国投资法》进行了修改，取消了部分对外国投资者税收方面的

---

① 《哈萨克斯坦投资法》第1条第5款。

② 商务部：《对外投资合作国别（地区）指南：吉尔吉斯斯坦》，中国商务出版社2017年版，第27页。

③ 张春敏主编：《中亚四国经济》，中国经济出版社2016年版，第50页。

优惠政策。其背景是吉尔吉斯斯坦政府积极申请加入 WTO，拟通过修改本国法律的方式与 WTO 规则接轨。故 1998 年 5 月吉尔吉斯斯坦对《吉尔吉斯斯坦外国投资法》进行了第三次修订，取消给予外国投资者的所有优惠待遇。此次修改法律导致投资者对吉尔吉斯斯坦的投资环境信心受损，出现了一定程度的撤资现象。2003 年又通过了新的《投资法》，成为吉尔吉斯斯坦现行外商投资的主要法律依据。

除了基本投资法外，与投资相关的还包括：《吉尔吉斯斯坦自由经济区法》《吉尔吉斯斯坦对外活动基本法》《吉尔吉斯斯坦税法》《吉尔吉斯斯坦海关法》《吉尔吉斯斯坦关于开办和注册外资企业、合资企业、国际联合体及组织的办法条例》《外国租赁经营法》《吉尔吉斯斯坦土地法》《吉尔吉斯斯坦许可制度法》《吉尔吉斯斯坦公司法》《吉尔吉斯斯坦私有化法》《吉尔吉斯斯坦劳动法》等。

### （二）吉尔吉斯斯坦投资法的主要内容

#### 1. 投资市场准入

吉尔吉斯斯坦投资立法模式采取双轨制，对内资和外资加以区分。“外国投资人是指不在本国投资人之列并对吉尔吉斯共和国经济进行投资的任何法人和自然人。”这里的外国投资者包括：“外国公民或无国籍人士；按照外国的法律创立和注册的企业或按照吉尔吉斯共和国法律创办的外资企业；还包括吉尔吉斯共和国签署的国际协议创立的法人以及非法人性质的外国组织和国际组织等。”①

《吉尔吉斯斯坦投资法》并未明确规定投资领域的行业限制，但并不意味着其市场对外资全面充分的开放。虽无明令禁止，但可以从《吉尔吉斯斯坦许可证法》来分析对外来投资流向的引导。《吉尔吉斯斯坦许可证法》中规定了 31 种经营活动需要取得政府部门批准颁发许可证方可经营，包括电信、电视、广播业务、银行业及保险业等。还包括涉及公用事业的经济领域，如热力、天然气、原油和天然气加工、能源生产、传输和配送电力和电站和输电线路的修建等。需要申领许可证的行业还包括可能危及公共安全的经营行为，如毒副作用强烈和放射性物质的生产及销售、爆炸物、烟花制品的进口、加工、生产和销售、放射性物质废料和有毒物质的使用、加工、销毁和保存、运输等行业。

① 《吉尔吉斯斯坦投资法》第 1 节第 3 条。

2. 投资待遇

《吉尔吉斯斯坦投资法》第4节对外国投资者的投资待遇有较为详细的规定。吉尔吉斯斯坦对外国投资者给予的是国民待遇原则。《吉尔吉斯斯坦投资法》第4节第1条规定:“外国投资者在其经济活动领域实行与本国自然人和法人同等的国民待遇。”《吉尔吉斯斯坦投资法》第3条规定:“禁止因投资人国籍、民族、语言、性别、种族、宗教信仰、从事经济活动的地点不同,以及投资人或投资来自的国别不同而对其进行任何歧视。”另外,对于外国资本和投资者的保护还体现在对吉尔吉斯斯坦确定的优先发展的经济和社会领域及国家发展纲要规定的地区进行的投资给予投资优惠。总体上看,吉尔吉斯斯坦实施内外资一致的国民待遇,立法并未规定外资禁止投资的领域。

3. 投资保护

对外资是否进行国有化征收是投资保护首先要明确的问题。关于国有化问题,《吉尔吉斯斯坦投资法》第6节第1条规定:“投资不得被收归国有、征收或采取其他同样效果的措施,但不包括按照吉尔吉斯斯坦法律程序规定,根据非歧视原则,在及时、适当、现实地赔偿损失(包括错失利益)的基础上,为满足社会需要而实施的没收行为。”根据该条规定可知,只有在基于国家需要,在符合吉尔吉斯斯坦法律规定的情形下,依据非歧视性原则,并给予及时、适当、现实赔偿后,才可进行征收。根据《吉尔吉斯斯坦投资法》,征收后给予赔偿的金额应该等值于被没收投资(包括预期利益)在征收决议生效之日的实际市场价格。此外,征收的补偿应切实执行,在各方商定的期限内以可自由兑换货币支付。投资者被征收而提出申诉,要求进行评估并依法兑现投资补偿时,有权要求相关政府部门对其申诉进行审理。还需要注意的是投资者在吉尔吉斯斯坦的投资如因战争或武装冲突、紧急状态、国内骚乱、革命而遭受到损失的,该投资者可寻求吉尔吉斯斯坦政府的保护,享有与吉尔吉斯斯坦法人和自然人同等的待遇。

关于对汇出或抽回投资、财产和信息的保障,《吉尔吉斯斯坦投资法》第5节作了较为详尽的规定。其第1条规定:“投资人有权以可自由兑换货币形式将本法第六节规定的赔偿金,视同其在吉尔吉斯共和国的投资收益,自由汇出吉境外或抽回。”从该条规定可知,投资人有自由汇出或抽回投资的权利;投资人亦可以将包括投资利润和投资剩余的资产和产权在内的收益汇出或抽回。

关于汇兑自由问题,根据《吉尔吉斯斯坦投资法》第8节之规定:“投资者应遵照《吉尔吉斯斯坦外汇业务法》及其他有关外汇调节的法规办理外汇业务,其在与投资有关的支付时,有权将吉尔吉斯斯坦货币自由兑换成任何其他国家货币。”吉尔吉斯斯坦对外国投资者的外币汇入和汇出不实行限额限制,仅在为防止洗钱交易时,才实行此项限制措施。

关于投资争端解决,《吉尔吉斯斯坦投资法》第 5 章第 18 节作出了详细规定。根据此规定可知,在吉尔吉斯斯坦发生的投资争端可按照投资者和吉国政府机关预先协商的程序解决,投资者也可依吉国法律规定,采用其他法律手段。吉尔吉斯斯坦鼓励政府相关部门和投资者之间的投资争端应尽可能通过协商解决。如 3 个月内未能达成一致,只要一方不同意将争议提交国际投资争端解决中心或者提交依据联合国国际贸易法委员会仲裁规则设立的仲裁机构进行仲裁,则投资争端将由吉尔吉斯斯坦司法机构解决。

关于投资争端解决的法律适用问题,吉尔吉斯斯坦法律规定,在吉尔吉斯斯坦修改其涉及投资法、税法、国家安全、环境保护和公众健康的法律法规后 10 年内,投资者有权选择适用对其有利的法律。此外,《吉尔吉斯斯坦投资法》的条款与其加入的国际条约相抵触,以国际条约为准,即国际法优先于国内法。

## 三、乌兹别克斯坦投资法律制度

乌兹别克斯坦在中亚 5 国中经济实力仅次于哈萨克斯坦。其石油和天然气储量也在中亚 5 国中排名第二,乌兹别克斯坦还是产金大国,黄金储量排名世界第四。乌兹别克斯坦为中亚第一人口大国,劳动力资源丰富。总体上看,乌兹别克斯坦政局稳定,经济发展较快,近十年 GDP 平均增速超过 7.8% 。[①]

### (一)乌兹别克斯坦投资法的历史演进

乌兹别克斯坦独立后,政府十分重视外资引进,很早就开始引进外资的工作,并把引进外资改善国内经济环境作为经济发展的重点,希望通过大力引进外资和先进技术来发展本国经济。独立初期乌兹别克斯坦吸引外资政策比较宽松,1996 年颁布了《乌兹别克斯坦给予外商投资企业优惠及鼓励》的总统令规定:外资企业法定注册资本 30 万美元以上者,外资占比高于 30% 的企业才能享受外资企业的优惠待遇。1998 年乌兹别克斯坦政府为了鼓励创办中小型外商投资企业,从 1998 年 4 月 1 日起,大幅度降低对外资法定资本的要求,将注册资本从 30 万美元降低至不低于 15 万美元,企业投资一方必须是外国法人,外

① 商务部:《对外投资合作国别(地区)指南:乌兹别克斯坦》,中国商务出版社 2017 年版,第 13 页。

国投资比例不低于法定资本的30%，否则不被列入外商投资企业的范畴，该政策沿用至今。2003年10月，乌兹别克斯坦实现了汇率并轨和经常项目下的外汇自由兑换。[①] 2011年7月乌兹别克斯坦总统签署决议，中亚—中国天然气管道乌兹别克斯坦部分运营商免除强制出售外币（乌兹别克斯坦的其他公司必须将外汇收入的50%卖给国家）。该运营商为乌兹别克斯坦和中国石油天然气集团公司（CNPC）组成的合资企业，双方各持50%股权，该文件规定在合资企业全额偿还建设管道所需的贷款后该豁免将生效。

2011年5月12日乌兹别克斯坦总统签署决议（No. ПП－1529），自2011年6月1日起生效，简化企业注册要求，注册费用从2个月最低工资降低至1个月最低工资（约28美元），下降50%；有限责任公司注册资本最低限额从50个月最低工资减至40个月最低工资。公司章程向登记机关提出申请前不再需要经公证机关公证，但外资企业依然要求强制公证。

2012年4月10日乌兹别克斯坦总统颁布法令（No. УП－4434）《关于吸引外国直接投资的措施》，有以下主要条款：一是外国投资者出资不少于500万美元的新企业，自登记之日起10年内可获得税收优惠；二是投资大于5000万美元且外资占比不低于50%的项目，所需基础设施的建设由国家预算承担；三是除了首都塔什干外所有地区19个重点行业（无线电电子制造业、建筑材料的生产，食品行业，生产肉类、牛奶、医药、化工、石化等行业），从2012年第二季度开始外国投资企业按照2005年总统投资法令执行税收优惠，包括全面免征企业所得税、财产税、社会基础设施税和道路税，根据投资金额的不同，豁免期限为3～7年，根据乌兹别克斯坦的法律“外国投资企业”是指营业资本不低于15万美元，且外国投资者所占份额不低于30%的企业。[②]

2012年4月13日，乌兹别克斯坦总统颁布法令，设立“安仁”产业特区，旨在吸引国内外现代高科技企业投资，生产具有国际竞争力的高附加值产品，该特区设立期限将延长30年。特区内免除企业所得税、企业财产税、社会基础设施税、小企业税、道路税，以及进口设备和备件关税（海关费用除外）。根据投资

---

① 《第五节——吸引外资》，载中国驻乌兹别克斯坦共和国大使馆经济商务参赞处网，http://uz.mofcom.gov.cn/，2018年8月27日最后访问。

② *Decree No. УП－4434 On Additional Measures for Attraction of Foreign Direct Investment*，载乌兹别克斯坦共和国总统官方网，https://president.uz/uz#ru/news/show/ukazyi_prezidenta/o_dopolnitelnyih_merah_po_stimulirova_5/，2018年8月7日最后访问。

额的不同免税期限为 3～7 年。为生产和通信基础设施建设开设“单一窗口”快速办理土地使用。①

2013 年 12 月 25 日，乌兹别克斯坦政府通过一项规定，在纳沃伊自由工业经济区建立一种特别货币制度。该规定还包括，在获得乌兹别克斯坦央行的许可后，工业区内投资者有权自主选择服务银行，在乌兹别克斯坦国内外的一家或几家银行开立货币账户。该地区的企业可以按照签署的协议，在工业区内以硬通货进行支付。不在工业区内的乌兹别克斯坦企业和居民有权向工业区内提供商品、服务和工作，以换取硬通货。②

2014 年 1 月 20 日，乌兹别克斯坦总统签署修订外国投资法规的法律。改革措施包括：为外国企业提供一站式服务，放宽对外国投资者的移民规定，并保障投资者撤回资金的权利。国家机构不能对外国投资者和外商投资企业的活动提出额外的要求或限制，并保证新成立的外商投资企业在 10 年内实行稳定的税收制度。该法案适用于外资持股比例至少为 30% 且总投资至少 500 万美元的企业。③

2015 年 12 月 21 日，乌兹别克斯坦内阁印发《关于引进境外投资者参股股份公司的补充办法》，规定境外投资者参股股份公司的资本比例至少要达到 15%。不足 15% 的股份公司应在 2016 年 7 月 1 日之前遵守该决议的条款，否则需要改制为其他组织形式，并丧失税收优惠，该规则例外情况将适用于在管制价格下生产和加工主要战略原材料、自然垄断企业和社会重要商品和服务供应商的企业。

2017 年 9 月 2 日，总统颁布法令放宽对企业和个人外汇的资本管制。在乌兹别克斯坦注册企业可以随意买卖货币，放开进口和利润汇回的管制，并禁止用硬通货在乌兹别克斯坦境内购买商品和服务。在此之前企业被迫购买硬通货的利率大约是它们出售硬通货利率的两倍，出口商被要求将其硬通货收入的

---

① *Presidential Decree of 12 April 2012 No. УП – 4436 On Creation of the Special Industrial Zone "Angren"*，载乌兹别克斯坦共和国国家立法数据库网站：https://lex.uz/ru/law_collection/219/，2018 年 8 月 11 日最后访问。

② *Uzbekistan Economy: Economic Zone to Introduce Special Currency Regime*，载经济学人智库，http://viewswire.eiu.com/index.asp?layout=VWArticleVW3&article_id=1191389503，2018 年 8 月 9 日最后访问。

③ *New Regulations Aim to Improve Investment Climate*，载经济学人智库，http://viewswire.eiu.com/index.asp?layout=VWArticleVW3&article_id=571469041，2018 年 8 月 13 日最后访问。

1/4 卖给国家。

**(二)乌兹别克斯坦投资法的主要内容**

1. 在投资准入方面

乌兹别克斯坦投资法律规定,外国投资者可以设立合资公司,也可以设立100%的独资公司。外国投资者在乌兹别克斯坦建立合资企业,外国资本所占股份不得少于10%。外国资本可采取多种形式运作只要其组织形式不违反乌兹别克斯坦法律规定。外国投资者既可以在乌兹别克斯坦新立企业,也可通过购买内资企业的股份而组建外资企业。但对国家垄断行业,如能源及重点矿产(如铀)开发等领域对外国投资有股权限制,外资占比不得超过50%,铁路航空等领域则完全由乌兹别克斯坦本国资本垄断。

2. 投资待遇

在投资待遇方面,乌兹别克斯坦实行内外资差别待遇的双轨制。在乌兹别克斯坦的外国投资者受乌兹别克斯坦法律保护。外国投资者及企业在乌兹别克斯坦法令许可范围内,可以从事一切形式的活动。任何给予外国投资者的优惠待遇不得少于给予乌兹别克斯坦法人、自然人的优惠。如外国资本进入乌兹别克斯坦优先发展的经济领域和地区,乌兹别克斯坦将以立法形式给予特殊优惠。根据乌兹别克斯坦2012年10月签署《关于促进外资吸引补充措施》的第4434号总统令:“外国投资进入特定生产领域可减免财产税、社会基础设施营建税、法人利润税、小微企业统一税以及道路基金缴费。”这些优先发展领域包括煤炭工业、化学工业、可再生能源利用、电脑配件、轻工业丝绸制品、无线电电子、建材、禽肉及蛋类生产食品工业、鱼产品加工、医疗、兽医检疫、制药、五金制品、机械制造、金属加工机床制造、包装材料、玻璃、陶瓷业、微生物产业、玩具制造业等。①

上述领域的直接外国投资可以享受优惠政策期限为:(1)投资额从30万美元到300万美元的,期限为3年;(2)投资额从300万美元到1000万美元的,期限为5年;(3)投资额超过1000万美元的,期限为7年。

在石油天然气领域,乌兹别克斯坦规定,外国公司及其承包商在从事石油和天然气勘探期间,免除所有税种和预算外基金扣款、进口设备及材料所需海关缴费(海关手续费除外)。从事油气开采的合资企业自油气开采开始7年内

---

① 商务部:《对外投资合作国别(地区)指南:乌兹别克斯坦》,中国商务出版社2017年版,第34页。

免缴利润税。

3. 投资保护

乌兹别克斯坦法律规定，乌兹别克斯坦政府承诺依国际法保护在其境内投资的外国投资者的利益。除涉及国防、环保和社会安全的法律，乌兹别克斯坦颁行之法律使投资环境恶化，则已有的外国投资可在 10 年内仍沿用实现投资时的法律。如乌兹别克斯坦政府相关政策减损外国投资者的权利，可依照乌兹别克斯坦司法程序对投资者的损失给予赔偿。国家机关及其负责人无权干涉外国投资者依照乌兹别克斯坦法律进行的正常经营活动。

在国有化和汇兑方面，乌兹别克斯坦的法律规定，除发生自然灾害、流行病、兽疫等经济情况外，原则上乌兹别克斯坦政府不对外国投资实行国有化，在特定情况下，只有乌兹别克斯坦内阁有权作出征收决定，并应对被征收财产给予补偿。外国投资者在乌兹别克斯坦境内所得利润可以用作再投资亦可无限制地兑换成外币汇出境外。外国投资者可以在乌兹别克斯坦的银行开立任何货币账户，也可用其账户上的乌兹别克斯坦货币，在乌兹别克斯坦货币市场上购得外币。

在投资争端解决方面：《乌兹别克斯坦投资法》规定，除条约另有约定，外国投资者与乌兹别克斯坦政府间发生的投资争议，由乌兹别克斯坦宪法法院审理。外国投资者与乌兹别克斯坦国内企业、自然人之间的投资争议，或外资企业相互之间就其经营活动发生争议，均由乌兹别克斯坦经济法院审理。如与乌兹别克斯坦签订的投资协定约定，投资争端可提交国际仲裁，也可依据投资协定，交国际仲裁解决。与其他中亚国家相同的是，如乌兹别克斯坦签署的国际投资协定与其国内法规定不一致，则以国际法为准，体现了国际法的优先效力。

## 四、土库曼斯坦投资法律制度

土库曼斯坦经济结构是典型的资源型经济，其经济发展对石油和天然气出口依存度极高。土库曼斯坦的天然气探明储量居世界第 4 位，为 2.9 万亿立方米，远景储量约 26.2 万亿立方米。石油储量约 1 亿吨，远景储量为 208 亿吨。[①] 凭借其丰富的资源禀赋，独立后经济保持稳定发展。从投资的角度看，土库曼斯坦自然资源丰富，地理位置优越，政治局势稳定使其具有较好的投资前景。

---

① 商务部：《对外投资合作国别（地区）指南：土库曼斯坦》，中国商务出版社 2017 年版，序言。

土库曼斯坦国际参与度比较低，成为中亚最神秘的国家。经申请，联合国于1995年12月12日通过决议，承认土库曼斯坦为永久中立国。

### （一）土库曼斯坦投资法律制度的历史演进

与其他中亚国家一样，土库曼斯坦在独立伊始就开始吸引外资，通过制定投资法创立稳定的可预期的投资环境。1992年5月通过的《外国投资法》是土库曼斯坦历史上第一部关于外国投资的立法。该法界定了土库曼斯坦境内投资活动的法律、经济和社会条件，旨在确保投资活动主体的权利、利益和资产的平等保护，而不论财产形式如何。2008年10月土库曼斯坦颁布了新的《外国投资法》，相较旧法，土库曼斯坦明显加强了吸引外国投资的力度。为外国投资者，特别是土库曼斯坦优势的油气资源领域给予外国投资者较高的投资待遇和保障。此外，土库曼斯坦还颁布了《外国特许权法》《对外经济活动法》作为对《外国投资法》的补充。2013年12月27日土库曼斯坦总统签署“国有财产非国有化和私有化”的法案，该法案规定私有化的基本原则：国有企业转变为股份制公司，国家作为股东，国有资产产权出售给私人。

土库曼斯坦有关外国投资法的相关法律还包括：《土库曼斯坦外资项目登记、批准及监督实施条例》《土库曼斯坦外资企业、外国公司办事处和代办处办理国家登记程序条例》《土库曼斯坦对外经济活动措施的决议》等。2016年以来，虽然土库曼斯坦多次提出要大力发展民族工业和进口替代产业，努力提高国家的工业化水平。但在对外经济合作方面，包括合作建设开发区、工业园区，出口加工区等，尚未出台相应的对策和规划。此外，土库曼斯坦没有外资并购的相关法律规定。①

在国际投资条约方面，土库曼斯坦与包括中国在内的27个国家签订双边投资协定。签订7个多边投资条约，包括：《经合组织投资协定》《美国—中亚合作框架协议》《欧共体—土库曼斯坦临时贸易协定》《欧盟—土库曼斯坦合作协议（1998）》《格鲁吉亚—土库曼斯坦自由贸易协定》《能源宪章条约（1994）》《伊斯兰合作组织投资协议（1981）》。

### （二）土库曼斯坦投资法律制度的内容

1. 投资准入

土库曼斯坦投资立法明确区分国内投资和国际投资，设立专门的《外商投

① 商务部：《对外投资合作国别（地区）指南：土库曼斯坦》，中国商务出版社2017年版，第28页。

资法》,实行内外资有别的双轨制。《土库曼斯坦外国投资法》中的外国投资是指以投入到土库曼斯坦境内用于盈利活动的外国资本,包括货币、有价证券、其他资产、服务和信息,但排除了知识产权作为资本形态进行投资。① 外商投资企业可以在土库曼斯坦设立独资企业,也可以与土库曼斯坦企业和自然人设立合资企业。

土库曼斯坦鼓励外资进入的产业有:矿产资源开采和加工、基础设施建设、纺织和旅游业等。《土库曼斯坦投资法》中实行许可证制度的行业包括航空、海运和内河航运、电力、通信、化工产品生产和销售;制药、卫生、能源产品销售、食品生产和销售、有色金属、建筑、建材生产、银行通关服务证券、保险、资产评估、博彩、出版和印刷、文化传媒教育、法律服务、涉外劳务、旅游、体育休闲等。

2. 投资待遇

《土库曼斯坦投资法》明确赋予外国投资者以国民待遇,在《土库曼斯坦外国投资法》第 3 章第 8 条第 1 款明确规定:"外国投资者、外商投资企业享受国民待遇。国民法律待遇的定义是:外国投资者和外商投资企业在其经营活动及支配投资利润方面享受的法律待遇不低于本国投资者在投资活动和支配投资利润方面所享受的待遇。"②土库曼斯坦的《外国投资法》同时还规定了对外资适用最惠国待遇,其第 3 章第 8 条第 2 款明确规定:"在自由经济区内从事经营的外国投资者与外资企业享受优惠法律待遇。其对于优惠法律待遇之定义是在外国投资者与外资企业在从事经营活动期间,其所具有的支配投资利益所享有的法律待遇,其优惠程度不低于任何第三国家为其提供的相关待遇。"优惠待遇主要包括:(1)海关税收优惠:作为注册资本投入的资产入境免征关税和海关手续费。(2)进出口产品便利:外商投资企业出口自己生产的产品和进口所需产品,无须申领许可证。(3)税费减免:自由兑换货币投资且外国资本占比30%以上的企业,在首批投资回收期内,免缴红利税;将利润用于再投资的,对其再投资部分给予免税优惠等。(4)签证简化优惠:外国投资者及其外籍员工和家属有权获得不少于 1 年的多次往返签证等。此外《土库曼斯坦外国投资法》采取了与乌兹别克斯坦等相似的规定以降低投资者的法律风险,即当因为本国投资法律政策发生变化且导致外商投资企业的待遇降低或者遭受损失时,《土库曼斯坦投资法》规定,在投资后 10 年内,外国投资者有权要求适用其投资

---

① 《土库曼斯坦外国投资法》第 1 章第 1 条。
② 《土库曼斯坦外国投资法》第 3 章第 8 条第 1 款。

注册时的法律。(5)自由经济区的特殊优惠:除一般性优惠政策外,土库曼斯坦对在自由经济区内开展的外国投资给予优惠。例如,投资项目在建设期内免缴增值税、财产税,投入运营后15年内,免缴增值税、财产税和利润税等。①

3. 投资保护

外国投资者对于东道国的非商业性风险,最为关注的无疑是国有化、汇兑和投资争端解决几个方面的问题。

在国有化方面:《土库曼斯坦投资法》明确规定,只在出现如自然灾害、瘟疫、事故等经济情况下,才可能对外资采取国有化措施。待紧急情况消除,被征收或临时征用的财产应当及时归还。② 无法返还的,须按照被征收时的市场价格以可兑换的外币形式予以补偿,外国投资者以其意志自主决定是否将补偿款汇兑出境。

在汇兑方面:和其他中亚国家一样,《土库曼斯坦投资法》也规定了:“外商投资企业有权在土库曼斯坦境内的银行开立土库曼斯坦本币和外币的账户。”③外国投资者、外商投资企业在付清相关税款或是履行债务后,可自由支配其投资收入及利润。④ 外国投资者因投资活动需要而进行换汇的,必须依照土库曼斯坦相关法律规定办理。外商投资企业可以在土库曼斯坦境内银行开设外汇账户,但不容许提取大额现金。外汇可自由汇出,汇出无须交纳税费。⑤

在争端解决方面:依据《土库曼斯坦外国投资法》的规定,除非相关条约另有约定,投资争端主要采用谈判、仲裁和国内司法三种方式解决。《土库曼斯坦外国投资法》第29条规定:“因在土库曼斯坦境内产生的投资争议,争议双方可通过协商解决或者提交土库曼斯坦最高法院审理,亦可由争议双方通过约定仲裁解决。”⑥对于投资争端解决机制,土库曼斯坦更加强调国内救济方式,对外国投资者而言存在较大的法律风险。

---

① 陈波编著:《中亚投资法律风险与典型案例》,中国法制出版社2016年版,第17~18页。

② 《土库曼斯坦投资法》第5章第26条第1款。

③ 《土库曼斯坦外国投资法》第4章第21条第1款。

④ 《土库曼斯坦外国投资法》第4章第21条第2款。

⑤ 商务部:《对外投资合作国别(地区)指南:土库曼斯坦》,中国商务出版社2017年版,第24页。

⑥ 《土库曼斯坦投资法》第5章第29条。

## 五、塔吉克斯坦投资法律制度

塔吉克斯坦是世界上第一个与中国签署共建“丝绸之路经济带”谅解备忘录的国家。在“一带一路”倡议推动下，中塔务实合作快速发展。近年来，中国已成为塔吉克斯坦最大的投资来源国，在塔吉克斯坦累计投资超过20亿美元，并成为塔吉克斯坦主要贸易伙伴之一。塔吉克斯坦国内近3年来的大型工业企业大都由中资企业投资建设。① 与其他中亚国家一样，塔吉克斯坦也是资源富集的国家。石油天然气储量丰富，但由于开采难度大缺乏商业开发，故油气仍严重依赖进口。塔吉克斯坦水利资源丰富，人均水资源排名世界第一。此外，其银和锑的资源十分丰富，大卡尼曼苏尔银矿是世界第二大银矿区。此外，近年来塔吉克斯坦又发现大量铝矾石矿，铝矿开采和加工是塔吉克斯坦的支柱性产业。自独立以来，塔吉克斯坦积极寻求与周边国家进行经贸合作。2013年塔吉克斯坦正式加入世贸组织，成为世贸组织第159个成员，是中亚国家中继吉尔吉斯斯坦后第二个加入世贸组织的国家。

### （一）塔吉克斯坦投资法律制度的历史演进

独立之初的塔吉克斯坦政治局势动荡，经济方面危机四伏，为摆脱独立后的困境，独立伊始就采取一系列措施，改善投资环境以吸引外资。在投资立法方面，塔吉克斯坦于1992年3月颁布了《外国投资法》，后于1996年、1997年和1999年先后三次对该法进行了补充、修改。塔吉克斯坦自2000年5月正式申请加入WTO，为此，塔吉克斯坦积极修改立法，1992年的《外商投资法》已被2007年5月12日颁布的《投资法》取代。除了《投资法》外，与投资相关的法律还有《土地法》《税法》《保险法》《自由经济区法》等，统一构成了塔吉克斯坦投资法体系。

### （二）塔吉克斯坦投资法的主要内容

1. 投资准入

由于《塔吉克斯坦投资法》采用单轨制的立法模式，故投资主体不做内外资区别，权利义务都平等地适用于外国投资者和本国投资者。为扩大外国投资者的范围，有助于更多地吸引外资，塔吉克斯坦投资法也未对外国投资者在塔吉克斯坦的投资最低比例等作出限制性的规定。

---

① 周良：《中国驻塔吉克斯坦大使：中塔在“一带一路”框架内合作深度发展》，载中国一带一路网，https://www.yidaiyilu.gov.cn/ghsl/gnzjgd/68046.htm，2018年10月19日最后访问。

塔吉克斯坦投资法并未给投资下定义，而是列举了投资的主要形式：不动产、证券、知识产权等。塔吉克斯坦也以鼓励、限制和禁止的方式规定了投资准入的行业。塔吉克斯坦鼓励进行的投资行业有：(1)能源领域，如煤炭、石油和天然气的勘探开发；修建输变电线路、修建水利工程；(2)基础设施领域，如修建公路、隧道、桥梁等；(3)塔吉克斯坦鼓励外国资本投资塔吉克斯坦农业生产，鼓励农产品、铝锭的深加工等。① 塔吉克斯坦限制投资的行业包括矿藏勘探、金融、法律服务、航空、军工等。② 对上述行业的投资必须经过严格审查，取得主管部门颁发的许可证才能进入这些领域。塔吉克斯坦禁止外商投资的领域是博彩业，由此可见，塔吉克斯坦禁止投资的行业范围较小。这样的立法主要是由于塔吉克斯坦立法采用单轨制内外资合一模式而造成的。

2. 投资待遇

从塔吉克斯坦的投资立法可知，塔吉克斯坦赋予了外国投资者准入后的国民待遇。《塔吉克斯坦投资法》第4章规定：“塔吉克斯坦外国投资者享有与本国投资者平等的权利和同等保护。”与很多发展中国家一样，塔吉克斯坦为吸引外资发展本国经济，制定相应的优惠政策和投资优惠措施以吸引外资并引导外资流向。根据《塔吉克斯坦投资法》规定：“投资者的优惠主要包括：税收优惠、海关优惠、给予国家资助。外国投资者本国投资者享有同等的投资优惠。”③

税收方面的优惠：新设立的企业正式注册当年免缴利润税，第二年可根据投资规模大小减免利润税，例如，投资规模超过500万美元，5年内免缴利润税。④ 为了吸引外资，塔吉克斯坦给予符合条件的外资企业生产的产品关税减免的优惠待遇。例如，作为注册资本或为进行技术改造而进口的产品，无须交纳消费税；外资企业的外籍工作人员为生活所需而进口的商品免缴关税。⑤

除了一般性的优惠待遇外，在自由经济区内的投资还享有关税、税收和简化注册程序等特殊待遇。例如，在塔吉克斯坦成立的索格德、喷赤、伊什卡石姆和丹加拉4个自由经济区内，自由经济区企业生产的产品免征关税；服务业只

① 商务部：《对外投资合作国别(地区)指南：塔吉克斯坦》，中国商务出版社2017年版，第37页。

② 同上。

③ 《塔吉克斯坦投资法》第19条。

④ 商务部：《对外投资合作国别(地区)指南：塔吉克斯坦》，中国商务出版社2017年版，第39页。

⑤ 同上。

征收增值税；经济区内本地雇工免征个人所得税；土地租金优惠；海关保税区设立企业的优惠待遇；外籍雇工免缴或减半缴纳所得税。①

3. 投资保护

对投资者的法律保障主要体现在塔吉克斯坦法律对投资者权益的保护。

根据《塔吉克斯坦投资法》第5章的规定："塔吉克斯坦根据公认的国际法对外国投资者提供全面、无条件的保护。"

《哈萨克斯坦投资法》规定："投资者可以根据塔吉克斯坦共和国法律规定开设塔吉克斯坦本国货币和(或)外币账号存入和支配所得收入和其他资金；完税及缴纳其他应缴费用之后，可自行支配所得利润。投资者和外国工作人员有权将合法投资和经营中所得外币收入和工资汇出境外。当因非投资者过错而造成投资终止时，投资者有权获得至投资终止时属于自己投资及与投资相关货币收入或者等值商品的补偿。"②

在汇兑风险方面，对外国投资者而言，最核心的问题是能否确保外国投资者自由兑换货币的权利。根据《塔吉克斯坦投资法》第8章之规定："投资者的外汇业务活动必须遵守塔吉克斯坦《外汇调节和外汇监督法》的规定。"投资者有权在完税后将塔吉克斯坦货币自由兑换成其他国家货币，同样也可认购其他外币用于支付在塔吉克斯坦境外业务。此外，为防止非法洗钱，塔吉克斯坦政府依照有关法规对投资者汇出和汇入的外汇进行一定的限制。

在国有化风险方面，塔吉克斯坦承诺避免对外国投资者财产实施国有化或征用措施。依《塔吉克斯坦投资法》规定，在发生自然灾害、事故、流行病、传染性疾病、动物流行病等特殊情况下，塔吉克斯坦政府因为社会需要而征用投资者的财产的，应当其财产被征用后，给予同等价值的财产补偿。对于被征用财产的价值评估有异议的，投资者可以诉诸法院。被征用者有权在紧急状态消除后要求塔吉克斯坦政府返还被征用的财产，如拒绝返还也可以向法院起诉。因国有化和征用而给予投资者的财产补偿额度应依据塔吉克斯坦征收时的市场价格确定，并可在双方同意的期限内以自由兑换货币进行。对赔偿额度有争议的，投资者可以向塔吉克斯坦法院提起诉讼，也可以提交双方同意的国际法庭或国际仲裁法进行仲裁。

---

① 商务部：《对外投资合作国别(地区)指南：塔吉克斯坦》，中国商务出版社2017年版，第43页。

② 《塔吉克斯坦投资法》第7章。

在投资争端解决方面：塔吉克斯坦投资法律实行单轨制，不区分内外资。塔吉克斯坦法律将投资者与其政府机关、政府官员以及其他投资方之间因投资发生的争端定义为投资争端。① 投资争端解决的基本原则是尊重当事人意思自治，若投资相关协议约定了投资争端的解决方式，依合同规定解决。若合同未约定投资争议的解决办法，则由合同当事方协商解决。如依合同不能解决，争议双方可将争端提交均可接受的塔吉克斯坦法院或者国际仲裁法院裁决。② 需要注意的是，塔吉克斯坦迄今未加入《关于解决国家和其他国家国民投资争端公约》，故在解决其与投资者之投资争议时，不能适用 ICSID 投资争议解决机制。

由于中亚国家普遍存在法律变化过快，投资法律环境不稳定的情况，哈萨克斯坦投资法为打消国外投资者的疑虑，减轻新旧法的更替可能给国外投资者带来风险，与其他中亚国家一致，塔吉克斯坦法律也规定，如果投资相关法律发生了修改或补充，投资者有权选择对自己更为有利的法律，不同的是，乌兹别克斯坦与土库曼斯坦均规定 10 年的限期，塔吉克斯坦规定为 5 年。对于法律的优先选择权的例外规定也大致是一样的，即涉及国家安全、环保、卫生和道德的法律修改和补充则排除适用对自己更有利的法律的规定。此外，为确保司法或者执法不公能够得到有效救济，根据塔吉克斯坦法律，若因为国家机关颁布与塔吉克斯坦法律条文不相适应的法规及政府工作人员的不法行为带来的损害，投资者有权提出自己的损害赔偿请求。

## 第二节　中国与中亚国家的投资条约体系

投资便利化的法律机制的渊源包括国内法渊源和国际法渊源。中亚国家抑或中国本国投资法律制度构成投资东道国的投资法律制度，对资本的输入和输出进行规制，最重要的当属投资东道国的投资法律制度，是其投资法律环境评估的最主要依据。当然，国际投资行为本身是双边甚至是多边经济行为，不仅仅受制于投资东道国或者投资母国的国内法，而且受双边或者多边国家条约的规制，这就构成了中国与中亚投资法律机制的国际法渊源。

---

① 《塔吉克斯坦投资法》第 7 条。

② 《塔吉克斯坦投资法》第 22 条。

## 一、中国与中亚国家的双边投资条约

在“一带一路”建设过程中，“丝绸之路经济带”向西而行的核心区——中亚国家一直与中国保持着良好的双边关系。中国与中亚国家建交以来政治合作顺风顺水、高层互访不断、民间往来频繁，成功和卓有成效的交往不仅温暖了双边政治合作，同时也为经济合作提供了如沐春风的适宜环境。①

中国是中亚5国独立之初最早与其建交的国家。中国在中亚国家建国伊始就与这些国家签订了一系列经贸合作的文件，在1992年，中国政府与中亚5国分别签署了《中哈政府经济贸易协定》《中乌政府经济贸易协定》《中土政府经济贸易协定》《中吉政府经济贸易协定》《中塔政府经济贸易协定》等5个经贸协定，初步奠定了与中亚五国的双边经贸法律基础。随着政治经济深入合作，中国与中亚五国的双边合作向着更加具体更加务实的方向发展。近些年又陆续签署了多个有关的贸易和投资协定，这些经贸协定成为中国与中亚国家相互投资的法律渊源。

从中亚5国建国至今，中国与5国一直保持良好的双边关系。1992年是中亚国家建国的第二年，也是中国与中亚五国睦邻友好，积极谋求双边投资合作的一年。在这一年里，中国分别与哈萨克斯坦、吉尔吉斯斯坦、乌兹别克斯坦、土库曼斯坦四国签订了关于鼓励和相互保护投资的双边协定。1993年3月9日塔吉克斯坦也与中国签订了双边投资协定。除此之外，中国与中亚国家还分别签订了一系列经贸协定，这些协定在特定领域内对投资关系进行规制。

哈萨克斯坦是中亚5国中实力最强，也是与中国经贸联系最为密切的国家，中哈两国政府在哈萨克斯坦建国之初就签订了《中华人民共和国政府和哈萨克斯坦共和国政府建立政府间经贸和科技合作委员会的协定》(1994)、《中华人民共和国政府和哈萨克斯坦共和国政府海关合作与互助协定》(1995)。之后又陆续签订了《中华人民共和国国土资源部与哈萨克斯坦共和国能源矿产部关于开展地质矿产和能源合作的谅解备忘录》(2002)、《中华人民共和国政府和哈萨克斯坦共和国政府关于对所得税避免双重征税和防止偷漏税的协定》(2002)、《中华人民共和国铁道部和哈萨克斯坦共和国运输和通信部铁路运输合作协定》(2004)、《中华人民共和国政府和哈萨克斯坦共和国政府关于对通

① 赵常庆:《中国与中亚国家合作析论》,社会科学文献出版社2012年版,第103页。

过中哈边境管道运输能源的海关监管协定》(2006)、《中华人民共和国政府和哈萨克斯坦共和国政府非资源经济领域合作规划》(2007)、《中华人民共和国政府和哈萨克斯坦共和国政府关于“丝绸之路经济带”建设与“光明之路”新经济政策对接合作规划》(2016)等双边条约。

中国在1992年与乌兹别克斯坦签订了政府经贸合作协定后又签署了《关于建立中乌政府间经贸合作委员会的协定》(1992),随后展开在农业领域的合作,双方签署《中华人民共和国农业部和乌兹别克斯坦共和国农业部合作协议》(1992)。在投资领域,1992年双方签署《中华人民共和国政府和乌兹别克斯坦共和国政府关于鼓励和相互保护投资协定》,1996年签署了《中华人民共和国政府和乌兹别克斯坦共和国政府关于对所得避免双重征税和防止偷漏税的协定》的议定书(2011年修订)。在通信信息和油气资源领域先后签署了:《中华人民共和国信息产业部与乌兹别克斯坦共和国通信和信息化局通信和信息技术领域合作协议》(2005)、《中华人民共和国政府与乌兹别克斯坦共和国政府关于扩大油气领域合作的框架协议》(2009)、《中华人民共和国国家发展和改革委员会与乌兹别克斯坦共和国地质矿产和资源委员会关于在铀矿领域开展合作的协议》(2009),2017年5月,乌兹别克斯坦总统米尔济约耶夫访华,中乌两国签署了《中华人民共和国和乌兹别克斯坦共和国政府国际公路运输协议》。

吉尔吉斯共和国于1994年在继1992年中吉政府间经贸协定和双边投资协定的基础上签订了《关于建立中吉政府间经贸合作委员会的协定》,后又于1996年修订了1992年签署的《中华人民共和国政府和吉尔吉斯共和国政府经贸投资协定》。2002年中吉签署了《中华人民共和国政府和吉尔吉斯共和国政府关于对所得避免双重征税和防止偷漏税的协定》,2006年双方签署了《中华人民共和国政府与吉尔吉斯共和国政府知识产权合作协定》。

中国与土库曼斯坦之间除了1992年签署的《中华人民共和国政府和土库曼斯坦政府经贸投资协定》和《中华人民共和国政府和土库曼斯坦政府关于鼓励和相互保护投资协定》之外,代表性的双边投资条约有:《中华人民共和国政府和土库曼斯坦政府关于建立中土政府间经贸合作委员会的协定》(1998)、《中华人民共和国政府和土库曼斯坦政府民用航空运输协定》(1998)、《中华人民共和国政府和土库曼斯坦政府关于实施中土天然气管道项目和土库曼斯坦向中国出售天然气的总协议》(2006)、《〈中华人民共和国政府和土库曼斯坦政府对所得避免双重征税和防止偷漏税的协定〉议定书》(2009)、《中华人民共和国政府和土库曼斯坦政府经济贸易合作协定》(2011 年修订)。

塔吉克斯坦与中国的贸易投资规模较小,但双边经济合作也是在其建国伊始就展开了。两国在 1992 年签订了《中华人民共和国政府和塔吉克斯坦共和国政府经济贸易协定》、1993 双方签订了《中华人民共和国政府和塔吉克斯坦共和国政府关于鼓励和相互保护投资协定》。1996 年对 1992 年签署的《中华人民共和国政府和塔吉克斯坦共和国政府经济贸易协定》进行了修订。2008 年两国签署了《中华人民共和国政府和塔吉克斯坦共和国政府对所得和财产避免双重征税和防止偷漏税的协定》。在专门领域签订的代表性条约有:《中华人民共和国政府和塔吉克斯坦共和国政府民用航空运输协定》(2007)、《中华人民共和国政府和塔吉克斯坦共和国政府汽车运输协定》(2008)、《中华人民共和国政府和塔吉克斯坦共和国政府关于边境口岸及其管理制度的协定》(2011)等。

## 二、中国与中亚国家多边投资条约体系

中亚国家加入了很多国际合作机制。他们参与国际合作机制的理由基本一致,都是为了安全保障、获得经济和政治支持,促进本国的稳定发展。由于各国国情不同,对于自身的定位和设定的发展方向也不一样。因而在各自合作方向上的选择必然存在差异。例如,土库曼斯坦奉行中立政策,参加的国际组织较少,仅 40 多个。乌兹别克斯坦偏好双边合作,对于多边合作非常谨慎。吉尔吉斯斯坦参与国际合作机制方面非常积极,参加了 70 多个国际组织,其主要目标是追求安全保障,引进外资和争取经济援助。①

### (一)中亚国家参加的多边投资条约

基于历史的原因,中亚国家在建国伊始都非常注重与俄罗斯的关系,故很重视在独联体内的合作。1992 年 12 月 21 日,哈萨克斯坦、吉尔吉斯斯坦和乌兹别克斯坦、塔吉克斯坦 4 国作为创始会员国加入独联体。除此之外,4 国也都是欧亚经济共同体、中亚经济共同体的成员。土库曼斯坦奉行永久中立政策,不参加任何带有硬性规定职能或者要承担集体责任的国际组织。所有土库曼斯坦既不是独联体的成员,也不是欧亚经济共同体的成员国。

吉尔吉斯斯坦积极参加独联体范围内的经济一体化进程。1995 年 1 月,俄

① 赵会荣:《中亚国家发展历程研究》,社会科学文献出版社 2016 年版,第 200 ~ 201 页。

罗斯、白俄罗斯、哈萨克斯坦建立关税同盟。1996 年 3 月,吉尔吉斯斯坦与上述 3 国签署了关于加入关税同盟的条约,1997 年 7 月,该条约得到议会的批准。1999 年吉尔吉斯斯坦与塔吉克斯坦一起签署了俄、白和哈关税同盟。[①] 2000 年俄、白、哈关税同盟更名为“欧亚经济共同体”,至 2014 年,3 国签署欧亚经济联盟条约,该联盟于 2015 年 1 月 1 日正式启动。2015 年 8 月吉尔吉斯斯坦加入欧亚经济联盟成为其第 5 个成员。[②] 引人关注的是,2018 年 8 月 16 日,哈萨克斯坦、土库曼斯坦、俄罗斯、阿塞拜疆及伊朗 5 国签署了《里海法律地位公约》。该公约的签署,消除了里海沿岸国家长期存在的能源开发的诸多争议,同时又为进一步油气资源开发与合作提供了可靠的法律依据。从世界范围来看,该公约促进了哈萨克斯坦“光明之路”计划与中国“一带一路”倡议的对接,增强了哈萨克斯坦在“一带一路”倡议中的作用并将重新定位哈萨克斯坦在区域乃至世界的地位。[③]

除了与俄罗斯主导的经济组织之间的密切联系外,中亚国家还积极发展与国际货币基金组织、世界开发银行、国际开发银行、欧洲复兴开发银行等国际金融机构的关系。世界银行、国际货币基金组织就中亚国家通信、供电供热网络建设及发展农业等方面提供了大量的资金扶持。

中国与中亚国家间的多边条约除了依托上合组织之外,大多集中于一些外交、安全领域,例如,《哈萨克斯坦共和国、中华人民共和国、吉尔吉斯共和国、俄罗斯联邦、塔吉克斯坦共和国外交部长联合公报》(2000)、《中华人民共和国、俄罗斯联邦和哈萨克斯坦共和国关于确定 3 国国界交界点的协定》(1999)、《中华人民共和国和哈萨克斯坦共和国、吉尔吉斯共和国、俄罗斯联邦、塔吉克斯坦共和国关于在边境地区相互裁减军事力量的协定》等。中国与中亚国家在专门领域也签署了多边协定,如《中华人民共和国政府、哈萨克斯坦共和国政府、吉尔吉斯共和国政府、巴基斯坦伊斯兰共和国政府过境运输协定》(1995)、《中华人民共和国交通部、哈萨克斯坦共和国交通通讯部、吉尔吉斯共和国交通通讯部、巴基斯坦伊斯兰共和国交通部关于建立国际公路过境运输行车许可证制度

---

① 富景筠:《俄白哈关税同盟的历史演进、动因和前景》,载《俄罗斯东欧中亚研究》2014 年第 2 期。

② 赵会荣:《中亚国家发展历程研究》,社会科学文献出版社 2016 年版,第 210 页。

③ 《哈专家谈〈里海法律地位公约〉对哈的意义》,载中国商务部网站,http://www.mofcom.gov.cn/article/i/jyjl/e/201808/20180802776779.shtml,2018 年 8 月 27 日最后访问。

的协议》(1998)等。

### (二)加入WTO条约体系

中亚国家谋求加入世贸组织表明这些国家积极参与国际经济体系、加入全球市场的强烈愿望。吉尔吉斯斯坦于1998年10月就加入了世贸组织,是中亚国家中最早加入的国家。塔吉克斯坦2001年5月29日申请加入世贸组织,2012年12月12日成功加入世贸组织,成为中亚5国中第二个加入WTO的国家。哈萨克斯坦1996年即申请加入WTO,历经19年漫长的谈判,2015年7月哈萨克斯坦才得以加入世贸组织。2011年欧盟曾建议土库曼斯坦加入世贸组织,土库曼斯坦为此也开始积极筹备,并与2013年正式启动,成立了专门的政府委员会。截至目前,中亚5国中,除了土库曼斯坦和乌兹别克斯坦外,其他3国都是WTO的成员国,意味着这3个国家也是TRIMs协议的缔约国。中国与上述3国之间的投资关系除了受本国投资法和双边条约的调整之外,世贸组织法中有关投资的协定也是中国与这3国调整投资关系的法律渊源。同时,我国与3国之间的投资争议,也受世贸组织法争端解决机制的规制,意味着投资争端解决的方式有了更多的选择。

### (三)上海合作组织框架下的投资协定

在多边意义上,中国与中亚5国,除了土库曼斯坦,联系最为紧密的当属上海合作组织这个多边国际平台。1996年,中国与俄罗斯、塔吉克斯坦、吉尔吉斯斯坦、哈萨克斯坦5国成功解决了边界安全和军事互信问题,形成了每年元首定期会晤机制。2001年6月15日,在吸纳了乌兹别克斯坦后,中国、俄罗斯、哈萨克斯坦、塔吉克斯坦、乌兹别克斯坦、吉尔吉斯斯坦6国元首在上海签署了《上海合作组织成立宣言》,标志着上海合作组织正式成立。上海合作组织成立伊始,就于2001年9月14日发布了《上海合作组织成员国政府间关于区域经济合作的基本目标和方向及启动贸易和投资便利化进程的备忘录》,意味着上海合作组织成立之目的虽以反恐合作为主,但一开始就拓展到经贸合作领域,该备忘录第2条提出要分步骤消除投资障碍、吸引和保护相互投资以及扩大法律法规信息交流等。在上海合作组织成立后每年的首脑会议上都会发布上海合作组织成员国宣言,其中包含经贸合作的内容。近些年上海合作组织陆续签订的有关贸易投资多边协定有:《上海合作组织成员国海关能源监管信息交换议定书》(2008)、《上海合作组织成员国政府间农业合作协定》(2010)、《上海合作组织成员国政府间科技合作协定》(2013)、《上海合作组织成员国政府首脑(总理)关于进一步开展交通领域合作的联合声明》(2013)等。在最近的一次

《上海合作组织成员国元首理事会比什凯克宣言》(2019)中,各成员一致同意:“成员国支持为推动贸易和投资便利化合作创造良好条件,以逐步实现《上海合作组织宪章》规定的商品、资本、服务和技术的自由流通。成员支持根据2018年6月10日《上合组织成员国元首关于贸易便利化的联合声明》,进一步制定地区贸易便利化解决方案……成员将深化地方合作,通过完善投资和营商环境,为扩大相互投资创造便利条件,推动各成员国和本地区和平发展、繁荣稳定。”(有关上海合作组织与中国间的投资合作,可参见本书第六章的论述,此不赘述)

**(四)《亚洲基础设施投资银行协定》**

《亚洲基础设施投资银行协定》的制定和签署是在中国的主导下进行的,亚投行的创建是“一带一路”倡议提出的一大创举和具体实施举措。《亚洲基础设施投资银行协定》第59条规定,协定的生效条件需要至少10个已交批准书或核准书的签署方。并且签署方需要附带一份初缴股本总额大于其认缴股本总额50%的附件。《亚洲基础设施投资银行协定》已于2015年12月25日达到生效条件,亚投行正式成立。至2019年5月,亚投行成员已达到93个,已经批准了15个国家的39个贷款或投资项目,总额达到79.4亿美元。[①] 中亚国家在亚投行建立过程中表现积极,2015年3月,亚投行第三次筹备会就是在哈萨克斯坦举行的。中亚5国除了土库曼斯坦之外,其他4个国家都是亚投行的创始会员国。在2016年6月,亚投行公布的首批4个项目中就有塔吉克斯坦首都杜尚别到乌兹别克斯坦边境城市图尔孙扎德的高速公路项目。2019年亚投行当天与哈萨克斯坦能源部签署《关于哈萨克斯坦可再生能源开发利用合作的谅解备忘录》,批准了首个在哈萨克斯坦的项目——江布尔州札纳塔斯100MW风能电站。

## 第三节 中国与中亚国家投资便利机制存在的不足及成因分析

中亚5国作为脱离苏联的新兴国家,建国的时间都比较短,从建国之初起也都将吸引外资作为发展本国经济的主要举措之一,其投资法体系的发展都有

① 《亚投行已经批准15个国家39个项目,将开展联合融资》,载中国一带一路网,https://www.yidaiyilu.gov.cn/xwzx/gnxw/86513.htm,2018年8月29日最后访问。

共同之处，如先后颁布外商投资法、建立经济特区等。这些国家的投资法律制度提供了相对稳定投资法律环境，从现有投资存量来看，投资法是富有成效的。但在全球化背景下，特别是哈萨克斯坦、吉尔吉斯斯坦和塔吉克斯坦已经是WTO成员的情况下，推进"丝绸之路经济带"建设，为中国投资提供便利和保护，其投资法律制度还存在诸多不足。

中亚国家作为投资东道国，其国内投资法律制度以及其与中国之间的双多边条约体系对"丝绸之路经济带"下的投资便利化的影响是决定性的。本节将从这两个层面对投资便利化机制存在的不足和原因进行分析，以期作出有针对性的机制完善建议。

## 一、中亚国家投资便利化法律机制存在的不足

如第二章所述，投资便利化法律机制是投资法律制度的组成部分而非全部，更不能是投资法律环境的全部。投资便利化机制，从国内法意义上来看，是一系列旨在为投资促进、保护、管理投资的措施而不是单一的、孤立的制度。其重心包括市场准入及其后的审批程序的完善、信贷融资政策、投资保护和争端解决措施等，在这些方面中亚国家投资法律制度还存在以下不足。

### （一）各国诸多的投资准入壁垒是投资便利化实现的最大障碍

1. 投资准入的禁止和限制性规定

近年来，中亚国家不断修改和完善其投资法，投资法律环境日臻完善，但在相当多的领域，诸如电信、金融、保险和建筑等均规定了对外资的限制或者禁止措施。例如，《哈萨克斯坦国家安全法》第4章第6条第7款规定，不准外国人持有超过49%的通讯业份额。《哈萨克斯坦通讯法》中规定经营城际和国际电信干网的合资企业股份不得超过49%。在能源领域，哈萨克斯坦规定不准外国人持有超过49%的份额。海上石油项目，哈萨克斯坦公司份额所占的比例不低于50%。[①] 在金融领域，哈萨克斯坦对一定程度的限制外资银行的市场准入，该国法律规定外资银行的资本份额不得超过银行总资本的25%；所有非人寿合资保险公司的外国资本份额不得超过哈萨克斯坦本国非人寿保险市场总资本

① 王晓峰、王林彬：《丝绸之路经济带背景下哈萨克斯坦投资壁垒及中国的对策研究》，载《国际商务研究》2016年第4期。

的25%；合资人寿保险公司的外国资本总份额不得超过人寿保险市场总资本的50%。[①] 乌兹别克斯坦限制外资对能源及重点矿产品等领域的开发，规定外资所占股份不超过50%，而铁路、航空等领域禁止外资进入，完全由国家垄断。[②] 土库曼斯坦不容许外资获得农业耕地、林地所有权和土地承包经营权。

除了投资股权比例限制之外，中亚国家（除吉尔吉斯斯坦）普遍实行投资许可制度。《哈萨克斯坦许可证法》规定了49种需要办理许可证的各种经营活动。土库曼斯坦法律规定卫生、制药、能源产品销售、电力、运输、教育、法律服务等34种行业实行许可证管理制度。[③]《乌兹别克斯坦关于批准建筑领域许可证条例的决议》规定，投资建筑领域必须获得政府的许可。中亚国家以国家经济安全、能源安全或国家利益为依据，对外国投资企业的市场准入、股权转让、退出或限制或禁止，特别是许可证制度的广泛运用，导致标准模糊性较大，不具有明确的操作性，实质上是对外资设置了更多的隐性投资壁垒。[④]

2. 投资方式和资本的特殊要求

在中亚国家，在一些特定的领域，与外商投资金额和投资方式亦有特别要求。例如，《乌兹别克斯坦投资法》规定：外资可以进入乌兹别克斯坦教育、广播电视，网络媒体等领域，但最低投资额不得低于15万美元。外资企业可以在乌兹别克斯坦开办报纸、杂志、电视台、电台、网站等，但不得以独资企业形式存在。传媒领域合资企业，外资占比不得超过15%。[⑤]

3. 外资股权转让的权利限制

中亚国家对外资在某些对国家意义重大的领域的股权转让作出限制。《哈

---

① 需要指出的是：哈萨克斯坦在2015年加入世贸组织后，按照要求需逐步取消部分服贸行业的外资准入限制。电信行业方面，在入世30个月之后，哈萨克斯坦将会取消长途和国际固定通讯的企业外资参股不得超过49%的限制；金融业保留有5年过渡期，期满之后外资银行和保险公司将可在哈萨克斯坦境内开设分行。商务部：《对外投资合作国别（地区）指南：哈萨克斯坦》，中国商务出版社2017年版，第102页。

② 商务部：《对外投资合作国别（地区）指南：乌兹别克斯坦》，中国商务出版社2017年版，第39页。

③ 商务部：《对外投资合作国别（地区）指南：土库曼斯坦》，中国商务出版社2017年版，第35页。

④ 王晓峰、王林彬：《丝绸之路经济带背景下哈萨克斯坦投资壁垒及中国的对策研究》，载《国际商务研究》2016年第4期。

⑤ 商务部：《对外投资合作国别（地区）指南：乌兹别克斯坦》，中国商务出版社2017年版，第56页。

萨克斯坦矿产资源法》规定,企业在准备转让矿产开发权和出卖股份时,哈萨克斯坦能源和矿产资源部有权拒绝发放许可证。同时,国家还对矿产开发企业所转让的开发权和股份拥有优先购买权。该规定对外国投资者进入和退出哈萨克斯坦矿业,尤其是收购哈萨克斯坦国内矿产企业构成了实质性障碍。① 2005年中国石油集团(CNPC)收购在加拿大注册的哈萨克斯坦石油公司,尽管《哈萨克斯坦国家法规法》规定"除法律和国际公约规定的情况外,哈萨克斯坦法律的效力只能针对哈萨克斯坦境内的公民、法人、外国人和无国籍人"。但哈萨克斯坦议会还是要求转让必须获得哈萨克斯坦能源和矿产资源部的批准,并迫使CNPC将已经收购的一部分股权无条件转让给哈萨克斯坦国家石油公司,并同意在对等条件下联合管理哈萨克斯坦石油公司奇姆肯特炼厂业务和成品油业务。2006年11月,中信集团收购加拿大内森斯能源公司在哈萨克斯坦的石油资产时,哈方以同样的理由要求中信集团暂停收购。②

**(二)劳动力准入限制和严格的环境保护阻碍投资便利**

1.严格的外国劳动力准入制度

中亚国家出于对本国国内劳动力市场的保护,均以配额形式限制劳动力进入,已构成外资进入中亚市场的最大障碍之一。伴随着外国投资进入中亚国家的高级管理人员、工程技术人员和劳务人员都不同程度地面临准入许可的困难。不仅申办获取许可证的程序十分烦琐,而且许可数量非常有限,不但制约了外资在东道国的发展,甚至影响了企业的正常经营。在哈萨克斯坦,哈萨克斯坦含量规定,进一步限制了外籍人员在哈萨克斯坦的工作机会,也构成了事实上的投资壁垒。③ 2016年,哈萨克斯坦公布的外国劳务人员配额为不超过哈萨克斯坦经济活动人口的0.7%。在塔吉克斯坦,外国企业用工比例为1:9,即外国人比例不超过10%,本地人不少于90%。④ 土库曼斯坦移民局则按照土库曼斯坦公民优先的原则和外国雇工不超过员工总数10%的比例颁发劳动许可。乌兹别克斯坦的外资员工的比例相对较高达到1:7。但实际执行则视情况压缩

---

① 王林彬、王晓峰:《哈萨克斯坦投资法律制度研究》,兰州大学出版社2012年版,第91页。

② 侯学霞、王晓军:《外国公司进入哈萨克斯坦油气勘探开发市场的方式与选择》,载《国际石油经济》2008年第11期。

③ 王林彬、郭婷婷:《制度变迁对哈萨克斯坦矿业投资法律环境的影响》,载《开发研究》2010年第5期。

④ 商务部:《对外投资合作国别(地区)指南:塔吉克斯坦》,中国商务出版社2017年版,第31页。

到10%～20%。[①] 此外，即使人员数量受到严格控制，在有限数额内，外籍劳务人员结构还有明确的限制性要求。以哈萨克斯坦为例：其主管部门对外籍劳务人员分为四类：(1)企业高层领导，具备高等学历及领导岗位经验不少于5年；(2)具有相应专业技能的领导和专家；(3)具有相应职业技能学历及工作经验的技工；(4)季节性农工。自2012年1月1日起，对第一类外国专家人数不得超过同类员工总数的30%。引进的第二类、第三类外国专家人数不得超过同类员工总数的30%。乌兹别克斯坦则要求赴该国工作的人员一般应具有高级工程师、高级技师等工作签证，普通工人很难获得工作许可。中亚国家许可的劳务签证时间都不长，从3个月到1年不等，需要延长还需重新申请。而且申请劳务签证手续烦琐、周期较长。

在中亚国家的中资企业普遍反映，与中亚国家的劳务合作是投资的重大障碍。首先，获得劳务许可和签证就困难重重，办理劳务签证要获得劳务许可，劳务许可要符合劳务配比。在哈萨克斯坦，财务、法律和语言类人员通常无法获得劳务许可，原因是这些人员是当地可以提供的工作人员。2013年国内某电力承包工程企业由于对哈萨克斯坦劳务市场缺乏了解，与业主签合同时未将业主保障申请劳务配额作为履约的先决条件写入合同条款。施工前夕业主拒绝保障申请中国赴哈萨克斯坦工程技术人员劳务配额，对中国企业履约造成严重影响。在建筑工程施工过程中，国内施工技术人员和施工人员由于签证问题迟迟不能进场，往往造成施工进展缓慢，施工效率低下，造成重大履约风险。

2. 环境保护加重投资负担和投资风险

中亚国家建国后陆续建立自己的环保法律体系，对环境、生态保护有严格的要求，国民对外资企业可能造成的环境破坏较为敏感。哈萨克斯坦近年新颁布了《环境保护法》，该法严禁随意砍伐树木，未经申领许可证，建筑施工不得砍伐沿线林木。禁止随意丢弃生活垃圾和有害物质。禁止石油企业在开采作业中放空燃烧伴生气。近些年，塔吉克斯坦政府对环保的要求也日趋严格，所有项目开始前须进行环境影响评估，必须根据当地的水文气候、地形、地质、交通等情况制定详细可行的环境保护规划。要处理生产废液，合理处置生活污水和垃圾废料，以保护当地生态环境。哈萨克斯坦在投资项目中对外资企业的环保

① 商务部：《对外投资合作国别(地区)指南：乌兹别克斯坦》，中国商务出版社2017年版，第45页。

要求越来越高，检查名目繁多，不断提高无坑钻井费用和环境排污费等费用。①

根据吉尔吉斯斯坦相关法律规定，从事道路建设，矿产开发等野外作业项目的企业，须在项目实施前到吉尔吉斯斯坦环保和林业署办理相关环境评估手续。审批时间根据项目不同，从两周到数月不等。从事矿山开发的企业还需到吉尔吉斯斯坦地矿署办理环保审批。2018 年 4 月 11 日，吉尔吉斯斯坦南部贾拉拉巴德州的一家中资合资公司，所属的金矿石加工场遭当地上千名居民抗议，并被纵火破坏，造成 3 人受伤，部分厂房、机械设备受到不同程度的损毁。当地居民担心加工工厂建设项目会给当地环境带来不利影响，此前针对此事进行多次抗议和集会。塔吉克斯坦环保法要求环境评估作为企业经营的必经程序，要求引入社会团体参加评估。有关评估的内容，由塔吉克斯坦政府根据实际情况具体确定，环境评估的时间为 30～45 天。

**（三）较为严格的汇兑形成投资风险**

在中亚 5 国中，哈萨克斯坦经济实力雄厚，外汇储备较多，抵御金融风险的能力相对比较强，其货币汇兑自由度比其他 4 国更为宽松。特别是“丝绸之路经济带”提出后，中哈加强了金融领域的合作。2014 年 12 月两国签署了《双边本币互换协议》，本币互换规模为 10 亿元人民币/2000 亿坚戈，在哈萨克斯坦，大部分城市都可以兑换人民币。但即使如此，哈萨克斯坦还是存在一定程度的外汇管制。自 2007 年 7 月 1 日起，哈萨克斯坦取消了旧的外汇许可制度，转而实行通报制度，企业与个人可以自由汇出合法取得的外汇收入。但要提供收入来源证明、外汇带入报关单、缴税证明、贸易合同等。2010 年《反洗钱法》规定凡是超过 1 万美元的金融业务都要进行监管。2012 年的《外汇监管问题若干法令修改法》规定除欧亚关税同盟成员国公民外，其他国家自然人出入哈萨克斯坦携带超过 1 万美元和相应本国货币的，必须全额申报并说明来源和用途。塔吉克斯坦保护外商利润可自由汇出，利润汇出需要交纳相应所得税。个人出境携带 3000 美元以上现金需向海关申报。在土库曼斯坦，企业和个人可将其合法税后收入汇出国外，外汇汇出无须交纳特殊税金。企业可在银行开设外汇账户，但不能提取大额现金。自然人携带美元出境的，3000 美元以上需要填写报关单，但不能超过 10,000 美元。在金融形势紧张的情况下，外国投资者的资本和利润汇出会受到影响。总体上看，中亚国家投资法律均规定了外资利润可以

① 王海燕等：《贸易投资便利化》，华东师范大学出版社 2012 年版，第 58 页。

自由汇兑,但实际操作中申领大额外汇可能受到阻碍,特别是2013～2016年,中亚国家经济动荡,主权货币有较大幅度的贬值,对外汇管控日趋严格。在哈萨克斯坦,所有的大额转账行为必须经过哈萨克斯坦央行批准才能进行。对于中亚国家而言,复杂的收发汇手续、过多的政策干预和官僚主义、银行对贷款的发放审核过严等因素,是外国投资者面临的外部风险和障碍。①

**(四)投资保护机制不完善**

中亚国家为了吸引外资,在投资市场准入、投资待遇等给予诸多优惠措施,并且在国有化和投资争端解决等方面都承诺给予投资较好的保护。例如,中亚国家投资法均规定非特殊情况不对外资实行国有化,如果实行国有化也将提供及时有效的补偿,在投资争端解决方面确立多元化的投资争端解决机制,但是在现实中,对外资实行国有化的情况时有发生,对国有化的补偿也未能做到及时有效。在2008年7月鲁梅里(Rumeli)诉哈萨克斯坦案中,仲裁庭认定哈萨克斯坦“以惊人的方式”将土耳其投资者的资产国有化,并最终裁决哈萨克斯坦赔偿与被国有化资产实际价值等额的1.25亿美元。②

投资争端解决机制是投资风险出现后的最后救济方式,提供多元化的投资争端解决方式,并遵守和执行争端解决之结果是化解投资风险的最后保证,也是评估一国投资法律环境优劣的最重要的依据之一。中亚国家均在其投资法中规定了本国司法、国际仲裁,加入《华盛顿公约》的国家也规定可提交ICSID裁决。有些国家至今未加入《华盛顿公约》,有的国家则拒不执行国际仲裁裁决,外资保护缺乏完善的争端解决机制,履行裁决缺乏诚信,导致投资面临的非商业风险大增,一定程度上损害了国家信用和本国的投资环境。例如,有关哈萨克斯坦国有化的国际投资仲裁案件中,已有多起不利于哈萨克斯坦的裁决,对其投资法律环境产生了负面影响。2013年12月,Anantolie Stati等诉哈萨克斯坦案中,投资者将争议提交到斯德哥尔摩仲裁院诉称哈萨克斯坦政府将他们的资产国有化。斯德哥尔摩仲裁庭作出裁决,哈萨克斯坦违反东道国义务,没有给外国投资者提供公正、平等的待遇,应当赔偿投资者5亿美元的赔偿金。在AIG Partners诉哈萨克斯坦一案中,哈萨克斯坦拒绝执行ICSID仲裁裁决,拒

① [哈]伊万·沙拉法诺夫、任群罗:《中国企业在哈萨克斯坦投资环境评价及风险研究——基于69家中资企业调查研究》,载《俄罗斯研究》2016年第4期。

② [哈]琶克古丽:《哈萨克斯坦不承认国际投资仲裁裁决的应对措施》,载《华北电力大学学报(社会科学版)》2018年第3期。

不履行作为《华盛顿公约》的缔约国应当承当的责任,投资者不得已寻求英国高等法院强制执行,但英国高等法院拒绝了投资者请求执行哈萨克斯坦中央银行的财产的请求,认为根据主权豁免原则国家资产不得被强制执行。

## 二、中亚国家投资便利化法律机制不足之原因分析

投资领域的限制、投资比例及投资方式的较高要求,以及国内法上对外资的歧视性规定,例如严格的劳工入境管制、较高的环境标准等投资壁垒都实质性给投资便利带来了困难,提升了投资成本。在分析上述投资便利化之障碍后,还需进一步研究这些投资便利化的机制障碍存在的深层次原因。

### (一)单一经济结构的脆弱性是投资阻碍的重要原因

中亚国家普遍未能建立起完整的工业体系,总体上轻工业、制造业等基础薄弱,服务业水平较低。哈萨克斯坦、土库曼斯坦等国以油气为其支柱型产业,乌兹别克斯坦除了矿产品外,是以农业为主的国家,塔吉克斯坦经济发展落后,无优势产业,油气能源不能自给,1/3 人口未能解决温饱问题。经济结构的单一性和脆弱性导致"荷兰病"在中亚国家普遍存在。自 2012 年后,"资源诅咒"的后遗症越发明显。从 2013 ~ 2016 年,中亚 5 国经济出现明显下滑。哈萨克斯坦的 GDP 增速下降至 1% ,一直到 2016 年年底才开始复苏。

从投资角度来看,中亚 5 国中,哈萨克斯坦由于投资政策及投资立法方面较为完善,且经济基础好,自然资源丰富等因素使进入该国的直接投资流量显著高于其他 4 国。但是在外商直接投资的市场准入方面,5 国的经济发达程度与其对外资的准入限制呈正相关关系,即经济越发达,对外资进入本国的限制也越多。其中,哈萨克斯坦对外商投资的准入限制最高,市场准入度是 5 国中最小的,准入度次之的是经济发展状况次之的乌兹别克斯坦,而经济发展较为落后的土库曼斯坦、吉尔吉斯斯坦、塔吉克斯坦 3 国则对外资的限制进入最少,市场准入度也是最大的,其允许外商投资者在国内不受行业限制的投资,投资范围可以覆盖国内各经济领域。①

形成如此悖论的主要原因在于,经济结构单一,经济优势集中于能源及矿产领域,从而导致外国资本富集于能源和矿产领域,特别是油气领域,从而形成了特定行业的资本过剩,大国在里海能源富集地区竞争激烈,反而导致利润率

① 陈静、卢进勇:《投资环境指标视角下的中亚五国投资环境分析》,载《现代管理科学》2017 年第 6 期。

逐步下滑。而中亚国家急需资金的制造业、轻工业等由于基础薄弱，深处内陆，技术含量低、高素质劳动力不足等因素长期得不到外国资本的有效支持。中亚国家虽努力引导资金流向这些领域，但受制于国际产品的竞争，反而不能形成自主的优势产品，吸引外资方面迟迟打不开局面。所以，形成了外资重点进入战略性的能源矿产品领域，在这些领域中亚国家反而不断提高门槛，设置壁垒，而急需建设的轻工业、金融、服务业等引资能力有限。

**(二)外部国际环境对经济发展影响巨大**

中亚5国虽然自然资源丰富，但普遍存在经济结构和产业单一，工业现代化水平低的现象。积极扩大对外贸易，提升自身经济实力改变国家单一的产业结构一直是各国追求的目标。从各国对外贸易依存度来看，除个别年份，2009～2015年各国对外贸易依存度基本在50%以上，中亚各国经济发展对外贸的依赖程度较大。特别是吉尔吉斯斯坦和土库曼斯坦对外贸易依存度显著高于其他3国。

从各国支柱性的产业来看哈萨克斯坦(石油、天然气)、土库曼斯坦(天然气、石油)、塔吉克斯坦(侨汇)和吉尔吉斯斯坦(贸易转运和集散中心、侨汇)的经济增长都属于典型的输入型增长，也即意味着这种增长缺乏自生能力，经济发展稳定性较差，易受外部宏观经济变化冲击。① 2013年后，受俄罗斯经济衰退和中国经济下行的影响，国际大宗商品价格下滑，中亚国家除了乌兹别克斯坦之外，经济增长出现明显下行，随着石油天然气价格逐渐走高，中亚国家经济才走上稳步回升的轨道。

受外部环境的制约，迫使中亚国家投资法律制度也不得不适时调整，进而导致投资制度的不稳定性。以哈萨克斯坦为例，国际油价大幅攀升时期，该国经历了一段高增长的美好时光，人均GDP突破10,000美元，外汇储备大幅增加，哈萨克斯坦采取内外资无差别的单一立法模式，并取消旧法中的外资优惠，加强对重点领域的外资管控，对油气领域的外资进行准入提高门槛，对股权交易进行限制。2013年后哈萨克斯坦经济明显下行，通货膨胀严重，外汇储备萎缩，该国以总统令改善投资环境，为外资企业设立提供便利，减少审批环节提升审批效率。中亚国家投资法的易变性导致外商投资环境不稳定，这主要是由中亚国家经济受外部国际环境影响较大所致。

① 张栋、张怡:《后危机时代中亚五国贸易和外商直接投资发展:回顾、比较和展望》，载《金融发展评论》2017年第8期。

### (三)区域性的法律机制未能有效建立

中国与中亚国家有着深厚的历史渊源,但是却未形成强有力的具有现代国际法意义上的区域经济合作组织,并且已建立的区域合作组织机制存在诸多问题,不能有效地契合投资便利化的要求。

1. 区域经济组织合作程度低

当某一可资共享的利益与其他事项有较高联系时,共享国倾向于创设机制来保护该事项背后的合作利益。[①] 在区域经济合作机制的情境下,这一事项就是该组织的合作议题,按其主要内容可大致分为政治、经济、文化、安全四个方面。[②] 合作议题的变化决定了组织的发展方向,从而影响组织内成员国之间合作的层次。中国和哈萨克斯坦现阶段的区域合作多以安全和政治为重点,贸易和投资仅作为辅助性或者意向性的议题,其他的领域涉及较少或多为综合性的规定,缺乏具体的安排。例如,SCO 的成立是以地区安全为主要目标的,贸易和投资仅作为其辅助性的目标;现阶段经济职能不断在加强,但是其影响力仍然有限的。虽然也有侧重于经济合作领域的区域性组织,但起步较晚,作用范围就相应有限,如欧亚经济合作组织。有的合作组织虽以经济合作为组建目标,但尚停留在表面,无实质性的进展,不能有效地契合投资便利化的要求,如中亚区域经济合作组织。

2. 区域经济合作组织内部协调难

原有的区域经济合作组织在成员与职能上的趋同易引起机制间的权益竞争。具体而言,一方面,已有的合作组织在成员上相互重叠、地域上也往往存在交叉,这就使不同的国家参与不同的国际组织时要适用不同的规范,当不同组织适用规范不同时,不同组织之间的竞争就会出现。另一方面,组织的合作重点多统一集中在经济领域且没有合作主渠道的明确分工更易引起经济主导权力的争夺。上述两方面因素的集中作用往往会引发组织机制之间的相互竞争,使各机制之间难以协调配合,降低合作的积极性与效率。为了谋求经济利益,防止被其他国家边缘化,中国和哈萨克斯坦都先后加入了许多国际经济组织。但随着加入国际组织的增多又会给贸易伙伴带来担忧,这种担忧旋即会萌生建立其他国际组织的动机,终会导致区域内各经济体纷纷选择加入其他不同定位

---

① 饶戈平主编:《国际组织与国际法实施机制的发展》,北京大学出版社 2013 年版,第 62 页。

② 邓婷婷、马春雪:《新区域主义视角下"一带一路"的合作机制研究》,载《时代法学》2017 年第 4 期。

和层次的国际组织,形成“意大利面碗”现象。[1] 区域内不同组织签订贸易投资协定对贸易投资保护标准和内容规定不一,对成员国权利义务的规定也不尽相同,这就造成区域内贸易投资规则的冲突,从而形成投资过程中的潜在障碍。

俄白哈关税同盟建立后,市场和进口关税适用统一的标准和税率。哈萨克斯坦与关税同盟成员国的贸易和投资合作获益良多,增量迅猛。然而,中国却完全被排除在关税同盟的受益范围之外,因为关税同盟采取的统一关税税率是以关税同盟成立前俄罗斯进口税率为基础制定的。相较于俄罗斯与白俄罗斯,哈萨克斯坦进口税率平均水平更低。为了达到关税同盟区域内的税率统一,哈萨克斯坦相应调高5044种商品的进口税率,调整数量占到进口商品总量的32%。[2] 现阶段,哈萨克斯坦调整后关税税率,经过“过渡期”安排的缓冲期,已经和《统一关税税率》完全接轨。这意味着哈萨克斯坦关税提高的影响已无缓冲期的减震,直接将作用于中国和哈萨克斯坦日后的贸易投资合作中。例如,哈萨克斯坦加入关税同盟后,恢复征收原油出口税,而中国从哈萨克斯坦进口的能源数量较大,直接增加了中国的贸易投资成本。

3. 论坛性国际组织机制的泛法律化

除了上海合作组织属于由条约生成的协定性国际组织外,中国与中亚国家的其他合作机制大多以泛法律化、泛制度化的形式存在。协定性的国际组织因为有协定的规范,能够维系制度化合作,而其他类型的国际组织往往缺乏明确的法律规范,又无规范化的议事规则,制度化合作程度较弱。非协定性的国际组织大致可以分为两种:一是非正式的合作类型,这类合作机制以定期或者非定期的论坛、峰会、博览会等非正式形式表现。从合作类型来看,我们不难推断出非正式机制往往只能作为一种经济活动的形式而无法形成和维系长期的、实质性合作;即使这种机制已经形成了定期的会议、稳定的参与方,我们也只能将其作为经济活动的惯例而不是正式机制。二是正式的政府间对话合作机制,这类机制往往以论坛性的政府间非正式会议为表现形式。例如,中哈两国间的此类合作主要包括亚洲合作对话、亚信会议、中亚区域经济合作等会议机制。对话合作机制虽由政府发起成立,相比较峰会和博览会来说,具有更强的规范性,

---

① 王维然、赵凤莲:《欧亚经济共同体对中亚区域一体化影响的研究》,载《国际经贸探索》2012年第10期。

② 杨恕、王术森:《俄白哈关税同盟的发展及其影响》,载《国际问题研究》2014年第4期。

但总体来说制度化程度还是很低。究其原因主要有如下两个方面，一是这类机制中没有设置具有操作能力的组织机构，二是因为缺乏条约性的组织章程。[①]无组织机构的规范性，无组织章程的约束力，终而无法形成规范的、具有强制拘束力的国际合作。

## 三、中国与中亚国家投资便利化条约机制存在不足之原因分析

### （一）双边 BIT 的修订和完善未能与时俱进

早在 1992 年，中国与哈萨克斯坦、乌兹别克斯坦、吉尔吉斯斯坦、土库曼斯坦四国先后签订了 BIT 投资协议，1993 年又与塔吉克斯坦签订了 BIT 协议。除了与乌兹别克斯坦的 BIT 协议在 2011 年重新签署之外，与其他 4 国的 BITs 沿用至今已经 26 年之久，且 5 个协议大体一致，都是 12 个条款。时移世易，相对粗陋的 BIT 协议已经急需完善。作为调整两国之间投资关系的宪法性协议，现有的 BIT 协议不能反映时代的变化，特别是在"丝绸之路经济带"背景下，不能体现对一带之核心区建设的需要。现有的投资协议在结构完整性、可操作性，以及提升双边投资水平促进便利化等方面都需要重新完善。例如，降低投资准入门槛，全面确立投资保障制度中汇兑自由，进一步完善投资争端解决机制等。机制化的提升与中亚国家双边投资便利化水平，首先要以新的标准重新修订双边 BIT 协议。当然 BIT 条约的修订不能一厢情愿，也不能一蹴而就，这需要寻找良好的修约时机和氛围，具备修约的必要条件，这也是在国家层面推进"丝绸之路经济带"建设所必须要做的工作。

### （二）以专门性的经贸协议取代 BIT 导致投资条约的碎片化

长期以来，中国都是世界引资大国，在相当长的时间里，从国家到地方都将招商引资作为政府重要职能之一。自身对外投资规模小，对外投资的重视程度也不够，导致与中亚国家的 BITs 条约是伴随着与这些国家建立正式外交关系而随附产生的，一定程度上，其政治意义大于经济意义。故现行 BITs 协议比较粗疏。为弥补基础 BITs 协议的不足，实践中，中国与中亚国家在具体投资领域签订大量的经贸协议。以哈萨克斯坦为例，已签订的中哈两国间相关协定还有：《中华人民共和国与哈萨克斯坦共和国经济贸易合作协定》（1991 年 12 月 22 日）、《中华人民共和国与哈萨克斯坦共和国政府关于成立经贸科技合作委

---

① 邓婷婷、马春雪：《新区域主义视角下"一带一路"的合作机制研究》，载《时代法学》2017 年第 4 期。

员会协定》(1992 年 2 月 26 日)、《中华人民共和国与哈萨克斯坦共和国政府过境铁路运输协定》(1992 年 8 月 10 日)、《中华人民共和国与哈萨克斯坦共和国政府汽车运输协定》(1992 年 9 月 26 日)、《中华人民共和国政府与哈萨克斯坦共和国政府航空运输协定》(1993 年 10 月 18 日)、《中华人民共和国政府与哈萨克斯坦共和国政府科技合作协定》(1994 年 12 月 30 日)、《中华人民共和国政府与哈萨克斯坦共和国政府利用连云港港口协定》(1995 年 9 月 11 日)、《中华人民共和国政府与哈萨克斯坦共和国政府银行间合作协议》(1996 年 7 月 5 日)、《中华人民共和国政府与哈萨克斯坦共和国政府关于在石油天然气领域合作协定》(1997 年 9 月 24 日)、《中华人民共和国政府与哈萨克斯坦共和国政府海关合作与互助协定》(1997 年 9 年 26 日)、《中华人民共和国政府与哈萨克斯坦共和国政府关于反不正当竞争和反垄断领域合作协定》(1999 年 11 月 23 日)。这些具体协议或者是特定领域内的具体投资协议,或者是促进投资便利化水平的协议,作为 BIT 协议有益补充对促进和保护我国对哈萨克斯坦投资产生积极的意义。但同时反映了基础条约不足,导致具体协议产生的碎片化效应。多个投资协议之间的相互关系如何协调,基础投资条约与这些具体协议之间的关系如何?投资争端解决在具体协议中的适用都是不明确的。导致在实践中,双边 BITs 协议往往被束之高阁,由硬法转化成软法,降低了作为基础条约应有的效力。

随着中国自 2015 年成为资本净出口国,并很快成为世界第二投资大国,且将“一带一路”作为国家方略,那么为我国对外投资寻求优良的投资环境,完善投资保护机制就成为“一带一路”方略实施的应有之义。完善基础 BIT 条约,并明确与具体协议之间的相互关系,基础 BIT 协议规定之市场准入、投资保护等机制理应在具体领域实践中得到实实在在的落实,而不是代之以层次较低的、由政府部门签订的具体协议,其法律位阶及执行相比较而言都会大打折扣。

### (三)缺乏强有力的区域性组织平台推动投资协议的落实

中国与中亚国家间投资法律机制存在明显的泛法律化和泛机制化问题,除了双边投资协议的简单和可操作性差之外,还缺乏有约束力的组织性平台的推动。中亚国家内部存在多个国际组织合作平台,但除了上海合作组织外,中国与中亚 5 国之间缺乏稳定的组织化机制来保障投资协议的落实。虽然,双边投资的实施主要依赖各自政府的履约信赖和执行能力,但是多边层面的法律机制可以成为推进投资便利化的有力补充。中国与中亚国家基于良好的政治合作关系，已经初步建立起首脑峰会、博览会、亚洲合作对话、亚信会议、中亚区域经济合作等会议机制，但这些软法机制缺乏规范化和制度化的保障机制，无法深入推进具有拘束力的国际合作。

组织化机制的确立对“丝绸之路经济带”倡议运行意义重大，但现实中阻力重重，很难一蹴而就，因此充分利用现有机制就显得至关重要。中亚5国，除土库曼斯坦之外，皆为上海合作组织的成员国，如何充分发挥上海合作组织的职能，为“丝绸之路经济带”建设搭建更高平台，这理应成为理论和实践中的重要命题。

# 第五章　中国与中亚国家重点领域投资便利化法律机制现状分析

在中国与中亚国家投资便利化法律机制研究中，除了关注投资东道国——中亚国家国内投资优势、壁垒，以及中国与中亚国家在双边多边层面国际投资法律机制外，重点投资领域的投资现状、便利化障碍及对策等也是研究的重点。本章结合中国对中亚投资的实践，选取能源、交通、农业、金融和通信等主要行业作为具体研究领域，分析现状和问题，并提出有针对性的投资便利化对策。

## 第一节　中国与中亚国家交通运输领域便利化机制的现状分析

### 一、中国与中亚国家交通运输现状及运输机制建设

#### （一）中国与中亚国家交通运输现状分析

2013 年 9 月 7 日，国家主席习近平在哈萨克斯坦国家的纳扎尔巴耶夫大学发表讲话，习近平主席提出中国与中亚国家一起携手共建“丝绸之路经济带”，要从基础运输设施的建设入手，包括公路、铁路、管道等建设。习近平主席进一步强调，中国与中亚各个国家间应在道路联通方面加强建设，民心相通方面多加沟通，在政策方面多多交流，还要积极推进贸易的畅通和货币的流通，

建设一条具有新鲜活力的丝绸之路。[①] 习近平主席还强调,为进一步形成连接包括东亚、西亚、南亚在内的交通运输网,中方应与中亚各国加强道路间联通,以此使从太平洋到波罗的海运输大通道得以打通。由此可以看出,交通基础设施是一个社会健康发展的文明象征和重要指标,也是当今社会国家和地区经济发展的基础,因此交通基础设施的建立也是地区间联系的重要纽带。所以,提升交通运输便利化的水平一方面能节约交通运输的成本,提高交通运输效率;另一方面还能加强国家(地区)间的贸易往来,促进贸易额的增加。但是,交通便利化的含义是什么以及具体包括哪些内容,这是需要了解的。本书引用了赵儒玉在其所写的《中国与中亚国家交通便利化》一文中有关交通便利化概念的解释:"交通便利化是由交通基础设施建设以及运输协定两个方面组成,而且在国际交通便利方面,又可以进一步分成铁路、公路、航空、口岸等方面的基础设施建设,还包括口岸的通关效率,以及双边进行的运输合作与签订的协议。从另一个角度考虑,交通运输便利化指国家(地区)间实行统一的法规及相应的合作机制,目的是形成地区间较低的运输成本,使货物运输效率有所提高,关键在于对交通与口岸基础设施加强建设、提升口岸间的通关效率、签订统一的双边和多边运输协定、加强在法规和合作机制等方面的规范及统一。"[②]从整体上看,中国和中亚国家间在交通运输合作的过程最早是从公路运输开始,至今形成了包括公路、铁路、航空和管道在内的交通运输协作系统。

1. 公路运输现状

中亚国家公路的路况差是普遍存在的现象,对公路维修的质量也不高,究其原因是用于公路基础设施维修和养护的财政投入不足造成的。例如,哈萨克斯坦有较为发达的公路网,基本上能保证国内货物的运输需求且与国际运输网络接轨,但其基础设施发展水平总体上比较落后,国道中大约有 37%,地方公路大约有 9% 的道路状况是良好的。哈萨克斯坦境内普遍存在大型汽车不仅载重量超标且毁损公路的情况,因此哈萨克斯坦起运速度远远低于其规格水平,一些地方平均速度甚至不超过 33 千米/小时。[③] 资料显示,在 2001 年以前,哈萨克斯坦在基础设施的财政拨款方面几乎为零,仅有的财政拨款也只是对已有的

---

① 习近平:《弘扬人民友谊　共创美好未来》,载《人民日报》2013 年 9 月 8 日,第 3 版。

② 赵儒玉:《中国与中亚国家交通便利化》,载《俄罗斯中亚东欧市场》2006 年第 6 期。

③ 韩东林:《中吉乌国际公路货运正式运行——中亚再拓一带一路通道》,载人民网,http://world.people.com.cn/n1/2018/0227/c1002-29835733.html。

2500 公里的公路里程进行简单维修，而且只是对道路坑洼状况进行修复而不是对交通基础设施全面的修复，仅能够在一定程度上延长公路的使用寿命。从 2009 年起，哈萨克斯坦对公路基础设施的投资状况才有所改善，政府在这方面的财政拨款有所增加。直到 2013 年，哈萨克斯坦的公路总里程只达到 3845 公里数，其中包括对已有的 2315 公里进行了维修和全面改造。

在乌兹别克斯坦境内，公路基础设施的老化状况不仅特别严重，而且相应的配套设施建设更是短缺。乌兹别克斯坦国内的公路总数只有 18.3 万里，仅有 4.3 万公里是公用公路，其中的国家级和地州级的公路则仅为 2755 公里，剩下的公路基本上都是属于农庄及企业所有。从 2009 年开始，乌兹别克斯坦政府才批准对国家的公路基础设施进行拟定，出台了关于《2009—2014 年国家公路发展纲要》。到 2010 年年底，签订了《有关 2011—2015 年快速拓展交通运输基础设施打造的决议》。在 2011 ~ 2015 年间乌兹别克斯坦国内新增加现代化的公路建设设施为 2306 公里数，而且宽阔的四车道公路数达到 1122 公里，其中水泥混凝土路面的公路里程数为 474 公里，还包括了 648 公里的沥青混凝土路面以及双车道沥青混凝土路面公路 228 公里。继 1998 年 2 月，中吉乌 3 国达成《中吉乌政府汽车运输协定》之后，为进一步提升 3 国交通运输便利化水平，3 国政府和交通运输主管部门对加强双方交通运输基础设施建设、改善口岸通关环境、提高交通运输效率等方面进行了交流和沟通。尤其是习近平主席提出构建“丝绸之路经济带”倡议后，3 国政府对此作出积极的响应，不仅增强了 3 国战略合作伙伴关系，也使交通运输领域的合作提高了一个台阶。[①] 2017 年 5 月，乌兹别克斯坦总统米尔济约耶夫访华，中乌两国签署了国际公路运输协议，协议内容包括：在乌兹别克斯坦境内的中吉乌公路路段，对双向两车道向双向四车道进行升级，而部分“瓶颈”路段则需加强改建扩建，目的保持良好的公路畅通状况；对吉尔吉斯斯坦境内的中吉乌公路路段，除高原和山区的个别路段外，其他路段需铺上沥青实现“黑色化”，全部里程为 280 公里，目的保证使行驶车辆通行顺畅。

土库曼斯坦的公路总长度约为 14，000 公里，其中约 2/3 为最近十几年新建，没有高速公路。全长 546 公里的阿什哈巴德—卡拉库姆—达绍古兹为一级公路，1400 公里的元首市—法拉普为一级公路。吉尔吉斯斯坦是中亚 5 个国家

---

① 向斌：《中吉乌国际公路货运运行》，载搜狐网，http://www.sohu.com/a/224288334_115239，2018 年 7 月 1 日最后访问。

当中比较有代表性的内陆国家,因为该国境内没有出海口与其他国家和区域相连接。吉尔吉斯斯坦境内34,000多公里的公路是其最重要的交通运输方式,不仅承载着全国的大部分客流量,而且还把全国的各大小城市和重要城镇连接在一起,在国内成为了一个完整的公路体系。从吉尔吉斯斯坦的《2018—2040年可持续发展战略》来看,2030年前(第一阶段)包括将要实施的89个项目,以及117.19亿美元的投资计划。其中,交通领域的项目最多计21个,总投资额89亿美元,而且中吉乌铁路的项目和北南公路项目包括在内。2017~2018年吉尔吉斯斯坦计划实施4个大型公路建设项目:(1)塔拉兹—塔拉斯—梅尔公路修复项目三期,75~105公里路段,项目长度30公里,项目造价2208万美元,资金来源为伊斯兰开发银行1000万美元、沙特阿拉伯发展基金1000万美元、吉方配套资金208万美元,完工周期为2017年8月~2018年2月;(2)比什凯克—纳伦—吐尔尕特公路修复项目,272~365公里路段,项目长度93公里,项目造价7230万美元,资金来源为亚洲协力机构6620万美元、吉方配套资金610万美元,完工周期2017年7月~2018年7月;(3)奥什—巴特肯—伊斯法纳公路修复项目,75~108公里路段,项目长度33公里,项目造价2376万美元,资金来源为伊斯兰开发银行2132万美元、吉方配套资金244万美元,计划2020年前完工;(4)北—南公路建设项目,159~183公里路段,项目长度24公里,项目造价3380万美元,资金来源为伊斯兰开发银行1200万美元、沙特阿拉伯发展基金2000万美元、吉方配套资金180万美元,待建项目,计划2020年前完工。①

塔吉克斯坦是名副其实的"高山之国",90%的国土都是山地,公路运输是该国最主要的运输方式。② 塔吉克斯坦独立后,许多道路年久失修,交通成了制约当地发展经济的短板。塔吉克斯坦政府对公路基础设施的投资不断进行加大。在2013年中,政府对交通运输基础设施投资了1.72亿美元,用于对桥梁和道路的建设以及隧道的建设。在整个建设项目中,把对公路基础设的建设作为重要的项目,这条公路线路包括杜尚别—库里亚布—库尔木—喀喇昆仑公路。

中国和中亚的各个国家拥有公路运输口岸,中国在西北边境向中亚邻国已开放的公路口岸共有10个,这些公路口岸中7个是通向哈萨克斯坦:吉木乃、

---

① 孙力主编:《中亚国家发展报告—2018,2018》,社会科学文献出版社2018年版,第309页。

② 颜观潮:《中国企业在"高山之国"铺设中塔新丝路》,载国际在线,http://news.cri.cn/gb/42071/2014/09/13/6891s4690464.htm。

巴克图、阿拉山口、霍尔果斯、都拉塔、木扎尔特、阿黑图别克；通往吉尔吉斯斯坦的2个：吐尔尕特、伊尔克什坦；通往塔吉克斯坦的1个：木扎尔特。中国与中亚各个国家的货物方面交通运输线路为54条，再加上53条的交通客运线路，总共有107条国际道路交通运输线路。而且仅仅在2015年间，经过新疆的国际运输线路的货物运输量就已经达到了414.85万吨。①

中国与中亚的哈萨克斯坦间边界线比较长，在漫长的边界线上有很多个口岸开放。在这些口岸中有三个规模较大的口岸，分别是霍尔果斯、阿拉山口以及巴克图。而霍尔果斯口岸不仅是我国西北部所有这些口岸中贸易额和贸易最为繁华的口岸，还是西北的边境地区最大的陆路运输口岸。

2. 铁路运输现状

在地理位置上来看，欧亚大陆的中心位置非中亚莫属。再加上此区域的气候和地理环境较为复杂，在现有的生产技术和条件下发展铁路运输则成为中国与中亚各国开展交流合作的一种较为便捷的交通运输方式。自20世纪90年代初期中国与中亚各国开始进行铁路合作，第二亚欧大陆桥的正式贯通是其标志，从第二亚欧大陆桥的贯通到中吉乌铁路的洽谈，都进一步证明了中国与中亚国家的铁路运输合作是不断发展的。②

哈萨克斯坦的铁路网是连接全国各地的，但是铁路网的密度低并且分布集中，呈现“南北走向”。在铁路运输方面，中国与哈萨克斯坦合作起步早，发展的速度也比较快，效果明显。首先，第二亚欧大陆桥在1990年时，通过阿拉山口口岸实现了中哈铁路的对接。东起中国连云港，向西穿越10多个省区，从中国新疆的阿拉山口口岸出发，中间需要经过哈萨克斯坦，再经过俄罗斯以及白俄罗斯还有波兰和德国这些国家，最后到达位于荷兰北海边的鹿特丹港口，里程全长达到10,900公里。并且第二亚欧大陆桥在从中国新疆进入中亚的换装出境站是阿拉山口站，并与哈萨克斯坦境内的德鲁日巴站相连接，继续向西行驶到阿克都卡站与土西大铁路相接，进而分北中南三线，不仅连接中亚其他4国，还连接欧洲铁路网通往欧洲。所以第二亚欧大陆桥贯通不仅标志着中国与中亚5国的铁路接轨，更是展示了中国与中亚5国将以更加开放的姿态与其合

---

① 吴群琪、李兆磊：《运输需求视角的综合交通规划理论研究框架》，载《交通运输系统工程与信息》2011年第1期。

② 王巍：《中吉乌铁路建设协议或于明年签署》，载东北网，http://zezx.dbw.cn/system/2017/12/08/001241950.shtml。

作，连接着欧亚两大经济圈，连接着不同的文化。这5个国家不仅在战略上对中国有重要的影响，而且在经济长效合作方面也有充足的发展余地，因此经济的良好合作态势更加有利于实现双赢局面。中国与中亚国家在关于能源合作方面依托亚欧大陆桥为发展支撑，促进更加有效长久的合作。其次，第二亚欧大陆桥一方面为中亚国家的经济发展提供了出海口，为中亚国家的经济发展提供了良好的机遇，也使欧洲和亚洲的陆上交通枢纽连接在一起。但是第二亚欧大陆桥也面临着压力和挑战，俄罗斯方面也出台了相应的利于西伯利亚铁路发展的政策，所以与西伯利亚铁路间有竞争是难免的。

在2007年中哈双方签订了修建新铁路的备忘录，即修建热特肯—霍尔果斯铁路。中方为精（精河）—伊（伊宁）—霍（霍尔果斯），哈方则为热肯特—霍尔果斯铁路，此项目是哈萨克斯坦自主兴建的国家项目，于2009年12月哈萨克斯坦铁路总司开始修建，全长里程293公里，要经过丘陵地带，沼泽地以及河流区域，其中包括必建的车站和编组站共14个，以及需建设的桥梁30个。中哈双方在2011年12月2日铁路正式实现对接，缩短了从中国精河站至哈萨克斯坦阿德劳港口的距离，使第二条欧亚大陆桥的建成成为可能。因此哈萨克斯坦时任分管交通的部长卡马利耶夫提出：该铁路线一方面使中哈之间的货运量成倍加大，另一方面也使连接欧亚跨境运输走廊成为可能，如丝绸之路一样，因此该铁路线路的连接对哈萨克斯坦的发展具有重要的战略意义。所以该线路是除多斯托克—阿拉山口外通往中国的第二条铁路通道，使中国到哈萨克斯坦的铁路客货的距离缩短了将近500公里。并且在铁路营运后第一年货物运输达到700万吨，于2020年提高到1300万吨。

“渝新欧”是重庆至欧洲国际铁路的大通道，为提高中国与中亚以及欧洲的铁路运输效率，使交通运输系统得到较好完善。中国提出了建设“渝新欧”的计划，目的则是改善中国与中亚以及欧洲的物流系统，此条线路首先从中国的重庆市开始出发，中途还需要经过陕西西安和甘肃兰州，到达新疆乌鲁木齐，越过漫长的北疆铁路线，然后出阿拉山口口岸，最后与哈萨克斯坦境内的铁路线路相连接。此铁路线还需要经过俄罗斯和白俄罗斯这些国家，然后过波兰境内最后抵达德国的杜伊斯堡市，整条线路全长为111,979公里。自2011年开始，此铁路线共开行58趟，运输量货值超过10亿美元。但没有列车从欧洲把货物运输到重庆，全部都是从重庆把货物运输至国外。因此使重庆成为欧洲对华贸易的分拨中心成为可能，前提是“渝新欧”班列能够持续常态的开行。①

义新欧铁路从中国义乌出发，分别经过浙江、安徽、河南、陕西、甘肃、新疆等这些地区，此铁路线最后从新疆出发与哈萨克斯坦境内的铁路相连接，还要经过俄罗斯和白俄罗斯，继续穿过包括波兰、德国、法国这些国家，终点站则为西班牙的首都马德里，全部里程达到13,000多公里。需要运行的时间大概是21天，总共经过中国的6个省份以及穿越7个国家。2014年7月1日，义新欧班列被正式纳入中欧班列的序列，目的地暂时为中亚5国。在2014年11月18日，首趟义新欧中欧班列从义乌正式鸣笛出发，经过新疆的阿拉山口口岸并在此出境，最终到达西班牙首都马德里。义新欧国际货运班列的正式全线开行，不仅降低了商品的进出口成本、提高运输效率，更让义乌的中国制造商品多了一条通往世界的便捷之路。②

铁路运输方面，吉尔吉斯斯坦境内铁路不发达，总长度仅为372公里，只有一条东西方走向的铁路贯穿吉尔吉斯斯坦北部，东边从吉尔吉斯斯坦的巴雷克奇起，然后途经西部吉哈边境城市卢卡沃伊，与哈萨克斯坦境内的铁路线进行连接。吉尔吉斯斯坦政府正在投资建设这条从巴雷克奇出发一直向南延伸到卡拉克奇的路段。中吉乌铁路“中国—吉尔吉斯斯坦”铁路，总长472公里，从中吉边境口岸吐尔尕特进入吉尔吉斯斯坦，然后经阿克塔拉、卡扎尔曼、苏扎克，到达贾拉拉巴德。其后，往西可延伸至乌兹别克斯坦(中—吉—乌)、往南可延伸至塔吉克斯坦(中—吉—塔—阿—伊)中吉乌铁路一旦顺利建成，不仅使中亚的局部区域实现交通便利化，而且还可以使吉尔吉斯斯坦国内的铁路线得到更好的优化。2017年10月，吉尔吉斯斯坦交通运输部部长与乌兹别克斯坦对外经贸签署交通领域合作的备忘录，就加快推进中吉乌铁路项目达成一致：“双方将积极利用塔什干—安集延—奥什—伊尔克什坦—喀什公路，采取必要的措施推动中吉乌铁路建设”。2017年12月28日，中吉乌代表在塔什干举行了三边会谈，讨论并通过关于铁路建设计划的决议，明确建设方案的时间表：2018年4月举行下一轮会谈正式提交最终设计方案；8月，明确铁路的技术经济基础，

---

① 冯蕊：《重庆至德国班列(铁路)是什么？重庆至德国班列线路详解》，载新华丝路，https://www.imsilkroad.com/news/p/397754.html，2020年7月17日最后访问。

② 《“义新欧铁路”将成中国第六大铁路网络》，载中国网，http://www.china.com.cn/opinion/think/2016-11/13/content_39693499.htm。

2018 年年底彻底解决融资问题。①

乌兹别克斯坦现有铁路总里程为 4200 公里，承担全国 60% 的货运量和 80% 的进出口货运量。乌兹别克斯坦在 2011 年和 2012 年两年间分别投入并使用了高速列车，此举动在很大程度上有利于乌兹别克斯坦的铁路运输。在此阶段乌兹别克斯坦政府计划将东西方的铁路连接在一起，拟修建经过卡姆奇克的铁路段。如此，能很好地促进中吉乌铁路的建设，而且一旦建成中吉乌铁路会使乌兹别克斯坦国内的铁路系统得到优化，也能够实现中亚区域局部的便利化水平。② 乌兹别克斯坦总统米尔济约耶夫指出，中吉乌铁路建设的尽快启动可以为上合组织国家进入世界市场提供最短的路径。2016 年，耗资 17 亿美元的安格连—帕普电气化铁路建设项目完工，这条总长为 124 公里的铁路不仅将费尔干纳盆地与乌兹别克斯坦其他地区连接起来，今后也将与吉尔吉斯斯坦和中国的铁路系统实现联通。③

土库曼斯坦曾被“丝绸之路”上往来的商队称为“人间七条路的十字路口”，当时土库曼斯坦把东西方唯一的运输通道分成了南线和东北线，并且是七条路。所以土库曼斯坦地理位置的特殊性决定了发展铁路运输的重要意义。土库曼斯坦铁路运输的主管部门是土库曼斯坦铁路运输管理局（以下简称土铁），土铁所管理的铁路运输线总长度为 2554 公里，包括 169.3 公里的专用线，铁路途经的桥梁以及其他基础设施共 696 座。土库曼斯坦是中亚国家中率先采用现实的铁路方案对“丝绸之路”路段进行修复的（伊斯坦布尔—德黑兰—梅什赫德—谢拉赫斯—元首市—塔什干—阿尔玛德—友谊城—乌鲁木齐—北京）。1996 年 5 月，梅什赫德—谢拉赫斯铁路投入使用，长达 132 公里，成为横贯土库曼斯坦南北及东西中轴线的连接枢纽，将中亚和波斯湾以及大西洋至太平洋之间跨亚欧大陆的铁路网连接起来，而土库曼斯坦这一段则是整个链条上的“金环”。土库曼斯坦纳巴特—杰尔吉铁路支线的建成是土库曼斯坦 20 世纪和 21 世纪铁路网发展的重要里程，它把土库曼斯坦东西主干线以及具有较大经济发展潜力的东南地区连接在一起。

塔吉克斯坦境内有 3 条互不相连的北、中、南铁路线，并且需要经过邻国乌

---

① 孙力主编：《中亚国家发展报告—2018，2018》，社会科学文献出版社 2018 年版，第 314 页。

② 郭文帅、荣朝和：《综合交通运输研究综述》，载《经济问题探索》2013 年第 10 期。

③ 孙力主编：《中亚国家发展报告—2018，2018》，社会科学文献出版社 2018 年版，第 313 ~ 314 页。

兹别克斯坦才能跟周边的独联体国家进行连接。截至2014年塔吉克斯坦铁路里程为950.7公里,但是有114公里已经超期服役,能正常运行的公里数为616.7公里。2011年货运量为924.2万吨;客运量达到60.3万次。

中国与中亚国家间具有得天独厚的地理条件进行铁路运输方面合作,但是从目前来看,中国与中亚国家铁路之间运输口岸数量较少,仅有霍尔果斯和阿拉山口两个铁路停靠点。阿拉山口口岸不仅是连接第二亚欧大陆桥的关键站点,还是国内包括铁路、公路以及管道在内的综合性站点,也是我国西北区域对外开放及同中亚各个国家展开合作的前沿阵地。2012年年底通车的霍尔果斯口岸,不仅是中国与中亚国家进行交流合作的重要交通枢纽,还是中国与中亚国家间一个全新有活力的铁路口岸,而且跟阿拉山口口岸一道共同肩负起连接中国与中亚、欧洲间国际性交流与合作的使命,也是汇聚公路、铁路还有管道于一体的国际性交通枢纽。

3. 航空运输现状

中国与中亚国家间航空合作始于20世纪90年代,而且跟其他的交通运输方式相比较,例如公路、铁路、管道这些运输方式,航空运输在推动中国与中亚地区间交通便利化方面也起到了很大的作用。① 因为中亚的气候和地理环境有其特殊性,造成了城市发展也带有鲜明特色。首先,城市的空间距离远,例如中国新疆的乌鲁木齐到喀什;其次,加上复杂地形等各方面限制,中亚多城市间并没有直达的公路和铁路相连接,所以航空运输则成为很多人出行最佳的选择。再加上区域经济一体化发展趋势较快,也对航空运输提出了更高的要求和标准。航空运输的良好发展反过来也能够较好地促进不同地区之间人文科技、商贸经济的交流与合作,相较于陆上丝绸之路、海上丝绸之路而言,航空运输合作以及航空运输的良性发展则可称为“空中丝绸之路”。

中国与中亚国家的航空直达运输网络基本形成,从中国新疆乌鲁木齐出发到达哈萨克斯坦境内阿拉木图市的南航航班每周为11班;乌鲁木齐到吉尔吉斯斯坦比什凯克每天都有航班。而塔吉克斯坦首都杜尚别以及北部第二大城市胡占德是通往中国的两大航站点,从乌鲁木齐发往杜尚别的航班是在2014

① 王海运:《中亚地区安全形势及强化上合组织维稳合作的思考》,载《俄罗斯中亚东欧研究》2011年第1期。

年 9 月开通的，每周有 4 个航班飞往塔吉克斯坦；①乌鲁木齐至乌兹别克斯坦首都塔什干航班为每周 2 班；②土库曼斯坦仅有两家国际机场和一家航空公司——“土库曼斯坦航空公司”，在 2005 年开通了至土库曼斯坦首都阿什哈巴德的国家航线。③

中国新疆的乌鲁木齐和喀什是仅有的两个对外航空口岸，对外航线共有 32 条，其中俄罗斯、伊朗等一些“丝绸之路经济带”上的国家被包括在内。从 2014 年开始新疆通往中亚国家的国际货运航线为 16 条，5345 个货运航班，分别占到总量的 36.4% 和 53.2%。2016 年，中国开通了青海西宁至莫斯科，西宁至中东国家的航班，大力拓展西宁至中亚的国际航班，构建空中丝绸之路。④

4. 油气管道和天然气管道运输现状

中亚国家具有丰富的石油和天然气资源，而且中国同中亚国家间管道运输的建设不仅能够缓解中国目前能源紧张的局面，也能够使中亚国家的资源禀赋优势得到发挥。不过中亚国家的油气资源在地理分布上很不均衡，例如在哈萨克斯坦、乌兹别克斯坦以及土库曼斯坦 3 个国家内就蕴含了中亚绝大部分的石油天然气资源。目前哈萨克斯坦境内已经探明的石油蕴藏为 180 个，天然气储藏地为 40 个，目前正在被开发的只有 80 个。国际能源署对哈萨克斯坦的石油产量进行了评估，在 2015 年哈萨克斯坦石油产量达到 9000 万吨，到了 2018 年产油量能到 1.1 亿吨，2020 年哈萨克斯坦石油储量挤进世界前 10。⑤

从 2004 年起中方的中石油与哈方开始共同建设中哈间原油运输管道，并在 2009 年时全线投入使用，目的是将哈萨克斯坦丰富的原油输送到中国境内，缓解了中国原油市场上的供需不足的压力。该管道的中方起点是阿拉山口，哈萨克斯坦的起点是其西部的城市阿特劳，中途还经过肯吉尼亚库姆科尔和阿塔苏这两座城市，管道的总里程数为 2800 公里。该管道不仅是哈萨克斯坦境内

---

① 颜煜：《畅通陆桥运输大道，共建丝绸之路经济带》，载《连云港日报》2013 年 9 月 11 日，第 2 版。

② 罗继娜、沈剑：《乌鲁木齐至塔什干航班增至每周两班》，载人民网，http://xj.people.com.cn/n/2014/1231/c188514-23398215.html。

③ 徐雅雯：《上海合作组织贸易投资便利化问题研究》，山东大学出版社 2015 年版，第 137 页。

④ 樊雪君：《丝绸之路经济带之中国与中亚五国交通便利化法律制度探析》，新疆大学法学院 2016 年硕士学位论文，第 15 页。

⑤ 罗琪：《中塔建交 20 周年　安全领域合作卓有成效》，载中国网，http://www.china.com.cn/international/txt/2012-01/04/content_24320991_3.htm。

的第一条不需要经过第三方的石油输出管道,还是中国第一条陆上的石油输入管道,而且能达到年输油量为 2000 万吨。①

虽然土库曼斯坦在中亚 5 国当中国土面积较小,但是在土库曼斯坦境内蕴藏有十分丰富的天然气等资源。增加同土库曼斯坦的天然气合作项目,不仅可以缓解国内对于天然气的需求量,还可以进一步扩大中国输入天然气的进口渠道。

从 2009 年起到 2015 年的 6 年间,中国政府与中亚各个国家间分别建设了 A、B、C 3 条天然气线路并且都已投入运营。对于中国而言,与中亚国家天然气管道的修建,表明中国第一条跨国的天然气运输管道已经顺利完成,管道修建的总公里数为 1830 公里,此管道线路以土库曼斯坦为起点,经过乌兹别克斯坦和哈萨克斯坦,最后过霍尔果斯口岸进入中国境内。2009 年 12 月,为庆祝 A 线天然气管道的顺利完成,在土库曼斯坦境内进行了管道通气的庆祝仪式。② 在 A 线管道完成后的下一年,即 2010 年 10 月,天然气管道 B 线与天然气管道 A 线同时进行了铺设,在这两条管道成功建成以后,最后才对管道 C 线铺设,C 线是沿着前两条线路进行铺设。3 条天然气管道都是从霍尔果斯进入新疆,管道里程约 1 万公里,年输油量 300 亿立方米。③ 中国与中亚国家修建的天然气管道在中国境内还要与西气东输工程线路相连接,并且此线路还要继续延伸至中国的长三角、珠三角和港澳等地区。④ 继 2013 年“丝绸之路经济带”的规划提出来以后,中国以及中亚的各个国家就开始着手计划共同打造天然气的第四条线路:D 线路。这条天然气管道的东边起点为土库曼斯坦国内的复兴油田,然后再继续向西建设,最终到达的终点站是中国克孜勒苏柯尔克孜自治州的乌恰县,此条天然气管道的全线长度达到 1000 多公里。⑤

在 2014 年,中国跟塔吉克斯坦、乌兹别克斯坦就建立中哈、中乌间合资企业签订了相关的协议,对天然气管道的 D 号线建设也着手准备。在 2015 年的 4 月

① 樊雪君:《丝绸之路经济带之中国与中亚五国交通便利化法律制度探析》,新疆大学 2016 年硕士学位论文,第 15 页。

② 赵儒玉:《中国与中亚国家交通便利化》,载《俄罗斯中亚东欧市场》2006 年第 6 期。

③ 宋魁:《推进中俄石油天然气合作的对策建议》,载《中国市场》2011 年第 11 期。

④ 朱显平、邹向阳:《中国—中亚新丝绸之路经济发展带构想》,载《东北亚论坛》2006 年第 5 期。

⑤ 王海运:《上合组织能源俱乐部:互利共赢的新型能源合作平台》,载《国际石油经济》2007 年第 12 期。

吉尔吉斯斯坦国内也通过了对天然气 D 号线进行建设的审议。至此，中亚天然气管道 D 号线的建设在中亚 5 个国家中得到了认可。天然气 D 号线的建设，不仅与原来的 A、B、C 3 条线路连接在一起，也促进了中国与中亚国家间的能源合作进程。通过预测，一旦这 4 条天然气管道全部投入运营后，可知每年会向中国输出超过 800 亿立方米的天然气，缓解了中国国内对天然气需求旺盛的局面。

**（二）交通运输机制建设**

在多边层面上，上海合作组织将交通合作作为区域合作的优先领域，以便更好地提高区域间交通运输的便利化水平，而且在 2002 年，吉尔吉斯斯坦和中国的上海合作组织成员国的交通部长会议机制形成，也促进了多边层面在交通领域的合作；[①]在双边交通运输合作的层面上，中国和乌兹别克斯坦、中国和哈萨克斯坦间分别建立了关于交通合作分委会合作机构，中国和吉尔吉斯斯坦以及中国和塔吉克斯坦在关于地方交通主管部门间也会定期进行会晤。

**表 5－1　双边汽车运输协议**

| 序号 | 协议名称 | 签订国家 | 签订时间 |
|---|---|---|---|
| 1 | 《双边汽车运输协定》 | 中—哈 | 1992 年 9 月 |
| | | 中—吉 | 1994 年 6 月 |
| | | 中—乌 | 1993 年 12 月 |
| | | 中—塔 | 1999 年 8 月 |
| 2 | 《汽车运输细则》 | 中—哈 | 1993 年 2 月 |
| | | 中—吉 | 1994 年 6 月 |
| | | 中—乌 | 1993 年 12 月 |
| | | 中—塔 | 2001 年 8 月 |
| 3 | 《国际汽车运输许可制度协议》 | 中—哈 | 1993 年 2 月 |
| | | 中—吉 | 1994 年 6 月 |
| | | 中—乌 | 1993 年 12 月 |
| | | 中—乌 | 2001 年 8 月 |

数据来源：根据北大法宝在线数据库、法律图书馆数据库整理所得。

① 李进峰主编：《上海合作组织发展报告(2019)》，社会科学文献出版 2019 年版，第 116～119 页。

**表 5－2　公路运输领域协议**

| 序号 | 协议名称 | 签订时间 |
| --- | --- | --- |
| 1 | 中、吉、哈、巴政府过境协定 | 1995 年 3 月 |
| 2 | 中、吉、哈、巴《建立国际公路过境运输行车证许可制度协议》四国多边运输协定 | 1998 年 11 月 |
| 3 | 中、吉、乌政府汽车运输协定及细则 | 1998 年 2 月 |
| 4 | 中、吉、乌国际汽车运输总公司关于建立国际汽车运输行车许可证制度的协议 | 1998 年 9 月 |
| 5 | 关于加快制订上海合作组织成员国政府间国际道路运输便利化协定(草案)谅解备忘录 | 2006 年 9 月 |
| 6 | 上海合作组织成员国政府间国际道路运输便利化协定 | 2014 年 9 月 |
| 7 | 上海合作组织成员国关于创造国际公路运输良好条件的协议 | 2016 年 12 月 19 日交存核准书 |
| 8 | 1975 年国际公路运输公约 | 2016 年 4 月 28 日国务院加入 |
| 9 | 关于沿亚洲公路网国际道路运输政府间协定 | 2016 年 12 月 8 日签署未生效 |

数据来源：根据中华人民共和国司法部官网、中华人民共和国交通运输部官网、北大法宝在线数据库、中国“一带一路”网整理所得。

**表 5－3　跨境铁路协议**

| 序号 | 协议名称 | 签订时间 |
| --- | --- | --- |
| 1 | 中华人民共和国铁道部与哈萨克斯坦共和国交通部关于中哈国境铁路协定 | 1992 年 8 月 |
| 2 | 中哈关于利用连云港装卸和运输哈萨克斯坦过境货物的协定 | 1995 年 9 月 |
| 3 | 中华人民共和国和乌兹别克斯坦共和国政府铁路合作协定 | 1996 年 7 月 |
| 4 | 中华人民共和国铁道部和哈萨克斯坦共和国运输和通信部铁路运输合作协定 | 2004 年 5 月 |

续表

| 序号 | 协议名称 | 签订时间 |
|---|---|---|
| 5 | 《中华人民共和国政府和哈萨克斯坦共和国政府关于中哈边境口岸及其管理制度的协定》修订协定书 | 2012 年 6 月 |
| 6 | 中交集团签署吉尔吉斯斯坦境内中吉乌铁路建设项目备忘录 | 2012 年 4 月 |

数据来源：根据北大法宝在线数据库、中国铁路工程建设网、国务院国有资产监督管理委员会官网整理所得。

**表 5－4　跨境油气管道运输协议**

| 序号 | 协议名称 | 签订时间 |
|---|---|---|
| 1 | 中哈关于在石油天然气领域合作的协议 | 1997 年 |
| 2 | 中哈关于阿塔苏—阿拉山口原油管道管线运行合作若干问题的协定 | |
| 3 | 中哈关于在油气领域全面合作的框架协议 | 2004 年 5 月 |
| 4 | 关于哈萨克斯坦共和国阿塔苏至中华人民共和国阿拉山口原油管道建设基本原则协议 | 2004 年 5 月 |
| 5 | 哈萨克斯坦共和国阿塔苏—中华人民共和国阿拉山口原油管道建设基本原则协议补充协议 | 2004 年 6 月 |
| 6 | 中土关于实施天然气管道项目和土库曼斯坦向中国出售天然气的总协议 | 2006 年 4 月 |
| 7 | 中国石油天然气集团公司和土库曼斯坦国家天然气康采恩购销天然气协议 | 2007 年 7 月 |
| 8 | 中国石油天然气集团公司与土库曼斯坦国家天然气康采恩购销协议技术协议 | 2008 年 9 月 |
| 9 | 中哈天然气管道建设和运营合作协议 | 2007 年 8 月 |
| 10 | 关于中哈原油管道二期二阶段建设的框架协议 | 2007 年 |
| 11 | 关于联合开发乌里赫套气田的框架协议 | 2007 年 |
| 12 | 中哈天然气管道建设和运营的基本原则协议 | 2007 年 11 月 |
| 13 | 中哈关于能源和贷款领域一揽子合作的备忘录 | 2009 年 4 月 |

续表

| 序号 | 协议名称 | 签订时间 |
|---|---|---|
| 14 | 能源合作协议 | 2010 年 |
| 15 | 关于中哈天然气管道 C 线设计、融资、建设和运营的基本原则协议 | 2011 年 9 月 |
| 16 | 关于“丝绸之路经济带”谅解备忘录 | 2013 年 |
| 17 | 进一步深化全面战略伙伴关系联合宣言 | 2013 年 |
| 18 | 产能合作框架协议 | 2015 年 |
| 19 | 中乌关于建设和运营天然气管道的原则协议 | 2007 年 4 月 |
| 20 | 中乌关于扩大油气领域合作的框架协定 | 2009 年 6 月 |
| 21 | 关于建设和运营中乌天然气管道的原则协议第二补充议定书 | 2013 年 |

数据来源：根据北大法宝在线数据库、中国管道商务网、国务院国有资产监督管理委员会官网、国务院新闻办公室官网、新华网、中国能源网整理所得。

**表 5－5　航空领域协议**

| 序号 | 协议名称 | 签订时间 |
|---|---|---|
| 1 | 中哈航空协定 | 1993 年 |
| 2 | 中乌民用航空运输协定 | 1994 年 |
| 3 | 中吉民用航空运输协定 | 1996 年 |
| 4 | 中土民用航空协定 | 1998 年 |
| 5 | 中塔民用航空运输协定 | 2007 年 |

数据来源：根据国家税务总局官网、中国民用航空总局官网、中国商务部官网整理所得。

从中国与中亚 5 国在公路、铁路、油气管道及航空领域所签署的文件来看，主要是以宣言、协议和谅解备忘录等为主要的表现形式，虽然这些文件对于合作的双方来说具有一定的约束能力，但是在文件之外缺乏配套的法律保障机制，而且很多时候文件条文大都过于原则性，缺乏对直接参与互联互通建设的运营。在实践中，法律准则的缺位会使合作一方因为自身利益的需求进行单方面的违约，基于政治、经济因素的影响导致签订的协议不能按时履行，这些情况在中国与中亚国家的能源合作中并不鲜见。因此为了保障中国与中亚国家交通运输便利化，各国应该致力于建设在交通领域的统一规则和协调机制，完善法律机制，有必要建立专门的交通运输机构，对具体的双边以及多边的条约问题、法律政策问题以及条约与国内法的冲突提供一个协商、会谈和解决的平台，加强政府在跨境基础设施建设政策规划中的统筹协调作用。

1. 政府发挥协调作用

各成员国均为政府主导型经济，政府应该在跨国通道建设协议签署、融资担保中发挥更加积极的作用。因此为了更好地维护和保障境外投资方的利益，充分利用各成员国的外交关系积极签订促进互联互通的协议，主动为境外投资经营企业提供必要的法律支持和保障。

2. 提供信息咨询服务

需要相关政府牵头，成立精通国际和国别政策法律法规、熟悉区域投资环境，以及在跨国公司有任职经历的有关专家组成相关的委员会，系统性地收集各成员国经济、政治、法律法规以及税收等制度信息，提供基础设施、基础产业以及投资行业风险评估报告，为跨境通道建设运营商提供有效的指导。

3. 促进互联互通领域制度建设

相较于政策的制定，制度则是比较稳定和长久的游戏规则，所以应制定专业化的管理制度，形成有效的管理体制，提高管制能力。一个系统、综合、高效的正式合作机制在协调各国政策、减少不确定性、节约成本、提高基础设施建设公平性、吸引民间投资方面都有着重要作用。中国与中亚国家应该依托上海合作组织、"一带一路"方略尽快着手建设自己的基础设施合作机制，系统高效地推进基础设施互联互通建设。

4. 推动基础设施建设，严把法律关口

中国与中亚各国基础设施建设虽然已经有长足的发展，但是一些重要的路段仍然存在缺失，不少公路等级较低、道路通而不畅问题严重。部分跨境项目的建设条件复杂，不仅是资金需求量大，法律风险也较高，协调难度不小。因此，未来在交通、能源、信息等基础设施建设等重大项目立项和招标方面需要政府发挥更大的作用，提供专业的法律调查服务，防范投资风险。通过代理诉讼、仲裁等方式，依法处理发生的纠纷，为"走出去"的企业提供法律服务，推动构建联通内外、安全畅通的国际通道。①

---

① 李建民：《上海合作组织基础设施框架设施互联互通及法律保障研究》，社会科学文献出版2019年版，第253页。

## 二、中国与中亚国家交通运输便利化的问题和对策分析

### (一)缺乏约束力合作机制

目前中国与中亚各国交通基础设施机制层面多为双边协议,尤其是在规划对接上,跨境项目共建也缺乏统筹平衡的合作机制,尤其是磋商机制、投资保护机制和争端解决机制没有建立,对于促进中国与中亚各国的基础设施建设,交通互联互通、标准兼容、投资安全和运输便利化的协调能力有限。

### (二)规则制定能力层面的问题突出

作为全球第二大新兴经济体,中国首先是规则的接受者,但是同样也应该成为规则的制定者。

### (三)国家间发展不平衡制约互联互通的发展

中国与中亚五国均是上海合作组织成员国,但是国家间在经济规模和发展模式以及政治、文化等差异较大,彼此间利益诉求不一致,制约着互联互通的顺利开展。从国际经验看,国家的经济发达,对外投资和贸易的能力强,推进互联互通的积极性高,对于互联互通的关注点在规则制定以及人文交往等高层次的领域;但是,对于经济不发达的国家,利益的诉求则是长期关注于本国公路、铁路等基础设施建设的水平。因此,同为上海合作组织成员鉴于经济发展水平的差异性肯定会对互联互通中优先发展的项目和领域有一定的分歧,从而影响双方的合作进程,这也是中国同中亚各国一些项目难以达成共识、推进困难的原因。

### (四)制度化、标准化建设滞后

目前中国与中亚国家的交通技术标准、口岸管理制度和运输标准方面都有显著的差异,如铁路技术标准不统一。从制度建设上看,影响双方间投资、贸易便利化的制约因素较多,没有得到根本解决。阿拉山口口岸和德鲁日巴站不仅是中国与中亚间进行交通运输的重要口岸,而且还处在第二亚欧大陆桥桥头堡的位置上。从目前来看,这两个口岸经常发生交通运输堵塞以及换装、换轮被延误的情形,这些问题的发生已经对中国与中亚国家间的经济、贸易合作等方面产生了不利影响,增加了运输成本。[①] 尤其是在实际的交通运输过程中,除了必须要交的正常的过境费用之外,还有很多繁杂的项目也需要过境的车辆进行

---

① Panagiotis S. I., *Transportation of energy resources in The Middle East and Central Asia*, International Journal of Energy Economics and Policy, 2013, p. 127 - 139.

费用缴纳，这些都不利于贸易便利化的进行，致使通关的效率也大大降低，增加了中国同中亚以及欧洲间国际运输的物流成本。因此，没有形成统一的交通监管部门和统一的交通管理制度，在以后的发展中将会严重制约中国与中亚间的交通和贸易的便利化进程。总之，为了更好地促进中国与中亚交通运输便利化的进程，必须要解决掉国际物流运输成本过高这一“瓶颈”问题。[①] 对投资、企业的利润汇回等方面也存在限制，通关协作机制尚未形成。人员交流层面，无论是投资还是旅游，出入境都较为严格，限制较多。

**（五）资金缺口问题突出**

目前，中国与中亚各国互联互通的合作重点是交通、能源等跨境重大基础设施建设，而资金是保障基础设施目标最为核心和关键的因素。2014 年，上海合作组织成员国签署《上海合作组织成员国政府间国际道路运输便利化协定》，商定至 2020 年前开通 6 条覆盖上海合作组织的跨境路线，完成这些项目需要巨大的资金支持，仅仅依靠现有的融资渠道很难支撑此项目的完成。中亚国家自独立以来，基础设施建设资金主要依靠国际金融机构以及部分经济体的资金援助，不能长久有效地推动互联互通建设，因此资金的可得性、有限性与快速发展的互联互通建设需求之间有着很大的差距。

**（六）合作组织的协调机制作用发挥不到位**

中国与中亚各国还是多个地区的组织成员，如中亚区域合作组织、中亚合作组织以及欧亚经济联盟。每个组织都有自己的基础设施和互联互通计划，对区域间的发展有不同的影响。然而，各组织之间有时候相互重叠不仅是加大了成本，还会形成互相掣肘的局面，影响的区域间进一步合作的效果。

**（七）跨境通道建设风险预警**

中国与中亚各国在互联互通建设运营中也面临相应的风险，首先是政治风险。自苏联解体后，中亚国家独立以来大多实行的是总统制国家，总统权力大，而且中亚国家领导人自独立以来执政时间已满或超过 20 年，在老一代领导人退位后国家的走向存在不确定性，由于中亚国家内部缺乏有效的权力交接机制，政权的更迭可能带来的社会动荡也是中亚国家最大的政治风险。外国投资者不能预测政治风险的破坏力，给国外设施人员带来不可预测的风险。其次，世界银行发布的《营商环境报告》指出，中亚国家政府机构的官僚和腐败现象较为普遍，经济

---

① 仇韪、李金叶：《中国与中亚国家交通运输业的合作发展探讨》，载《对外经贸实务》2016 年第 12 期。

的裙带关系广泛渗透到政治和商业领域,在很大程度上加大了外国公司的经营成本,法律环境亟待改善;非传统安全风险也是造成中亚地区不稳定的一个重要因素,直接影响甚至威胁本国和别国乃至地区和全球的发展和稳定。而且,国际局势出现的任何不稳定都会给本地区已有的基础设施互联互通产生消极的影响,不仅威胁到投资人员的人身安全,更会使互联互通项目无法进行。

## 三、关于促进中国与中亚国家间交通运输便利化的建议

### (一)促进设施互联互通机制协调

成立交通基础设施互联互通诉求委员会,具体可按职能进行划分。收集成员国的不同诉求,协调国家的政策和立场;在投融资方面,着手改善营商环境。提高项目的盈利,降低投资风险;对于进行的评估工作进行前后评估,建设相应的公共数据平台进行公益性研究,发表政策环境和设施报告;明确投资和保护原则,积极推动运输和通关手续的简化程序,提高相互的兼容性。

### (二)借力亚投行及丝路基金支持,综合提升交通运输能力

受制于中亚各国的经济发展的水平,再加上中亚各国对交通基础设施的财政拨款不足以及民间的社会资本力量有限,致使中亚各国现在的交通基础设施发展较为滞后,在建设“一带一路”上关于互联互通方面成了较为薄弱的一环。因此为更好地推动中国与中亚各国交通运输便利化的进程,需要大力借助亚洲基础设施银行和丝路基金这两大融资平台,使其在建设交通基础设施方面发挥其应有的作用。比如要坚持继续推动对中吉乌铁路方面的建设,促进中亚高铁以及继续开辟内地开往欧洲国际货运班列的行程路线,开辟新的“丝绸之路”航空路线,推动对横贯西欧—中国西部(双西)公路以及中国—中亚天然气 D 线管道等一系列重点交通运输项目的顺利完成和建设,要真正完成“一带一路”方略及西欧—中国联通的实现,促进中国与中亚交通运输便利化的完成。

### (三)依托国际合作组织多边磋商机制,推进中国与中亚各国交通运输便利化进程

在“一带一路”倡议建设过程中,沿线每个国家的相应利益应该都被全面考虑和平衡。包括铁路、公路、航空以及管道在内的基础设施必须进行科学合理的布局,认真地规划和积极妥当地运营,还要使上海合作组织和其他别的国际组织在双边和多边磋商机制方面发挥应有的作用。中国需和沿线各国家对共同建设互联互通综合协调机制进行协商,而且还要逐步在口岸合作、货物的检

疫检验、过境检查、物流间相关信息共享、车辆技术标准制定、交通投资等领域建立相应的统一分管机构，制定行动一致的国际交通管理运行和监督计划，能够加快推动中国与中亚以及所有"一带一路"倡议沿线国家的交通运输便利化进程的步伐。

**（四）法治化层面助推"一带一路"倡议建设**

"一带一路"倡议建设应建立在法治化的基础之上，构建相应的法律保障是"一带一路"倡议顺利推进的必要条件。考虑到各个国家法律制度和文化差异较大，在推进互联互通方面需要加强沟通，照顾到各方。依靠中国与已有国家和地区签署的双边、多边贸易和投资协议合作机制，融入国际投资、贸易和金融法律的最新成果，在时机成熟时推动建立自由贸易协定；对于已经签订的双边、多边贸易和投资协定进行必要的补充和完善，并且根据环境的变化加入新的内容包括环境保护条款、劳工标准和知识产权等条款；以推进沿线国家交通基础设施为重点，构建国际投资新规则、争端解决规则为核心内容的区域性法律法规，进一步促进沿线国家的投资和贸易的互联互通。

**（五）处理好政府和市场之间的关系**

铁路、公路、天然气管道等交通基础设施均为公共投资的对象，主要是政府进行出资。但是从后期的运营和管理，则是以企业的参与为主。从以往的经验来看，企业能否积极地参与到基础设施的建设中，对后期的投资和运营有重要的影响。目前，中国和中亚五国的铁路、公路及管道建设等均属于自然垄断部门，政府通过许可制度，年审制度等来实现对公共基础设施投资的准入和监管。但是，从未来的发展政府应在营造良好的投资环境，健全运营法规方面、完善市场准则起到重要的作用。最重要的是，在确保政治环境长期稳定的基础上正确处理好政府与市场之间的关系、投资和运营的关系，这样才能够给企业和私人资本带来更大的活动空间。

## 第二节　中国与中亚国家能源合作法律机制研究

2017 年 5 月 14 日，国家主席习近平在北京出席"一带一路"国际合作高峰论坛开幕式，并发表题为《携手推进"一带一路"建设》的主旨演讲①，其中第二

---

① 《习近平出席"一带一路"国际合作高峰论坛开幕式并发表主旨演讲》，载人民网，http://politics.people.com.cn/n1/2017/0515/c1024－29274478.html。

点意见“我们要将‘一带一路’建成繁荣之路”中明确表示:“我们要抓住新一轮能源结构调整和能源技术变革趋势,建设全球能源互联网,实现绿色低碳发展。我们也要促进政策、规则、标准三位一体的联通,为互联互通提供机制保障。”①中亚地区作为“丝绸之路经济带”沿线重要区域,与之建立全方位互联互通网络与配套机制是“丝绸之路经济带”建设中的关键。一直以来,中国与中亚国家的合作多集中于能源领域与基础设施建设,因此互联互通网络与配套机制所涵盖的能源合作举足轻重。文中提到的能源包括一次能源中的煤炭、石油、天然气和二次能源中的电力等能源产品。

## 一、中国与中亚国家能源合作背景

中国与中亚国家在能源领域开展合作具有得天独厚的条件。在合作时机方面,各国已经具备一定的经贸合作基础,上海合作组织的成立推动着区域经济一体化的建设和能源合作的深化。② “在地理位置上,世界上没有任何国家比我国与中亚国家存在更密切的联系。我国与哈萨克斯坦、塔吉克斯坦、吉尔吉斯斯坦三国陆地领土接壤,与乌兹别克斯坦、土库曼斯坦两国虽不接壤,但来自两国的油气资源可通过中亚油气管道直接输往我国,而不需过境中亚以外的其他国家。”③此外,中国与中亚国家能源市场供需互补性强,各自能源进出口政策互补,为各方在能源领域合作奠定了良好的经济、政治基础,合作前景明朗。

### (一)中国与中亚国家能源供需互补性强

中国是能源消费大国,中亚国家能源储量丰富,因此中国与其在供需关系方面具有高度互补性,且近年来这种互补性不断增强。

1. 中国能源消费量迅速增长

2017 年,中国占全球能源消费量的 23.2% 和全球能源消费增长的 33.6%,中国连续 17 年成为全球能源消费增量最大的国家。④ 中国能源消费增长的提

① 王义桅:《论习近平一带一路思想》,载《学术界》2018 年第 4 期。

② 陈丹:《中国与中亚国家能源合作法律机制研究》,西南交通大学 2018 年硕士学位论文,第 18 页。

③ 陈丹:《建立中国与中亚国家多边能源合作法律机制之原因初探》,载《法制与社会》2017 年第 22 期。

④ 《BP 世界能源统计年鉴(2018 年)》,载搜狐网,https://www.sohu.com/a/236021887_505855,2018 年 10 月 20 日最后访问。

速主要归功于能源密集型行业产出的回弹,特别是铁、粗钢、有色金属行业。[①] 中国可再生能源消费增长 31%,占全球增长的 36.0%。中国的可再生能源消费占全球总量的 21.9%。[②]

化石能源消费方面,2017 年,中国石油消费增长 3.9%,中国石油对外依存度上升至 68%,为历史最高值。中国天然气消费增长 15%,占全球天然气消费净增长的 32.6%,由于中国天然气消费大幅攀升,成为全球消费增长最多的能源。[③] 煤炭在中国能源结构中的占比由十年前的 73.6% 和 2016 年的 62.0% 降至 2017 年的 60.4%,煤炭仍是中国能源消费中的主要燃料。[④]（如图 5－1、图 5－2、图 5－3 所示）

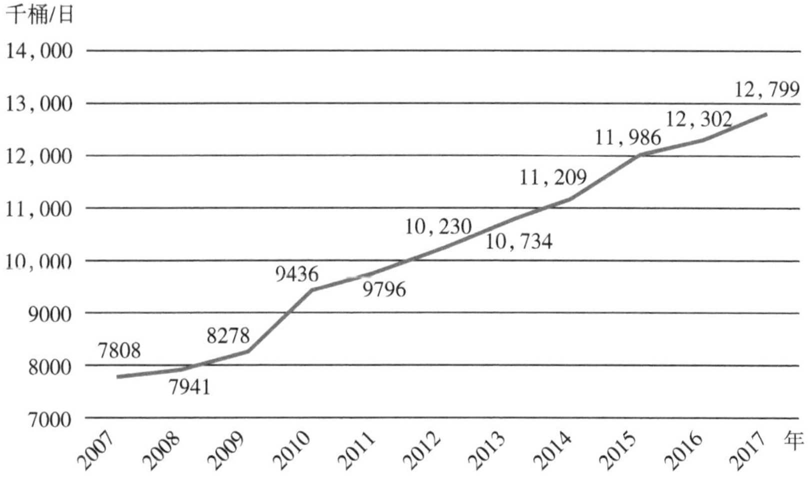


**图 5－1　2007～2017 年中国石油消费量**

数据来源:《BP 世界能源统计年鉴》(2018 年版)。

---

① 《BP 世界能源统计年鉴(2018 年)》,载搜狐网,https://www.sohu.com/a/236021887_505855,2018 年 10 月 20 日最后访问。

② 同上。

③ 如此快速的扩张主要追溯到 2013 年国务院印发的《大气污染防治行动计划》,该计划确定了未来 5 年空气质量改善的目标。随着期限临近,中国政府在 2017 年春天针对北京、天津和周边 26 个城市出台了一系列政策措施,以实现环保目标。

④ 《BP 世界能源统计年鉴(2018 年)》,载搜狐网,https://www.sohu.com/a/236021887_505855,2018 年 10 月 20 日最后访问。

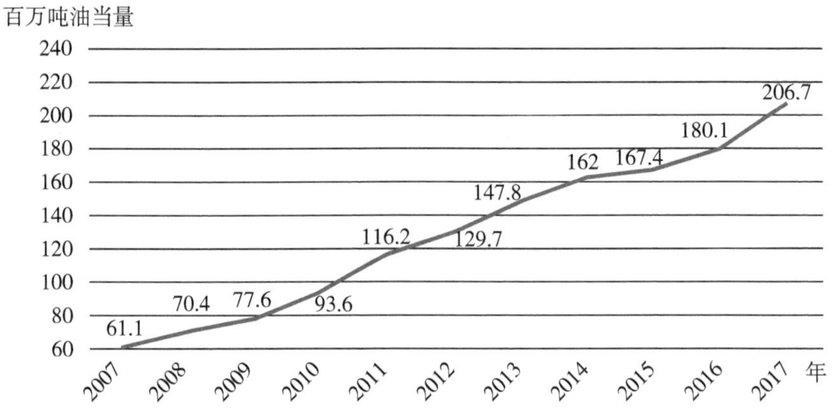


**图 5－2　2007～2017 年中国天然气消费量**

数据来源:《BP 世界能源统计年鉴》(2018 年版)。

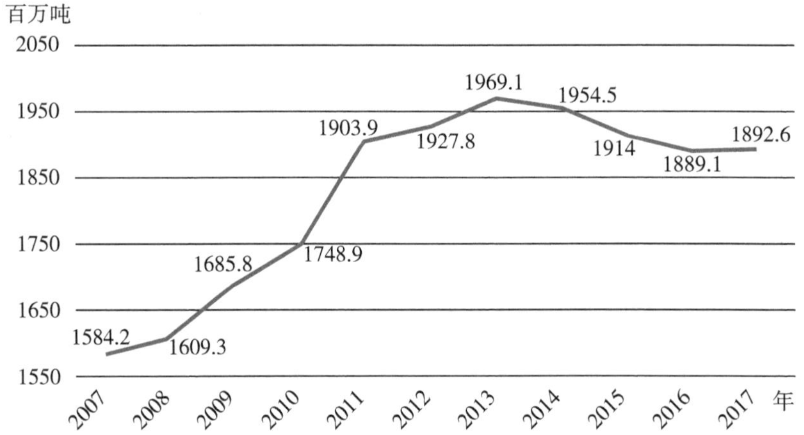


**图 5－3　2007～2017 年中国煤炭消费量**

数据来源:《BP 世界能源统计年鉴》(2018 年版)。

非化石能源消费方面,中国太阳能消费增长最快( +76% ),其次是生物质能( +25% )和风能( +21% )。水电增长了 0.5% ,为 2012 年以来最低增速。①

中国作为世界级能源消费大国,对能源的需求量巨大,对外依存度也逐步

① 《BP 世界能源统计年鉴(2018 年)》,载搜狐网,https://www.sohu.com/a/236021887_505855,2018 年 10 月 20 日最后访问。

上升。[①] 为了解决能源依赖与能源安全之间的矛盾，中国对于能源进口秉持谨慎态度，并不仅仅依赖某几个国家，而是选择众多进口来源国来保障国内对能源的需求。据不完全统计，2017 年中国进口天然气量高达 946 亿立方米，进口来源包括从中国—中亚天然气管道自土库曼斯坦、乌兹别克斯坦进口，以及通过中缅天然气管道自缅甸进口。[②] 2018 年 5 月，中国已经超越日本，成为全球最大的天然气买家，天然进口来源国的数量也达到了历史新高——22 个，在世界能源进口国里，可以说十分罕见。

根据国际能源署（IEA）发布的《2018～2023 年间：全球天然气市场分析与预测》报告显示：从现在到 2022 年全球天然气消费市场平均年增长率为 1.6%，到 2022 年全球对天然气的需求总量将超过 4 万亿立方米，以中国为首的新兴亚洲市场占全球天然气消费增长的 1/2 以上。而中国对天然气的需求则占全球需求增长的 1/3 以上，其年平均增长率约为 8%。由于持续的经济增长和治理空气污染方面强有力的政策支持，在 2017～2023 年，中国将占全球天然气消费量增量的 37%，比其他任何国家都多。由于国内生产无法跟上需求增长的节奏，中国将在 2019 年成为世界最大的天然气进口国，到 2023 年进口量将达到 1710 亿立方米，液化天然气占进口能源供应中的大部分。[③] 因此未来 4～5 年，中国将成为世界上最大的且进口增速增长最快的天然气进口国，引领亚洲新兴天然气市场增长。

2. 中亚国家能源储量丰富

中亚 5 国总面积约为 392.68 万平方公里，地处欧亚大陆的腹部，北靠俄罗斯，南接伊朗、阿富汗，东邻中国，西达里海。能源资源非常丰富，品种齐全，蕴藏量大，是世界瞩目的能源生命线及油气供应战略格局的新兴力量中心，被称作"世界能源基地"。[④]

具体到中亚 5 国，石油、天然气、煤炭主要储藏于哈萨克斯坦、土库曼斯坦、乌兹别克斯坦。塔吉克斯坦煤的储藏量较丰富，开发潜力较大，塔国历来被认

---

① 《2017 年中国天然气消费量及市场供需预测》，载中国产业发展研究网，http://www.chinaidr.com/tradenews/2018-01/117529.html，2018 年 10 月 22 日最后访问。

② 《BP 世界能源统计年鉴（2018 年）》，载搜狐网，https://www.sohu.com/a/236021887_505855，2018 年 10 月 20 日最后访问。

③ 国际能源署（IEA）：《2018～2023 年间：全球天然气市场分析与预测》。

④ 唐宏等：《中亚五国能源产业发展及其对区域经济的影响》，载《干旱区地理》2014 年第 3 期。

为是油气资源贫乏的国家，但最近经过外国公司勘探，在塔吉克斯坦南部发现了数量可观的油气资源，包括中国在内的世界各大石油公司已开始勘探。① 另据吉尔吉斯斯坦国家地质与矿产署统计，吉尔吉斯斯坦石油探明储量1.013亿吨，天然气探明储量72.6亿立方米，煤炭探明储量和预测资源量总计67.3亿吨。② （见表5－6）

**表5－6　哈萨克斯坦、土库曼斯坦、乌兹别克斯坦三国化石能源储量(截至2017年年底)**

| 化石能源类别 | 统计项目 | 哈萨克斯坦 | 土库曼斯坦 | 乌兹别克斯坦 |
|---|---|---|---|---|
| 天然气 | 探明储量/万亿立方米 | 1.1 | 19.5 | 1.2 |
| | 全球占比/% | 0.6 | 10.1 | 0.6 |
| | 储产比率/% | 42.2 | 55.0 | 22.7 |
| 石油 | 探明储量/亿吨 | 39 | 1 | 1 |
| | 全球占比/% | 1.8 | 低于0.05 | 低于0.05 |
| | 储产比率/% | 44.8 | 6.4 | 30.0 |
| 煤炭 | 探明储量/百万吨 | 25,605 | — | 1375 |
| | 全球占比/% | 2.5 | — | 0.1 |
| | 储产比率/% | 230 | — | 340 |

数据来源：《BP世界能源统计年鉴》(2018年版)。

除了油气领域的合作外，中国在核能及其他的新型能源等领域拥有独立自主、较为先进的技术。在能源装备方面具备独特的竞争优势，双方在资金、技术、产能、资源和市场等方面具有较强的互补性。③

① 商务部：《对外投资合作国别(地区)指南：塔吉克斯坦》，中国商务出版社2017年版，第13～14页。

② 商务部：《对外投资合作国别(地区)指南：吉尔吉斯斯坦》，中国商务出版社2017年版，第3页。

③ 李进峰主编：《上海合作组织发展报告(2018)》，社会科学文献出版社2018年版，第140页。

**(二)中国与中亚国家能源进、出口多元化政策互补**

这一互补性主要体现在中国与土库曼斯坦的能源领域合作中。长期以来,土库曼斯坦天然气产量的60%以上通过俄罗斯向独联体国家出口。[①] 2009年以来,由于欧洲天然气消费增长缓慢,以及欧洲实施进口多元化政策,导致俄罗斯天然气在欧洲市场所占份额持续减少,俄罗斯减少了对土库曼斯坦天然气的需求,在一定程度上使土库曼斯坦推动实施天然气出口多元化战略,使土国对中国油气出口的市场分量不断加大。[②]

由于中国天然气进口依存度持续攀升(见图5-4)[③],且未来也将继续上升[④],在这种情况下推进天然气进口多元化十分必要,有利于维护能源安全。因此,中国政府发布了《国务院关于促进天然气协调稳定发展的若干意见》指出,要"健全天然气多元化海外供应体系。加快推进进口国别(地区)、运输方式、进口通道、合同模式以及参与主体多元化。……加强与重点天然气出口国多双边合作,加快推进国际合作重点项目。"[⑤]由此可见,中国的天然气进口多元化发展战略与土库曼斯坦的出口多元化政策相契合,为两国能源领域合作奠定了政策基础。

---

① 徐小杰等:《俄罗斯及中亚西亚主要国家油气战略研究》,中国社会科学出版社2015年版,第96页。

② 同上。

③ 现利用BP公司每年发布的*Statistical Review of World Energy*汇总数据,观察中国天然气对外依存度的变化。天然气对外的依存度按此方法计算:依存度=(消费量-生产量/消费量)×100%。

④ 根据中国社科院发布的《中国能源前景2018—2050》研究报告预测,未来30年,我国的能源进口需求将从以油为主逐步过渡到以天然气为主,预计到2050年我国进口天然气将增至超过6300亿立方米,进口依存度达到78.5%。因此未来30年,我国能源安全的主要影响因素将来自天然气。

⑤ 《国务院关于促进天然气协调稳定发展的若干意见》(国发〔2018〕31号)第4点关于"健全天然气多元化海外供应体系"的意见,载中华人民共和国中央人民政府官方网,http://www.gov.cn/zhengce/content/2018-09/05/content_5319419.htm。

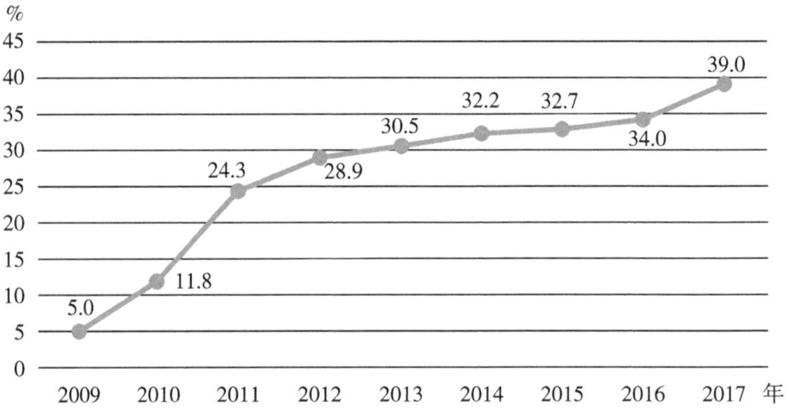


**图5－4　2009～2017年中国天然气对外依存度**

数据来源:根据《BP世界能源统计年鉴》(2018年版)数据汇总计算得出。

**(三)中国与中亚国家油气合作前景明朗**

2017年,中国石油在哈萨克斯坦累计产油达到2.9亿吨,阿姆河天然气公司累计产气超过600亿立方米,通过中亚天然气管道,累计向中国输气超过2000亿立方米,而通过中哈原油管道向中国输油累积超过1亿吨。① 多年合作迎来阶段性成果,天然气合作进入新阶段。哈萨克斯坦南线天然气管道建成年100亿立方米输气能力,中亚天然气管道D线复工②,“设施联通”再升级。此外,哈萨克斯坦达成向中国每年供应50亿立方米天然气合同,中乌首个上游合作项目卡拉库利气田一期投产,哈乌两国气源的接入夯实了中亚气源的保障能力,合作范围扩展至整个油气业务链。在哈萨克斯坦,中国石油业务领域涵盖了油气勘探开发、管道建设运营、工程技术服务、炼油和销售整个上中下游业务链。

目前中国石油企业参与了在土库曼斯坦天然气勘探开发建设运营的全业务链条,中国已经成为土库曼斯坦最主要的天然气出口市场,两国建立了良好的信任关系,为中国继续拓展对土库曼斯坦的天然气投资合作创造了良好机会。

---

① 《2017年中国石油与中亚国家油气合作观察》,载国际燃气网,http://gas.in-en.com/html/gas-2843923.shtml,2018年10月22日最后访问。

② 同上。

中国与乌兹别克斯坦、塔吉克斯坦、吉尔吉斯斯坦3国间能源合作业务领域也不断拓展。以塔吉克斯坦为例，"水电兴国"是其基本国策，依托丰富的水力资源，塔吉克斯坦政府把大力建设水电站作为国民经济发展的优先领域，力争将塔吉克斯坦打造成为地区电力出口大国，视哈萨克斯坦、中国等为电力出口的潜在市场，因此，中国与塔吉克斯坦未来在水电领域的合作前景较好。中亚国家与中国的战略相契合，通过互利共赢的能源合作将自身资源优势转化为经济和社会效益。在前期合作成效推动下，中亚国家纷纷谋求扩大与中国石油的合作，对接中国"一带一路"方略，希望从与中国的合作中实现自身发展。因此，从各方合作意愿与态度上看，中国石油与中亚国家的合作前景被看好。

## 二、中国与中亚国家能源合作法律机制发展现状

中国与中亚国家间能源合作始于20世纪90年代后期①，既有国家间的双边合作，也有区域组织框架下的多边合作。目前，中国与哈萨克斯坦、土库曼斯坦和乌兹别克斯坦的能源合作具备一定的规模，尤其是管道建设发展良好，实现了管道输送油气，降低了运输成本，但也开始面对管道安全保障等问题。② 与此同时，在法律层面，中国与中亚对之间在能源合作保护领域不断加强。中亚国家中以哈萨克斯坦、乌兹别克斯坦为代表的国家，在相对稳定的国内能源法、投资法中对合作方式、分成比例、争端解决等问题进行明确的规定。注重保护外国合作者的合法权益，尤其在投资、合作领域的法律环境向规范化、制度化方向发展。

与能源合作方式相对应，中国与中亚国家能源合作法律制度以双边和区域合作法律制度为主，较少涉及多边合作的法律制度。③ 中国与中亚国家之间签署的双边睦邻友好合作或建立伙伴关系等条约、协议之外，也共同签署了《上海合作组织成员国长期睦邻友好合作条约》，在双边和多边的合作中为长期的双边、区域合作奠定了坚实的法律基础。

---

① 陈丹：《中国与中亚国家能源合作法律机制研究》，西南交通大学2018年硕士学位论文，第21页。

② 同上。

③ 杨泽伟：《共建"丝绸之路经济带"背景下中国与中亚国家能源合作法律制度：现状、缺陷与重构》，载《法学杂志》2016年第1期。

### （一）双边能源合作法律制度

1. 中国与哈萨克斯坦

2002 年 12 月 23 日签订的《中华人民共和国和哈萨克斯坦共和国睦邻友好合作条约》、2011 年 6 月 13 日签订的《中华人民共和国和哈萨克斯坦共和国关于发展全面战略伙伴关系的联合声明》以及其他双边条约和协议，加强政治互信和互利合作，继续为保障地区及世界的和平与可持续发展作出贡献，上述双边条约和协议中均重点涉及能源领域合作的内容。2015 年 8 月 31 日，中哈签署了《中华人民共和国和哈萨克斯坦共和国关于全面战略伙伴关系新阶段的联合宣言》，其中第 11 条也就最新的能源领域合作作出了明确表示：“拓展和深化中哈全面能源伙伴关系，开展油气田勘探开发、原油加工等领域新项目合作，扩大对华能源出口。双方愿加快中哈原油管道扩建、中哈天然气管道二期（别伊涅乌—巴佐伊—奇姆肯特）建设，以及奇姆肯特炼化厂现代化改造项目。哈方愿就建设第四炼化厂同中方开展合作，愿研究在中国西部地区进行原料加工合作的可能性。双方将进一步深化油气领域配套合作，扩大煤炭领域合作，包括煤炭综合加工和生产高附加值产品。”

除了上述一系列法律文件为中哈油气资源合作提供了制度安排和法律保障以外[①]，还设立了专门的双边能源合作机构——中哈能源合作分委会。该机构的设立是根据 2004 年中哈两国签订的《中华人民共和国政府和哈萨克斯坦共和国政府关于成立中哈合作委员会的协定》，该委员会下设 9 个分委会。其中，能源合作分委会为最重要的分委会，它由中方的国家发展和改革委员会和哈方的能源与矿产资源部主管。[②] 截至目前，中哈能源分委会已进行过 10 次会议。[③] 未来，两国将进一步推动在新能源和可再生能源领域的合作。

2. 中国与吉尔吉斯斯坦

1996 年 7 月 4 日，中吉两国签署了《中华人民共和国和吉尔吉斯共和国关于发展全面战略伙伴关系的联合声明》，其中第 5 条提到：“双方将优先考虑在采矿、能源、电子、交通、通讯、轻工及食品工业、农业、建筑业等领域开展互利合

---

① 杨泽伟：《共建“丝绸之路经济带”背景下中国与中亚国家能源合作法律制度：现状、缺陷与重构》，载《法学杂志》2016 年第 1 期。

② 同上。

③ 《中哈能源合作分委会第十次会议在京召开》，载国际能源网，http://www.in-en.com/article/html/energy-2260510.shtml，2018 年 10 月 23 日最后访问。

作。"2002 年 6 月 24 日签订的《中华人民共和国和吉尔吉斯共和国睦邻友好合作条约》第 6 条规定缔约双方将在平等互利的基础上开展其他双方共同感兴趣领域的合作，促进两国边境和地方间经贸合作的发展，并根据本国法律为此创造必要的良好条件。① 上述联合声明、合作条约，虽未涉及合作双方权利义务、法律责任、具体合作措施等内容，但也为未来开展合作奠定了良好基础，并为其具体合作领域指明方向。

2013 年 9 月 11 日，中国国家主席习近平同时任吉尔吉斯斯坦总统阿坦巴耶夫在比什凯克签署了《中华人民共和国和吉尔吉斯共和国关于建立战略伙伴关系的联合宣言》。② 双方愿继续加强能源领域合作，积极推进正在实施的电网发展项目。双方将共同在该领域吸引直接投资。双方对吉尔吉斯斯坦南部电网改造项目和达特卡变电站建设项目的圆满完成表示满意，并将推动达特卡—克明输变电线建设和比什凯克热电厂改造项目的顺利实施。双方对签署《中华人民共和国政府和吉尔吉斯共和国政府关于天然气管道建设和运营的合作协议》表示欢迎。双方认为，获得现代和廉价的能源供应是可持续发展的关键要素，中方支持吉方发展稳定能源所作的努力。

3. 中国与塔吉克斯坦

塔吉克斯坦油气资源埋藏较深，又缺少战略投资商，因此其在能源开发能力上仍处于弱势、开采的能源产量小，其国内消费的石油 95% 以上依靠进口来供应，因此被称为"中亚最缺油气的国家"，中塔之间在油气领域的合作较少。塔吉克斯坦煤炭的储藏量较为丰富，有很大的开发潜力，已经有中资企业在进行开采活动。

中国与塔吉克斯坦自 1992 年 1 月 4 日建交以来，两国间交往多集中于彻底解决历史遗留的边界问题，直至 2013 年 5 月签署《中华人民共和国和塔吉克斯坦共和国关于建立战略伙伴关系的联合宣言》，该宣言表示："双方将积极开展矿产资源共同勘探与开发，扩大能源资源开发合作，开展风能和太阳能等可再生能源开发合作，电力基础设施合作方面进一步扩大，并探讨向中国西部地区供电，电网修复和改造项目以及在塔吉克斯坦境内建立电力设备维修企业的可

---

① 《中华人民共和国和吉尔吉斯共和国睦邻友好合作条约》，载中国人大网，http://www.npc.gov.cn/wxzl/gongbao/2003-06/12/content_5315452.htm。

② 《习近平同吉尔吉斯斯坦总统阿坦巴耶夫举行会谈》，载中华人民共和国中央人民政府网，http://www.gov.cn/ldhd/2013-09/11/content_2486373.htm。

能性。”①两国间关于能源领域合作的双边法律制度构建由此开始。

2014年9月13日，中塔两国元首共同发布《中华人民共和国和塔吉克斯坦共和国关于进一步发展和深化战略伙伴关系的联合宣言》并表示：“双方将加强油气资源勘探、开发以及加工、综合利用方面合作，确保双方已商定的能源基础设施项目顺利实施，发展可再生能源领域合作。双方一致认为，中国—中亚天然气管道D线塔吉克斯坦境内段是符合双方国家发展利益的战略性项目。双方将密切协调配合，全力保障该项目顺利施工，在《中华人民共和国政府与塔吉克斯坦共和国政府关于天然气管道建设运营的合作协议》基础上，磋商建立确保中塔天然气管道长期安全稳定运营的机制。双方愿进一步扩大矿产资源共同勘探开发和加工合作，实现互利共赢。中方愿向塔方提供先进的节能设备，帮助塔方缓解能源短缺问题。”

中国提出“一带一路”倡议后，塔吉克斯坦积极响应并全力支持，2017年8月31日，中国与塔吉克斯坦政府签署《中塔合作规划纲要》和《关于修改和补充2013年9月12日所签订的〈中华人民共和国政府与塔吉克斯坦共和国政府关于天然气管道建设运营的合作协议〉的补充议定书》，塔吉克斯坦成为第一个与中国签署“一带一路”合作文件的中亚国家。② 同日，两国元首共同发布《中华人民共和国和塔吉克斯坦共和国关于建立全面战略伙伴关系的联合声明》并表示：“双方将继续深入开展能源、资源的勘探、开发、研究、加工和运输合作，发展基础设施项目合作，采用能够降低能耗的新的节能技术，进行经济技术可行性研究，拓展风能和太阳能等可再生能源开发合作。”

4. 中国与土库曼斯坦

2000年7月6日，中土两国元首共同签署了《中华人民共和国和土库曼斯坦联合声明》，这是中土两国建交以来首个涉及能源合作内容的法律制度。其中第5项明确表示：“双方重视加强两国在能源领域的互利合作。中方愿积极推动本国企业参与土库曼斯坦油气资源的勘探、开采和销售活动。双方商定，将根据中国西气东输工程的实施情况，对建设土库曼斯坦至中国的天然气输送

① 新华社：《中华人民共和国和塔吉克斯坦共和国关于建立战略伙伴关系的联合宣言》，载中国共产党新闻网，http://cpc.people.com.cn/n/2013/0520/c64387-21544737-2.html。

② 《中国与塔吉克斯坦政府签署〈中塔合作规划纲要〉》，载中华人民共和国人民政府网，http://www.gov.cn/xinwen/2017-09/05/content_5222762.htm。

管道项目进行可行性研究。”①

2006年4月3日，中土两国元首共同发表《中华人民共和国和土库曼斯坦联合声明》，双方重申加强能源合作的重要性，并希望双方采取切实措施深化合作。加快研究和实施中土天然气管道项目，在土天然气领域允许中方企业参与勘探开发。② 同日，两国签订了《中华人民共和国政府和土库曼斯坦政府关于实施中土天然气管道项目和土库曼斯坦向中国出售天然气的总协议》，为天然气管道项目的设计、建设、管理和使用，以及土库曼斯坦天然气的出售和过境运输创造了法律和实际条件。

2014年5月12日，中土两国发表《中华人民共和国和土库曼斯坦关于发展和深化战略伙伴关系的联合宣言》，其中第3点提到："双方认为，能源合作有力促进了中土各自经济社会发展，是中土高水平战略互信的充分体现。双方愿继续本着平等互利的原则，发展长期稳定的能源合作关系。……双方愿在当前合作基础上拓展合作领域，开展油气加工、炼化合作以及风能、太阳能等清洁能源领域合作，打造全方位能源合作格局。将加快建立中国—土库曼斯坦天然气管道等两国大型天然气合作项目安全运营的合作机制。"

中国与土库曼斯坦建立了能源合作分委会。截至目前，中土能源分委会已进行过5次会议。

5. 中国与乌兹别克斯坦

与其他中亚国家相比，乌兹别克斯坦油气资源储量略逊一筹，但其天然气产量仅次于土库曼斯坦，并拥有较为完备的天然气管线。中国与乌兹别克斯坦能源领域的合作集中在油气技术服务方面，近年来这方面服务已经从出口石油设备零配件以及提供物探、钻井、测井等基础服务扩展至提升老油井采收率等油气工程技术领域的服务。

中国与乌兹别克斯坦在经贸合作委员会下设立能源合作分委会，该分委会受中国的国家发改委及乌兹别克斯坦的经济部共同管辖。截至目前，中乌能源分委会已进行过4次会议。两国以能源分委会为平台，就天然气贸易以及煤电、水电、投资政策等关键问题进行多次沟通和交流，为两国间油气、煤电、新能

① 唐勇：《感受"全球最重要的地区"——随江泽民总书记出访土库曼斯坦纪行》，载《中国石油》2000年第8期。

② 《中华人民共和国和土库曼斯坦联合声明(全文)》，载中国网，http://www.china.com.cn/policy/txt/2006-04/05/content_9234112.htm。

源、天然铀贸易和开采等方面合作提供了很好的互联互通平台。

**（二）多边能源合作法律制度**

中国与哈萨克斯坦、乌兹别克斯坦、塔吉克斯坦、吉尔吉斯斯坦均为上海合作组织成员国，同时中国与中亚5国均为中亚区域经济合作机制成员国，这两大区域性合作组织对中国与中亚区域能源合作法律制度的构建发挥了主要作用。

1. 上海合作组织框架下的能源合作法律制度

上海合作组织创建之初即以开展能源、经贸等领域的合作确立为主要宗旨和任务，并遵循这一宗旨签署了一系列条约为后续合作奠定制度基础。2007年8月16日，中、哈、乌、塔4国作为上海合作组织成员国共同签署了《上海合作组织成员国长期睦邻友好合作条约》。同年，为进一步加强能源合作促进能源安全，保证供求关系的稳定性，各方代表同意建立上海合作组织能源俱乐部作为能源领域的非政府协商性机构，并就能源俱乐部章程达成共识。2018年6月，在上海合作组织青岛峰会期间，批准了《〈上海合作组织成员国长期睦邻友好合作条约〉实施纲要（2018～2022）》。

2. 中亚区域经济合作机制内的能源合作法律制度

除上述两大主要区域性组织对中国与中亚国家能源合作作出的法律制度安排外，亚洲相互协作与信任措施会议（以下简称亚信会议）、亚太经合组织、亚欧会议、亚洲合作对话等区域性合作机制，也为构建中国与中亚国家间能源领域合作机制发挥了积极作用。

3. 亚信会议平台上的能源合作法律制度

2014年5月19日至21日，亚信会议第四次峰会在上海召开，与会各国就能源安全达成共识，一致认为“能源来源和运输路线的多样化将提升国际能源市场的竞争力。[①] 国际社会层面上应该基于‘共同但有区别的责任’原则，坚持互利合作和多元发展，促进和加强能源安全，共同保障各国维持经济社会发展的基本能源需求。在国家层面上，各国应加强研发和推广先进能源技术，采取适当措施共同实施基础设施项目，确保在生产领域必要的投资水平，并大力发展经济高效的技术和环保的能源资源”。[②] “丝绸之路经济带”上的最大引擎是

① 《亚洲相互协作与信任措施会议第四次峰会前瞻》，载中国政府门户网，http://www.gov.cn/xinwen/2014-05/19/content_2681766.htm。

② 《亚信会议第四次峰会上海宣言》，载搜狗百科，https://baike.sogou.com/v100097339.htm? fromTitle，2018年10月25日最后访问。

能源领域的合作,它将成为带动中国与中亚各国合作共赢、协同发展的重要动力,进而改变整个欧亚大陆经济版图。[①]

## 三、中国与中亚国家能源合作法律制度存在的问题与挑战

中亚地区是实施“一带一路”倡议的关键地区[②],中国在中亚地区的能源布局关系到中国与中亚国家未来经济社会发展水平,也关系到“一带一路”方略的真正贯彻落实。中国与俄罗斯和美国参与中亚地区能源合作的制度化建设程度相比还有很大差距,在能源秩序中的地位和作用也没有明显的优势。[③] 当前我国在“一带一路”方略的实施过程中,从“能源全产业链合作”向“区域经济全领域合作”转进时,仍面临着复杂的能源政治和法律制度风险。[④]

### (一)能源合作法律制度本身存在的问题

1. 政策导向型制度多,实效性弱

政策导向型制度的缺点是往往缺少具体的权利义务之规定,法律责任更是没有明确。中国与中亚国家间的能源合作多以这类制度为开端,多是从国家宏观政策上确定国与国之间的政治关系、经贸关系,为此后两国投资者提供大体上的政策指引,与具体的能源合作法律制度相比更加模糊,并不能起到切实规范作用。

2. 法律制度效力层级低、约束力弱

除投资保护协定、联合声明、联合公报等,中国与中亚国家间的能源合作法律制度以政府间各类项目合作协议为主,有些甚至仅为政府支持引导下由国内企业间签订的本质为合同的合作协议,此类协议实质上的法律效力层级低,除约定特定的能源合作项目实施中各方基本权利义务外,仅有争端解决方式的选择与建议条款,真正具有强制约束力的法律责任条款却甚少涉及,这并不利于合作各方合法权益的保护与救济。另外,除去政策导向型制度、综合性经贸法律制度外,中国与中亚国家专门性能源合作协议在违约的法律责任与惩罚措施上没有任何约定,对违约后的后果负担无相应规范机制,能源合作协议中应有

① 《亚信会议第四次峰会上海宣言》,载搜狗百科,https://baike.sogou.com/v100097339.htm?fromTitle,2018 年 10 月 25 日最后访问。

② 杨宇、何则:《构建中国与中亚能源合作政策保障机制》,载《中国能源报》2017 年 11 月 13 日,第 5 版。

③ 同上。

④ 同上。

的法律约束力和强制力被实际削弱，协议效用的发挥达不到预期。[①]

3. 能源合作制度碎片现象

如前所述，在能源合作方面，中国与中亚国家间的相关法律制度多为国家政府之间的合作条约、协议等，至今尚无能够全面覆盖能源合作的区域性框架和法律制度。尽管这个问题主要取决于中亚各国不同的能源禀赋、经济社会发展水平和国家政策，但碎片化的状态必然会成为该区域未来共同协调发展的一大制度阻碍。

4. 能源合作法律制度稳定性不够

这一问题主要源于中亚 5 国国内能源投资、税收、环保等与能源的开发利用、能源的对外国际合作、能源生态环境的保障等相关的法律制度变动频繁，执法公正性和能动性的滞后，诸如此类问题亟待解决。[②] 例如，哈萨克斯坦含量规则、社会安全与环境保护制度，对中哈能源合作项目具体运营过程设置了诸多限制。[③] 再如，乌兹别克斯坦的税收法律在 2008 年和 2010 年都有所修改，塔吉克斯坦的税法典历经了 1998 年、2004 年和 2013 年三次修订。这些法律制度的频繁调整均不利于项目投资者预期和投资信心的稳定。

5. 能源投资争端解决模式对投资者保护力度偏弱

我国与中亚国家间关于能源项目的具体实施与操作主要依赖于双方企业签订的能源合作协议，而这类合作协议由于签订主体为企业，其本质仅为协商一致订立的合同、契约。在发生能源合作争议时，双方要以合同约定的争议解决方式处理。其纠纷处理时援引的基本多是投资母国与东道国共同参与的国际组织和区域性组织制定的相关规范，或是两国签署的投资保护协定、专门性能源合作条约、协议等法律制度。

然而，上述能源合作活动在发生争议时，其规定的争端解决方式并不能够全面保护投资者合法权益。一方面，中亚国家作为投资争议一方，可能会有并未与中国共同参与国际组织、区域性组织，因而无法受国际规范制约的情况。例如，目前吉尔吉斯斯坦在 1998 年成为世贸组织成员国，随后塔吉克斯坦在

---

① 陈丹：《中国与中亚国家能源合作法律机制研究》，西南交通大学 2018 年硕士学位论文，第 33 页。

② 许勤华：《新地缘政治：中亚能源与中国》，当代世界出版社 2007 年版，第 201 页。

③ 王林彬、刘晨虹：《哈萨克斯坦矿产资源投资政策的变化及其对策分析——以哈国〈地下资源及其利用法〉的变迁为视角》，载《新疆大学学报（哲学·人文社会科学版）》2014 年第 2 期。

2013 年成为世贸组织成员国,相对较晚的是哈萨克斯坦在 2015 年成为世贸组织的成员国。土库曼斯坦为永久中立国,乌兹别克斯坦 2017 年才重启“入世”进程,因此这两国也没有制定与世贸组织接轨的用来规范市场经济、监管市场投资秩序的相关法律法规,发生争议却不受规制。另一方面,当合作协议约定援引投资保护协定或专门性能源合作协议解决争端时,投资保护协定争议解决条款规定简单,许多争议发生时并无对应的争议解决办法,尤其是对外来投资者与东道国之间的争议,只规定仲裁这一种争议解决办法来处理投资争议,且仲裁庭逐案设立,更没有自己的仲裁程序规则,这不利于投资者在利益受损时及时、充分行使救济权利。① 另外,专门性能源合作协议规定只能以磋商、谈判等政治性手段进行调解,而政治性手段易将经济争议上升为政治争议,不利于维持双方友好合作关系。②

6. 缺乏对国际性能源组织规范的参考借鉴

石油输出国组织(OPEC)的石油产出占全球原油供应的 40% ,且该组织几乎覆盖了世界上主要的产油国,是国际能源市场的“定价者”,其重要作用不可忽视。③ 国际能源署(IEA)构建的石油储备制度、紧急共享制度和协调应急反应制度,现已成为许多国家效仿的对象,动用石油储备成为应对供应短缺的有效办法。④ 中国和中亚国家都处于这两大国际能源组织之外,所以我国与中亚国家间的能源合作不受两者的制度保障与法律约束,却也不利于中国参与国际能源政策制定和提升能源定价话语权,不利于中国与中亚国家及时获取最新能源市场动向和国际能源组织政策变动。⑤

此外,中亚 5 国均为国际能源宪章组织成员国,而中国目前仅为该组织签约观察国。因此,中国与中亚国家能源合作并不能受到该组织的制度保障。尽管短期内中国与中亚国家都不会加入 OPEC 和 IEA,中国成为能源宪章组织正式成员之日尚未可知,但是这并不妨碍中国与中亚国家能源合作法律机制在构建时对其有益的制度性安排进行参考借鉴。

---

① 陈丹:《中国与中亚国家能源合作法律机制研究》,西南交通大学 2018 年硕士学位论文,第 37 页。

② 同上,第 33 页。

③ 同上,第 41 页。

④ 同上。

⑤ 同上,第 42 页。

### (二)能源合作法律制度面临的外部挑战

1. 大国博弈限制中国与中亚国家能源合作

能源尤其是油气资源是当今世界重要的战略物资,中亚地区的能源领域的竞争与合作以及制定的相关法律制度受大国博弈的影响明显。俄罗斯一直是中亚地区能源地缘政治格局演变最核心的力量,中亚天然气管道和穿越里海的天然气管道等欧洲能源走廊的重要组成部分均在俄罗斯的掌控之中。[①] 伴随中亚地区能源探明储量的不断增加,美国对中亚的战略由核安全转向地区安全,由能源利益转向能源战略。[②] 俄罗斯与美国在中亚多年累积的力量与地位短期内无法撼动,欧洲、中东国家、东亚及南亚的国家和地区也无形地插手中亚地区事务,意图左右中亚地区的发展和走势,这就增加了中国在中亚进行能源合作的地缘政治风险。[③] 因此,长期内中国与中亚国家间的能源合作依然会受到大国博弈的影响。

2. 国际负面舆论不利于多边能源合作法律制度构建

能源资源具有稀缺性特点,因此能源领域的合作与国家经济安全、政治安全联系紧密。伴随中国的崛起与“丝绸之路经济带”的提出,“中国威胁论”和“中国经济责任论”等西方言论愈演愈烈,这类言论污蔑中国意图侵占他国市场,认为中国市场的扩张使全球资源的供应变得紧张。这样的言论让其他发展中国家在选择合作对象时,多少会有一些顾虑,这不利于中国企业在中亚地区的市场拓展。中亚能源制度本身具有复杂性和碎片化等缺陷,易引发能源合作风险,更不利于中国与中亚国家间构建更全面有效的多边能源合作法律制度与合作机构。

## 四、对策建议

中国与中亚国家间能源合作是满足各方市场供需与国家政策的,因此,良好的能源合作环境是各方共同期待的,也是需要各方努力营造与维护的。为应对上述中国与中亚国家能源合作法律机制构建过程中的制度问题及外部挑战,

---

① 杨宇、刘毅、金凤君:《能源地缘政治视角下中国与中亚—俄罗斯国际能源合作模式》,载《地理研究》2015 年第 2 期。

② 同上。

③ 《中国与中亚能源合作具体该怎么操作》,载中国新能源网,http://www.china-nengyuan.com/news/116940.html,2018 年 11 月 28 日最后访问。

中国与中亚国家应当本着尊重主权和互利共赢的原则与态度，共同协商、积极调整和解决各自内部矛盾，联合应对外部挑战。

**（一）完善中国与中亚国家能源合作法律制度**

1. 完善双边能源合作法律制度框架，明晰权责

中国与中亚国家间开展能源合作主要依据的法律制度包括政府间一般性协议、专门性能源合作协议和企业间协议。针对业已达成的双边能源合作法律制度，各方应当适时地提升合作文件的效力层级。一般性协议多是宏观层面的原则性规定，从大方向上稳定合作方伙伴关系即达目标。专门性能源合作协议不应偏废法律责任专章，否则将丧失法律的规范作用，使其存在意义大打折扣，甚至还不如有实体权利义务规定和争端解决方式选择的企业间协议。专门性能源合作协议应当承担起规范能源合作所有环节的责任，将其框架进行完善，对权利义务、法律责任作出明确规定，为能源合作项目具体实施提供法律依据和保障。

2. 协调整合双边能源合作制度，求同存异

中国和中亚国家能源合作多以双边制度进行规范与保障，具有复杂性和碎片化的缺陷，各方应当以协调发展为目标，兼顾各方利益，集中整合相关的能源合作制度，避免重复性规定，构建系统性框架，删繁就简，求同存异。另外，中亚各国应当充分意识到国内能源法律制度稳定的重要性，明白“法律不能频繁变动，更不能朝令夕改，否则就会失去权威性和确定性。”①最大限度地确定未来长时期内的国家策略，为双边能源合作制度的整合指明总体方向。

3. 丰富能源合作争议解决模式，有效多元

除与征收补偿额有关的争议外，双边合作法律制度争端解决专章中应当纳入更多其他争议类型，让其在寻求东道国法律救济之前尽可能地解决争议。而除仲裁外，也应当设立更多类型的争议解决方式，如可以选择中国设立的国际商事法庭进行调解、仲裁和诉讼。另外，也可以在“丝绸之路经济带”框架下搭建专门的区域性合作平台并设立争端解决机构。

4. 协商引进国际性能源组织规则，取其精华

与国际性能源组织规则进行对接应当是目前中国与中亚国家能源合作法律制度体系构建的最简单、最高效的方式，这些国际规则经过多年实践检验，制

---

① 张文显主编：《法理学》，法律出版社2011年版，第301页。

度构建者很容易分辨出其精华制度何在。中国与中亚国家构建区域性能源合作法律机制时，就应当取其精华为我所用，使相关条款达到国际规则水平，为区域性合作机制融入全球奠定适应国际规则的制度基础。

**（二）注重推进能源合作法律制度平台建设**

1. 推动上海合作组织能源俱乐部建设

上海合作组织框架内建设能源俱乐部的倡议内容为建立能源生产国和需求国之间的直接联系，并建立统一的石油、天然气及能源运输系统，使成员国及时获取各方能源供求信息，搭建能源输送通道。除土库曼斯坦外，中国与中亚4国均为上海合作组织成员国。因此，推动上海合作组织框架内的能源俱乐部建设，将为中国与中亚国家能源合作提供便利的合作交流平台，形成稳定的能源供需信息和运输机制。

2. 加强与国际性能源组织联系，积极融入世界能源体系

及时掌握全球能源市场最新信息与政策动向对于任何一个能源市场参与者都至关重要，其关乎参与者经济利益得失，更关乎作为市场参与者的国家能源安全。国际性能源组织就是国际能源市场供给信息与政策动向最大的交流平台，但中国与中亚国家参与国际性能源组织情况各异，融入世界能源体系程度并不统一，因此在具体能源合作中可能会有信息不对称、规则或标准不一致的问题存在。建议中国与中亚国家在制定与国际能源规则接轨的能源合作法律制度的同时，加入或升级与相关国际性能源组织的实质关系，加强与其直接联系，积极融入世界能源体系，为今后能源合作的开展奠定更优质的国际对话平台。

3. 加强区域金融合作，搭建能源合作融资平台

在丝绸之路经济框架下加强区域金融合作有利于中国与中亚国家间能源合作的进一步拓展，“丝路基金”和亚投行等金融机构的出现为中国与中亚国家开展双边和多边的能源金融合作打开新局面。中国与中亚国家的很多能源金融合作项目主要用美元结算，能源金融合作成效不显著。因此，中国与中亚国家可以从资金融通领域开展机构合作和制度构建，促进能源合作。例如，应当通过中国与中亚国家高端政策沟通，从政策层面推动能源贸易投资活动中的人民币计价结算、人民币现钞跨境运输等业务。还应当充分发挥上海合作组织银联体、上海合作组织开发银行以及上合组织能源俱乐部的作用，以此进一步开发中国与中亚国家能源金融合作空间，提升能源金融对能源合作的支持力度，创新为能源合作提供金融服务的方式、金融产品，等等。

### （三）积极应对外部挑战

1. 主动积极参与维护区域安全行动

中国一向在维护地区安全方面表现突出，敢于担当并尽职尽责。中亚五国自独立以来，各种安全威胁不断，而中国与中亚在政治、经济等方面休戚相关，中国对维护中亚地区稳定和发展有着非常大的作用。因此，在中国与中亚能源合作过程中，中国依然要积极发挥大国的主观能动性，以上海合作组织为平台，在政治、军事等方面与中亚国家开展密切的合作，共同打击恐怖主义等势力，为合作提供安全稳定的周边环境，维护中国与中亚能源合作的外部安全。

2. 以实际行动获得中亚国家信任

首先，正面驳斥和批判“中国威胁论”“中国经济责任论”“中国文化渗透论”等荒谬言论，据理力争，以史实和现实证明上述言论的非科学性；其次，继续坚定地走和平崛起道路，落实和平发展的外交理念，将中国文化、发展政策通过良好的沟通表达深入到他国民众中去，让中亚国家人民从心理上接受中国的和平发展思想；最后，用援建项目、优势产能合作互补及共商共建共享“丝绸之路经济带”等实际行动向世界展现和谐国家形象，争取中亚国家对中国政府和企业充分的信任与欢迎。

## 第三节　中国与中亚国家金融合作领域便利化的现状分析

20 世纪末以来，全球生产流通条件和环境发生了深刻的变革，现代信息技术、交通运输技术的发展与普及，使得商品流通的通达性与联结能力急速提升。随着国际经济一体化的发展，资金在国际流动①规模逐渐超过了国际贸易额，形成了庞大的国际金融市场，这也成为中国选择建设新“丝绸之路经济带”的重要背景和环境。通过加强区域金融合作来最大限度地发挥金融最本质的资本配置功能，对于“丝绸之路经济带”上的各国基础设施建设、经贸往来、能源开发利用、文化互联互通，对于中国西部大开发、能源安全战略实施、国内产业优化升级都具有积极而重大的影响。

---

①　国际资金流动分为两种：一种是和实际生产、贸易有密切关系的资金流动，可以称为国际资本流动（International Capital Flows）；另一种是和实际生产、贸易无直接关系，主要以获取资产差价和金融收益为目的而在国际进行的纯“金融”性质的流动，可以称作国际资金流（International Financial Flows），这已日益成为国际金融学研究的重点。

全面考察中国与中亚5国的金融法律机制可知,各国基本上都存在法律不能全面涵盖国内金融市场主体所有行为的制度漏洞,以及后期监管力度不足的问题,对于与外界进行金融合作的实践也并没有全面而有力的保障和惩治性规定,这些问题都将对中国与中亚国家在建设“丝绸之路经济带”时的金融合作实践产生不利影响。

## 一、中国与中亚国家开展金融合作的背景分析

在“丝绸之路经济带”中段崛起的目标实现的过程中,金融合作已成为基础设施建设、贸易结算体系构建和货币的区域性流通等各项经济合作的基础性举措。金融领域的合作一般可以体现为经济实体基础性合作与国家层面的政治性对话两类,其中前者主要以金融机构的合作与便利化服务为载体,而后者多以主权国家间的边境贸易与货币政策协调合作为具体形式,其共同的目标即为各自经济的发展提供充分的融资动力与长期的资金流通便利,从而提升各自的经济实力以获得在区域内甚至国际上的话语权。

中国与中亚国家开展金融合作的动因可以总结为以下几点:第一,中国与中亚国家间的商品服务贸易规模迅速扩大,高水平的经贸发展需要广阔而坚实的金融体系支撑;第二,人民币国际化进程需要通过金融合作来扩大流通范围,而这一进程的顺利进行对“丝绸之路经济带”上的基础设施建设和其他各项合作具有强大的推动作用;第三,金融合作作为当今世界经济发展中的趋势,对合作各方共同发展存在巨大的利益影响与便利。

### (一)服务经贸迅速发展的推动结果

根据国际结算理论与货币互换理论可知,金融领域的发展离不开贸易活动的繁荣。中国与中亚国家在地缘上占尽优势,在双边贸易产品需求方面本就有着极大的互补性,双方对于促进贸易投资便利化又有明显共识,因此为双方造就天时、地利、人和的良好贸易投资环境,在未来的合作发展中也必将不断扩大和提升交流规模和层次,对双方金融合作十分有利。

1. 中国与中亚国家商品服务贸易流通情况

中国与中亚同处“丝绸之路经济带”核心位置,中亚各国与中国的贸易往来由来已久,贸易规模也在不断扩大,尤其是2013年中国与中亚5国双边贸易额高达502.74亿美元。[①] 2017年中国全年货物进出口总额277,923亿元,比上年

---

① 倪经纬、王曙吉:《开发性金融“走出去”的国际地理布局》,载《南方金融》2015年第10期。

增长 14.2%。对"一带一路"沿线国家进出口总额 73,745 亿元,比上年增长 17.8%。中国与"一带一路"沿线国家货物进出口总额占同期外贸总额的比重超过 26.5%。[①] 同时,与贸易配套的基础设施和服务机构建设也进一步发展,其中中国与哈萨克斯坦一系列大型投资和经济技术合作项目取得积极进展,如中哈原油管道和天然气管道扩建项目为中哈间资源交易提供更为便捷的输送服务,中哈霍尔果斯国际边境合作中心的建设和运营为双边贸易营造更规范的交易平台;在中国信贷资金支持下,中国建筑工程企业在塔吉克斯坦相继承揽大型工程项目,如河南第一火电建设公司承建塔吉克 2×50MW 热电工程[②]、华新水泥股份有限公司承建亚湾 3000TPD 水泥生产线[③]、新疆北新路桥集团股份有限公司承建艾尼—乌兹别克斯坦边境公路[④]等。

2. 高水平服务经贸需要更广阔的金融市场

根据我国第三产业发展的现实情况,2016 年中国服务贸易进出口总额 6575 亿美元,规模居世界第二。占中国对外贸易总额的 17.8%,比上年增长 2.4%。金融服务占全年服务贸易进出口总额的 0.79%,其中金融服务出口增速居首位,高达 45%。2017 年,我国第三产业增加值占 GDP 的比重高达 51.6%。[⑤] 由此可见,中国服务经贸发展不断增速,水平也在不断提升,金融在其中的重要地位是不容小觑的。新"丝绸之路经济带"的建设必然引发服务经贸规模的大幅度扩充,这对中国与中亚各国的经济发展都是一个重要契机,基础设施的建设不仅需要巨大的物资做铺垫,更需要充足的资金护航,因此,高水平的服务经贸需要更广阔的金融市场。

---

① 国家统计局:《中华人民共和国 2017 年国民经济和社会发展统计公报》。

② 《2012 年 10 月 22 日中国电建签署签订塔吉克斯坦热电联产项目 PC 合同》,载中国能源网,http://www.china5e.com/news/news-250270-1.html,2018 年 11 月 28 日最后访问。

③ 《2011 年 7 月 26 日华新水泥拟设立合资公司实施塔吉克斯坦亚湾水泥项目》,载第 1 财经网,http://www.yicai.com/news/2011/07/963780.html,2018 年 11 月 28 日最后访问。

④ 《2012 年 10 月 8 日新疆北新路桥集团股份有限公司承建艾尼—乌兹别克边境公路》,载北新路桥官网:http://www.xjbxlq.com/news/show.asp? id=500,2018 年 11 月 28 日最后访问。

⑤ 资料来源:根据国家统计局《中国统计年鉴 2016》《中国统计年鉴 2017》综合计算得出。遵循 WTO 关于服务贸易的定义,中国服务进出口数据不含政府服务。WTO《服务贸易总协定》中的服务贸易是指国际服务贸易,其定义为:(1)从一成员方境内向任何其他成员方境内提供服务;(2)在一成员方境内向任何其他成员方的服务消费者提供服务;(3)成员方的服务提供者通过在任何其他成员方境内的商业现场提供服务;(4)一成员方的服务提供者通过在任何其他成员方境内的一成员方自然人的商业现场提供服务。

### （二）人民币国际化流通的现实要求

新“丝绸之路经济带”建设作为中国与中亚国家共同构建新的区际贸易秩序、向西延伸扩展国际发展空间的伟大倡议，一经提出就得到了各方的积极响应和重视。根据国家主席习近平提出的相关实施步骤，“丝绸之路经济带”建设以打通运输大通道为基础，以扩大双边贸易为重点，以投资能源、产业、科技园区建设为依托，每一项都离不开货币的自由流通和金融市场的坚实支持，这就要求各方积极推动人民币在中亚地区实现充分的区域化。我们认为，我国期望实现的人民币国际化是在人民币跨境使用的基础上，在世界经济和国际货币体系中具有如同美元的突出地位和重要性，而本书中所称的人民币充分区域化则是人民币国际化的阶段性成果，中亚作为与中国比邻的向西发展首站，其与中国间各项合作都需要金融市场强大的资金融通能力加以支撑。

1. 便于基础设施建设融资

对中国来说，西部地区与中亚地区间虽然有着得天独厚的地缘优势，但以往西部地区的出口产品要先运送至东部运输港口或转运点再出口，若将西部通往欧亚大陆的资本通道完全放开，大规模的资本能够顺利流入西部地区，结合当地丰富的土地资源、较低的劳动力成本，就能转化双方发展过程中的高成本劣势为地缘经济基础上的低成本优势，强力推进西部基础设施建设，甚至在西部形成新的产业集群，实现西部地区的跨越式发展。

对中亚地区来说，新“丝绸之路经济带”上的新兴市场和发展中经济体较为集中，在基础设施建设方面存在互相利益关联，各国能源开发技术水平普遍较低，因此在这两方面对于资金的需求是十分紧迫的，而我国在基础设施建设和能源开发的技术优势和富余产能也需要新的用武之地，两者需求契合，合作自然顺理成章。在双方利益互补的过程中，基础设施建设项目的融资对所使用的货币也有着更便利的要求，正好可以与我国通过与中亚国家金融合作来实现人民币中亚地区充分区域化的目标结合。

2. 区域化效应改善贸易投资环境

人民币的充分区域化意味着在特定区域内，在贸易计价和结算、金融产品投资计价、外汇市场干预和外汇储备等方面，人民币能够均衡地发挥其作为国际货币的作用，而人民币跨境流通时所依据的汇率又因各国不同的汇率形成机制而存在差异，同时人民币离岸市场与在岸市场互相独立且有不同的金融制度，这会使人民币的区域化受到阻碍，两者间存在突出的矛盾。“丝绸之路经济带”的资金融通关系到基础设施建设进程，关系到带上各国的现实利益与未来发展，若是能够通过金融合作进行各自汇率机制和体制的变革，尤其是人民币在岸离岸市场的相互对接统一，人为地推动实现人民币的区域化，各国不同的汇率形成机制也就随之被区域化所带来的效应所突破。由此带来的好处也是可以预见的，双方进出口商以同一货币进行支付可以免除货币兑换费用和汇率风险，这有利于在贸易和投资过程中的货币自由流通，为贸易投资主体提供更方便快捷的交易环境和更畅通的资金融通渠道。

**（三）区域金融合作机制化发展的必然趋势**

区域金融合作作为区域经济一体化在金融领域的具体表现，是近年来区域共同发展的重要途径。尤其在2008年美国次贷危机引发国际金融危机后，中国与其他亚洲各国国家经济也因与世界市场的不同关系而受到了不同程度的影响，各国也因此开始重视金融领域的区域性合作，以期实现区域内各国家与经济体的共赢。“丝绸之路经济带”下已有基于地缘经济条件而形成的处于基础性的区域金融合作机制或领域化阶段的区域金融合作实践，如上海合作组织框架下的金融领域合作实践、中国—东盟金融合作机制、中国与哈萨克斯坦金融合作机制等。

区域金融市场的发展能够从收益和风险两方面对区域内的资金进行第二次优化配置，在资本收益方面，区域内各主权国家的货币和资本市场上发行的金融证券能够为金融消费者和投资者提供一个利用闲散资金获得收益的强大渠道，同时又能为区域内各国需要资金融通的部门供给足够的资金，使资本借用金融市场的流通机制分别汇入存在不同需求的地方，资本的边际成本也随即得到提高，进而能够促进商品和服务的增长，提高人们的生活水平①；在交易风险方面，在区域内各国国内金融市场功能单一、规模受限的环境中，金融市场内的参与者只能自行承担汇率、利率等经济变量的变动风险，而若是能够进入相对较大的区域金融市场内，就可以利用金融衍生品等金融工具来减少甚至消除交易的风险。②

## 二、中国与中亚国家金融合作法律机制发展现状

中国与中亚五国作为“丝绸之路经济带”中段的主要组成部分，其经济水平的提升和资源的联通直接关系整个经济带的建设与发展层次。各国经济的共

---

① 高鸿业主编：《西方经济学（宏观部分）》，中国人民大学出版社2014年版，第417页。

② 姜波克主编：《国际金融新编》（第5版），复旦大学出版社2014年版，第228页。

同崛起与发展离不开资金的融通与资本的跨国性流动，促进其顺利进行的关键则是国家金融体系与法制体系的双重完善和保障。就目前的实际情况来说，中国的金融体系与配套的法制框架仍处于改革阶段，金融结构不合理，金融改革也存在体制障碍和政策误区。中亚5国的金融环境存在巨大差异，其中，哈萨克斯坦金融环境相对成熟，各类子市场基本形成，监管各类子市场的专门性法律法规也较为全面。但剩余四国金融环境质量较差，甚至存在如土库曼斯坦尚未形成证券市场、其他三国融资条件不完备的滞后表现，金融法制体系更是落后到连基础框架都未形成的程度。

### (一) 金融合作机制构建的实践情况

中国与中亚国家金融合作的具体表现主要集中在跨境金融机构的合作、边境贸易本币结算协议的签署和实施、双边货币互换协议的签订与续展、离岸贸易联系以及实体金融共同参与金融业高端对话这五大方面，具体发展情况如下所述。

1. 政策支持跨境金融机构的建设与合作

中国与中亚国家在金融机构的合作方面已有较长的历史，1993年，中国在哈萨克斯坦境内建立哈萨克斯坦中国银行，为中哈双边贸易主体提供优质的金融服务①；同年，中国工商银行首个海外分行在哈萨克斯坦阿拉木图成立，至今业务已拓展至为中国驻哈萨克斯坦大使馆代理收取签证费等业务②；自中国加入世界贸易组织以来，与中亚国家间的金融合作也愈加频繁。(见表5-7)

**表5-7 中国入世后与中亚国家跨境金融机构发展一览**

| 年份 | 主要事项 |
| --- | --- |
| 1993 | 在哈萨克斯坦设立中国银行阿拉木图分行，次年更名为哈萨克中国银行 |
| 1993 | 在哈萨克斯坦设立中国工商银行(阿拉木图)股份公司 |
| 2004 | 中哈两国国家开发银行签署促进双边经济和产业发展协议 |
| 2008 | 哈萨克斯坦举办第一届国际农业投资论坛，中哈金融合作由能源领域扩大到其他具体项目和非能源领域 |

① 王星:《哈萨克斯坦的中国银行》，载《中亚信息》1994年第5期。

② 同上。

续表

| 年份 | 主要事项 |
| --- | --- |
| 2014 | 农业银行与塔吉克斯坦农业投资银行签署了《支持农业领域合作协议》，发起设立了中塔丝路投资管理有限公司 |
| 2014 | 丝路基金有限责任公司在北京注册成立运行 |
| 2015 | 中哈签署《中华人民共和国政府与哈萨克斯坦共和国政府关于加强产能与投资合作的框架协议》 |
| 2015 | 亚投行正式宣告成立 |
| 2016 | 亚投行正式开业 |

资料来源：由中国人民银行官网国际监管动态中亚各国报告汇总得出，http://www.cbrc.gov.cn/chinese/home/docViewPage/301.html。

2.边境贸易本币结算协议的签署和实施

为推动双边边境贸易中的本币结算，中国自20世纪90年代开始与周边贸易往来国家签署双边边贸本币结算协定。随着中国与丝绸之路沿线国家贸易关系的不断紧密，中国跨境人民币计价结算在中亚国家尤其是在与哈萨克斯坦的合作中逐渐取得新的进展。（见表5-8）

**表5-8　人民币跨境计价结算新进展（截至2017年12月31日）**

| 年份 | 主要进展 |
| --- | --- |
| 2005 | 中哈两国央行签署双边本币结算协议，允许双方货币用于边境贸易结算 |
| 2010 | 新疆成为首个开通跨境投资人民币结算的地区 |
| 2014 | 正式启动人民币和坚戈的挂牌交易，并由中国银行作为唯一指定人民币清算行，哈萨克斯坦也成为中亚第一个进行人民币挂牌交易的国家 |
| 2014 | 中哈两国央行签订新的双边本币结算与支付协议。中哈本币结算从边境贸易扩大到一般贸易。两国经济活动主体可自行决定用自由兑换货币、人民币、哈萨克坚戈进行商品和服务的结算与支付 |
| 2015 | 人民币与塔吉克斯坦货币索莫尼跨境结算正式启动，12月举行汇率挂牌交易仪式。新疆农业银行和塔吉克斯坦农业投资银行可以进行人民币与塔吉克斯坦索莫尼兑换业务 |
| 2018 | 启动人民币、坚戈现钞跨境调运业务，为中哈互市贸易、境外劳务、境外旅游等提供现钞支付服务 |

除上述具体的跨境货币金融合作行为，政府层面上采取的高端政策合作也在引导着中国与中亚国家间金融领域全面合作的走向。2015 年 12 月 14 日，中哈政府发表联合公报，表示中哈双方会以开放的态度和协商互惠的原则，将建设“丝绸之路经济带”的建议付诸实践，并着力促使其与哈萨克斯坦“光明之路”为主题的新型经济政策进行融合对接，全面推进新亚欧大陆桥经济走廊的建设。① 同时双方在金融合作尤其是双边本币计价结算方面的合作会进一步加强，具体措施如两国银行将会共同依托中哈霍尔果斯国际边境合作中心开展多方面业务合作，并会协力共建阿斯塔纳国际金融中心，进一步支持中哈经贸发展。②

3. 双边货币互换协议的签订与续展

除双边贸易和对外投资为人民币区域化提供了基础流通平台外，中国与中亚国家也在通过签订货币双边互换协议③的方式，扩大人民币流通使用的范围。自 2011 年至今，我国央行与乌兹别克斯坦、哈萨克斯坦、塔吉克斯坦相继签订或续签了双边本币互换协议。（如表 5 – 9 所示）

**表 5 – 9　中国已签署的双边本币互换协议一览（截至 2017 年 7 月 31 日）**

| 序号 | 签署日期 | 签署国家 | 规模/亿元人民币 | 有效期 |
|---|---|---|---|---|
| 1 | 2011 年 4 月 19 日 | 乌兹别克斯坦 | 7 | 3 年 |
| 2 | 2011 年 6 月 13 日 | 哈萨克斯坦 | 70 | 3 年 |
| 3 | 2014 年 12 月 14 日 | 哈萨克斯坦 | 70 | 续签 3 年 |
| 4 | 2015 年 9 月 7 日 | 塔吉克斯坦 | 30 | 3 年 |

资料来源：《中国人民银行和其他中央银行或货币当局双边本币互换一览表（截至 2017 年 7 月底）》。

其中，中哈两国签订相关协议规定双方商贸活动主体可以自由使用人民币或坚戈进行商贸服务结算和支付，这使双方的本币结算从以往的边境贸易领域

① 《中华人民共和国政府和哈萨克斯坦共和国政府联合公报（全文）》，载新华网，http://news.xinhuanet.com/world/2015 – 12/14/c_1117457856.htm，2018 年 12 月 2 日最后访问。

② 同上。

③ 双边本币互换协议是指一国（地区）的央行（货币当局）与另一国（地区）的央行（货币当局）签订协议，约定在一定条件下，任何一方可以一定数量的本币交换等值的对方货币，用于双边贸易投资结算或为金融市场提供短期流动性支持。到期后双方换回本币，资金使用方同时支付相应利息。

扩大到一般性贸易领域。①

4. 离岸贸易的不断推动

中国企业通过“走出去”的方式在全球范围内配置资源，试图利用各国在不同生产环节上的比较优势，从而产生不同国家（地区）间的大量原材料、中间品和制成品贸易，这些贸易既有企业内贸易也有企业间贸易。② 为实现规模经济，提高交易效率，这些企业可能将一般贸易的结算交由在东道国设立的贸易型子公司，而将离岸贸易选择交由在中国企业大本营设立的营运中心或借助于第三国的贸易便利化程度更高的贸易结算中心。

自经济全球化成为全球经济发展趋势以来，中国与中亚各国也在积极迎接全球化带来的发展机遇，其融入国际市场经济的重要标志即为加入以世界贸易组织为代表的国际经济组织。吉尔吉斯斯坦于 1998 年 12 月 20 日加入世界贸易组织，中国于 2001 年 12 月 11 日正式入世，塔吉克斯坦和哈萨克斯坦也分别于 2013 年 3 月 2 日和 2015 年 7 月 21 日相继加入，至此，中亚五国中仅剩土库曼斯坦和乌兹别克斯坦尚未加入。③ 伴随各国融入国际市场的脚步，离岸贸易量④骤增。离岸贸易规模扩大，离岸金融业务需求量随之提高，这促使中国与中亚各国能够以互利共赢为目标开展金融合作，合力打造如中亚区域金融中心城市乌鲁木齐、离岸人民币试点金融港霍尔果斯等。

5. 金融业交流合作规模扩大

在习近平主席提出“一带一路”方略前，中国政府和金融机构就对金融业的国际发展表示高度的重视，为丝绸之路建设提供高端交流合作平台。自 2011

---

① 《中哈两国央行续签双边本币互换协议》，载人民网，http://world.people.com.cn/n/2014/1214/c157278-26204946.html。

② 彭羽、沈克华、张娟：《中国企业大规模“走出去”趋势下离岸贸易发展的政策环境研究》，华人企业走向国际化对外贸易、直接投资和国际化管理——第十二届“上发中心—上外贸”上海贸易中心建设论坛论文，2012 年 6 月 29 日。

③ 《世界贸易组织》，载百度百科，http://baike.baidu.com/link? url = ae7XLGswh6y7VH3s91Snw1ZhFS4QO9V5bFM317FONyGp79DS4S7xnRz5O_40kN6ed4PzH1Rpr8TLNvEjrHV_1K，2018 年 12 月 2 日最后访问。

④ “离岸”的含义是指投资人的公司注册在离岸法区，但投资人不用亲临当地，其业务运作可在世界各地的任何地方直接开展。离岸金融业务是指银行吸收非居民的资金，为非居民服务的金融活动。离岸贸易的操作方式就是一种综合的全面的降低企业进出口运营成本的国际贸易操作方式。资料来源：《离岸贸易》，载好搜百科，http://baike.haosou.com/doc/6786481-7003088.html，2018 年 12 月 5 日最后访问。

年9月1日至今，中国人民银行以亚欧博览会为契机主办了多届以“加强国际和地区的交流与合作，构建中国——亚欧金融合作平台”为主题的金融合作论坛①，2015年3月，中国国家发改委、外交部、商务部联合发布了《推动共建丝绸之路经济带和21世纪海上丝绸之路的愿景和行动》②，并于同年9月23日欧亚经济论坛对丝绸之路建设过程中的金融、文化、人才交流分设论坛分会讨论③，以上海合作组织国家为主体，政商学界平等自由对话。这类高水平的交流合作平台以务实合作为特色，能够扩大我国与亚欧国家在不同的金融领域全方位交流，对于发展各方内部经济和金融实力的增强具有极大的现实意义。2017年中国与中亚合作取得重大突破：一是中信银行收购了阿尔金银行的股份，中信银行成为首家在哈萨克斯坦收购银行的股份制商业银行；二是上交所与阿斯塔纳国际金融中心战略合作得到升级，2017年5月，上海证券交易所与阿斯塔纳国际金融中心达成合作协议，共同建立阿斯塔纳国际交易所，上海证券交易所持有该交易所25.1%的股份。④

国际金融危机余波未平，国际经济金融形势仍呈现很大的不确定性特征，但毋庸置疑的是合作与发展依然是世界市场主体共同关心的主题。围绕“新丝绸之路经济带”建设而设立的欧亚经济论坛和金融合作论坛的召开，有利于各方在共同的平台上展示其特有的优势能力，增进相互间的认识和了解，在建立互信共识的基础上探讨构造有效协商合作机制，加强政策沟通与战略协调，为保障亚欧大陆桥以及世界市场经济发展和金融水平的提速作出贡献。

**（二）现有区域性金融合作法律机制建设进程**

中国与中亚五国同处亚洲中部地带，无论是历史发展、地缘经济条件还是现有经贸合作都是有利而现实的问题。“丝绸之路经济带”的重建虽是近几年才正式重提，而亚洲崛起的进程却是早已有之，并且一路崎岖发展至今。目前

---

① 该资料由笔者参考2011年10月25日发表于《金融发展评论》中的《加强国际和地区的交流与合作，构建中国—亚欧金融合作平台——中国—亚欧博览会金融合作论坛综述》一文，以及中共中央党校刘明广博士对中国边疆地区博览会研究的相关内容整理所得。

② 《推动共建丝绸之路经济带和21世纪海上丝绸之路的愿景与行动》，载中华人民共和国商务部网，http://www.mofcom.gov.cn/article/resume/n/201504/20150400929655.shtml，2018年12月5日最后访问。

③ 《2015年9月23日外交部发言人洪磊在记者会宣布欧亚经济论坛于9月23日在陕西西安举行》，载中华人民共和国外交部网，http://www.fmprc.gov.cn/web/，2018年12月5日最后访问。

④ 孙力主编：《中亚国家发展报告—2018，2018》，社会科学文献出版社2018年版，第279页。

为止，中国与中亚国家互相牵连的现有区域性金融合作机制有上海合作组织、中国—东盟金融合作机制、中哈金融合作机制、欧亚经济联盟在金融领域的未来合作等，笔者挑选了在过去或未来将大有可能影响到中国——中亚国家共建“丝绸之路经济带”金融合作框架时的几个合作机制进行基础性介绍。

1. 上海合作组织金融合作机制

2005 年 10 月上海合作组织银行联合体（以下简称银联体）协议在莫斯科签署，标志着上海合作组织框架下新型的国际金融区域合作机制正式建立。①该机制构建的目的即保证在上海合作组织框架内，所有成员银行的安全和有效运行，为成员国的持续发展、为一系列重大项目的落实提供资金保障。② 前期组织与筹建工作完成的基础上，银联体不断提高金融机构的服务水平，构建适合各成员国发展特点的融资方式。

（1）制度框架建设

自 2001 年上海合作组织成立以来，各成员国共同合作构建组织框架内的金融领域合作机制，通过签署成员国间的多边协定和框架性文件奠定金融合作法律基础，以《上海合作组织宪章》为根本，共同制定签署并批准了《〈上海合作组织成员国多边经贸合作纲要〉实施措施计划》《开展区域经济合作和启动贸易投资便利化进程的备忘录》等一系列制度文本。成员国各有分工，从纵向与横向上分别负责区域、国家和地方的电子商务、投资促进、信息技术、海关、能源、标准化改革等方面的机制建设工作，打造出有效促进框架内成员间协调发展的全面立体的便利化服务体系，为金融合作的有效运作夯实了制度基础。2005 年银联体成立时，各成员国又签署了《上海合作组织银行联合体理事会工作条例》《上海合作组织银行联合体关于支持区域经济合作的行动纲要》等原则性文件，至此上海合作组织框架内金融合作的制度建设已完成。③

（2）金融合作具体范围及功能

上海合作组织金融领域的功能合作起步较晚，合作范围主要有以下四大方面：第一，双边金融机构的合作，如国内金融发展水平较高的或者拥有独联体与上海合作组织成员国双重身份的成员国对于国家间经济联系与金融合作等活

---

① 《2005 年 11 月 22 日上海合作组织银行联合体近日在莫斯科正式成立》，载新华网，http://news.xinhuanet.com/world/2005－11/22/content_3820089.htm。

② 同上。

③ 同上。

动较为适应,在其他成员国内设立金融业务分支机构,开展基础性金融服务、融资活动或参建投资大型项目;第二,成员国间边贸本币结算,利用本币流通减少成员国间边境贸易结算程序,避免汇率波动风险,便于企业严格自主控制因此产生的不必要的交易成本,促进双边或多边金融服务的便利化;第三,银联体合作,上海合作组织重视实业家委员会的作用,为成员国实业界提供交流合作平台,共同为区域内大型项目提供更宽泛的融资服务;第四,上海合作组织融资支持体系建设,各成员国互相商讨共同出资成立上海合作组织发展基金,以此支持上海合作组织区域内贸易投资促进活动和区域经济合作项目的顺利融资。

2. 中哈金融合作机制

中国与哈萨克斯坦两国政府对于金融合作机制的构建和运行始终持积极的态度,双方通过政府决策者与合作主要参与者共同举行高层会议的方式,以签署贸易结算、本币互换、互设金融机构、金融监管等方面的合作协议为载体,由两国实体金融机构负责实施合作的具体环节。

中哈金融合作机制主要是在上海合作组织和中亚区域经济合作框架下形成的,双方作为两个机制的共同构建者,关于上合组织机制如前所述,笔者在此不再赘述。2012 年 10 月 30 日,中亚区域经济合作第 11 次部长级会议在中国武汉举行,会议后通过部长联合声明公布了“实施中亚区域经济合作 2020 战略:愿景和行动”,并通过了负责具体实施战略的“武汉行动计划”,包括执行交通、能源、贸易便利化和贸易政策等领域的重点项目和合作,并为此制定规划、准备和资金筹措工作。① 除了上述与中哈金融合作机制重叠的部分,中国与哈萨克斯坦间也有独立的金融合作制度安排。根据 2004 年中哈两国签署的《中哈关于成立中哈合作委员会的协定》精神,双方成立中哈金融合作分委会,轮流负责每年一次的中哈金融合作分委会会议,截至 2015 年共举行了 9 次分委会会议,第 9 次会议讨论了扩大中哈本币的使用,促进贸易和投资发展;加强金融机构间合作,共同推动“丝绸之路经济带”建设;在中哈霍尔果斯国际边境合作

---

① 《CAREC》,载好搜百科,http://baike.haosou.com/doc/7109767-7332815.html,2018 年 12 月 20 日最后访问。

中心积极开展金融合作;银行、证券及保险监管领域的合作等问题。①

3. 欧亚经济联盟金融合作机制

2014 年 5 月 29 日,俄罗斯、白俄罗斯、哈萨克斯坦三国总统签署《欧亚经济联盟条约》。② 根据条约,欧亚经济联盟的目标是在 2025 年前实现联盟内部商品、服务、资本和劳动力的自由流动,推行协调一致的经济政策。欧亚经济联盟委员会总部设在莫斯科,法院设在明斯克,金融监管机构设在阿斯塔纳。③ 该组织具备全面充分的国际法人资格,以世界贸易组织的基本原则为基础运作,以经济权力移交绝不牵涉国家主权让渡为前提保证,以恢复建立统一的经济空间、共同的海关促进贸易往来为目标,希望最终能够成为新的世界经济力量中心,实现世界经济多元化和平等格局。④

## 三、中国与中亚国家金融合作法律机制现存问题与原因分析

如前文所述,中国与中亚国家金融合作目前处于尝试性实践居多的初级阶段,多是基于各类经济组织的协议而产生的政策性合作,并未建立实体性合作机构,同时多为中哈之间的双边合作项目,并无纯粹属于中国与中亚 5 国间的多边金融合作,即便是有合作也多是银行机构的基础性金融业务往来,并没有大规模的高端金融合作实践。因此,区域内金融合作理所当然存在各类问题亟待解决。

### (一)金融法制体系缺陷造成的现实环境问题

中国与中亚 5 国经济结构和经济发展水平客观差距较大,产业结构合理程度不同,国家间生产要素的相互流动频率较低,因此对于金融合作来说,差异造成的互补性客观需求极大,但实力差距基础上的利益平衡阻力更大,再加上欧亚经济联盟新生力量和中亚地区政治不稳定因素的影响,中亚 5 国金融环境总体上较差。

---

① 《经商处工作人员参加中哈合作委员会金融合作分委会第九次会议》,载中华人民共和国驻哈萨克斯坦共和国大使馆经济商务处官网,http://kz. mofcom. gov. cn/article/t/201409/20140900749357. shtml,2018 年 12 月 20 日最后访问。

② 《欧亚经济联盟》,载好搜百科,http://baike. haosou. com/doc/7900312 - 8174407. html,2018 年 12 月 20 日最后访问。

③ 同上。

④ 同上。

1. 各国融资环境缺陷

哈萨克斯坦金融环境相对其他几国较为成熟,外国在哈萨克斯坦正式登记注册的企业均可在当地银行融资,享受国民待遇,与当地企业没有区别。哈萨克斯坦金融工具市场形成较早,有由外汇市场、国家有价证券市场、债券市场和衍生金融工具市场构成的哈萨克斯坦证券交易所;有专门的《有价证券市场法》、《反洗钱法》、《外汇监管问题若干法令修订法》和金融中心区域特别优惠办法,因此在融资条件与法制监管环境方面都相对全面。然而,由于哈萨克斯坦独立的时间并不长,各类法律法规也多是在仓促间制定出台的,这与经济社会的迅速变化发展并不能及时相适应,因此法律法规的变化也较为频繁,对金融市场主体的管理制度一直存在不确定性,对金融活动的持续性与规模化发展极为不利。

吉尔吉斯斯坦独立 20 余年来,金融业有了长足的发展。该国银行规模较小,且贷款利率高,尚不具备对中国企业融资条件。吉尔吉斯斯坦货币索姆可自由兑换,但人民币与当地货币不能直接结算,目前尚不具备中国企业使用人民币在吉尔吉斯斯坦开展跨境贸易和投资合作的条件。吉尔吉斯斯坦股票交易市场规模较小,年交易额很少,平均约合 1 亿美元。① 吉尔吉斯斯坦多数商业银行都是环球同业银行金融电讯协会(SWIFT)成员,可通过电子支付方式进行国际汇款业务。② 目前,中吉两国商业银行之间汇路通畅,一些驻吉中资企业和商人已经利用吉尔吉斯斯坦的银行服务进行跨国汇款业务,提高了支付的安全性和人身安全保障。③

塔吉克斯坦融资条件一般,国内经济发展受到其居高不下的外债水平的严重影响。塔国银行系统薄弱,缺乏长期投资,银行贷款利息率在 24% ~36% 之间④,在中亚地区是最高的,因此在世界银行《2016 年营商环境报告》“营商便利度”和“获得信贷容易度”的排名中,塔吉克斯坦在 189 个国家和地区中分别排

---

① 商务部:《对外投资合作国别(地区)指南:吉尔吉斯斯坦》,中国商务出版社 2014 年版,第 25 页。

② 同上。

③ 同上。

④ 商务部:《对外投资合作国别(地区)指南:塔吉克斯坦》,中国商务出版社 2014 年版,第 31 页。

名第132位、第180位。[①] 外资企业与当地企业享受同等待遇，国家没有特殊限制，遵循市场化原则。目前塔吉克斯坦尚无证券交易机构，国家每年发行少量国债，发行的对象是机构投资人。人民币与索莫尼不能直接结算，中资企业尚不能使用人民币在塔吉克斯坦开展跨境贸易和投资活动。

乌兹别克斯坦自2003年10月15日实施汇率并轨后，保持本币苏姆经常项目下可自由兑换，金融市场较稳定。[②] 乌兹别克斯坦金融体系的规模小，总资产182亿美元[③]，资产质量较好，相对封闭独立，受金融危机的影响较小。人民币与当地货币不可直接结算。其实行较严格的外汇管制，近几年虽有所改善，但在购汇与汇出方面仍存在一定困难。其商业银行贷款年利率高，约为17%～24%[④]，外资企业一般不选择乌兹别克斯坦银行融资。

土库曼斯坦货币为马纳特，与美元可自由兑换，但与人民币不可直接兑换，两者结算需要以美元为中介。土库曼斯坦贷款审查极其严格且申请周期长，贷款利率高，平均年利率约10%[⑤]，外资企业在当地融资十分困难。另外，土库曼斯坦截至目前无中资银行，无证券市场。

2. 其他政治与法律因素影响

中亚5国的金融环境除了各国内部本身的金融市场制度和法制体系构成的条件外，还包括各国受到的政治因素影响和其他经济体政策限制。其中，政治方面的影响因素包括各国内部的政治风险，如哈萨克斯坦近年来出于对国家安全的考虑，对石油和天然气等战略资源的重视程度不断提高，在其《地下资源与地下资源利用法》等相关法律法规中规定了国家对矿产品的交易和地下资源利用权的转让拥有“优先购买权”，以期最大限度地实现战略资源的国家控制与整合[⑥]，这类法制调整对实体经济的影响是最直接的，对金融市场也会造成波动

① 《营商环境报告》，世界银行和国际金融公司联合出版2016年版，第3页。另外，营商便利度方面，哈萨克斯坦居第41位，吉尔吉斯斯坦居第67位，中国居第84位，乌兹别克斯坦居第87位，土库曼斯坦至今未列入考察范围。

② 商务部：《对外投资合作国别（地区）指南：乌兹别克斯坦》，中国商务出版社2014年版，第24页。

③ 同上。

④ 同上。

⑤ 商务部：《对外投资合作国别（地区）指南：土库曼斯坦》，中国商务出版社2014年版，第25页。

⑥ 王林彬、刘晨虹：《哈萨克斯坦矿产资源投资政策的变化及其对策分析——以哈国〈地下资源及其利用法〉的变迁为视角》，载《新疆大学学报（哲学·人文社会科学版）》2014年第2期。

性政治风险。同时,政治影响也包括周边国家不稳定因素的威胁,如美国从阿富汗撤军后,塔吉克斯坦和其他中亚国家将直接面临极端势力和恐怖主义威胁,又如乌兹别克斯坦和塔吉克斯坦之间跨境民族问题、领土争议问题和围绕阿姆河引发的多次冲突①,诸如此类的政治问题对各国经济社会的稳定和金融市场的稳健发展而言是巨大隐患。

关于其他经济体政策限制的影响,居首的是俄罗斯与中亚国家间共筑的关税联盟和经济联盟。2015 年 5 月 7 ~ 12 日,习近平主席出访俄、白、哈三国,提出围绕“一带一路”方略建立更为完整有效的制度性保障,通过提升服务业市场开放程度使金融业得以快速发展,为贸易活动提供更为有效的保障。② “丝绸之路经济带”在地缘经济方面本身就涵盖了部分欧亚经济联盟成员国,2015 年 8 月 12 日,吉尔吉斯斯坦正式加入欧亚经济联盟③,这使中国在中亚地区的两大经贸合作伙伴在未来的合作中均有可能在政策与实务方面与中国挂钩,也会对与中国的经贸往来产生负面影响。根据吉尔吉斯斯坦方面的统计,自 2008 ~ 2014 年,中国曾连续 7 年为吉尔吉斯斯坦第二大贸易伙伴。但自 2015 年以来,吉尔吉斯斯坦经济不景气,本币大幅贬值,内需不振,尤其是正式加入欧亚经济联盟后,其对盟外国家商品进口关税税率提高,海关制度更加严格,造成与中国的双边贸易额全面下滑。

**(二)双边合作存在法律机制障碍**

中国与中亚国家目前的金融合作基本上都是处于双边共建的阶段,因此尚未形成全面成熟的合作局面,根据前文所述的双方合作领域,笔者总结出各个领域在合作实践中表现出的以下问题。

1. 人民币清算业务领域法律制度真空

中国与中亚国家间的双边合作中,由于双方国内货币政策和贸易结算制度的差异,都会对双边贸易结算造成限制性影响。如前文所述,中亚国家是全面不可直接使用人民币结算的,而由于我国国内对资本项目存在严格的管制,人民币流至境外后只能用于从中国进口的贸易支付,为了降低海外人民币支付的

---

① 储殷:《“一带一路”投资政治风险研究之塔吉克斯坦》,载中国网,http://opinion.china.com.cn/opinion_33_125533.html,2018 年 12 月 21 日最后访问。

② 《拱卫世界和平 推进发展合作》,载新华网,http://news.xinhuanet.com/world/2015-05/04/c_1115172834.htm。

③ 《吉尔吉斯斯坦正式成为欧亚经济联盟全权成员国》,载新华网,http://news.xinhuanet.com/2015-08/12/c_1116234277.htm。

成本和风险，使不断扩大的国际贸易能够更方便地使用人民币进行贸易结算，需要通过以在离岸市场地建立清算中心缓解二者矛盾。自 2003 年开始在我国香港特别行政区建立首家人民币清算行至今，我国相继在亚洲、欧洲、美洲及大洋洲等地都建立了负责办理人民币业务的清算中心，[①]但截至 2014 年 9 月 25 日，哈萨克斯坦中国银行正式在哈萨克斯坦交易所挂牌，开始开展人民币对坚戈的兑换业务[②]，并未在中亚地区其他国家设立人民币清算行，也尚未建立中亚人民币离岸金融市场，针对中亚国家贸易投资等活动的人民币结算计价和人民币回流机制也处于缺失状态，因此中亚国家目前依然是依靠在我国香港特别行政区等地建立的离岸金融市场或国内金融市场开展人民币贸易与投资活动。

2. 货币流通法律缺失或可操作性低

根据《国际货币基金协定》的规定，一国货币可自由兑换，就是指对国际经常往来的付款和资金转移不得施加限制。具体说来就是，这种货币在国际经常往来中，随时可以无条件地作为支付手段使用，对方也应无条件接受并承认其法定价值。不施行歧视性货币政策措施或多种货币汇率。若一国货币实现可自由兑换，也就意味着在另一成员国要求下，随时有义务换回对方在经常性往来中所结存的本国货币，即参加该协定的成员国具有无条件承兑本币的义务。这将有利于形成多边国际结算并促进国际贸易的发展，也有利于货币国利用国际资本发展本国经济，但同时也会影响到外国投资者是否选择货币国作为长期投资对象。

一国的货币实现自由可兑换是存在其利弊影响的，尤其一国在其进出口能力和进出口自由程度不满足货币自由兑换条件时，过早过快地让其货币自由兑换，仅凭货币当局主观判断就武断地把国内和国际两个金融市场一体化，而忽略客观经济发展规律必将造成巨大的负面影响，发展中国家由于自身条件的欠缺，遭受的不利影响则更是明显，更容易加剧金融风险、诱发金融危机。如前文所述，中哈货币兑换直至 2013 年才实现，虽然根据乌兹别克斯坦的法律，中乌间人民币与苏姆仅可在经常项下自由兑换，但在实际操作中却非常困难，塔吉

---

① 《人民币清算银行》，载百度百科，http://baike.baidu.com/link?url=R5Ay2p41wh7nWTgNTOXfHnFoa5U88w1s6AFCi_LcCQY4nBYfrHNpCP5qJeE1RYDgnAiqVcLXzd2Vo09KmuTuL_，2018 年 12 月 23 日最后访问。

② 《哈国首家人民币清算行今日挂牌交易助力新疆跨境人民币业务再提速》，载亚心网，http://news.iyaxin.com/content/2014-09/24/content_4678669.htm。

克斯坦、吉尔吉斯斯坦可自由兑换，土库曼斯坦不可兑换。这样的状况虽然不是该国政府和货币当局主观愿望所决定的，但中国作为中亚国家主要贸易伙伴，其货币兑换却不完全通畅，会影响到双方贸易往来和金融合作，进而阻碍双方经济的长足发展。

3. 制度缺位阻碍跨境金融服务网络建设

作为金融合作实践的基础设施条件，跨境金融服务网络的建设无疑是至关重要的，该服务网络的通达性、及时性和服务质量对金融合作实践活动的可操作性影响是极为重大的。截至目前，中国银行和中国工商银行在哈萨克斯坦阿拉木图市设有分行；塔吉克斯坦没有中资银行，与中国国内银行合作比较紧密的有储蓄银行、农业投资银行等；乌兹别克斯坦暂未开立中资银行，仅有国家外经银行与中国进出口银行、中国国家开发银行有较多的业务合作；土库曼斯坦和吉尔吉斯斯坦均无中资银行。因此，中国与中亚国家间跨境金融服务网络建设是明显滞后的，这也是双方实现全面金融合作的一大障碍。没有先进强大的融资平台，各项经济合作的运行则是没有长期保障的。

**（三）多边合作存在机构与机制缺失**

多边合作是关系中国和中亚 5 国未来金融振兴和经贸发展的重要问题，各方在以双边交流为主的同时也在积极推进多边合作的可能性向前发展，而就目前的合作情况来看，处于起步阶段的多边合作还是存在较为明显的问题的。

1. 中亚地区融资服务机构发展受限

“丝绸之路经济带”覆盖多个国家，西端连着发达的欧洲经济圈，东端系着亚太经济圈，发展潜力巨大。其中，中国与中亚国家的合作主要集中于能源领域和经贸领域，中国—中亚天然气管道等大型能源合作项目相继建成并投入运营，中国也已经成为中亚国家最主要的贸易伙伴和直接投资主要来源国。然而，随着贸易和投资规模的不断扩大，区域内资本的流动却因为融资服务机构的欠缺受到限制。截至 2017 年年底，已有 10 家中资银行在 26 个“一带一路”沿线国家设立了 68 个一级机构，在过去的 3 年里，中资银行业机构共参与了“一带一路”建设相关项目达 2700 个，累计授信 4000 亿美元，发放贷款超过 2000 亿美元。① 从机构类型看，五大行是中资银行“走出去”的主力军，在“一带

---

① 《“一带一路”为金融发展带来哪些机遇》，载人民网，http://zgbx.people.com.cn/n1/2018/0124/c417094-29784764.html。

一路”方略沿线国家的机构布局初具规模；从地域分布看，中资银行的分支机构主要集中设立在东南亚和西亚地区，而在中亚、独联体地区存在明显的布局空白。目前为止，中国与中亚国家间尚未建立专门服务“丝绸之路经济带”贸易投资的金融平台，这与日益频繁的经贸合作是不相适应的，中国投资者必须透彻了解每个国家不同的金融法规和政策，才能促成一定规模的金融合作，而合作带来的利益也会因为各国不同的融资条件和监管环境产生巨大差距，即金融资源和所得利益往往容易集中至个别国家，而并非利益均衡分布，短期内可能利于区域内贸易和金融中心的生成，但这对“丝绸之路经济带”中部的全面崛起和长期发展是弊大于利的。

2. 多边利益协调机制缺位

如前文所述，由于“丝绸之路经济带”专属的区域金融服务机构的缺失，金融资源和金融利益会因为金融发展环境的差距而集中于个别国家或个别城市，使得国家和城市间金融业水平良莠不齐。如由英国智库集团发布的 2015 年“全球金融中心指数”（GFCI）显示，12 个入榜的亚洲金融中心仅有中国内地的上海、深圳、北京、大连和哈萨克斯坦的阿拉木图处于“丝绸之路经济带”塌陷的中段，而这五个城市分别在 GFCI 中排名第 16、22、29、51、49 位，亚洲金融中心由中国香港特别行政区、新加坡和日本东京领先，依次排名全球第三至第五①GFCI 指数是通过考察入榜金融中心的金融人才、金融监管环境、市场发展程度和基础设施而确定的，由这些入榜城市的地理分布即可看出，无论硬件基础还是软件设施，中国和中亚地区的资源分布都是分布不均的。与此同时，中国与中亚国家间虽然存在多个经济组织与合作机制，但中国和中亚 5 国并未能在任意某一个经济组织中由多边利益协调机制调和差距，这会使原本情况不乐观的各国金融水平差距进一步扩大化，最终导致不同国家经济发展走向不同的极端，虽然并非所有经济体内的国家都要齐头并进谋发展，但如果强弱差距不被重视，各自按照各自的发展速度继续前进，这是极其不利于区域经济一体化趋势进程的。

3. 多边金融监管合作法律实践不足

金融合作中除了金融机构、金融业务方面的经济性合作，还有金融监管的政策法规性合作。金融监管合作是指通过金融政策法规将金融监管关系实现

① 《第十七期全球金融中心指数》，载英国智库 Z/Yen 集团 2015 年版，第 19 页。

制度化，使得负有监管职能的金融机构能够共享金融资源平台、互相交流金融信息，共同对金融风险项作出评估，抵御或避免金融风险，促进区域金融行业整体公平有效运行，为区域间的金融市场全面健康发展提供科学预警和法治保障。

中国和中亚5国市场经济发展历史不同，水平也存在很大差异，金融法制发展程度也参差不齐，如哈萨克斯坦自20世纪90年代就已经有了国内金融市场，也相继制定出台了各类金融监管立法和政策，相对其他4国连金融市场处于初始阶段甚至是金融市场尚未全面形成和开放的情况来说已经相当先进了。综观金融监管合作的发展情况，中国与“一带一路”覆盖的其他国家针对金融合作已经有所动作，与之配套的金融监管方面的合作也在逐步开展中。截至2015年6月末，中国银监会已与27个“一带一路”国家的金融监管当局签署了双边监管合作谅解备忘录（MOU）或合作换文。① 其中在中亚，自2004～2010年，已经成功和吉尔吉斯斯坦、哈萨克斯坦和塔吉克斯坦的相关金融监管机构签署了涉及专门领域或具体条款的双边金融监管合作协定。然而这些政策性金融合作也仅仅是中国与中亚3国间各自达成的双边协定，对于“丝绸之路经济带”上的公平健康的金融环境的构建也只是刚刚起步，尤其是现实情况中的问题并不少。如土库曼斯坦的情况却与相对先进的哈萨克斯坦金融法制监管环境大相径庭，甚至到目前仍尚无证券市场，除马纳特与美元可随时互换、外汇可自由汇进汇出外，暂无其他专门用于监管金融业经营发展的政策法规，更不用说开放金融市场参与国际金融合作了。综上所述，中国与中亚五国间的多边金融监管合作基本处于真空状态，这对实现多边金融合作的愿景来说是基础性和保障性机制的缺失。

## 四、对策建议

针对关于中亚地区金融环境中不稳定的非经济性因素不利于金融市场主体获益发展的问题，政府应当对此采取保护性和救助性措施，与本国在外企业或当地的企业联合组织时刻保持政策沟通，在驻外机构中设置专门的咨询服务部门，利用兼备政治、经济和法律知识的专业人员及时监测风险，提前做好改变企业金融战略甚至退出市场的准备。而关于其他经济性因素所造成的中国与中亚国家金融合作时的现实问题，则应当由各方遵循上述总体原则，以多边共

---

① 《银监会：已与27个“一带一路”国家签署MOU或合作换文》，载人民网，http://world.people.com.cn/n/2015/0929/c157278-27646628.html。

建作为终极合作路径，通过以下有针对性的具体组织架构活动来构建金融合作法律机制。

**（一）构建国际结算规则规范下的多边支付结算体系**

货币金融合作之所以能够作为狭义的金融合作，足见其在整个金融合作中所占比例与重要地位，更说明其在区域经济一体化和全球化进程中被摆在了前沿位置。从古丝绸之路的形成到当今新"丝绸之路经济带"的构建，都离不开货物与服务贸易的发展与壮大，始终伴随贸易发展的就是作为一般等价物的媒介——货币。中国作为丝绸之路产生和发展过程中的核心国家，在经贸合作基础上开展金融合作时，货币金融合作应当被列为优先考虑的问题，人民币也于2015年12月1日正式被纳入国际货币基金组织特别提款权货币篮子，提高了人民币在全球货币体系中的地位，也为中国企业深入国际结算规则体系和中国进一步参与国际金融秩序重塑赢得了资格。中国更应当趁热打铁推动人民币国际化的国家金融战略，率先实现人民币在中亚地区的充分区域化，"丝绸之路经济带"的重构则为人民币充当普遍支付结算货币提供了新的机遇。

从全球总体发展趋势来看，自20世纪90年代以来，为适应国际经济一体化发展的需要，国际上双边结算的形式及范围在不断减少，而全球性、区域性或集团性的多边结算体系正逐渐发展成为主体。中亚5国中，除土库曼斯坦为独联体联合成员、上海合作组织参会国外，均为独联体、上海合作组织正式成员。而独联体国家间、上海合作组织成员国间以双边支付结算为主的货币合作，阻碍了国家间经贸联系与发展。与此类似，中国与中亚5国的经贸联系和支付结算也以双边为主，尚未全面形成各自的清算支付中心，更没有建立多边结算体系，这对中国与中亚国家在共同构建"丝绸之路经济带"时的区域经贸与金融合作发展在很大程度上是有阻碍的。因此，笔者建议，中国应当与各国在考虑各自不同的经济发展水平和金融市场开放度的前提下，遵循前文所述的尊重国家货币金融主权和构建开放性市场的宗旨，在上海合作组织已形成的双边结算协议基础上，与跨境银行间支付清算有限公司（CIPS）相互配合建设，合理地引入国际结算统一规范与准则，在经贸往来更加密切、金融合作制度不断完善、市场经济发展程度更高的未来，共同逐步建立更加高端、健全、便利的能为"丝绸之路经济带"建设提供更丰富的贸易金融服务的支付结算体系。

**（二）构建公平交易基础上的多层次货币合作体系**

1. 实现多边货币规范化挂牌交易

境外使用人民币必然存在汇兑问题，这就涉及中国制定外汇牌价的模式及具体制度设计。就目前情况而言,中国与中亚国家间实行的是人民币被盯住汇率制模式,即人民币兑换中亚国家小币种汇价直接挂牌交易,如人民币和哈萨克斯坦坚戈汇率挂牌交易。直接挂牌交易就意味着双边的商业银行和交易企业可以绕过以美元为基准套算双边本币汇率的环节,解决交易和头寸问题,双方直接进行清算活动,这样既可以减少银行和企业汇兑的成本和汇率波动可能带来的风险,又可以为人民币和小币种的结算提供更便利的方式与渠道,提高人民币在境外的认知度和使用率,实现中国与中亚国家贸易投资便利化,推进人民币在中亚地区的区域化。

继 2011 年中国新疆已实现了与哈萨克斯坦货币坚戈的直接挂牌交易,2015 年 12 月 13 日,中国农业银行又实现了人民币兑塔吉克斯坦索莫尼挂牌交易,中塔两国银行、企业及个人都可以使用其本币进行贸易支付结算,至此,新疆与中亚国家人民币直接结算量已达到 88 亿元,这样的交易有效拓展双边货币互通流动路径,使双边经济金融领域的战略合作得到极大的深化。笔者认为,要想通过货币流通的方式助力“丝绸之路经济带”上贸易投资便利化的完全实现,就应当遵循金融合作法律机制构建的开放性和公平竞争的基本宗旨,在中国与中亚各国实现货币直接挂牌交易的基础上,共同协商、积极构建多边货币挂牌交易平台,并对交易行为进行针对性的法律规范管制,这不仅能使中国与各国间的货币联系得到加强,更可以通过法治手段弥补中亚国家间因独联体内货币支付联盟无法运行造成的各国本币软弱、结算复杂的经济缺陷,实现货币金融合作中的公平化、开放性交易。

2. 借助产能合作扩大银行业公平化贷款规模

近期,世界经济复苏的进程受到国际金融市场不稳定因素的影响,各国对内加强政府层面对市场的宏观调控,实施新的经济政策保障国内经济稳定,对外联合他国互相协助,推动区域性金融合作,通过各方联动保持世界金融市场稳健,想要共同出力将全球经济调整回健康增长的轨道。多次国际性的金融危机中,各国应对危机时所作出的反应看来,制约世界经济增长的结构性障碍不能完全依靠量化宽松政策来解决,最终还是需要各国把握其内部经济结构的缺陷,对准问题进行结构性改革,与此同时更要加强与其他国家的合作共建,在将国内经济结构合理化的基础上进一步扩大市场的开放,利用本国的比较优势与存在弱势的国家和经济体互相补益,构造发展程度更加均衡的区域或全球产业链。

根据中国企业在中亚地区贷款实践情况看,工程承包类的贷款比较容易获得，但在境外生产经营类的贷款就相对困难，因为银行在作出发放贷款决定前需要具体考量借款人所从事的项目在当地成功和收益的可能性，以此评估企业及时还贷的能力，但银行在当地又没有建立可以统管全球各地风险、懂得全球运作的部门对此进行考察，无法精确地判断出项目建设会在当地市场遇到的风险，即便境外有分支机构，当贷款规模超出限额时，总行则多会以无法深入评估项目投入产出率为理由拒绝贷款。在2015年9月9日至11日举行的2015年夏季达沃斯论坛开幕式上国务院总理李克强致辞，他提到：中国提出建设“一带一路”，开展国际产能合作，就是要进一步扩大中国的开放，打造互利共赢、包容共进的世界发展和利益共同体。① 中国想要让企业借助“丝绸之路经济带”建设“走出去”，就必须考虑该企业自身的产能优势在与各国合作时如何最大化地发挥，更要清醒地认识到产能合作需要各国政府、国际组织和金融机构大力支持。

各方政府和货币当局应当遵循权利与义务相统一、公平竞争的宗旨，通过政策法规的专门性规定，给优质企业更宽松的安全化、公平化借贷环境，借助产能合作扩大银行业贷款规模，鼓励金融机构开展出口退税账户托管贷款等业务，扩大外汇储备委托贷款规模和覆盖范围，为保障银行客户规模和自身经营利益，也可以考虑为企业提供境外资产抵押贷款，国内银行还可以通过开立保函的内保外贷方式、对母公司全球授信等方式帮助企业解决融资需求，稳步放宽境内企业人民币境外债务融资，为实现升级版“走出去”的国际产能合作提供融资服务。企业在转移优势产能时，对银行的需求不仅是传统存款、贷款、转汇等业务，也会提出类似并购、资本运作、资产保值等新的业务需要，因此本国的金融机构在国内开展配合产能外移的同时，应当顺势伴随产能同步向外扩张发展，最好可以与合作国家当地的金融机构开展互助合作，共同为双方企业优势产能转移提供融资便利。

3. 建立货币互换合作长效机制

各国政府和货币当局之间的货币互换是货币流通、项目融资的一种创新路径，中国政府在建设“丝绸之路经济带”过程中也应当充分利用新模式进行融资活动。货币互换合作具体运作程序是央行通过一定数量的本币与等价外币的互换，将得到的对方货币注入本国金融体系，使本国商业机构在境内就可以更

---

① 《2015年9月10日李克强在2015夏季达沃斯论坛开幕式上的致辞实录》，载中国政府网，http://www.gov.cn/guowuyuan/2015-09/10/content_2928456.htm。

方便地借到经营所需的对方货币，用于支付从对方国家进口的商品或服务，借以减少以美元为兑换中介带来的汇兑成本和金融风险或减少因美元缺乏流动性带来的贸易融资萎缩，这样更有利于货币互换方之间贸易效率的提高，也推动了货币国本币在区域范围内的流通程度。

中国与中亚国家同属“丝绸之路经济带”范围内的经济体，之间经贸往来十分密切。长期以来，中国周边国家和地区开始以人民币进行贸易定价，或是与中国签署双边互换协议，现实证明了人民币的国际接受度和国际地位在不断深化。但我国签署的货币互换协议都是双边性的约定，并不表示人民币全面发挥了国际货币作为交换媒介、结算工具、外汇储备的基本职能。一方面，因为现有的双边互换协议是有期限限制的，而且该有效期都比较短，期满后虽然可以续展，但需要重新开展谈判活动，由此协议签订的成本就会累积增多，与双方互换货币的初衷悖逆。另一方面，双方互换货币遵循的是其共同协商后所签署的互换协议，效力层级较低，当一方处于协议约定的具体情况中时，需要流动性资金给予支持时，对方是否能够按照协议真正实现货币供给，尚缺乏有效的监督和约束机制。伴随着“丝绸之路经济带”建设的大势，中国应该考虑建立与中亚国家间的永久性货币互换合作长效机制，同时可以将现有的双边协议扩大至多边协议，遵循开放性市场原则，让中国与中亚国家突破世界货币为媒介进行汇兑的限制，尝试创建互换合作与备用履约保障机制，在机制内成员无法及时有效履行约定义务时发挥备用效力。

**（三）完善跨境金融服务网络建设**

1. 建立“丝绸之路经济带”跨国商业银行与服务规范

“丝绸之路经济带”上有多个政府间经济组织和政策性金融机构合作机制覆盖，也就意味着中央政府的主权因素在其中成为主导力量，然而政策性金融合作平台的主要出发点是通过政策导向支持区域经济发展的重点行业和企业来引导金融合作，也就是说这样背景下开展的金融合作是由国家政策鼓励和支持的，但并没有体现市场经济的自动调节功能。最为明显的以亚洲开发银行为例，日本人垄断亚洲开发银行行长早就与美国人垄断世界银行行长、欧洲人垄断 IMF 总裁一样，成了不成文的习惯。但其覆盖的亚洲国家和地区在发展阶段、历史宗教等方面差异甚大，日本掌控下的亚洲开发银行却仍然以世界银行和 IMF 的政策性标准为模板，为亚洲开发银行成员国申请贷款设置了信用级别、政府透明度、财政紧缩国企比例等标准。另外，亚洲开发银行估计，从 2010～2020 年，亚洲各国基础设施投资合计大约需要 8 万亿美元，而现有多边机构远不能满足如此巨额的资金需求。

政策性金融服务平台固然有主权国家政策的鼓励和支持,但毕竟是利用政府“有形的手”在进行市场引导,脱离了市场价值规律的自发调节,因此在很大程度上可能因政治环境的限制或变动而受到束缚。面对这样的情况,我们亟须本着权利与义务相统一、共同监管的宗旨,以政策性金融合作平台为基石,设立“丝绸之路经济带”专门性跨国商业银行并建立相应的法律服务规范,克服现有经济合作的复杂情况,为沿线国家提供优质服务。建议由区域内各国商业银行共同参与筹建并分享股份,打造名副其实的单纯市场化商业金融合作平台,将法人治理纳入监督,将风险管理置于高强度的权威控制之下。具体建议包括:第一,各国金融机构除在基础业务方面进行调整互通外,可以在其他方面开展合作,如金融理念的相互融合、金融新产品的研发、金融机构内部监察审计、互联网金融信息监管和金融风险预防与管控等,通过这些方面的互联互通为融资方式的创新提供助力,满足“丝绸之路经济带”沿线国家乃至具体城市中基础设施建设和经贸活动企业的资金需求。第二,此间金融业务互联网化的程度必然影响金融业务的规模与效率,因此对于互联网金融的专业化技术性风险管控及其引发的法律问题处理经验显得尤为重要,它关系维持“丝绸之路经济带”上金融业的稳定与健康。建议在设立的商业银行内部金融体系发展较成熟的城市设立机构总部与不同沿线区域的互联网金融子中心和法律服务部门,利用其先进的互联网金融实践经验和对政策性金融平台后方政府监管方式的熟悉,与各国子中心及时交流沟通,随时调整不同的金融运作模式,结合专业的法律知识应对风险与问题。第三,在各子中心和沿线重点城市提供能够直接进行外币存取综合服务的自助存取款机,来满足附近企业和个人对“丝绸之路经济带”中主要外币的供给需要。第四,鉴于不同国情下产生的不同金融监管模式与法制状态,金融合作只停留在融投资等基础业务合作范围内,缺乏大规模长期深度的合作,再加上国际金融合作处于一个缺乏高度统一性和强制约束力的监管环境,面对金融危机时更是对国内金融风险自顾不暇,难以继续合作发展,使各个国家在金融合作时对合作本身带来的风险与效益比率有所顾虑,因此,该商业银行需要建立全面有效的内部金融审计行政奖惩制度和外部风险防控机制,让更多的沿线国家商业银行放心地加入。组建“丝绸之路经济带”上的跨境商业性银行是符合沿线不同经济体现实情况与利益需求的长期工程,需要各国金融机构的协商与共同努力,突破建设过程中的重重困难,实现“丝绸之路经济带”中段崛起的愿景。

2. 建设附带性金融法律服务体系

中国与中亚国家坚持通过每年大型的研讨会和论坛的形式促进双方信息交流，这对双方金融业参与者是很有益处的，可以使其通过资讯互换了解对方未来的市场走向和金融政策，对企业的规划和收益具有指引作用。而这多数只是关于宏观战略上的交流，并不能完全给企业提供具体的指导，也不能从法律的角度为其阐明权责，再加上一些初涉境外金融领域的企业或是未设立专业融资部门的工程项目机构并不能透彻把握当地投融资和处理相关事务的法律方式与关键点，可能会使企业作出的决策存在偏差，产生不必要的法律问题，影响整体项目的进度和效益。

因此，金融合作中的参与者除了前文提到的主权国家、金融机构和投资企业等，还应当涉及金融附带性业务服务，如专业涉外金融咨询服务，设立的此类机构经营范围主要是金融信息和法律程序咨询服务、票据中介、金融领域信息技术服务、金融类业务知识培训辅导服务。这类服务可以独立于银行等金融机构设立的客户服务部门的专项业务，作出专门性的全程服务，如聘用专业计算机信息技术人员与金融专业人员配合，建立中国和中亚地区投融资信息数据库，数据库包含中国与中亚各国国民经济、工商行政管理、企业金融业务等主要经济指标，利用互联网规避传统金融合作的地域限制，发挥互联网金融的高效率优势，及时服务各国的经济贸易往来；同时可以在数据库内设立专门的中国和中亚国家涉外企业的资信评估系统，调动各类信息渠道获取金融信息资源对资信数据进行客观描述与实时更新，为企业融投资决策提供安全保障；还可以横向上与银行等金融机构、专门法律服务机构做好信息沟通，在数据收集和实地调研等方面互相合作，纵向上向客户提供金融及相关法律事务中的从基础性咨询到全程性咨询的服务，由客户选择咨询业务等级；“授人以鱼不如授人以渔”，还可以与我国金融类高等院校和培训机构开展合作，为不同质量的客户提供对应的金融业务知识培训辅导。

**(四)搭建金融中心为载体的融资新框架**

受中亚国家经济环境和法律限制因素的影响，中国的企业在当地融资多采用传统融资手段进行。传统的企业融资方式主要包括债务性融资方式和股权性融资方式，前者包括银行贷款、应付票据和账款以及发行债券，后者则主要指股票融资。

1. 金融中心基础上的资本运作新模式

除延续上述传统的融资方式进行“丝绸之路经济带”建设外，笔者认为还应当突破固有模式的限制，创新资本运作模式。2014 年 11 月 4 日，习近平总书记主持召开中央财经领导小组第八次会议，研究“丝绸之路经济带”和 21 世纪海上丝绸之路规划、发起建立亚投行和设立丝路基金，前者是为了经济带沿线国家基础设施建设能够有充足的启动和发展资金，后者是为了借用中国资金实力为经济带区域经济合作进行直接帮助。同年 11 月 8 日，习近平主席在北京举行的“加强互联互通伙伴关系”东道主伙伴对话会上，宣布中国将出资 400 亿美元成立丝路基金，为“一带一路”方略沿线国家基础设施、资源开发、产业合作和金融合作等与互联互通有关的项目提供投融资支持。并于同年 11 月 9 日在亚太经合组织工商领导人峰会上邀请各国加入丝路基金运作，可以根据地区、行业或者项目类型设立子基金，让中国外汇储备等资本优势得以发挥，也让参与基金的投资者拥有更多的融资渠道以作出最佳选择。中国作出建立亚洲设施投资银行和丝路基金的倡议正是一次创新思维指引下的行为，这与现有的全球和区域多边开发银行等金融机构和合作机制是存在互补关系的，并非国际经济金融机制序列中单纯与它们并行的替代品，其充分的透明度与巨大的包容能力对于其他机制的完善和发展都具有极大的借鉴意义。

接下来就要全面推动丝路基金和亚投行具体运营机制的创新，接力丝路基金与哈萨克斯坦设立的 20 亿美元的产能合作专项基金，与中亚五国进一步开展不同领域的基金建设。如加快“丝绸之路经济带”金融中心建设与制度安排，尤其是要合理确定金融中心选址问题和尽快出台相关促进性法律法规，在此基础上可以考虑与哈萨克斯坦共同创立霍尔果斯国际边境合作中心的子基金项目，参与合作中心内区域性国际经贸洽谈会和各类金融服务；也可以与吉尔吉斯斯坦交通运输、通信等基础设施与特色旅游业发展开展基金合作；还可以与塔国共建农业合作园区、加强水电开发合作子基金。此外，在进一步开放金融市场的基础上，中国互联网企业应当积极融入“丝绸之路经济带”互联互通建设中来，创新互联网金融产品，在风险可控的范围内，多家企业协力走出国内互联网市场，与金融合作相互补充，借助金融合作的融资渠道为中国互联网业的区域化发展铺路，同时反过来为金融合作提供更高效、便捷、安全的网络环境。也可以在这一基础上设立专门为“丝绸之路经济带”中小微型企业提供融资渠道和法律服务的合作基金或网络平台，减少这类企业融资方面的障碍与阻力，这也有利于企业在互联网支持下开展大规模、规范化经济合作。

2. 发展能源金融并建立配套法规

当代社会中，能源和金融间联系十分紧密，以石油为例来论证，石油作为国际金融市场中的重要产品，它的供求关系和市场价格波动都能深刻影响到基础制造业、汽车生产业、高端航空制造业等国家经济命脉的发展，而石油资源的大量交易活动也给大规模货币流通带来了动力，为金融市场注入了更充足的流动资金。因此，石油之外的能源产品、新能源产品也都在与金融互动联系，演变为新的金融产品。两者的融合互动作为金融市场与能源市场的创新之举，越来越为市场所接受，打造出金融新形态的能源金融。分解来说，就是要借助能源产业的实体力量，以金融行业提供的大量资金流为疏通纽带，使更多的社会资本流入能源企业，给予能源企业进一步开发创新新型能源产品的资金支持，实现能源产业结构升级，获取更丰厚的利润，与此同时，金融市场通过与能源企业的联系，为金融投资者提供新的金融产品，让投资者能有更丰富多样的选择，这不仅是简单的融通资金行为，也是为社会资源优化整合提供新路径，使得双方都能实现价值的增值。

中亚 5 国拥有十分充足的能源资源，哈萨克斯坦、乌兹别克斯坦、土库曼斯坦 3 国更是当今世界重要的油气富集区之一。除了土库曼斯坦，其余中亚 4 国都是上海合作组织的正式成员，在此平台之上发掘各方在能源金融领域开展合作潜能的可能性很大。在能源与金融市场的国际经济大背景中，我国的能源工业也应当适时借助“丝绸之路经济带”建设的契机，探索和中亚 5 国相互间能源金融合作的可行性方案，利用国家现有资源为能源金融提供战略性援助，建立配套的能源金融政策法规，寻求时机发展能源期货、期权市场，加强中亚国家间能源金融合作，将国际金融与之相互糅合，积极加入区域能源金融市场，与中亚国家共同借鉴世界上已有的能源金融产业链运作模式，引领区域能源金融市场新去向，创建国际规范的区域能源金融新秩序，真正增强中国在中亚能源市场上的话语权。

3. 开发商业保险市场保障企业权益

企业“走出去”中的融资问题的解决不仅需要各类融资模式的支持，更需要强健的保险作为支撑。在中国与中亚国家对外合作实践中，除了中石化之类的企业在境内外四地上市、在国际上知名度较高的央企融资相对容易实现外，其他大多数的中小型企业境外融资能力还是比较弱的，在境外获得融资支持的成功率也较低。因此企业不得不借助银行贷款，而人民币贷款基准年利率一般在 4% ~5%，加上国内银行在中亚地区的网络尚未全面形成，对中小型企业融资能够提供的支持也是有限的。许多大型项目成功签约后，由于资金短缺使企业面临融资难、成本高的难题，只有加上足够数量的保险支持，人民币融资成本才能与外币融资成本相当。

我国拥有承办政策性出口信用保险业务的两家金融机构包括中国出口信用保险公司(以下简称中国信保)和中国人民财产保险股份有限公司(以下简称人保财险),面对中国企业境外融资难题,国家开发银行和中国信保不断大幅度地增加信用贷款和保险额度,为企业在境外投资的项目一路"开绿灯",但这两者的覆盖面始终有限,尤其是不能完全涵盖"丝绸之路经济带"上的各个国家。因此笔者建议,一方面,中国应当积极将人保财险的出口信用保险业务引入中亚国家,为中国企业在当地的经济行为和金融活动的合法权益提供保障;另一方面,中国信保在做短期出口信用保险方面具有经验优势,我们可以扩大这方面的规模,为中小微型企业和金融市场的新成员、新产品提供外部支持。

**(五)构建多边利益协调机制**

事实上,上海合作组织和欧亚经济联盟作为已经存在的区域性经济组织,在利益协调方面都有各自的实践与准备工作,这就意味着中国与中亚国家金融合作法律机制的构建是有很好的制度基础的,也是能够在未来多边金融合作领域发挥积极作用的,因此无论是现有制度的创新还是对未来制度的延伸,都在一定程度上为中国与中亚国家金融合作领域多边利益协调机制的构建奠定基础。

1. 上海合作组织框架下的金融协调机制创新

上海合作组织自成立运作以来,以安全合作和经济合作为主要合作内容,但客观情况却是在反恐与安全合作方面取得重大成绩,而经济合作方面并未发挥足够多的作用,使上海合作组织至今仍是半运行状态,成员国也正是因为意识到这一现状,于2012年通过了上海合作组织中期发展战略规划,宣布将经济合作作为未来10年的重点发展对象。"丝绸之路经济带"建设中的互联互通合作重点集中在政策沟通、设施联通、贸易畅通、资金融通、民心相通上,而上海合作组织的合作重点为政治互信、安全合作、经贸合作、人文合作,与经济带建设基本对应契合,这说明两者不仅在地理范围上有重叠交叉,在发展理念上也高度一致,完全可以互相适应,协同发展。

在上海合作组织将发展重点放在区域经济合作的同时,就应当遵循开放性市场原则、公平竞争原则和共同监管原则,一手将其打造成上海合作组织与"丝绸之路经济带"共同的经贸与金融合作平台,平台中应当包括以下几点内容:第一,打造成员国内中央银行高端业务合作机制,在货币政策与财政政策决策过程中互相协调配合,求同存异;第二,构建金融风险监控体系,将各国金融领域专家与人才共同集结，为风险预测与监控提供科学依据，未雨绸缪；第三，建立货币协调多边机制，在尚未建立全面的货币支付结算体系和货币互换合作机制时，作为备用机制逐步协调成员国间货币兑换流通中产生的问题，循序渐进；第四，构建区域内专门性金融信息互通机制，分析《互联网金融信息披露规范》中的相关立法和政策导向制定信息披露具体操作规范，使各国商业银行在机制内增加沟通，及时进行金融信息的披露，对区域内的金融市场主体信用水平进行动态评估，以此规范各市场主体各类金融交易活动，尽量丰富合作的层次，全面共进；第五，铺开金融机构代理关系网络，各成员国内的尚未在其他成员国内设立分支机构的金融机构可以互相设立代理关系，通过开展托收、保函和信用证等新的业务形式，为各国间的贸易提供比单一结算贸易工具更为快捷、周到的金融服务，协同创新。

2. 与欧亚经济联盟对接融合

“丝绸之路经济带”与欧亚经济联盟的历史发展不同，涵盖的政治经济体不同，采用的具体原则不同，这些差异虽然是客观存在的，但事实上两者的构建理念、地理分布和重点行业与产业存在许多相似之处，这些相似点正好成为了两者相互配合，对接融合的契合点。两者在构建理念方面基本相同，以主要国家为首发起联盟，广泛包容各个政治经济体的参与，通过搭建高端机制与合作平台，为有效发挥产业优势，满足成员国需求提供支持，两者都强调在平等自愿的基础上尊重成员国意愿，通过经贸和投资政策、金融机制协调发挥市场基础性作用，两个机制在地理上相互连接，有利于贸易流通和资金流动。若二者能够相互融合对接，在海关通关、关税税率、金融投资领域、具体融资板块、金融机构互利合作等方面给予便利，在农业、工业、交通、能源等具体领域制定出符合国际统一标准的卫生、技术要求与能够最大限度融合对接的融资政策，势必对双方基础设施建设、产业升级与多元化的融资支持体系建设有巨大的促进作用。

### （六）加强金融监管制度建设与合作

近几年来，经济金融一体化与全球化浪潮汹涌而来，与此相对的国际投机资本负面影响和金融危机防范预警也成为亟待解决和讨论的问题。金融遵循经济规律必然会向发达地区集中，随之引发矛盾冲突，即使存在金融合作平台也会如此，因此与平台配套的金融监管制度就显得不可或缺。各国在独立应对金融危机的过程中意识到，与共同利益相关国家间的金融监管合作是能够更得力应对危机的路径。因此，国际化的金融监管合作也顺势成为全球经济发展中新的潮流和主题之一，越来越多的区域内双边和多边金融监管合作即是这股潮流的重要表现。

中国与中亚国家在制定国内金融监管法律时，已经遵循共同监管原则和开放性市场原则，不断积极地借鉴和接受国际金融监管的相关规则，如加入WTO的国家和地区在其签署的《服务贸易总协定》时即自然接受了其中的金融服务附件；对于成员方必须开放国内市场，对外国金融服务者实行最惠国待遇等硬性要求，随后也在制定国内市场开放中的法律法规时进行了吸收和采纳。而中亚国家中的哈萨克斯坦、吉尔吉斯斯坦、塔吉克斯坦也都逐步成为WTO的成员方，乌兹别克斯坦还在就加入WTO的各项问题进行相关谈判，因此对于金融监管方面的法律未来制定方向应当基本上是趋向符合金融服务附件要求的，为几国在制度建设方面的趋同与合作扫除了巨大的障碍。中国银监会也表示，将加快推动与沿线尚未正式建立监管合作机制的国家签署双边监管合作谅解备忘录，建立有效的双边监管合作机制，扩大信息共享范围，完善跨境风险应对和危机处置制度安排。同时加强日常跨境监管沟通协调，协助解决中资银行业金融机构在沿线国家开展业务中遇到的政策障碍，并适时开展与“一带一路”沿线国家监管当局和金融机构的交流和培训，以进一步增加了解和互信。所以在今后开展金融监管合作机制搭建时以此为法律依据，综合考虑区域和各国的不同情况，对该类国际规则、原则和建议进行法律法规的细化和变形。“丝绸之路经济带”的金融合作平台一旦建成并开始运行，就可以借此为平台中的参与者提供日常行为规范，避免虽存在平台但只为主导国家和地区谋利的现象，为中国和中亚国家维护金融业安全和应对金融危机的监管共识做好协调工作。

## 第四节　中国与中亚国家信息通信领域便利化

通信通常是指人通过某种行为或媒介与其他人或自然之间进行的信息交流与传递，广义上是指信息索取的两方或多方在不违背各自意愿的情况下采用任意方法、任意媒质，将信息从某方准确安全地传送到另方。[①] 近年来，专网通信市场的规模伴随着政府公共安全投资的增加和信息化与工业化的快速融合，正在不断扩张。

---

① 《通信》，载百度百科，https://baike.baidu.com/item/通信/300982?fr=aladdin，2018年10月20日最后访问。

通信合作是中国与周边国家经济合作的重要内容,对提升双方经济合作层次和水平有着重要的现实意义。在“一带一路”倡议背景下,中国与周边国家的信息通信业都取得了快速的发展,开展双边合作具备巨大的潜力。在上海合作组织及其他国际经济组织的不断推动下,“一带一路”在光缆线路建设、现代化通信技术和基于互联网的信息化建设等信息通信合作领域有着广阔的发展前景。

## 一、中亚国家信息通信行业发展现状

中亚国家的电信产业伴随着经济的高速发展也随之呈现了极速发展的趋势。但由于中亚5国的基础设施薄弱,其还处在发展起步阶段,电信产业的发展急需借助外资。

### (一)哈萨克斯坦

哈萨克斯坦的电信行业发展在中亚地区属于前列,整体发展速度较快,固话、移动、互联网三大服务均稳定发展。截至2016年,哈萨克斯坦拥有固话用户392.5万户,移动用户2553.5万户,互联网用户235.3万户。[①] 哈萨克斯坦国内有2大固话运营商和4大移动运营商,国内移动通信市场93%的份额主要由GSM Kazakhstan和Kap-Teл占有,两大运营商在其国内人口超过5000人的居民区实现了100%的网络全覆盖,并且和十几个国家都已签订移动漫游协议。[②] 2016年,哈萨克斯坦移动通信服务产值3150亿坚戈,同比增长26.3%;互联网产值2066亿坚戈,比上一年增长6.43%。[③] 根据Netlndex公司对全球188个国家进行的网速评估,哈萨克斯坦网速居全球第58位。[④] 哈萨克斯坦主要媒体发展较为全面,主要有通讯社、电视、广播、报刊、网络等媒体,有覆盖面广、发行量大、传播语种丰富等特点,总体发展水平均居中亚地区前列。

2015年哈萨克斯坦加入世贸组织之后将逐步取消部分服贸行业的外资准入限制。电信行业方面,开放电信业的市场准入,在入世30个月之后将会取消长途和国际固定通讯的企业外资参股不得超过49%的限制[⑤],根据《哈萨克斯

① 商务部:《对外投资合作国别(地区)指南:哈萨克斯坦》,中国商务出版社2017年版,第30页。

② 同上。

③ 同上。

④ 同上书,第31页。

⑤ 《哈萨克斯坦关于服务贸易的入世承诺表》第14页。

坦——2020 发展战略规划》中关于电信行业最新的发展规划，到 2020 年，哈萨克斯坦计划建立基于现代光纤和无线技术以及旨在为居民和组织提供多媒体服务的电信基础设施，居民计算机知识普及率达 60%。[①] 该规划负责建设的主要部门是哈萨克斯坦投资和发展部，实施过程中的资金源于哈萨克斯坦企业出资、外国企业投资以及银行贷款等。

**（二）吉尔吉斯斯坦**

同中亚 5 国中的其他四国相比，吉尔吉斯斯坦更加重视通信业的发展，总体状况较好，无论是发展速度还是规模都处于前列，通信业在其国民经济中更是占据重要位置。[②] 2018 年 1～6 月，吉尔吉斯斯坦各类服务业的总产值为 2568.411 亿索姆（约合 37.5 亿美元），同比增长 4.7%。其中信息通信行业占比 6.4%，产值 163.772 亿索姆（约合 2.39 亿美元），同比增长 0.6%。[③] 目前吉尔吉斯斯坦固网通信基本由国家控股的国家电信公司占据主要市场份额，另有 Saima-Telecom 公司和 Megaline 公司两家私人公司占有小部分市场。吉尔吉斯斯坦移动通信市场基本由俄罗斯通信运营商与吉尔吉斯斯坦本地股东控股，2016 年吉尔吉斯斯坦移动通信终端用户达 711.3 万户。[④] 目前吉尔吉斯斯坦国内的互联网普及率超过 70%，全国网民数量超过 400 万人。[⑤] 由于吉尔吉斯斯坦是山地国家，在山区铺设光缆的难度较大，因此逾 70% 的网络都位于比什凯克等大城市。吉尔吉斯斯坦当地主流媒体对华态度较为友好，经常报道将中方援、贷款用于民生基础设施项目及中国吉尔吉斯斯坦民生改善和社会发展的重要作用。

根据《2013—2017 年吉尔吉斯斯坦稳定发展战略》，吉尔吉斯斯坦政府在这 5 年内在交通通信领域实施了总金额达 21.3 亿美元的 16 个项目，其中包括

---

① 《哈萨克斯坦未来 5～10 年经济发展规划简介》，载中华人民共和国商务部官网，http://images.mofcom.gov.cn/kz/accessory/201007/1280116718631.pdf，2022 年 5 月 5 日最后访问。

② 《吉尔吉斯斯坦通讯业发展现状、前景及投资建议》，载中华人民共和国驻吉尔吉斯共和国大使馆经济商务处官网，http://kg.mofcom.gov.cn/article/ztdy/201005/20100506911128.shtml，2018 年 10 月 20 人日最后访问。

③ 《吉尔吉斯斯坦 2018 年上半年社会经济发展概况》，载中华人民共和国商务部，http://www.mofcom.gov.cn/article/i/dxfw/ae/201808/20180802773124.shtml，2018 年 10 月 20 日最后访问。

④ 商务部：《对外投资合作国别（地区）指南：吉尔吉斯斯坦》，中国商务出版社 2017 年版，第 25 页。

⑤ 同上。

铺设光纤宽带网络、推行电子政务系统、发展数字电视等项目，但目前尚无这些项目的进展资料。

**（三）塔吉克斯坦**

塔吉克斯坦独立后陷入了5年内战深渊，经济遭受严重破坏，通信产业停滞不前，当时电话普及率低至每百人不足5部。落后的信息通信状况使塔吉克斯坦在全球网络化、信息化的热潮下难以融入世界经济。内战结束后，塔吉克斯坦政府开始提高本国的网络化、信息化水平，还为此陆续出台了一系列法律法规保障通信产业的发展。1996年荷兰一家公司在塔吉克斯坦首都杜尚别开通了AMPS制式模拟手机业务，宣告成立塔吉克斯坦第一家移动通信公司TajikeTel。经过近10年的发展，特别是2000年以后，塔吉克斯坦通信产业发展迅速。目前最有实力的是塔吉克斯坦最大私营通信公司Babilon-Mobile、塔俄合资的MLTMobile、塔美合资的Indigo，以及中塔合资的TKMobile。据互联网世界统计（Internet World Stats，IWS），塔吉克斯坦互联网普及率为18.3%，在亚洲的排名仅高于土库曼斯坦、阿富汗、朝鲜，互联网用户为162万人。①

塔吉克斯坦主流媒体对华态度较友好，对中国负面报道不多，有关报道内容主要涉及中国企业正在实施的基础设施项目速度较慢等问题。目前，塔吉克斯坦尚未作出最新的通信行业基础设施发展规划。

**（四）土库曼斯坦**

近年来，土库曼斯坦政治稳定，经济保持稳定发展，经济年均增长近10%，注重改善民生，社会事业发展迅速。② 土库曼斯坦固话网现可覆盖全国所有的固定居民点，数字交换设备全部来自国外供应商，移动网络目前已基本覆盖全国，包括各州府城市、小城市、乡镇及主要固定居民点。（见表5－10）

① 商务部：《对外投资合作国别（地区）指南：塔吉克斯坦》，中国商务出版社2017年版，第22页。

② 商务部：《对外投资合作国别（地区）指南：土库曼斯坦》，中国商务出版社2016年版，第22页。

表 5-10　2007～2016 年土库曼斯坦电话用户增长情况一览①

| 年份 | 移动电话/户 | 固定电话/户 |
| --- | --- | --- |
| 2007 | 466, 329 | 444, 446 |
| 2010 | 3, 206, 813 | 515, 429 |
| 2013 | 5, 727, 981 | 598, 170 |
| 2016 | 6, 990, 564 | 689, 267 |

土库曼斯坦至今依然主要采用拨号上网方式，直到 2000 年国际互联网业务才首次开通，用户和服务发展缓慢。土库曼斯坦网络用户多为国家机关、企事业单位、外交机构等团体用户（见表 5-11）。邮政总体发展较慢，快递业务通常无法按时准确送达。

表 5-11　2007～2016 年土库曼斯坦因特网行业发展情况一览②

| 年份 | 因特网用户/户 | 因特网价格/% |
| --- | --- | --- |
| 2007 | 2900 | 100 |
| 2010 | 481, 042 | 72 |
| 2013 | 1, 655, 053 | 12 |
| 2016 | 2, 340, 300 | 5 |

土库曼斯坦政府对华态度友好，公开表态多为正面报道。土库曼斯坦媒体传播机构均为官方控制，不单独向外表态。目前尚未发现土库曼斯坦媒体对中资企业和人员的负面报道。

根据《土库曼斯坦总统 2012—2016 年国家社会经济发展纲要》《土库曼斯坦 2011—2030 年国家社会经济发展纲要》的目标，土库曼斯坦通信领域将进行一次全面的现代化改造，负责建设的主要政府部门是行业主管部委，包括邮电部门。然而，土库曼斯坦将发展规划视为国家机密，不公开项目和金额，仅实施时对项目逐一进行招标，因此具体规划尚未可知。

**（五）乌兹别克斯坦**

乌兹别克斯坦固话通信、移动通信在中亚五国中位居前列，但因特网普及

① 《土库曼斯坦通讯领域发展成果》，载亚欧网，http://www.yaou.cn/news/201611/04/20362.html。

② 同上。

率相对较低。全国有固定电话用户约219万户，数字自动交换网装机系数为100%，数字化率为100%；移动电话用户2100多万户，普及率为70%，90%用户为首都以外的地区。乌兹别克斯坦新闻行业由其新闻总署管理，不允许反政府传媒注册和传播任何信息。乌兹别克斯坦的刊物主要使用乌兹别克斯坦文字，除此之外，俄文使用率较高，英文较少。

## 二、中国与中亚国家通信合作与机制

根据全球发达国家和新兴国家信息通信技术（ICT）市场发展状况，国际电信联盟（ITU）于2017年11月15日发布了第9版年度《衡量信息社会报告》，报告显示当年中国ICT发展指数（IDI）为5.6，世界排名第80位[①]。通信产业是我国的基础产业、支柱产业和先导产业，该产业已经具备国际化和“走出去”的实力。

目前，中亚地区已成为我国电信运营商海外发展的重要市场，2006年6月8日，第一家中国电信运营商在中亚地区设立的海外办事机构——中国电信集团公司驻中亚业务代表处，正式设立。[②] 中国与中亚国家在通信领域的合作分为政策层面与实践层面，前者多为国家政府间的合作备忘录、合作协议及元首互访期间签署的涉及通信合作的联合声明等法律或政策性文件，后者则具体体现为中国通信企业与各国通信基础设施建设与技术服务等方面。以华为和中兴公司为主力，华为公司自1996年开始将市场拓展至独联体国家内，在其中10个国家设置了代表处，许多中亚国家的移动运营商都在使用华为设备。

### （一）中国与哈萨克斯坦

1. 政策层面的合作

中国与哈萨克斯坦自2004年签署《中华人民共和国政府和哈萨克斯坦共和国政府关于成立中哈合作委员会的协定》以来，中哈两国相关部门始终保持良好合作，其中科技与通信作为合作内容延续至今，这一部分合作事宜的相关

① 国际电联ICT发展指数（IDI）衡量了世界各国的ICT发展水平。IDI包含11项ICT接入、使用和技能的指标，用一种方法覆盖了ICT发展的关键方面，比较了不同国家在不同时期的ICT发展水平。2017年的IDI覆盖了全球176个经济体。资料来源：2017年版《衡量信息社会报告》。

② 《中国电信驻中亚业务代表处8日挂牌成立》，载新浪网，http://tech.sina.com.cn/t/2006-06-08/1823981548.shtml。

机构为中国交通部、工业和信息化部与哈萨克斯坦交通通讯部。2017年5月12日，中国与哈萨克斯坦签署了支持中国电信企业参与“数字哈萨克斯坦2020”规划合作框架协议，两国的产能合作基金正式投入实际运作①。

2017年11月28日，中国新闻社与哈萨克斯坦通讯社在哈萨克斯坦最大城市阿拉木图签署合作备忘录，双方将共同建立新闻产品互换机制和渠道，不断增进两国民众相互了解。② 双方就实现新闻资源共享，通过报道中哈两国政治、经济、社会、文化和旅游等领域新闻，促进两国民众交往交流，加强互信，增进友谊。

2018年6月7日，中哈两国领导人共同发表了《中华人民共和国和哈萨克斯坦共和国联合声明》，声明表示双方同意继续提高合作水平，拓展以下领域合作：创立电商合作机制，建立合作新模式，加快两国的“数字经济”发展规划对接③。寻找信息技术、科学技术合作新模式，推进有关机构和高校展开合作。增加两国间的人文交流、民间交往和学者学术交流活动，推动媒体合作和文学影视作品互译交流合作，继续开展教育、卫生、旅游和青年领域合作。④

此外，中国与哈萨克斯坦的通信合作还体现在双方对国家安全的维护。两国就诸如贩毒、“三股势力”、网络犯罪及各种形式的跨国有组织犯罪对国家安全和稳定造成严重威胁这一问题达成共识。为有效应对和预防上述对国家安全和稳定造成的威胁，两国将进一步深化执法部门合作，严厉打击“三股势力”、贩毒、网络犯罪以及跨国有组织犯罪活动，维护两国和平稳定⑤。

2. 实践层面的合作

中国与哈萨克斯坦在通信行业的合作实践主要集中在华为公司的对外投资，华为从1997年起进入哈萨克斯坦电信市场，为加快哈萨克斯坦由3G时代迈进4G时代的步伐提供了助力。华为帮助哈萨克斯坦扩大宽带覆盖面积，目前在提供互联网服务和智慧城市解决方案方面加大投资，并与当地电信与通信

---

① 《“一带一路”国际合作高峰论坛成果清单（全文）》，载中华人民共和国外交部网，https://www.fmprc.gov.cn/web/zyxw/t1461873.shtml，2018年10月20日最后访问。

② 《中国新闻社与今日哈萨克斯坦通讯社签署合作备忘录》，载中国新闻网，http://www.chinanews.com/gn/2017/11-29/8387855.shtml。

③ 2018年6月7日《中华人民共和国和哈萨克斯坦共和国联合声明》，载新华网，http://www.xinhuanet.com/world/2018-06/08/c_1122954152.htm。

④ 同上。

⑤ 同上。

行业的龙头企业进行云计算数据处理分析等高新技术系统领域的进一步合作。

基于“一带一路”提供的便利平台,结合当地的特色和支柱产业,华为还提出了未来与哈萨克斯坦共同建设数字管道等油气行业信息化项目的诸多构想。在业务上互利共赢的同时,华为也为中哈文化友好交流贡献了力量:设立专门的奖学金、着力增进两国文化良性互动,积极提升企业在当地的认同感。

哈萨克斯坦电信公司是其境内唯一一家获得4G经营许可的电信运营商。华为凭借着自己在世界电信领域的技术优势和多年在当地参与项目管理的成功经验,顺利成为了该公司的合作伙伴,更借着“一带一路”的东风,与其签署了东亚地区最大通信网络项目合作协议,独家承办了哈萨克斯坦4G网络建设工程。目前,华为在阿拉木图和阿斯塔那的升级改造工程已经完成,不久的将来即会覆盖哈萨克斯坦全境。①

### (二)中国与吉尔吉斯斯坦

1.政策层面的合作

2018年5月30日,工业和信息化部党组成员、总工程师张峰会见了吉尔吉斯斯坦国家信息技术和通信委员会副主席阿马托夫·埃什马贝特,双方就促进中吉信息通信领域合作交换意见。② 中方重视与吉尔吉斯斯坦产业战略对接,愿与吉方在信息化进程中开展合作,按照“政府引导,市场化运作”原则,鼓励和支持双方信息通信企业积极寻求利益契合点,挖掘合作潜力,将政治互信转化为务实合作,不断推进两国战略伙伴关系走向深入。

2018年6月7日,中国与吉尔吉斯斯坦共同发表了《中华人民共和国和吉尔吉斯共和国关于建立全面战略伙伴关系联合声明》,声明表示,在落实和完成双方已签订的合作文件和合作项目后,两国将继续坚持相互尊重、平等互利、合作共赢的原则,继续拓展新的合作领域,促进实施诸如数字技术、铺设光纤通讯线路、建设信息技术基础设施等更多经贸领域的合作项目,实现两国合作的可持续发展。双方指出,中吉两国经济互补性强,开展产能与投资合作前景广阔。两国要充分发挥丝路基金、中国—欧亚经济合作基金、中国进出口

① 檀雨灵:《“一带一路”背景下华为在哈萨克斯坦的投资环境分析》,载参考网,http://www.fx361.com/page/2018/0304/3086172.shtml。

② 《张峰会见吉尔吉斯斯坦国家信息技术和通信委员会副主席阿马托夫》,载工业和信息化部国际合作司,http://www.miit.gov.cn/n1146290/n1146397/c6204081/content.html,2018年10月24日最后访问。

银行和国家开发银行等投资平台的功能,鼓励本国企业前往对方国家开展投资合作,推动两国在通信等领域的合作交流。同时也要促进两国媒体合作交流、社团组织交流、学术交流、民间交往等活动的开展,扩大两国科研和教育机构的合作力度。①

两国也将加大执法部门合作力度和相关部门的合作交流、情报共享力度以应对和消除"三股势力"的威胁,共同维护边境安全②。

2. 实践层面的合作

中国与吉尔吉斯斯坦在通信方面的合作很少,从前两国边境的交流会晤因为地势条件的限制只能采用旗语,虽然民间商务交流合作可以通过电话,但通话不仅需要经第三方转接,而且转接线路速度慢、信号差、容量小、成本也高,导致商务活动效率低下。截至目前,中国华为公司是第一个也是唯一一个进入吉尔吉斯斯坦国内电信和主流移动运营商的中国企业,其业务已占领了吉尔吉斯斯坦电信市场的各个领域,华为公司为吉尔吉斯斯坦最大的 GSM 移动运营商提供了网上 98% 的设备,成为吉尔吉斯斯坦电信市场设备供应商的"领头羊"。③ 此外,新疆宏景通讯公司也成功进入吉尔吉斯斯坦电信市场,于 2002 年在吉尔吉斯斯坦建立了第一个移动传呼台,运作良好。④ 除了这两家企业外,其余的中吉通信领域合作基本都由官方部门促成。

(1)为促进两国交流合作,2008 年中吉两国电信部门经协商共同开展了中吉光缆合作开发项目。根据签订的协议,两国的电信部门分别自主设计和自备材料铺设本国境内的通信光缆线路,吉尔吉斯斯坦负责纳伦城至伊尔克什坦界河 70 多公里长的光缆线路的铺设,中国负责从阿图什市至伊尔克什坦界河 330 公里长的光缆线路的铺设。2009 年 10 月 15 日,在海拔 3000 多米的中国斯姆哈纳哨所楼前,第一条穿越中国和吉尔吉斯斯坦边境的国际光缆成功熔纤接通,从此,中吉两国通信合作步入高效、便捷的新时代。⑤ 通信光缆的建设不仅促进了两国的经贸往来,帮助中吉两国商业合作交流更加便捷、促进高原牧区

---

① 《中华人民共和国政府和吉尔吉斯共和国政府联合公报(全文)》,载中国政府网,http://www.gov.cn/xinwen/2016-11/03/content_5127853.htm。

② 同上。

③ 秦放鸣等:《中国与中亚国家区域经济合作研究》,科学出版社 2010 年版,第 56 页。

④ 同上。

⑤ 《首条跨越中国-吉尔吉斯斯坦边境的国际光缆接通》,载中华人民共和国中央人民政府网,http://www.gov.cn/jrzg/2009-10/15/content_1441079.htm。

经济发展,还使双方对边境的管控变得更加快捷高效。

(2)媒体间的交流与合作让两国民众彼此间有了更近、更深的认识,同时也让吉国社会各界越来越多地关注中国。吉尔吉斯斯坦第二大有线电视频道运营商——德隆电视台,开通了包括俄语、维吾尔语、汉语、英语等语种的100多个频道,覆盖其60%的收视人群。① 德隆电视台播出的一批人文纪录片,包括中国浙江文化周、中国义乌小商品城等内容,深受当地民众的欢迎,这对于中国文化在当地传播起到重要作用。

(3)2015年5月19日,新华社“中国专栏”俄文版、英文版落地吉尔吉斯斯坦国家通讯社卡巴尔新闻网站首页。② 该社官网上设有中文频道,频道内滚动着关于中国经济、文化、IT技术、能源、交通、旅游等相关信息的报道。吉尔吉斯斯坦国家通讯社社长库班·塔阿巴尔迪耶夫表示,中文频道的上线,是中吉两国媒体人多年交流积淀的结果,满足了吉尔吉斯斯坦社会各界对中国信息与日俱增的需求。

**(三)中国与塔吉克斯坦**

1.政策层面的合作

2014年9月13日,习近平主席与塔吉克斯坦总统拉赫蒙共同签署了《中华人民共和国和塔吉克斯坦共和国关于进一步发展和深化战略伙伴关系的联合宣言》等16份文件,旨在实现两国在经贸投资领域的全方位对接,中国在塔吉克斯坦投资和资金援助多集中在矿业开采、电力电网、交通通信基础设施、农业生产等领域。中国和塔吉克斯坦两国都有着悠久的历史文化。③ 双方可以进一步加强在科技、教育、文化、卫生和旅游等领域的深度合作,开展教育科研机构、新闻媒体、民间友好组织、文艺团体和青年组织友好交往与合作,以此增进两国人民间的友谊。④

---

① 《中国电视征服吉尔吉斯斯坦观众》,载参考网,http://www.xinhuanet.com//world/2014-07/04/c_1111457920.htm。

② 《驻吉尔吉斯斯坦大使齐大愚出席吉国家卡巴尔通讯社网站“中国之窗”专栏启动仪式》,载环球网,http://china.huanqiu.com/News/fmprc/2015-05/6482318.html,2018年10月28日最后访问。

③ 《习近平同塔吉克斯坦总统拉赫蒙会谈:两国元首宣布将中塔关系提升为战略伙伴关系》,载人民网,http://cpc.people.com.cn/n/2013/0521/c64094-21551493.html。

④ 同上。

2. 实践层面的合作

华为技术公司和中兴通讯公司是中国通讯公司进入塔吉克斯坦投资的主要代表，二者分别于 1999 年、2000 年进入塔吉克斯坦的通信市场，并且都在其占据了一定的市场份额。华为公司致力于在塔吉克斯坦的通信市场销售各类产品，如移动网络、数据通信、光纤网络、固定网络、业务软件及手机等，由于销售产品种类丰富，华为公司已成为塔吉克斯坦移动设备第一供应商品牌，占据了大部分的市场份额。华为公司与塔吉克斯坦最大移动运营商合作建设的 3G 设备和 3G 网络使塔吉克斯坦成为独联体地区最早拥有 3G 业务的国家。

中兴通讯公司自 2001 年 9 月开始进入塔吉克斯坦市场，主要从事通信网改造和电子通信设备等业务。该公司目前在塔吉克斯坦从事的主要工作有两项：(1) 欧洲央行中标项目：该公司在由欧洲央行和瑞士政府提供的 1500 万美元的塔吉克斯坦国家电信网第一期改造项目中标，开始参与其通信网改造项目。在该项目中，中兴通讯公司在坦丹加拉市安装电话交换机等设备、开通 CDMA 手机业务，并铺设丹加拉—库尔干秋别—杜尚别传输路线。这个项目成功帮助中国通信设备首次进入塔吉克斯坦电信业市场，并为将来中国通信设备全面进入该国电信市场打下了基础。(2) 执行中国援款：除中标项目外，中兴通讯公司还负责中国向塔吉克斯坦提供的 800 万元人民币无偿援助项目的执行工作。经中塔双方商定，该笔援款主要用于向塔丹加拉地区提供交换机和为实施 CDMA 项目提供有关设备。①

**(四) 中国与土库曼斯坦**

1. 政策层面的合作

2011 年 11 月 23 日，中国与土库曼斯坦元首共同发布了《中华人民共和国和土库曼斯坦关于全面深化中土友好合作关系的联合声明》表示："双方商定扩大通信、航天领域合作。中方愿继续协助土方开展全国电信网络改造，为土通信卫星提供发射服务，并探讨在遥感卫星应用领域开展合作的可能性。"②

---

① 《在塔中资企业及项目最新情况》，载中华人民共和国驻塔吉克斯坦共和国大使馆经济商务处官网，http://tj. mofcom. gov. cn/article/ztdy/200307/20030700109512. shtml，2018 年 10 月 28 日最后访问。

② 《中华人民共和国和土库曼斯坦关于全面深化中土友好合作关系的联合声明(全文)》，载中华人民共和国中央人民政府网，http://www. gov. cn/ldhd/2011 - 11/23/content_2001927. htm。

2. 实践层面的合作

中国与土库曼斯坦在通信领域的合作主要有提供卫星发射服务、通信设备供货、通信工程技术支持及人才培训四种方式。具体如下：

（1）提供卫星发射服务。2011 年中国长城工业总公司用长征三号乙（LM－3B）运载火箭发射土库曼斯坦国家卫星通信系统（National System of Satellite Communications，NSSC）首颗通信卫星发射服务合同。① 此次发射的 NSSC 通信卫星重约 4.5 吨，预计使用寿命 15 年，定位在东经 52 度，是土库曼斯坦的第一颗通信卫星。②

（2）通信设备供货。中国华为公司通过与法国阿尔卡特公司、德国西门子公司等竞争成功后，成为土库曼斯坦的电信市场上的主流交换机供应商并占有一定市场份额，华为公司也在其国内获得良好声誉。

（3）通信工程技术支持。2012 年 6 月，与土库曼斯坦签署合同，由中资公司承建的土库曼斯坦及中亚第一个 GSM-R 通信系统工程，项目于同年 8 月开始勘测，2013 年 7 月正式动工，从阿什哈巴德到土库曼巴什，工程线路全长 600 千米，2014 年 12 月已成功进入试运行阶段，此项目的完成将使得土库曼斯坦的铁路通信系统实现跨时代式升级。③

（4）人才培训。2008 年华为公司启动“未来种子”教育培训项目，该培训项目主要面向各国高校中与通信相关专业的学生，为其提供在华为公司中国总部为期两周培训的机会。2018 年 6 月，土库曼斯坦国立运输通讯学院的大学生代表团即参加了培训，培训结束后土库曼斯坦所有学生都通过考试并被授予专门证书，这样的培训活动有助于提升学生们研究信息通信先进技术的热情。④

**（五）中国与乌兹别克斯坦**

1. 政策层面的合作

乌兹别克斯坦在独立后与中国建立战略伙伴关系，1999 年 11 月 8 日，两国签署《中华人民共和国政府和乌兹别克斯坦共和国政府信息通信合作协议》。该协议第 4 条规定：“双方将努力实现以下目标：一、建立快速传递、国际传真通

---

① 《我国将于 2014 年为土库曼斯坦发射通信卫星》，载央视网，http://news.cntv.cn/20111208/120701.shtml。

② 同上。

③ 《中资公司承建的土库曼斯坦铁路通信工程试运行》，载人民网，http://world.people.com.cn/n/2015/0104/c157278－26319728.html。

④ 同上。

信网络,提供对信息的可靠和高速传送;二、改善邮政服务业务,实现以最短和最方便的路由交换邮件;三、提供本地和国际紧急邮政服务和汇款服务;四、相互派专家进行经验交流。”

围绕《中华人民共和国政府和乌兹别克斯坦共和国政府信息通信合作协议》第4条设定的目标,协议规定了具体的合作方式:

第5条:“双方将在集邮和邮票方面进行合作。轮流举办集邮展览会、派代表团互访、就双方同意的主题发行邮票等。”

第6条:“双方在平等互利的基础上对无线电频率的使用和协商以及各种应用进行研究。必要时,将就无线电频谱的使用和协调协议问题召开特别会议。”

第7条:“为向国际标准靠拢,双方将在两国电信服务和通信设备的标准化领域进行合作。”

第8条:“双方将在电信领域人员培训方面进行合作。中华人民共和国将为乌兹别克斯坦专家在中国的教育机构培训创造条件。”

第9条:“双方将以本国法律为依据,就建立电信设备合资企业问题进行探讨。”

第10条:“双方将根据目前的协议定期交换邮政和电信领域国际组织活动信息。”

在此基础上,本着在通信和信息技术领域进一步深化互利合作的愿望,2005年5月25日,双方签署《中华人民共和国信息产业部与乌兹别克斯坦共和国通信和信息化局通信和信息技术领域合作协议》,进一步为相关企业在进入双方通信市场提供便利,具体如该协议第4条:“双方将互不采取对两国通信和信息技术企业活动造成阻碍或困难的歧视性措施,并将积极协助企业进入对方通信和信息技术市场……”①

2. 实践层面的合作

乌兹别克斯坦的电信市场已有中国企业参与其中。目前,华为公司出口的固话网交换机设备、传输设备GSM设备,在乌兹别克斯坦电信市场已经占有了一定的份额,出口到乌兹别克斯坦的CDMA、通信数据设备销售金额达几千万美元。乌兹别克斯坦全网采用华为公司提供的设备。在乌兹别克斯坦的通信

① 《中华人民共和国和乌兹别克斯坦共和国关于进一步深化全面战略伙伴关系的联合声明(全文)》,载新华网,http://www.xinhuanet.com/world/2017-05/12/c_1120965212.htm。

领域中,华为公司成功创造了技术品牌、新增建设量、高端应用、售后服务质量均为第一的品牌效应。中兴通讯公司2004年进入乌兹别克斯坦电信市场,为乌兹别克斯坦电信运营商East Telecom提供自主研发的高端数据设备,组建乌兹别克斯坦的IP国家骨干网,为日后中兴高端数据产品大规模进入独联体国家电信市场奠定了基础。中兴通信公司自主投资600万美元,用于对乌兹别克斯坦国内72个农村模拟电话网站进行技术改造,使农村居民点数字通信网技术水平从52%提高到62%。① 2013年7月3日,中兴通讯公司在乌兹别克斯坦吉扎克工业特区分园——“鹏盛工业园”建立的手机生产厂正式投产,该项目为整个中亚地区第一个智能手机生产项目。②

## 三、中国与中亚国家信息通信合作法律机制现存问题

根据前文对中国与中亚5国通信行业发展与合作现状的介绍和分析可知,中国与中亚5国间在通信领域合作是有巨大空间和前景的,但对中国来说也是充满巨大挑战的。中国通信行业的领军者和其他有“走出去”意愿的企业想要进一步拓展中亚市场,将面临来自各个方面的众多问题。

### (一)合作方式初级、单一

由中国与中亚国家通信领域合作现状可知,中国与中亚5国在这一领域合作方式处于初级的电子产品销售、通信基础设施建设与改造阶段、3G或4G合作,且多是一对一的有区别的合作,标准化水平很低。

然而,当今世界的通信领域合作是丰富多元的,包括发展工业互联网、5G波段合作、电子政务商务、人工智能、ICT监管合作③等,这些方式目前在中国与中亚各国的合作中都未出现,这是无法与经济全球化与信息时代发展相匹配的,不利于中亚各国自身的发展,同样也限制了中国企业“走出去”的脚步。

---

① 《中兴通讯公司》,载中华人民共和国驻乌兹别克斯坦共和国大使馆经济商务处官网,http://uz.mofcom.gov.cn/article/catalog/200812/20081205972664.shtml,2018年10月30日最后访问。

② 该手机生产厂由中兴通讯公司和温州鹏盛公司合资成立。手机生产项目投资316万美元。手机生产能力将达10万只/年,手机品牌为UZTE,预计将有10%的手机用于出口,本地化生产程度将达30%。UZTE手机将从2013年7月开始通过经销商网络和移动运营商进行销售,手机估计成本为50~150美元。手机生产厂将生产3类智能手机:GRAND-X、GRAND-V和GRAND-M,操作系统为Android系统。载中华人民共和国驻乌兹别克斯坦共和国大使馆经济商务参赞处,http://uz.mofcom.gov.cn/article/jmxw/201307/20130700190268.shtml,2018年10月30日最后访问。

③ ICT(Information and Communication Technology)合作,即信息(IT)与通信(CT)融合,传统电信与互联网、传媒业全方位发展。

另外,当前一对一的合作虽然是根据各国不同发展水平作出的因地制宜的举措,但不利于整个中亚地区经济实力的平衡发展,对于其中某几国共同参与的区域性组织发展可能会是一种制约,在该区域内或组织内开展合作时也需要更多地考虑不同合作方参差不齐的综合实力与发展前景,合作难度随之升级。

**(二)合作协议落实保障机制缺陷**

目前,中国与各国间都有不同级别的合作伙伴关系,具体合作也涉及方方面面,但在通信领域的合作协议等文件的落实情况参差不齐,签署的文本多为合作意向类文件,并无有利的贯彻落实保障机制,即便协议得到执行,其中产生的具体问题也没有明确的机制来引导和解决。同时,信息与通信市场的监管十分重要,这关系到其他领域的健康发展甚至是国家安全的保障,而这方面鲜见中国与中亚国家监管合作。

中亚5国中,哈萨克斯坦经济体量与整体实力最强,但独立之后至2016年通信行业的发展和监管都是并入交通通讯部的,在实际工作中,并没有专门针对通信行业的引导和监督发展的部门或机构。直至2016年5月,哈萨克斯坦才以签发总统令的形式责成组建信息和通讯部①,专门负责国家信息通讯领域的管理和监督,因此配套机制的建设也必然存在缺失、滞后等问题。

**(三)市场开发难度大**

1.自然条件不利于市场发展

纵观中亚历史,这一区域内国家的经济发展主要受地理和气候因素限制。中亚地区地形地貌丰富多样,东南高,西北低,山地、冰川等不同地貌特征错综复杂,这对国家三大产业发展都有不同程度的影响。聚焦至通信行业,中亚这样复杂的地形地貌会影响城市分布和聚集,不利于通信基础设施规划与管线铺设等,即便是有通信领域项目合作,所面临的技术难度也会随之增大。例如,塔吉克斯坦现有的通信网已无法满足其日益增长的需求,特别是偏远的山区和农村地区,通信与网络基础设施建设难度很大。又如,哈萨克斯坦人口密度低,因

---

① 新建部委应承担下列任务:监控各种类型和属性的信息空间,包括网上资源和社交网络,有效识别和应对尖锐问题;对社会最迫切的问题进行研究,分析和预测信息需求及民众愿望;制定国家信息政策;协调和监督政府机构的信息活动及活跃性。此外,新建部委还将计划和分析国家信息预定和资金划拨;为国内媒体发展吸引投资和进行创新;为确保信息安全,在电子和印刷空间方面提高国内信息产品质量;形成最有效的危机公关模式;确保与公众的沟通渠道,包括非政府组织。《哈萨克斯坦成立信息和通讯部》,载中国日报网,http://world.chinadaily.com.cn/2016-05/13/content_25256469.htm。

此要建立完善的基础设施较为困难，单靠市场力量进行基础设施建设的速度相对较慢。

2. 市场闭塞

中亚国家独立时间并不算长，各国也都处于经济转型的不同阶段，也并未形成成熟的通信产业，出于维护国家安全和国内产业和市场稳定的考虑，各国对于通信市场的开放并没有足够的把握。因此，目前中亚各国的通信市场相对中国来说，本身都是比较闭塞的，市场开发难度较大。

3. 内部、外部竞争激烈

中国企业进入中亚国家市场，必将面临激烈的国内市场竞争。以塔吉克斯坦为例，由于其固定网络发展缓慢，以及经济成长加快和私人经济的发展对电信业务的需求大幅增加，塔吉克斯坦移动通信网络近几年获得了飞速发展的机会，其移动通信业务也基本上实现了自由竞争，但是，正是这种自由竞争导致不足700万人口的小国竟有9家移动电话运营商，因此有限的市场必将出现细分和整合，内部竞争十分激烈。

因此，对于中国企业来说，想要在中亚市场抢占空间，与其他区域组织或国家战略的激烈竞争也将是不得不面对的问题与挑战。

4. “中国威胁论”不利于市场拓展

伴随中国崛起与“丝绸之路经济带”倡议的是甚嚣尘上的“中国威胁论”和“中国经济责任论”等西方言论，在这类言论的核心观点中，将中国以顺应全球化潮流开展全方位“走出去”和“引进来”的合作共赢的初衷，曲解为中国意图侵占他国市场，将中国对外各类援款援建承担国际社会责任的担当行为恶意扭曲，完全否认中国对世界经济复苏起到的积极作用。

5. 服务贸易壁垒

对于通信业、大众传媒等行业，因其所在国政治体制与行业敏感性和特殊性，中亚国家对该领域服务贸易会持保守态度。如哈萨克斯坦对外国资本进入这些领域实行严格限制措施，哈萨克斯坦政府可以“国家安全”为由拒绝外国投资者的许可申请。在实践中，以国家安全为由的做法具有较大的随意性和不可预测性，这无疑将是中国通信企业资本进入哈萨克斯坦相关领域时会面对的重要困难。

6. 投资收益周期长、资金需求量大

如前所述，中国与中亚国家通信领域的合作还处于基础设施建设的初级阶段，这一阶段的建设周期长、资金需求量大，同时要求资金链连续不断，这对投资合作企业的资本实力要求很高,也需要这些企业拥有全方位的技术支持,所以为避免遭受更大的投资风险,实力欠缺的企业对中亚市场自然是望而却步,这样的资本偏好对中国企业“走出去”是一种不利因素。

7. 面临投资风险

处于经济转型时期的中亚各国,配套的法律制度也不时改变,有较大波动性,这类改变缺乏可预见性,因此法律环境不稳定。这几个国家的司法部门高度依赖于政治,腐败肆意横行,法律难以充分发挥应有的效力,使得投资者的权益不能得到稳定而有力的保障。例如,哈萨克斯坦独立后,根据不同时期该国的经济建设和发展需求,其国家经贸投资政策与法律制度均有根本方向上的明显转变。又如,塔吉克斯坦是中亚国家中法律制度体系较不健全的,法律制度不透明,政治左右法院判决的现象频发,同时该国家族政治势力强大,因此廉洁公正的法律环境是其欠缺的。再如,乌兹别克斯坦目前为止不接受国际法院的强制管辖、土库曼斯坦政府完全控制司法等,这对投资争端的解决来说是巨大的阻碍。

除上述法律风险外,中亚地区其他方面的风险也都将成为中国企业进入各国通信领域开展投资合作要面对的问题,例如商业环境恶劣、标准化技术风险、文化风险、汇兑风险等,这一系列问题不仅仅是在通信领域的投资者要面临的,也是其他领域的各类投资都不可忽视的,也都是中国企业要高度关注和规避的。

## 四、对策建议

尽管中国企业在进入中亚国家通信领域要面对上述众多问题和挑战,但这并不是企业停止“走出去”脚步的理由。相反地,中国企业更应当在“丝绸之路经济带”倡议的引领下,树立长远目标,如拓荒者一般坚持不懈,为中国与中亚国家合作共赢共同努力。

事实上,换个角度看问题,中亚国家通信领域目前的发展环境一般,发展水平偏低,对中国来说未尝不是机遇,因为这也表明在这些国家拓展通信行业市场是有广阔前景的。根据商务部资料显示,哈萨克斯坦人均 GDP 约为 14,000 美元,是中亚地区最大的消费品市场,国内经济发展情况稳定并保持稳定增长的态势。2017 年乌兹别克斯坦又重启“入世”进程,在对外贸易及国际事务参与度方面都表现出了主动积极的状态,未来乌兹别克斯坦将会释放更多的外贸合作机会①,其在信息时代参与通信领域的国际合作将成为必然。同时,我国通信制造企业已经在中亚五国占据了市场,并树立了良好的企业声誉,这也为进一步开展通信领域合作奠定了良好基础。

**(一)政府层面**

1. 积极推动合作方式升级

结合中国优势产能走出去的规划,通信企业作为国内科技企业中的优势产能,也应当由政府层面出力积极推动其“走出去”。除延续和稳固现有合作方式和项目外,应当积极开发新的更高层次的合作项目,将IT与CT高度融合发展,如5G波段建设、全面铺开电信基础设施建设、互联网全面覆盖、建立传媒业长效合作等,将传统信息行业与最新的互联网技术相结合,在发展中亚国家电子商务、电子政务等方面提供技术支持与指导。

同时,在中国通信企业“走出去”之前,政府可以政府间合作项目的方式,通过公开招标将不同企业的优势环节进行配套组装,指导各个企业以完整的产业链形式开展整体投资合作。在此过程中,吸纳合作的东道国人才进行全产业链的培训,这样既能将中国企业的优势产能转化为经济效益,也能为东道国提供就业机会,使其劳动力水平得到实质提升,还可以为对方本地行业提供参考范本,共创双赢局面。

此外,仅开展一对一的合作并非长久之计。在与通信领域发展水平较低的中亚国家合作时,中国政府应当积极推动同时与多个中亚国家共同合作、统一行动,在保障经济成本的前提下拓展具有前瞻性的合作项目,拉动落后国家通信行业的发展向高水平国家看齐,帮助中亚区域的一体化发展。

2. 加强监管合作,完善配套机制

信息共享时代,信息传递与流通的监管是一项工程量巨大且技术要求严格的活动,需要强大的技术引擎和制度依据来支持。目前中国信息监管方面的技术较为成熟,尤其是在打击“三股势力”时所采取的高端技术措施,为国家安全和地区稳定提供了坚实的保障,而中亚国家在这方面的水平有限,建议在政府层面上加强互通合作。同时从国家法律层面为监督管理提供合理合法的依据,制定完善配套机制,为通信领域监管合作提供制度上的支撑。

① 《WTO与技术壁垒通报》,载湖南省质量与标准化研究院网,http://www.hnis.cn/81/content_12116.html,2018年11月2日最后访问。

3. 政府沟通推动政策对接

政府应当利用现有的高端对话平台进行通信行业标准化对接，参照国际标准进一步细化和制定区域标准，争取求同存异，贯通通信领域合作的技术通道。同时，建议借助“丝绸之路经济”的建设，将一对一的国家间合作扩展为中国与中亚5国间的区域间合作，各国共同商定通信领域合作策略，为更好更快地发展提供政策引导。如前所述，哈萨克斯坦单靠市场力量发展通信基础设施建设难度较大，因此需要政府采取激励措施，加快基础设施建设。此外，哈萨克斯坦电信市场由少数电信公司垄断，需要引入竞争来加快市场发展，使民众从价格竞争中获益，而引入外部竞争这一决策则需要政府部门开展对外交流，共同促进政策对接来实现。

**（二）企业层面**

1. 提升企业自身技术水平与综合实力

当今市场，掌握高端核心技术是科技类企业长久生存之本，也是面对激烈竞争时最重要的竞争力所在。因此，无论是为企业自身发展还是为解决在中亚国家开展通信基础设施建设合作时遇到的技术难题，中国企业必须不断提升自己的技术水平，加大科技研发投入，注重高端人才培养，提高企业综合实力，在激烈的市场竞争中靠实力取胜。

2. 注重维护与当地政府的关系

在中亚国家开展投资合作的中国通信企业在作出任何决策时，都须慎重考虑当时的政治背景和当局的态度，因此，企业要注重维护与当地政府的关系，时刻保持畅通的联系，对政府的政策动向做到及时掌握和消化，据此作出科学的判断和经营策略的变动。

3. 积极承担当地社会责任，树立良好形象

中国对外投资企业基本涉及我国国民经济的各种类别，也包括通信企业。近年来，商务部会同有关部门陆续发布了《境外中资企业（机构）员工管理指引》、《中国境外企业文化建设若干意见》以及《对外投资合作环境保护指南》，这些都是对企业履行社会责任具体的指导性文件。在中亚通信领域开展投资合作的中国企业，不仅要严格遵守东道国的法律法规，按当地的政策规定开展经营活动，也应当熟悉掌握这些文件要求和相关国际企业社会责任评价标准，在经营活动中积极承担当地社会责任，如保障员工基本权益、使用电子产品环保元件和配件、积极采取措施反对强取和贿赂等任何形式的腐败行为，营造优质的企业文化氛围，为企业树立良好的形象。

4. 企业风险预警系统建设

如前所述，中国通信企业在中亚国家开展投资合作将要面对各类风险，因此，企业的风险预警系统建设很重要。企业投资前、中、后的风险预测与规避都需要专业人员对当地投资环境提前进行预判，如此才能让决策者有更科学的依据，作出更符合现实的经营决策，降低企业经营的风险成本。

## 第五节　中国与中亚国家农业投资便利化

自2013年习近平主席提出“一带一路”倡议后，经过近两年的时间论证，2015年3月国家发改委、外交部、商务部联合发布了《推动共建丝绸之路经济带和21世纪海上丝绸之路的愿景与行动》，该文件强调要加强农机及农产品生产加工等领域的深度合作。党的十九大报告提出，“要以‘一带一路’建设为重点，坚持引进来和走出去并重，遵循共商、共建、共享原则，加强创新能力开放合作，形成陆海内外联动、东西双向互济的开放格局”，展示了中国政府“走出去”的积极行动，彰显了带动各国共同发展的愿景。

进入21世纪以来，随着经济开放度的提高，国家间、区域间的合作与共赢已成为推动世界经济发展的主要动力。区域合作的主要目的是调动生产资源在不同成员国之间的自由流动、合理配置，推动各成员国经济的共同增长。[①] 农业是立国之本，稳定的农业发展可以保障民众最基本的生活需求，农业发展是关乎粮食安全与国防的头等大事。目前，农业国际竞争越来越复杂，随着国际开放度的提高，农产品进出口量不断增多，国际合作趋势明显加剧。

随着中国经济的快速发展，周边外交已经成为我国外交的首选对象，为了提升中国农业的总体竞争力，必须发展外向型经济。党的十七届三中全会明确指出，扩大农业对外开放，坚持“引进来”和“走出去”相结合。[②] 统筹好国内和国外市场，充分利用两个市场两种资源，推动中国农业对外开放有序进行。中国与中亚5国中的3国相邻，中国人口密度大、人均耕地少、水资源匮乏，探究中国与中亚五国的农业投资对于中国农业现代化发展至关重要。中亚国家普

---

① 韩振国、徐秀丽、贾子钰：《“一带一路”倡议下我国对外农业合作空间格局的探索》，载《经济问题探索》2018年第7期。

② 尼合迈提·霍嘉等：《新疆与哈萨克斯坦农业合作发展战略研究》，浙江大学出版社2013年版，第2页。

遍日照充足，土地资源丰富，但水资源短缺，农产品生产短缺，农产品种类较少，对农产品的需求主要依赖外国进口。中国与中亚国家加强合作，双方合理利用外资，可以在一定程度上缓解中国与中亚国家农业面临的资源短缺压力。当前，中国与中亚国家的农业合作方式主要是：农业投资、农业贸易、农业援助和人才交流等。中亚五国种植的农产品有水果、蔬菜、粮油、谷物、经济作物、皮革和肉类等，大部分农产品的供给都不能满足国内需求。其中最为紧缺的农产品是水果、蔬菜、食品、植物油及糖等，需要依赖外国的进口以补充国内的需求。[①]中国向中亚国家出口的主要有水果、蔬菜、粮食、鱼以及水产品等，进口的有棉花、羊毛、油菜籽以及皮革等。中亚国家对外出口的主要是初级产品，中国出口的农产品主要是制成品，这一点显示了双边农产品的互补性。中国农业的发展可以充分利用中国与中亚国家农产品的这一特点，积极拓展中亚国家的农产品市场，加强农产品的生产与技术交流，促进中国与中亚国家农业经济的共同发展。

## 一、中国与中亚国家农业投资便利化现状分析

“农业走出去”是国家倡导农业可持续发展的重要举措，也是农业企业自我发展的主要动力。近年来，中亚国家为了推动经济增长，制定了相关的政策和法律，例如，《哈萨克斯坦共和国享受投资优惠的优先投资活动种类清单》《塔吉克斯坦对外经济活动法》《土库曼斯坦对外投资法》《吉尔吉斯斯坦投资法》等，这些法律都有利于中国企业在中亚国家进行农业投资建厂。中国新疆与中亚五国中的哈萨克斯坦、吉尔吉斯斯坦、塔吉克斯坦三国相连，具有天然的地缘优势。中国对中亚国家农业投资符合其投资现状和国民利益。例如，中国投资中亚国家的农产品种植业，有利于充分利用中亚国家的国土资源，为中亚国家和中国创造更高的收益，提高国民的收益。

### （一）哈萨克斯坦

1. 农业投资环境

哈萨克斯坦的农业在中亚五国中具有较好的发展前景。哈萨克斯坦位于亚洲中部，是世界上最大的内陆国，东连中国，中哈两国的边境线长达1700多公里。哈萨克斯坦面积广袤，土地资源丰富，国土总面积26,977万公顷，农业

---

① 郝韵、吴淼、张小云、杨德刚：《中国与哈萨克斯坦农业合作重点领域分析》，载《世界农业》2018年第4期。

用地为20,189万公顷,约占哈萨克斯坦总面积的74.84%,[①]具备发展农业的先天优势。2016年农业总产值105.5亿美元,同比增长5.5%。[②] 1997年,时任哈萨克斯坦总统纳扎尔巴耶夫发表的《哈萨克斯坦—2030》国情咨文中指出,到2030年哈萨克斯坦的农业劳动生产率将增加3倍。[③] 哈萨克斯坦种植的农产品主要有种植业和畜牧业,粮食资源丰富,生产优质小麦、乳制品、肉制品等。畜牧业发展前景良好,养羊业和养牛业比较发达,但农业基础设施薄弱,农业投入相对不足,生产方式粗放、灌溉技术落后,原材料深加工不足,精加工能力不够。自哈萨克斯坦独立以来,面粉、淀粉和淀粉制成品加工,奶制品生产以及面包和面制品加工生产值增长最为显著,发展趋势良好,是世界上最大的面粉出口国,出口的面粉大于国内消费的面粉。[④]

2. 中国对哈萨克斯坦农业投资基本情况

从20世纪90年代开始,中国企业就开始对中亚国家农业投资。1992年,中国外交部等领导人赴哈萨克斯坦访问,双方签署了两国建交公报,正式建交。[⑤] 2001年6月15日,上海合作组织正式成立,中哈两国都是其成员国,中国与哈萨克斯坦的领导层互访频繁,农业投资领域的合作逐步加强,两国的农业投资步入新的台阶。1997年,新疆轻工国际投资有限公司在阿拉木图投资326万元建成新康番茄制品厂。该公司生产的番茄占哈萨克斯坦市场番茄总量的25%。“野马—斋桑”有限公司是新疆野马集团在哈萨克斯坦哈州注册成立的有限公司,主要用于农业开发和芦苇的采割等。2010年8月27日,黑龙江宝泉岭农垦太非华援农业开发有限公司与哈萨克斯坦库鲁斯泰有限公司签订合作协议书等法律文件。双方将在阿拉木图州建立集种植、养殖、科技、教育等一体化的综合园区,中方负责提供相关技术和技术人员及园区的整体规划,哈方负责提供土地、机械、建材及办理的相关法律手续等。2017年6月17日,在哈萨克斯坦时任总理萨金塔耶夫和时任中国中信集团董事长常振明的共同见证下,

---

① 尼合迈提·霍嘉等:《新疆与哈萨克斯坦农业合作发展战略研究》,浙江大学出版社2013年版,第4页。

② 商务部:《对外投资合作国别(地区)指南:哈萨克斯坦》,中国商务出版社2017年版,第35页。

③ 同上书,第36页。

④ 尼合迈提·霍嘉等:《新疆与哈萨克斯坦农业合作发展战略研究》,浙江大学出版社2013年版,第45页。

⑤ 同上书,第49页。

中信建设有限责任公司董事长陈晓佳分别与哈萨克斯坦“江努尔 – 阿斯塔纳”公司总裁波拉提签署了《25 万吨小麦深加工建设项目框架合作协议》。[①] 中国与哈萨克斯坦在农产品加工方面的农业投资合作,有助于哈萨克斯坦的农产品收益率,提高其农业经济增长。

**(二)塔吉克斯坦**

1. 农业投资环境

塔吉克斯坦位于中亚东南部的内陆国,东部与中国新疆相邻,国土总面积 1425.54 万公顷,农业用地 764.51 万公顷,约占其总面积的 53.63%。2016 年,塔吉克斯坦的农业总产值约 28.38 亿美元,占 GDP 的 20.7%,同比 2015 年增长 5.2%。[②] 塔吉克斯坦的日照充足,水资源丰富,农业发展空间前景远大,但农业生产技术落后,资金短缺,农业投入不足,农业生产仍处在低效高耗阶段,各种资源利用率低,资源产出效益低。塔吉克斯坦的农业生产主要以农业企业和农户生产为主,农户生产的占比较重。塔吉克斯坦在 1996 年 12 月 13 日通过《土地法典》,2004 年 8 月发布《土地利用规划》,该法案规定土地归国家所有,外国人可以在塔吉克斯坦租种农业用地,租期 50 年及以下。[③]

2. 中国对塔国农业投资基本情况

中国与塔吉克斯坦相邻,两国开展投资合作具有很好的优势,但是塔吉克斯坦政府提供的优惠政策不多,中国企业到塔吉克斯坦考察多,进行项目投资较少。2011 年 9 月,河南省银海种业有限公司租赁塔吉克斯坦南部三个地区,共计 5170 公顷土地,租期 49 年,用于建设农业科技示范园区及从事种植业和种子加工等。[④] 2012 年 3 月,中国农业部组团去塔吉克斯坦进行项目考察,选择哈特隆州博合塔拉区的法伊扎里 · 萨伊托娃农场作为重要建设地,确定种植业和养殖业为主要的示范内容。[⑤] 2012 年 4 月中国农业部向塔吉克斯坦赠送

---

① 东欧及独联体事业部:《中信建设与哈萨克斯坦签署多个项目合作文件》,载中信建设,http://www.cici.citic.com/content/details_39_1977.html,2018 年 12 月 10 日最后访问。

② 商务部:《对外投资合作国别(地区)指南:塔吉克斯坦》,中国商务出版社 2017 年版,第 27 页。

③ 张宁、杨正周、阳军:《上海合作组织农业合作与中国粮食安全》,社会科学文献出版社 2015 年版,第 205 页。

④ 同上书,第 283 页。

⑤ 同上。

了25辆农用拖拉机和10辆金龙客车。[①] 2013年5月,中科院新疆生态与地理研究所与塔吉克斯坦科学院动物研究所启动“中塔棉花有害生物综合治理及示范”项目(上海合作组织农业合作与中国粮食安全),中方帮助塔方完善棉花种植技术及有害生物防治技术[②],帮助塔吉克斯坦建立一套完整的棉花有害生物综合技术体系,帮助塔吉克斯坦建立示范园区提供技术支持。

**(三)土库曼斯坦**

1.农业投资环境

土库曼斯坦国土总面积48.81万平方公里,土库曼斯坦的国土大部分被沙漠覆盖,经济增长在中亚5国中排第二,国民收入水平较高。土库曼斯坦的养羊业很发达,卡拉库尔绵羊在国际上知名度很高,羊羔皮在国际市场上享有盛誉,还有举世闻名的阿哈尔捷金马,在中国史册上有“汗血宝马”之称。[③]

2.中国对土库曼斯坦农业投资基本情况

2014年中土农业合作组召开第一次会议。中土双方对农业合作高度重视,双方签订了中土农业合作备忘录,为两国的农业投资便利化搭建了良好的平台,推动了中土两国在农业方面的贸易与投资,加强了中国与土库曼斯坦的农业技术合作。

**(四)吉尔吉斯斯坦**

1.农业投资环境

吉尔吉斯斯坦东部和东南部与中国新疆相邻,国土面积1999.49万公顷,农业用地567.49万公顷,约占吉国总面积28.38%。吉尔吉斯斯坦是古丝绸之路的重要通道,中国出口到吉尔吉斯斯坦的产品约70%转口到中亚的其他国家,农业是吉尔吉斯斯坦的支柱性产业,65%左右的人口生活在农村,发展农业对吉尔吉斯斯坦国民生活水平的提高具有深远影响。2016年,吉尔吉斯斯坦的农业总产值约28.19亿美元,占GDP的13.2%,农业同比增长3%。吉尔吉斯斯坦本国境内多山地,缺乏大面积的平整耕地,不是适合发展大规模的农机化种植,适合小型化、多样化的种植和天然牧业,主要的农产品有小麦、水稻和玉米,果蔬类的出口前景较好,产值效益较高。

---

① 张玉华等:《中国—塔吉克斯坦农业合作现状及前景展望》,载《世界农业》2013年第6期。

② 张宁、杨正周、阳军:《上海合作组织农业合作与中国粮食安全》,社会科学文献出版社2015年版,第285页。

③ 郭静利、粟若扬:《中国与土库曼斯坦农业合作前景分析》,载《世界农业》2016年第11期。

2. 中国对吉尔吉斯斯坦农业投资基本情况

近年来,吉尔吉斯斯坦鼓励农业发展,给予农产品贷款政策。新疆的日照充足,符合吉尔吉斯斯坦国情,一些农业公司多次与新疆农科院农机所接洽要求引荐日光温室。新疆屯河集团有限公司具有资源开发的优势平台,在吉拉巴德州投资建设也苹果汁浓缩加工厂。2014 年 3 月,新疆天业集团与吉拉巴德德州签订 6000 亩节水农业示范园区项目,该集团拥有国际一流的节水灌溉产品和技术。[①]

**(五)乌兹别克斯坦**

1. 农业投资环境

乌兹别克斯坦国土面积 44.4103 万平方千米,农业用地 2226.46 万平方千米,占 59.5%。[②] 乌兹别克斯坦 1998 年 4 月 30 日通过《土地法典》,同年 7 月 1 日生效,规定土地归国家所有,是全体国民的共同财富。乌兹别克斯坦是传统的农业大国,粮食生产能够满足内需。2016 年农业产值约 173 亿美元,同比增长6.6%,占 GDP 的比重为 2.4%。2016 年,粮食总产量 826.38 万吨,其中 90%为小麦,棉花种植业为支柱产业,是世界第五大产棉国,第二大棉花出口国,是中亚重要的水果和蔬菜产地。[③]

2. 中国对乌兹别克斯坦农业投资基本情况

1992 年,中乌建交以来,两国关系平稳发展,投资与合作越来越密切。乌兹别克斯坦在 2005 颁布了《吸引外商投资的补充措施》,在 2006 年调整了《外资法》的一些条款,降低了外资企业所得税,以此来吸引外商,提高外资投资力度。2006 年。桥梁公司在乌兹别克斯坦注册成立,该公司拟投 300 万美元在乌兹别克斯坦咸海水域开展养殖、捕捞等工作。新疆海利力国际贸易有限公司与乌诺夫纳斯尔丁·法则里特诺维奇达成合作协议,双方共同出资 100 万美元组建新疆海利力国际贸易有限公司,经营丝绸、棉花、蚕丝等的生产与销售。库尔勒市－江植物提取加工有限公司与乌努库兹市共同创办中宜工贸有限责任公司,该公司注册资金 60 万美元,主要从事甘草制品的生产、加工、出口等。新疆德

① 商务部:《对外投资合作国别(地区)指南:吉尔吉斯斯坦》,中国商务出版社 2017 年版,第 40 页。

② 张宁、杨正周、阳军:《上海合作组织农业合作与中国粮食安全》,社会科学文献出版社 2015 年版,第 134 页。

③ 商务部:《对外投资合作国别(地区)指南:乌兹别克斯坦》,中国商务出版社 2017 年版,第 26 页。

晟源商贸有限公司与乌塔什干市共同出资30万美元创建Faizli丝绸之路有限责任公司，主要进行皮革的加工、销售及进出口贸易。2017年12月，河南万邦国际农产品物流股份有限公司向乌兹别克斯坦农业领域投资5亿美元。① 用于农产品生产、加工及进出口等。

## 二、中国与中亚国家农业投资便利化存在的问题及原因

### （一）中国与中亚国家农业投资便利化存在的问题

1. 资金投入少、投入项目单一、投资结构不合理

一方面，随着“一带一路”方略的顺利进展，中国加大了对“一带一路”沿线国家的投资。从投资流量增幅变化的视角看，中国对中亚5国的投资最多的是哈萨克斯坦和土库曼斯坦且投资领域主要定位在能源方面，缺乏对农业领域的投资，造成投资领域失衡，投资结构不合理；从投资存量变化的视角看，50%以上的对外投资金额集中在交通、通信、电力等基础设施建设方面，对农业领域的投资相对较少，不利于双边农业投资便利化的展开。

另一方面，虽然农业是中亚5国的支柱性产业，近年来随着经济水平的提高，对农业发展的重视程度也在逐步提高，但是受到经济技术的转型以及经济发展的影响，各个国家对农业方面的投资还严重不足，农业基础设施不够完善，农业技术相对落后，缺乏大型农产品的加工基地。

2. 农业投资法律不完善，政策支持不足

中亚国家属于发展中国家，经济比较落后，参与国际合作较少，市场化程度不高，市场经济体制不完善，法律制度不健全。中亚国家担心过多的对外投资会引起市场开放程度加强，阻碍国内农业经济的发展，因此降低了外来投资的保护力度，导致外来投资量减少。这种对外来投资表现出来的差异性，使得中亚各国农业投资的基础和水平出现参差不齐的现象，也使得中亚各国的农业投资与合作缺乏政策保护，不利于中国与中亚国家展开活跃的投资。

3. 信息可获得性不足

当前，我国对国外企业的信息摄取量较少，不能满足本国企业的需求，只能靠企业自身搜集国外信息。从驻外机构看，我国只有一个常驻联合国粮农机构代表，设置农业参赞的只有驻美国使馆和驻菲律宾使馆，这不利于我国日益繁

① 《中国知名企业河南万邦国际向乌兹别克斯坦农业领域投资5亿美元》，载搜狐网，https://www.sohu.com/a/211242975_573462，2018年12月12日最后访问。

荣的农业发展与国际交流。其他方面，例如市场信息、资源状况、法律分析及风土人情等都没有可靠的来源渠道。

**（二）中国与中亚国家农业投资存在问题的原因**

1. 法律保障机制不健全

一方面，中亚5国没有较强的有约束性的法律文件来制约国际农业合作与农业开发，规章制度建设滞后。中亚5国中，除了吉尔吉斯斯坦和哈萨克斯坦加入WTO外，其他3国均未加入WTO，不能按着WTO的规章制度办事，没有统一的政策标准，对外投资政策缺乏持续性和稳定性。个别中亚国家的政治局势不够稳定，缺乏有效的监管机制，合作意识差，投资风险大。

另一方面，我国对外投资的法律体系不够健全，很多法律法规都是改革开放初期制定的，不适合当前全球化的经济体制和我国农业“走出去”的发展目标，应该对其进行修改、补充和完善。例如，对外农业投资法律制度、对外农业投资保险制度、对外农业合作基金法及农业对外投资的法律援助等。

2. 农业投资政策支持不足

中亚国家属于发展中国家，经济比较落后，参与国际合作较少，市场化水平不够高，市场体制不完善，双边贸易制度不完善，政策执行不统一，阻碍了我国对其农业投资的前景。中亚国家担心过多的对外投资会引起市场开放程度加强，阻碍国内农业经济的发展，因此降低了外来投资的保护力度，导致外来投资量减少。这种对外来投资表现出来的差异性，使得中亚各国农业投资的基础和水平出现参差不齐的现象，也使得中亚各国的农业投资与合作缺乏政策保护，不利与中国与中亚国家展开活跃的投资。①

3. 农业投资的政策以政府主导为主

除了中国与中亚各国政府之间的公共合作之外，中国的大型国企、民营企业等在中亚国家的农业投资较少。2015年，哈萨克斯坦的《土地法》修正案引来哈萨克斯坦国民的抗议，将矛头对准中国，担心土地法改革会引起中国大量租用哈萨克斯坦土地资源进而形成中国“租地扩张”，进而威胁哈萨克斯坦国家安全。鉴于此问题，中方可以考虑与哈方以农资的形式进行合作，遵守哈方的法律制度。

---

① 刘宏曼、王梦醒：《贸易便利化对农产品贸易成本的影响——基于中国与“一带一路”沿线国家的经验证据》，载《经济问题探索》2018年第7期。

4. 农业投资的自身因素匮乏

首先，劳动力投入不足。中亚五国总人口接近7000万，其中将近3500万人口是贫困人口，而且大多数青年劳动力靠出国打工谋生，致使国内的劳动力匮乏，只剩下妇女和老人从事农业劳动和农业生产，影响农业投资与农业技术合作的长远发展。

其次，农业基础设施配置落后。中亚国家由于经济发展水平落后，对农业发展不重视，导致农业生产、加工以及物流等方面发展落后。虽然中欧班列的开通为双边贸易运输提供了便利化的条件，但是铁路的货运量毕竟有限且中亚国家自身的基础设施也不完善，通关便利化水平较低。中国与中亚国家之间虽然建立了十几类口岸，但与有的国家开通的口岸没有充分利用起来，造成交通设施便利性低且交通运输成本高。

最后，农业投资的市场范围较小。中国企业与中亚国家的农业投资主要集中在哈萨克斯坦和乌兹别克斯坦且投资产业处于较低的层次。例如，中国企业对其投资仅仅处在棉花、药材、食品的收购和贸易层面；粮食、水果的深加工以及储存、运输等高技术开发投入领域较少。

## 三、中国与中亚国家农业投资对策建议

1. 加强政策沟通、推动彼此之间的人才培养

中国与中亚国家存在文化差异，文化冲突屡见不鲜，严重影响了彼此之间的交流与合作。建立文化培训基地，加强彼此之间的文化沟通，加强中国农产品的种植技术。例如，中国新疆是农产品的天然种植园，非常适合瓜果、干果、枣子等的种植，但是农产品出口量并不多，农产品各项指标达标率不高，应该加强这方面的农资投资，培养这方面的人才，增加农产品的收益率，提高农民收入。

2. 完善农业投资法律制度

发达国家对农业投资的保障除了政策和资金的支持外，还有一套完整的农业投资法律制度，保障了农业投资的顺利进行。我国目前除了《农业法》和一些分散的法律条款对农业投资进行规定外，没有专门的农业投资方面的法律。由于缺乏专门的农业投资法，不利于政府职权的实现和农业投资的有效进行。因此，应该尽快完善农业投资基本法，具体详细的规定可以防止政府决策过于弹性。

对农业投资的详细活动进行规定，包括农业投资领域、投资职责、投资数目以及投资内容等，保证投资合理有效的进行。例如，美国制定了一套完整且缜密的农业投资制度建设方面的文件，从农业投资项目制度到实施再到项目评审都有专门的机构负责；日本的《农业基本法》明确规定了国家扶持农业的生产，农业投资生产是国家整顿发展的大事。

3. 制定健全的吸引外资的农业投资法律制度

中亚国家都属于农业大国，要像西亚的国家学习，确立"以农立国"的可持续发展战略。可以制定优惠的境外农业投资政策、建立境外农业补贴机制。像粮食直接补给，农业资源综合补贴，农机具购置补贴等多种多样的农业补贴政策。农业"走出去"的困难重重，风险很大，需要国家在资金方面给予一定的支持。国家应该给予一定的政策补给境外农业投资，鼓励企业、个人积极参与对外农业投资，推动中国与中亚国家的农业合作开发。例如，巴西充分利用自身的农业资源优势以及世界对农产品的需求，制定吸引外资的优惠政策，利用全球的资本优势帮助本国农业进行开发利用，保证了农业投资的可持续发展。巴西还规定了农民可以向商业银行以一定比例的低息获取农业投资资本，保证了农业生产的基础。

4. 建立多元化的农业投资便利化渠道

中国经济的快速发展与中亚各国的经济密切相关，双方可以达成互赢。中国农业经济的发展不仅要带动中国经济的迅速发展，也要带动中亚国家的迅速发展，以实现双赢的目标。因此，中国应建立区域内政策协调机制，成立农业投资合作委员会，促进双边农业投资能够顺利、清晰的进行。在互信互利的基础上，中国可以与中亚国家进行有效的政策协调，促进农业投资的各方面。

5. 因地制宜，优化农业投资区位选择

中亚五国各有各的优势，投资的整体环境存在差异性。中国应根据各国的综合水平，因地制宜，选择合理的投资国使利益最大化。对于投资环境较好的国家，加大农业投资力度以实现规模效应。例如，哈萨克斯坦与乌兹别克斯坦的的小麦和棉花技术较好，加强中国与这两国的小麦和棉花等农业开发技术，优化产业结构，加大农产品领域的精加工与深加工，提高农业投资效率。对于投资环境较差的国家，应发挥对外农业援助项目，对有粮食危机的国家进行农业援助。

6. 建立多元化的农业投资便利化渠道

中国应建立区域内政策协调机制，成立农业投资合作委员会，促进双边农业投资能够顺利、清晰的进行。在互信互利的基础上，中国可以与中亚国家进行有效的政策协调,促进农业投资。

7. 调整产业结构,发展优势产业

目前中国与中亚国家没有开展大规模的农业合作,双方主要集中在农产品的货物贸易。双方并没有调整各自的产业结构,发展各自的优势产业。这样不仅资源不能得到合理的利用,还有可能影响双方的长期合作。应该根据各自的优势,输出别国稀缺的农产品,减少竞争。

# 第六章 投资便利化及投资保护法律机制的经验与启示

长期以来，投资便利化不作为一个独立的研究主题而单独存在，对其研究基本上置于贸易投资便利化研究之中并处于随附地位。在主权国家和相关国际组织制定经济政策时，一般也将贸易便利化和投资便利化合二为一。鉴于贸易和投资的本质区别，对投资便利化的研究和制度设计逐渐展开。21 世纪初，亚太经合组织、经济合作组织（OECD）、世界银行以及联合国贸易和发展会议（UNCTAD）等国际组织均对推动投资便利化作出了贡献。世界银行主张通过鼓励中介组织对投资信息和技术提供便利，联合国贸易和发展会议专注于收集 FDI 数据，为国际投资提供咨询和培训等。

考虑中国因素及相关实践，本章选取了亚太经合组织、东盟自贸区和上海合作组织投资便利化的模式和举措作为研究对象，以期为中国与中亚投资便利化提供借鉴。

## 第一节 APEC 投资便利化及投资保护法律机制的实践

从国际经济法层面，投资便利化作为一个独立的议题，肇始于 2008 年 APEC 颁布的《投资便利化行动计划（IFAP）》，该计划给出的投资便利化的定义为：投资便利化是政府采取的一系列旨在吸引外国投资,并在投资周期的全部阶段上使其管理有效性和效率达到最大化的行动和做法。[①] 这一定义成为目前对投资便利化进行解释的应用最为广泛的定义。IFAP 同时指出,投资便利化涵盖了众多内容,其核心内容就是在利益最大化的基础上,使投资活动能够有效率地进行,而其最重要的原则就是透明度、简约性以及可预测性。[②] 从一定意义上看,APEC 为全球投资便利化政策制定确立基本原则和基础。

## 一、APEC 投资便利化机制的发展

APEC 自 1989 年成立至今已经历 33 年,有 21 个成员国和 3 个观察员国,是当代最有影响的国际经济组织之一。自建立伊始,投资便利化就成为 APEC 的重要议题。贸易和投资自由化、贸易和投资便利化、经济技术合作一直被认为是 APEC 发展的“三大支柱”和长远目标。为了推进区域内的贸易投资便利化,APEC 1993 年成立了专门的贸易投资委员会(CTI)。1994 年的《茂物宣言》正式提出将区域内贸易投资自由化、便利化作为 APEC 发展的长远目标。确定了在亚太地区实现贸易和投资自由开放的具体目标,提出发达成员和发展中成员分别不迟于2010 年和2020 年实现这一目标的时间表。茂物会议的最大特点和成果是确定贸易和投资自由化的时间进程表,并且正式确立了贸易投资自由化和技术合作这两大内容,事实上确立了 APEC 今后的行动纲领,在其发展史上有特殊意义。

在雅加达会议上,为了进一步推动投资便利化的发展,亚太经合组织发布《非约束性投资原则》作为成员国投资便利化的指导性文件,并为此成立了“投资专家小组”负责具体行动的监督、指导、协调工作。该原则涵盖了促进投资便利化的所有关键领域,如投资法和投资政策透明度、对成员国投资者的非歧视原则、国民待遇、投资鼓励措施、降低业绩要求、征用和补偿、利润汇回与货币自由兑换、争端解决、外国投资者的进入与滞留、避免双重征税等。1995 年 11 月 19 日,APEC 发布了《大阪宣言》,通过了实施贸易投资自由化、便利化和开展经济技术合作的《大阪行动议程》,提出了具体推进贸易和投资自由化、便利化目标的原则和执行框架,是 APEC 贸易自由化与便利化行动计划的准备阶段,也

---

① 参见《APEC 投资便利化行动计划》。

② 沈铭辉:《APEC 投资便利化进程——基于投资便利化行动计划》,载《国际经济合作》2009 年第 4 期。

奠定了 APEC 贸易自由化、便利化行动计划的基础。此后，APEC 贸易自由化、便利化目标进入了实际行动阶段。《大阪行动议程》主要围绕着贸易便利化展开，但也就投资便利化指明了方向，提出了便利化的实施计划包括：集体行动计划；单边行动计划；探路者计划和混合行动计划。

在 1996 年的马尼拉会议上，APEC 发表了《亚太经合组织经济领导人宣言：从憧憬到行动》，通过了实施贸易自由化的《马尼拉行动计划》，在贸易投资自由化方面有了新进展。从 1997 年起，APEC 开始进入单边行动计划和集体行动计划的实施阶段。通过开展各类活动，如设立数据库、举办研讨会、专题会、开展调研和实施培训项目等形式，不断推进投资便利化目标的实现。1997 年 APEC 通过旨在强化成员方经济的“投资自由化及商业便利化选择菜单”。①

1998 年亚洲金融危机对 APEC 贸易投资便利化进程有所冲击，部分成员国在危机中对 APEC 推进贸易投资便利化心存疑虑。直至 2005 年 11 月，APEC 的 21 个成员国的领导人在领导人峰会上发表“釜山路线图”，提出了实现区域内贸易与投资自由化的具体方案。“釜山路线图”对已取得的成果作出了评价，并指明剩余期限内各项政策的施行方向。同年，APEC 与联合国等其他机构共同发出“投资便利化倡议”，进一步推进投资便利化发展进程。2006 年 12 月，APEC 投资专家组（IEG）发布了提高亚太地区投资自由化、便利化方案，该方案分为两个阶段：第一阶段是减少亚太地区边境上的投资障碍；第二阶段是减少边境后的投资障碍。2007 年，为促进成员国之间关于贸易投资便利化法律法规透明度、合法性，APEC 贸易与投资委员会编写出版了《APEC 投资体制指南》，从法律法规、经济体制、监管措施等方面详细阐述了 APEC 成员的投资体制，同时也方便各成员进行横向比较和改进。

在 APEC 推进投资便利的历史进程中，2008 年 APEC 制定并通过的《投资便利化行动计划》（IFAP）具有里程碑式的意义。IFAP 是 APEC 在投资便利化领域第一次采取大规模行动。IFAP 措施清单及框架原则涵盖八个方面，共 59 项行动措施。八个方面包括：（1）提高与投资有关的政策制定和管理中的开放性和透明度，共计 14 项具体行动措施；（2）提高投资环境的稳定性、财产安全性以及对投资的保护，共计 12 项行动措施；（3）提高与投资有关的政策的可预测性和一致性，共计 7 项具体行动措施；（4）提高投资相关手续的效率和有效性，

---

① 沈铭辉：《APEC 投资便利化进程——基于投资便利化行动计划》，载《国际经济合作》2009 年第 4 期。

涉及10项具体行动措施;(5)建立建设性的利益攸关者关系,涉及7项措施;(6)利用新科技改善投资环境等,涉及3项行动措施;(7)建立投资政策的监督和审查机制;(8)加强国际合作。APEC通过这八项基本原则指标对APEC取得的投资便利化进展进行评估。2009年APEC制定了实施“APEC投资便利化行动计划”的重点工作,具体包括:确定评估IFAP进展的关键衡量指标;根据修正后的KPIs评估IFAP实际进展;根据2008年批准的IFAP(2008~2010)所列清单执行具体行动项目。[①] 总体来看,APEC此后对于投资便利化的工作在于通过开办论坛、研讨及评估等方式具体落实投资便利化所达成的各项协议,并取得了一定的成果。但同时也面临着合作层次较低、成员参与积极性较差、部分合作项目进展缓慢以及合作成果难以转化为现实收益等问题。成员国投资便利化行动不一致以及缺乏集体行动使IFAP实施效果大打折扣。这些不足都使得APEC在投资便利化具体实施方面进展缓慢。

## 二、APEC投资便利化机制的特点

不同于WTO、欧盟等国际组织,APEC是一个以会议、论坛等协商机制为主的区域性多边经济合作机制,在投资便利化方面,也区别于一般的双边、多边投资协定,基于成员国的多样性和组织机制的松散性的特点,其便利化机制也呈现出特殊性。

### (一)开放的地区主义

“开放的地区主义”这一概念最初是由山泽逸平首次提出来,以描述亚太地区出现的APEC这种经济一体化现象,主要包括两层含义:一是指APEC成员内部贸易投资自由化的成果,可以适用于APEC以外的任何国家和地区,即非APEC成员也可以分享APEC内部成员之间的任何关税减让及关税壁垒减少和消除所带来的利益和好处;二是指APEC要为推动全球贸易自由化作出贡献,即不仅要减少APEC内部的贸易投资壁垒,还要为减少区域外部的障碍而努力。亚太经合组织涵盖国家众多,包含发达和不发达国家,经济发展模式差异很大,构建封闭的区域贸易集团并不有利于亚太地区经济增长,不符合亚太地区的实际情况。因此,APEC的发展不是通过多边协定将自己变成内向的、排他性的自由贸易区,而是通过市场的力量来驱动促进本地区的贸易和自由化以便

---

① 李文韬:《APEC贸易投资便利化合作进展评估与中国的策略选择》,载《亚太经济》2011年第4期。

加强 APEC 地区和整个世界市场的联系。

APEC 名人小组在 1994 年对“开放的地区主义”作了详尽的探讨，并在一份报告中作了阐述：我们建议贯彻 APEC 开放的地区主义原则，是期望区内的贸易和投资自由化可以远远延伸至 APEC 成员的疆域之外，由此提出了 APEC 实施的开放地区主义的 4 种互补排斥模式：（1）最大限度地推行单边自由化；（2）在基于最惠国原则实施区内自由化的同时，致力于减少对非成员国的壁垒；（3）愿意在对等原则的基础上把区内自由化措施扩展至区外非成员；（4）承认在有条件或无条件的基础上，任何单个的成员可将自己 APEC 框架内所作的自由化承诺延展至区外非成员。

不过，目前在是否无条件的向非成员开放仍是存在一定的分歧：是有条件地互惠还是无条件地向非成员提供 APEC 的成果，还没有达成共识。对于名人小组的提议：有条件地向成员国提供开放成果，但是并没有纳入任何共性的声明或文件中。

**（二）单边行动**

APEC 在实现贸易自由化目标的过程中，采取各成员国按照自由承诺的时间表自行制定其自由化的进程，并且在相互比较之后再加以协调和修订的承诺和协商机制。因为 APEC 成员的广泛性，所以实施了不同于传统区域组织的这种灵活性机制来实现自由化目标，这也是世界上其他组织少有的。从地理分布上来看，成员有地处美洲的美国、加拿大、智利、秘鲁等，也有地处亚洲的中国、日本、韩国及东盟各国，以及地处大洋洲的澳大利亚、新西兰。从经济发展水平上看，有最大的发达资本主义国家——美国，也有世界上最发达的发展中国家中国。从文化信仰来看，既有反映东方文化的佛教，也有体现西方文化特征的基督教。成员的多样性以及复杂性是 APEC 存在的基础，也是其制定一切政策纲领必须优先考虑的前提。

所谓“单边行动计划”（Individual Action Plan，IAP），是指 APEC 各成员根据各自经济发展水平、市场开放程度与承受能力对具体产业及部门的贸易和投资自由化进程作出灵活有序的安排。如在《大阪行动议程》中所述，考虑到 APEC 经济体之间的不同的经济发展水平和每一个经济体的不同情况，在处理由于自由化和便利化过程中这些不同情况所引起的问题方面将允许有灵活性。这种“协调的单边自由化”与传统的、封闭的一体化组织所依赖的谈判与制裁压力两种机制相比具有重大的创新之处，即各成员在加入自由化进程中主要依赖于成员体之间的伙伴压力所产生的督促作用。

### （三）渐进性

APEC 并不是有较强约束力的区域性经济组织，其主要功能是推动成员经济体的市场开放和在成员经济体间开展经济技术合作，各成员经济体按照一致同意的目标自己制订行动计划和安排计划的落实，而不是通过组织内部的谈判迫使成员国达成统一的贸易和投资协定并严格执行。APEC 推进贸易投资便利化机制的核心是为成员国进行协商提供机制，并通过这种机制推动目标的实现。APEC 的发展历程来看，其非制度性安排主要体现在贸易投资自由化进程的渐进性方面，而“渐进性”则表现在《茂物宣言》和《大阪行动议程》中，“我们决心在不晚于 2020 年的时候实现亚太地区的贸易投资自由化目标。要实现目标的进度将考虑亚太经合组织成员体经济发展的不同水平，发达成员体实现这个目标不晚于 2010 年，发展中成员体实现这个目标不晚于 2020 年”；“APEC 成员体将毫不迟疑地同时启动自由化，便利化合作进程，每一个成员体应作出持续和重要的贡献，以完成贸易投自由化和开放的长期目标。”

### （四）区域与次区域经济合作并存

目前，在 APEC 内部存在众多的此区域经济合作组织，形成了特有的大圈套小圈、大集团中有小集团的现象。北美自由贸易区的 3 个成员同时也是 APEC 的成员，在经济发展及对外贸易等方面有很大的影响。东盟自由贸易区各成员国在地缘政治格局中利益接近，关系密切，加之多年成功运作经验，在 APEC 内部往往出现“集团声音”。澳新自由贸易区虽然所占经济比重不大，但作为运作比较完善对外相对封闭的经济实体，仍然有其自身的利益诉求。并且 APEC 本身奉行非歧视原则，不但内部成员之间不搞歧视，对非 APEC 成员原则上也是不实行歧视。但次区域经济组织却对对外封闭的集团贸易自由化的成果并不与非成员共享。由此，区域与次区域经济组织并存的现象对于 APEC 的发展来讲，既有积极作用，也有消极作用。不过从根本上来看，各成员国同处亚太地区，在利益诉求上具有很多共同点，次区域经济组织对 APEC 的促进作用还是主要的，但必须防止部分成员过于重视本区域组织的进程安排，而忽视 APEC 的一体化进程，出现“空洞现象”。

## 三、APEC 投资便利化机制对“丝绸之路经济带”倡议的启示

APEC 的投资便利化经过 30 多年的推动，已经取得了较好的效果。与“一带一路”倡议相比，尽管一个是国际组织，一个是主权国家的国家倡议，但基于

一定程度的相似性，笔者认为 APEC 在推进投资便利化的一些原则或者模式是值得借鉴的。

**（一）非制度性安排可以成为“丝绸之路经济带”建设的指导原则**

APEC 基于其独特组织形式，形成了一国家首脑人直接参与，以协商、承诺构成一种约束的机制，可以促使各成员经济体主动采取行动。尽管协商的结果和成员经济体的承诺都不具有法定性，是非约束性的，但由于是政府的承诺和首脑的直接表态，公布于共同声明之中，因此，它们具有很强的道义责任和信誉上的约束性。滚动式的修改行动计划，建立有效的审评机制，在今后推动贸易和投资自由化进程上是非常必要的。

鉴于 APEC 机制的开放性、履行义务的单边主义模式和落实投资便利措施的渐进性，都体现出 APEC 整体机制的非制度性。“一带一路”倡议只是主权国家对外方略，并不具备 APEC 作为国际组织的组织性基础，在推进投资便利化过程中可以充分借鉴 APEC 的非制度性的软约束机制，这种非制度的安排，决策程序具有软约束力，各成员国根据各自的经济发展速度与规模，自愿对具体产业及部门的贸易和投资自由化作出灵活的安排，这可以很大程度上协调“一带一路”沿线国家存在的巨大差异，减轻对中国的疑虑，又能对“一带一路”贸易投资便利化起到价值宣示和政策引导作用。

事实上，在 2017 年 5 月举办的第一届“一带一路”国际合作高峰论坛上，非制度性安排已经有所体现。经过梳理和汇总形成高峰论坛成果清单。清单主要涵盖政策沟通、设施联通、贸易畅通、资金融通、民心相通 5 大类，共 76 大项、270 多项具体成果。如中国政府与联合国所属国际组织签署“一带一路”合作文件，包括联合国开发计划署、联合国工业发展组织、联合国人类住区规划署、联合国儿童基金会、联合国人口基金、联合国贸易和发展会议、世界卫生组织、世界知识产权组织、国际刑警组织。与重要的国际组织签署合作文件包括：欧洲经济委员会、世界经济论坛、国际道路运输联盟、国际贸易中心、国际电信联盟、国际民航组织、联合国文明联盟、国际发展法律组织、世界气象组织、国际海事组织。与蒙古国等多国签署合作备忘录。与多个国家签订交通运输、核能利用、水资源利用等合作协议。除此之外，“一带一路”倡议将建立多种类型的论坛、咨询委员会以推进倡议对接，密切政策沟通。

**（二）APEC 对接“一带一路”倡议，助推投资便利化**

“一带一路”方略与 APEC 都是对于亚洲、亚太地区的区域构想，两者对于实现地区共同发展、深化区域一体化的长期宗旨是一致的。“一带一路”倡议的共建原则与 APEC 一直以来所秉持的“自主自愿、协商一致”的合作原则相符。APEC 与“一带一路”倡议的这些内在联系,使得二者相互补充,相互促进。

非组织化是实施“一带一路”倡议的现实基础,既是缺点也是优点。缺点是缺乏组织平台和制度化的实施机制,优点是无组织化平台建设和运营成本,也不会引发沿线国家对中国的疑虑。但就投资而言,中国还是需要在“一带一路”框架下推动贸易和投资自由化、便利化,并保障“一带一路”倡议的实施成果。所以,“一带一路”倡议的实施无须形成组织化机制,但需要有机制设计加以推动。中国可以借助“一带一路”区域内既存之国际组织为平台,积极推动组织内的投资便利化。例如,充分利用 APEC 的既有机制,形成与“一带一路”倡议的对接。

一方面,APEC 与“一带一路”沿线国家有相当的重合,“一带一路”倡议覆盖 10 个 APEC 成员。同 APEC 成员一样,“一带一路”沿线国家经济发展水平差异很大,严格的标准化实施机制并不适合 APEC 和“一带一路”。而且,在基础设施建设和贸易投资便利化方面,二者目标一致。“一带一路”倡议实施,可以借助 APEC 的现有机制,特别是在投资领域,推进 APEC 单边行动模式,以成员国自我承诺及 APEC 的评审机制推行贸易投资便利化,鼓励成员国开放市场,提升东道国投资环境。

另一方面,“一带一路”倡议可以激活 APEC,充分发挥中国在 APEC 的影响力。APEC 在分别经历 1998 年和 2008 年两次危机后,受到危机冲击的国家失去了推进地区贸易投资便利化的动力,从而导致诸多贸易投资自由化和便利化方案搁浅或者进展缓慢。而在 APEC 内部由于发展水平差异和利益诉求不同,加之缺乏资金,互联互通和贸易投资便利化推进缓慢。在“一带一路”倡议下,可以充分利用丝路基金和亚投行向 APEC 成员融资,提升基础设施建设水平,激活 APEC 贸易投资便利化的进程,以实现双赢的目标。“一带一路”倡议也可以通过借鉴已有的成熟的一体化组织去不断创新和探索。

## 第二节 东盟投资便利化及投资保护法律机制的实践

中国与东盟文化相通,经济交往密切,近 20 世纪以来,中国与东盟已经成为彼此重要的经济伙伴。中国已经成为东盟第一大贸易伙伴,东盟则成为中国第三大贸易伙伴。从投资来看,东盟是中国企业第一大投资市场。东盟十国也是海上丝绸之路最重要的沿线国家。根据 2018 年 11 月 14 日新加坡首脑峰会发布的《中国－东盟战略伙伴关系 2030 年愿景》，到 2020 年双向贸易额有望突破 1 万亿美元、投资额达到 1500 亿美元。① 中国与东盟成功建立了中国－东盟自由贸易区（CAFTA），其不断渐进发展的投资便利化机制对中国与中亚国家有很好的启示作用。

## 一、中国－东盟投资便利化法律机制的演进

中国与东盟各国之间的投资法律关系始于 20 世纪 80 年代，从双边投资协议开始，然后逐步过渡到多边协议。1985 年中国先后与泰国、新加坡签订了《关于促进和保护投资协定》，1988 年与马来西亚签订了《关于相互鼓励和保护投资协议》。1991 年在第 24 届东盟外长会议后，中国又和菲律宾、越南、老挝、印度尼西亚签订了双边投资保护协定。之后中国陆续与其他东盟国家签订了双标投资协定。双边投资保护体制的建立为多边投资保护体制构建奠定了基础。

自 1991 年时任外长钱其琛出席东盟第 24 届外长会议起，历经 10 年发展，2000 年朱镕基总理在新加坡举行的中国与东盟领导人会议上，提出建设更加互惠的中国－东盟自由贸易区。2001 年 11 月，基于建成中国－东盟自由贸易区的初衷，双方签订了《中国－东盟全面经济合作框架协议》（以下简称《框架协议》），决定于 2010 年建成中国－东盟自由贸易区。《框架协议》明确规定："为建立中国－东盟自由贸易区和促进投资，建立一个自由、便利、透明及竞争的投资体制，各缔约方同意尽快谈判并达成投资协议，以逐步实现投资体制自由化，加强投资领域的合作，促进投资便利化和提高投资相关法律法规的透明度，并为投资提供保护。"②根据《框架协议》，双方确定了农业、信息产业、人力资源开发、相互投资、湄公河流域开发、交通、能源、文化、旅游和公共卫生十大重点合作领域。2002 年 11 月 4 日《框架协议》开始生效，自由贸易区建设正式启动。

2003 年温家宝总理与东盟国家签署《东南亚友好合作条约》，成为第一个加入该条约的非东盟国家。2004 年年底，促进贸易自由和便利化的《货物贸易协议》和《争端解决机制协议》的签署标志着贸易自由和便利化的建设率先进入执行阶段。根据 2007 年双方签订的《服务贸易协议》进一步放宽了市场准入

---

① 《中国－东盟战略伙伴关系 2030 年愿景》第 19 条。

② 《框架协议》第 5 条和第 8 条。

条件，将贸易自由拓展到了除货物贸易之外的服务贸易领域，也使中国企业对东盟国家的投资更加有利。同样，中国也对东盟国家在原有的基础上又放开了5个行业，进一步提升了中国对东盟投资者的吸引力。在2008年国际金融危机的大背景下，中国与东盟双方的共同努力，经过多次谈判，最终于2009年8月15日，《中国-东盟自由贸易区投资协议》（以下简称《投资协议》）正式签署，是继《框架协议》、《货物贸易协议》和《服务贸易协议》之后的又一大创举，为自贸区建立奠定了坚实基础。2010年1月7日，当时拥有19亿人口、GDP接近6亿美元、世界上最大的自由贸易区——中国-东盟自由贸易区正式建立了。

《投资协议》包含了27个条款，分别为定义、目标、适用范围、国民待遇、最惠国待遇、不符措施、投资待遇、征收、损失补偿、转移和利润汇回、国际收支平衡保障措施、代位、缔约方间争端解决、缔约方和投资者之间争端解决、利益拒绝、一般例外、安全例外、其他义务、透明度、投资促进、投资便利、机构安排、与其他协议关系、审议、修改、保存、生效等。投资协议的内容涉及广泛，从投资准入开始，到利润的获得，再到资金的转移，以及投资争端的解决都进行了全面而具体的规定。根据《投资协议》第13条的规定，缔约方之间的争端解决适用《争端解决机制协议》，而第14条规定缔约方与投资者间的争端解决适用本协议。与以往签订的促进和保护投资协定相比，在制度化建设之路上迈出了关键性的一步，是对东盟国家投资协议及其修正议定书的重大战略提升和重整。大大加快了投资自由化的步伐，使中国与东盟国家之间相互投资机制更具体、更完备、更富于可操作性。签订《投资协议》不仅促进了双边资本流动，还为双方全面实现投资便利化提供了法律保障。

为保障中国-东盟自由贸易区的各项协议的顺利实施，中国与东盟先后成立了6个委员会工作机制，包括：中国-东盟高管磋商、中国-东盟联合合作委员会、中国-东盟经贸合作委员会、中国-东盟科技委员会、东盟-北京委员会、中国与东盟贸易谈判委员会和两个合作机制：中国-东盟商务理事会、中国-东盟商务与投资峰会。作为自贸区的组织机构，为协议的实施提供了强有力的组织保障。

中国-东盟自由贸易区建成以后，双边投资带来的投资创造效应及投资转移效应非常显著。截至2016年，中国已连续8年成为东盟第一大贸易伙伴，东盟连续6年成为中国第三大贸易伙伴。中国与东盟的双边贸易额，也从1991年的近80亿美元，增加至2016年的4522亿美元，增加近56倍。双方累计投资额从1991年的5亿美元,增至2016年的1779亿美元,增加近355倍。[①] 中国与东盟自贸区的建立对双边投资的促进效应非常明显。

## 二、中国－东盟投资便利化法律机制的特点

### (一)双边基础上的多边投资法律体系

"10＋1"模式的中国－东盟自由贸易区是中国历史上签订的规模最大、覆盖范围最为广泛的区域性自由贸易区。从内容上看,全面涵盖了货物贸易、服务贸易、投资及争端解决。《中国－东盟投资协议》的签订为实现自由贸易区内成员间的投资流动,建立了自由、便利、透明和竞争的投资体制。在《投资协议》签订之前,中国已经东盟国家分别签订了双边投资协议,确立了双边意义上的投资法律关系,在此基础上的《投资协议》则成为双边基础上的多边投资法律机制。双边投资协议根据各国不同国情和利益诉求,确定了相互开放投资市场的基本框架,包括了市场准入、投资待遇、投资保护及投资争端解决等主要内容。但是东盟国家发展水平差异很大,开放程度不一,有比较发达的新加坡和文莱,也有世界上较为落后的国家:老挝、柬埔寨和缅甸等。双边投资协定为彼此确定基本权利义务,多边投资协定则是在自由贸易区的范围,达成了投资自由和投资便利的统一共识,建立统一标准。基于自贸区的要求,多边的投资协议在一定程度上范围更广泛,并具有多边意义的组织机构保障实施。例如,在投资待遇方面:中国与东盟八国(除缅甸和柬埔寨)签订的BIT规定了最惠国待遇或者公平公正待遇。在多边投资协议中各缔约方则在其境内应当为其他缔约方投资者提供国民待遇和最惠国待遇;各缔约方应当给予另一投资方的投资公平和公正待遇,提供全面保护和安全。《投资协议》无疑将最惠国待遇、国民待遇和公平公正待遇惠及CAFTA所有成员国。除了一般双边投资协议的规定,《中国－东盟投资协议》在投资待遇、透明度原则和标准化及投资监管便利化方面更具特色。

### (二)国内国际投资法的透明度要求

透明度原则是国际贸易和投资协定中的一般原则,也是WTO法律体系所有规定的基本原则。其核心要素是要求:公开相关法律、法规和政策;将法律、法规的变更提前通知利益相关方;确保法律和法规等在实践中得到统一执行。

---

① 莫业林:《中国东盟贸易额2020或破万亿美元 中国赴东盟投资加速》,载财新网,http://international.caixin.com/2017－08－14/101130041.html。

在《框架协议》第11条规定了一些关于透明度的要求，如通知和公布义务。《投资协议》亦规定缔约国须遵循透明度原则：发布在其境内关于或影响投资的所有相关法律、法规，建立咨询点，及时公布相关信息，向东盟秘书处或其他方及时通报未来将给予的投资优惠安排。

从国内法层面看：中国与东盟多数经济体都制定了与投资相关的法律，与外资相关的法规都出版在官方报刊（菲律宾、新加坡和越南）或官方网络上（中国、泰国）。大多数经济体设置了贸易、投资促进机构，如中国商务部投资促进事务局、印度尼西亚投资协调委员会。中国、新加坡、印度尼西亚、马来西亚、泰国、越南等及时公布法律、法规、司法决定，及时公布其修改和更新，中央法律法规可以在网上获得。建立单一窗口和特殊咨询点，投资相关的法律文件能够用世界通用语言，简单清晰地表达，投资者能够较容易获得相关的法规文件。[①]

**（三）较为高效的一站式便利措施**

《投资协议》提倡开展各种投资便利化合作，如为各类投资创造必要环境；简化投资适用和批准的手续；促进包括投资规则、法规、政策和程序的投资信息的发布；在各个东道国建立一站式投资中心，为商界提供包括便利营业执照和许可发放的支持与咨询服务。中国与东盟国家都不同程度地促进了与投资有关政策的透明度和可获得性：中国－东盟自由贸易区成员国采取各项措施避免政府行政手续对投资的阻碍，为投资者提供了便利、简化手续。为了减少申请时间，马来西亚的MIDA采取网上申请方式，企业可以申请生产许可、进口税减免等，马来西亚还实施48小时签发生产许可证制度。泰国将与投资有关的机构集中在一个区域，便于投资手续的办理。印度尼西亚在全国建立130个一站式服务网点，保证为外商投资办理相关手续提供统一标准的服务。菲律宾实行全国统一的商业注册形式，办理相关手续时间由34个工作日缩短到8个工作日，由16个审批环节缩短到8个审批环节。例如，中国和泰国开始转向网上办理投资申请、注册；菲律宾采用一站式网点注册，将不同投资服务机构在网上连接成一体，减少了投资者到每一个政府机构办理投资手续所需要的实物单据，将企业注册时间从两周缩短到30分钟。

投资便利化的目标之一是保持各成员有关政策的透明度，促进政策、标准协调。这需要各成员国在有关投资的政策、制度、技术标准等方面充分协调和

① 李轩：《中国与东盟投资便利化的进展与合作研究》，载《东南亚纵横》2016年第5期。

全面改革，但是由于中国－东盟各国在政治体制、经济、科技文化等方面存在较大差距，全面改革和协调政治制度和技术标准面临较大的困难。尤其是一些发展中国家成员国经济技术基础较薄弱，市场体制尚未完全形成，涉及投资便利化的各项政策措施的改革很难一蹴而就。

**（四）以 WTO 模式为基础的争端解决机制**

CAFTA 框架内的争端解决机制分两个部分，包括由 CAFTA《争端解决机制协议》所统领的适用于整个 CAFTA 的争端解决机制，还包括其他领域内的具体的争端解决机制，如《投资协议》内的争端解决机制。就 CAFTA 争端解决机制而言，主要是指《争端解决机制协议》所规定的争端解决机制。《争端解决机制协议》由正文和附录两部分构成，包括 18 条正文和 1 个附则，统辖 CAFTA 框架内所有协议相关争议。就中国与东盟国家签订的现行法律文件来看，争端解决机制适用范围包括《货物贸易协议》、《服务贸易协议》以及《投资协议》等主要协议。从其内容来看，《争端解决机制协议》规定了多元化的争端解决方式，包括：磋商、调解或者调停、仲裁、仲裁执行和补偿和报复等程序。

相比较而言，CAFTA 争端解决机制形成于 WTO 和 NAFTA 争端解决机制之后，很大程度上吸收和借鉴了后两者的框架和程序。例如，具有统辖全部协议的完整性和解决争端手段的多元性。类似于 WTO 的《关于争端解决规则与程序的谅解》为 WTO 一揽子协议的一部分，不容许成员国保留，从而使争端解决机构具有了强制管辖权，可就 WTO 法律体系中的各协议争端具有管辖权。此外，与 WTO 相似，CAFTA 采用了政治与法律相结合的争端解决方式，包括磋商、调解和仲裁等综合解决争端的手段。当然，二者也有一定的区别，例如，CAFTA 并没有设立专门的争端解决机构，CAFTA 仲裁庭在一定程度上也具有"准司法"性质，但该机制更倾向于鼓励争议双方尽可能采取友好协商的办法来解决纷争。CAFTA 不具有 WTO 二审制的审判模式，虽保障仲裁的一裁终局的快捷性，但缺乏二次救济的公正性保障。在执行方面，WTO 争端解决机构在败诉方不履行义务时可授权报复，而 CAFTA 更倾向于成员国自愿履行。

从历史渊源来看，CAFTA 争端解决机制实际上就是以前述争端解决机制为蓝本，并结合了中国与东盟的本土实际而设计完成的。虽然与 WTO 争端解决机制相比，CAFTA 争端解决机制的规定都略显简单，但却是促进中国与东盟各国之间全面经济合作的重要制度保障，为 CAFTA 各国成员在经贸往来中潜在的或将来可能发生的经贸摩擦的快速合理有效解决提供了法律支持。需要强调指出的是：自 2012 年老挝加入 WTO 成为其 158 个成员国后，所有的东盟国家皆为 WTO 成员,这也意味着中国 - 东盟自由贸易区之争议同样可以选择 WTO 争端解决机制来解决。考虑到 WTO 争端解决机制各阶段程序时限长,以及当前美国对 DSB 之掣肘,CAFTA 争端解决机制不失为自贸区内争端解决的更佳选择。

事实上,就投资而言,CAFTA 还存在第三种争端解决机制,那就是 CAFTA《投资协议》内专门就投资争议确立的争端解决机制。不同于 CAFTA《争端解决机制协议》仅处理缔约方之间的争议,CAFTA《投资协议》将缔约方和投资方间的争端纳入到了争端解决机制之中,将私主体诉成员国及投资方与东道国间投资争议纳入争端解决机制之中,有效地填补了 CAFTA《争端解决机制协议》管辖上的不足,为 CAFTA 内部的投资争端解决提供了更为丰富的选择。

## 三、中国 - 东盟投资便利化的启示

中国 - 东盟自由贸易区之 10 + 1 模式在“一带一路”倡议中具有特殊意义。自由贸易区内人口众多,是世界上覆盖人口最多的自由贸易区。中国与东盟各国经济联系密切,彼此不可或缺,相互之间的投资额逐年增高,彼此都是对方最重要的投资市场之一,东盟在中国经济中的地位举足轻重。此外,中国和东盟 10 国都是 WTO 成员,既受 CAFTA 各项协议约束,同时也受 WTO 法律体系规制,可以说中国与东盟国家之间的经贸关系处于高度机制化的基础之上。这一点是“一带一路”建设过程中任何其他沿线国家无法企及的。众所周知,“一带一路”不是任何形式的国际组织甚至是松散联盟,缺乏坚实的组织化机制是“一带一路”倡议实施的“硬伤”,国际组织化也不太可能成为未来发展的主要方向。因此,相对于东盟国家,WTO、CAFTA 都成为推动“一带一路”倡议建设的组织平台,这是中国向西推进“丝绸之路经济带”建设无法获得的优势。所以,详尽的多边投资协议、多元化的争端解决机制都是中国与中亚投资合作可望而不可及的。CAFTA 的组织基础和机制化特征很难在中国与中亚投资合作中得到复制。但笔者认为,促进投资便利化合作的透明度原则和建立相近甚至一致的技术标准化是值得借鉴的。

在中亚国家营商环境的评价中,投资措施不透明,投资法律和政策变动较大,投资许可主观性强甚至暗箱操作等都是中亚国家投资环境评价的负面因素。缺乏稳定和可预见性的投资法律环境,极大增加了中国投资者的投资风险。虽然缺乏强有力的组织平台,但是在上海合作组织的基础上,在双边投资

法律机制中可以借鉴 CAFTA 之透明度原则和措施，形成法律政策公示、法律变动通知义务化，这本身既是提升中亚国家自身投资环境的有力举措，也是中国投资者增强预见性和降低投资风险的实际需要。

在技术标准化方面，中国参加和实施各种国际标准化起步早、起点高，在东盟的标准化技术建设方面，已经起到了表率作用，中国与大多数东盟国家是国际标准化组织的成员，因此中国与东盟国家在标准化合作方面易于达成共识，进行区域标准化合作。CAFTA 技术标准化方面的成功做法和经验可以成为中国与中亚国家经济交往合作中的重要内容。实际上，中国与哈萨克斯坦等中亚国家在轨道交通和海关规则方面就相关标准存在较大差异（具体见上一章），这已经成为中国对中亚国家贸易投资的重要障碍。中国可以将与东盟国家间交流、培训等工作推广至中亚，求同存异，加强各国原有技术标准的相互认可工作，对于拟制定的新技术标准，最好与国际标准化组织等国际先进标准接轨，以推行国际标准促进与中亚国家技术标准的统一，有效消除和降低贸易和投资的障碍，促进贸易投资便利化。

## 第三节　上海合作组织投资便利化及投资保护法律机制的实践

成立于 2001 年 6 月的上海合作组织历经 21 年的发展，从最初的中国、俄罗斯、哈萨克斯坦、吉尔吉斯斯坦、塔吉克斯坦、乌兹别克斯坦六国经 2017 年和 2021 年吸纳印度、巴基斯坦和伊朗后扩员至 9 国。现在的上海合作组织涵盖人口 31.3 亿，拥有 3443 万平方公里的广袤地域，占整个陆地面积的 1/4，人口几乎占全球人口的一半，已经成为人口最多、幅员最广的区域性国际组织。[①] 上海合作组织还吸纳了阿富汗、白俄罗斯和蒙古国作为观察员国，阿塞拜疆、亚美尼亚、柬埔寨、尼泊尔、土耳其、斯里兰卡、沙特阿拉伯、埃及、卡塔尔作为对话伙伴国。自“丝绸之路经济带”倡议提出以来，上合组织的历次峰会，都包含支持“一带一路”倡议的重要内容。上合组织为“丝绸之路经济带”倡议的落实提供了一个重要的机制和合作平台。

---

① ［塔］拉希德·阿利莫夫：《上海合作组织的创建、发展和前景》，王宪举、胡昊、许涛译，人民出版社 2018 年版，第 9 页。

## 一、上海合作组织投资便利化法律机制的演进

上海合作组织起源于20世纪90年代的“上海五国”会晤模式，起初是为了解决历史遗留的边界问题，中国、俄罗斯、吉尔吉斯斯坦、塔吉克斯坦和哈萨克斯坦五国每年在上海会晤一次。2001年中国、俄罗斯与除土库曼斯坦之外的中亚四国在上海宣布建立上海合作组织，打击恐怖主义、极端主义和分裂主义的“三股势力”作为组织的核心任务与重要目标。2002年6月7日，在圣彼得堡举行的上海合作组织峰会上签署了《上海合作组织宪章》，作为上海合作组织的基本宪法性文件，标志着上海合作组织开始机制化。2003年在北京建立了上海合作组织总部——秘书处，是上海合作组织的常设行政机构。2003年之后蒙古国、巴基斯坦、伊朗和印度先后成为观察员国。2004年，联合国赋予上海合作组织观察员地位，标志着上海合作组织获得国际承认。上海合作组织历经21年的发展，在政治、安全、经贸、人文、司法等方面展开全方位合作。正如曾经的上海合作组织秘书长拉希德·阿利莫夫所说：“总之，15年间上海合作组织共建立了28个各方向的合作机制。上海合作组织成为欧亚大陆历史上第一个建立在民主原则基础上的全面的合作机制。”①

虽缘起于边境安全和共同打击“三股势力”，但是从一开始，经济合作就是上海合作组织合作议程的关键性目标。2001年，在上海合作组织建立时签署的《上海合作组织成立宣言》的第9条就提出：“上海合作组织将利用各成员国之间在经贸领域互利合作的巨大潜力和广泛机遇，努力各成员国之间双边和多边合作的进一步发展以及合作的多元化。为此，将在上海合作组织框架内启动贸易和投资便利化谈判进程，制定长期多边经贸合作纲要，并签署有关文件。”同一年，就贸易投资便利化问题，成员国签署了《上海合作组织成员国政府间关于区域经济合作的基本目标和方向及启动贸易和投资便利化进程的备忘录》（以下简称《备忘录》），在《备忘录》中确定各方合作的重点领域为交通、电信、农业、旅游、银行信贷、水利和环保等，而投资便利化的实现途径也在其第2条中提及，包括分步骤消除投资障碍、吸引和保护相互投资以及扩大法律法规信息交流等。《备忘录》的签署标志着上海合作组织框架内，投资便利化进程的正式启动。2002年共同签署的《上海合作组织宪章》（以下简称《宪章》）将支持和鼓

---

① ［塔］拉希德·阿利莫夫：《上海合作组织的创建、发展和前景》，王宪举、胡昊、许涛译，人民出版社2018年版，第9页。

励地区内各种形式的区域经济合作,推动贸易和投资便利化,以逐步实现商品、资金、服务和技术流通为目标的便利化条件定为优先方向。《宪章》确定支持各种形式的区域经济合作,包括:有效使用交通领域内的现有基础设施,完善成员国过境潜力,发展能源体系,合理利用自然资源等。2003 年批准了《上海合作组织成员国到 2020 年发展多边经贸合作纲要及实施计划》(以下简称《纲要》)。此后,上海合作组织大力推进《纲要》的具体实施,要求秘书处每年度作关于《落实上海合作组织成员国多边经贸合作纲要的进度报告》,并逐步加强在诸领域内的具体合作。到 2018 年青岛峰会上发表了成员国领导人关于《上海合作组织成员国元首关于贸易便利化的联合声明》,上海合作组织已经签署了几十个经贸合作的协议,为成员国间的合作奠定了法律基础。

在交通运输方面:2006 年杜尚别峰会上签署了《关于加快制定上海合作组织成员国政府间国际道路运输便利化谅解备忘录》,2013 年塔什干峰会上签署了《上海合作组织成员国政府间国际道路运输便利化协定》。以上述各项协议为法律基础,上海合作组织成员国在各领域的合作迅速展开。在交通合作机制上,上海合作组织建立了交通部长会议机制,签署了多项道路运输协定。总体来看,各成员国之间的交通运输合作极大地促进了各国经济的发展,反过来,大量投资建设的交通运输基础设施又会促进经济交流和贸易的便利化。① 在各国政府的共同努力下,目前,中塔公路已经开通,哈萨克斯坦至中国的"阿腾科里—霍尔果斯"铁路已经开始投入运营,成为中哈新过境铁路,由此也增加了从中国通过哈萨克斯坦到欧洲的运输路线,显著提高了区域内的货运和物流能力。2012 年 8 月,中方又开通了第三条亚欧大陆桥——渝新欧铁路,该条线路从中国重庆始发,经西安、兰州、乌鲁木齐,从边境口岸新疆阿拉山口进入哈萨克斯坦,再经俄罗斯、白俄罗斯、波兰到达德国的杜伊斯堡,全程 11,179 公里。② 第三条亚欧大陆桥成为一条经铁路进入欧洲市场的新通道,一个连通各国的交通网络正在形成。只有在更高水平上的交通运输合作,才能尽快实现投资便利化,消除跨境运输中的非物理障碍,极大地推动区域间的经济合作。

在海关合作方面:2008 年签署了《上海合作组织成员国海关能源监管信息交换议定书》,2012 年签署了《上海合作组织成员国海关关于开展知识产权保

---

① 徐雅雯:《上海合作组织贸易投资便利化问题研究》,东北财经大学 2012 年博士学位论文。

② 《渝新欧 2 万里铁路上周正式运营定期发车》,载观察网,http://www.guancha.cn/Neighbors/2012_09_03_94915.shtml。

护合作的备忘录》。以此为基础,成员国保证在海关事务、培训和提高海关机构官员的职业素养、上海合作组织成员国海关之间保护知识产权领域的相互合作,开发和使用风险管理领域的相互协作以及能源、监控方面交换信息等方面的合作。

在农业领域:上海合作组织2010年签署了《上海合作组织成员国政府间农业合作协定》。各成员国保证在土地畜牧业、养蜂业、兽医业与渔业、苗木业和养殖业、农业灌溉、农产品加工和贸易相关机械制造及科研方面展开广泛、相互协作的可能性。2014年签署了《上海合作组织成员国农业领域合作协议2015—2016年措施计划》。这些法律文件的签署为上海合作组织农业合作的发展创造了良好的条件。这一协定对交换各方在农业领域的工作开展作了较为详细的规定,比如农业合作研究、交换农业专家和技术人员、举办农业国际会议、展览会等,为上海合作组织成员国间的农业合作提供了发展方向。上海合作组织农业合作进展很快,在短时间内就完成了部分框架和机制建设,为深化上海合作组织成员国间的农业技术合作和农产品贸易,进一步推动上海合作组织成员国的农业投资合作,优化农业资源利用起到了积极作用。

在能源领域的合作:在上海合作组织内部,能源供应和需求有着极强的互补性。上海合作组织成员国之间地理相连,能源合作具有天然的地域性优势。构建能源共同体对降低能源市场风险和运输风险,避免恶性竞争方面具有重要的作用。上海合作组织成员国之间在能源生产、运输和加工方面的互补性也十分明显。[①] 上海合作组织内部的能源合作主要是通过在其内部建立能源合作机制,这有利于提前固定油气交易和价格,以便能够更好地平抑各成员国内部油气需求量和价格的大幅度波动,并且能够在最大限度上满足各方在能源领域的诉求。2004~2006年俄罗斯先后提出建立能源俱乐部的建议,并且在2007年各成员国第一次能源部长会议上制定了能源俱乐部章程,但是因为没有达成统一意见,最终没有通过。2013年12月,在莫斯科签署的《建立能源俱乐部备忘录》作为非正式的讨论平台,为能源的合作注入了新动力。但鉴于能源合作的复杂性和敏感性,成员国担心多边能源合作机制形成会使其丧失主权,能源俱乐部的建设工作进展缓慢。当前中国以上海合作组织为框架展开能源双边合作已经取得了积极进展。目前并不具备将双边合作向多边合作拓展的可能和

---

① 崔颖:《上海合作组织区域经济合作——共同发展的新实践》,经济科学出版社2007年版,第191页。

便利条件。从短期看，上海合作组织能源合作可以积极探索建立多边对话机制，并尝试从搭建中国—中亚国际统一能源信息平台——建立区域供求预警机制等方面建立合作关系，逐步推进多边合作。从中长期看，为促进上海合作组织能源合作的长久稳定高效开展，应该积极探索新的区域性能源定价和交易机制、能源技术合作机制、油气资源合作开发机制、投融资机制、能源基础设施建设合作机制、能源利益分配机制等。在政治互信逐步增强、经济合作更加深入，合作文化基本形成的基础上，建立一个专业、有针对性、利益共生性的上海合作组织国家能源合作多边机制的可能性自然大大增加。①

在金融合作方面：上海合作组织成员国间金融合作机制最早以双边合作为主。各国的双边金融合作分委员会是双边总理定期会晤机制下的专业性合作机制之一，目的是加强双边银行机构之间的合作及信任。2008 年国际金融危机之后，上海合作组织财经合作机制不断加强。2009 年 12 月第一次财长会议和央行行长会议举行并且达成一致意见：为了应对全球经济金融危机的影响，积极落实《“上合组织成员国间多边经贸合作纲要”实施措施计划》和《上合组织成员国关于加强多边经贸合作、应对全球经济金融危机、保障经济持续发展的共同倡议》框架内关于财经领域所达成的共识。2012 年 5 月 17 日，上海合作组织第二次财长和央行行长会议在北京举行，各参与方讨论了组建上海合作组织发展基金（专门账户）和上海合作组织开发银行的问题。同时，各方积极评价了 2011 年 11 月 7 日上海合作组织成员国政府首理事会联合公报，并研究建立上海合作组织发展基金（专门账户）以及上海合作组织开发银行等相关问题开展的系列工作，向下次召开的总理会议报告。上海合作组织还签署了《关于成立上海合作组织开发银行和上海合作组织发展基金下一步工作的决议》《继续就建立上海合作组织开发银行和上海合作组织发展基金开展工作的决议》，继续积极开展双边及多边金融务实合作，扩大成员国间双边本币结算，进一步促进区域贸易和投资发展，提高应对外来的不利冲击和提高抵御风险的各项能力。上海合作组织成员国的金融机构成立投资基金的进化正在推进的过程中。在 2018 年青岛峰会上，习近平主席宣布在上海合作组织银联体框架内设立 300 亿元人民币等值专项贷款。

除此之外，上海合作组织在其他领域的合作也越来越密切，如签署《上海合

---

① 李进峰主编：《上海合作组织发展报告（2018）》，社会科学文献出版社 2018 年版，第 142 页。

作组织成员国政府间科技合作协定》等。上海合作组织框架下的环保、科技、电信等其他领域内的合作也已经初现雏形。例如，构建“上海合作组织信息高速公路”，围绕着信息高速公路展开的骨干传输网和高速互联网的组织与建设工作，将有助于提高组织各成员国间的通信网络能力，满足各国不断增长的电信业务需求，提高各国的信息化普及程度，进而增进各国间的了解与合作，提供一个经贸投资信息空间的平台。

通过一系列多边协议和框架协议的签订，不仅为深化成员国在各个领域的合作奠定了坚实的法律基础，还明确了区域经济合作的近中远期发展目标，重点合作领域以及贸易、投资便利化的实现途径等重要问题。

上海合作组织经贸合作取得了丰硕成果。2017 年上海合作组织的创始成员国之间的贸易总额达到 4.9 万亿美元，是 2001 年成立之时的 7 倍多。[①] 在“一带一路”建设中，许多重大项目都位于上海合作组织区域，如安格连—帕普铁路、中哈产能合作总额 270 亿美元的项目清单、中蒙经济走廊的建设、拟建设的瓜达尔港、卡洛特水电站、中巴经济走廊等约 400 亿美元的项目。目前为止，在上海合作组织区域内，中国已经完成了 4000 公里铁路、10,000 公里公路的建设；提供了约 50 亿美元的贷款用于上海合作组织成员国的合作项目融资；推动上海合作组织开发银行的成立等。[②]

2017 年，中国与其他成员国之间的贸易额达到 2176 亿美元，成为俄罗斯、印度、吉尔吉斯斯坦、巴基斯坦的第一大贸易伙伴，是哈萨克斯坦、乌兹别克斯坦、塔吉克斯坦的第二大贸易伙伴。同时各成员国之间的相互投资总额也大幅增长，投资领域和投资方式呈现多元化趋势。投资领域由最初的能源开发、农业、加工业扩展到基础设施投资、制造业、服务业等。投资方式除了最基本的直接投资外，更包括了中长期贷款、股权、合资基金、对外援助等多种方式。

总体来看，10 多年来上海合作组织各成员国依据所签署的一系列协议，在海关程序，商品检验检疫，过境运输。电子商务、通信等领域都不同程度地落实了各项便利化措施。各国以及区域整体的贸易、投资便利化程度不断提高。对于改善各成员国的贸易和投资环境，促进区内贸易和投资发展发挥了积极作用。

---

① 张建平、王一迪：《青岛峰会将成为上合组织发展的里程碑和新起点》，载《中国经济时报》2018 年 6 月 12 日，第 5 版。

② 同上。

## 二、上海合作组织投资便利化法律机制的特点——柔性合作机制

尽管已经取得了丰硕的成果,但上海合作组织区域经济合作仍然面临诸多挑战。合作法律机制存在不足,如双边合作居多,多边合作较少,签订的合作协议居多,建立的合作实体较少,非约束型的合作平台多,紧密型的合作平台少。这都表明区域经济合作还未步入成熟阶段,亟待强化实质性的合作。

相较于 WTO、NAFTA 和 EU 等国际组织,上海合作组织诸协议缺乏非常细化的权利义务约定,也没有设立强有力的争端解决机制监督协议实施。笔者认为,上海合作组织在经济合作层面的法律体系总体上是一种柔性法律机制,结合了官方和半官方机制,并不强求协议得到全面的刚性实施,但机制的多样性和柔性特点既是缺点也是上海合作组织的特点和优势所在。

如上所述,上海合作组织从建立伊始就不断在各经济领域签署合作协议加强合作。与此相适应,上海合作组织内部相继建立了区域经济合作的各种协调机制。包括总理会晤机制、经贸部长会议、交通部长会议、科技部长会议、农业部长会议以及财长和中央央行行长会议机制等。在经贸部长会议下设立了高官委员会和七个专业工作组,包括海关、质检、电子商务、投资促进、发展过境潜力、能源、信息和电信专业工作组。此外,还设立了电子商务、现代信息与电信技术投资发展、发展过境潜力等工作中心。此外,上海合作组织框架内还成立了实业家委员会和银行间联合体,为开展务实合作奠定了基础。(见图 6－1)

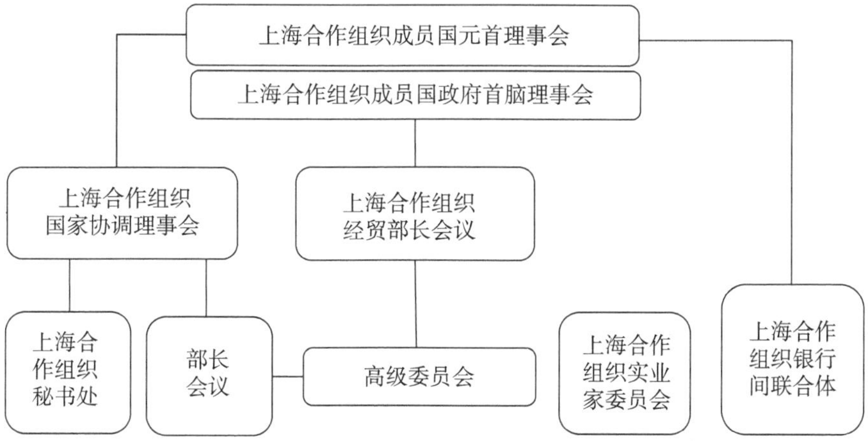


图 6－1　上海合作组织机构

在上海合作组织内部，除了正式协议项下的各类协调机制外，其半官方或非官方性的机制化建设也是特色之一。在各成员国政府的鼓励和帮助下，上海合作框架内的一些非官方协调机制陆续建立，如实业家委员会、银行间联合体（以下简称银联体）、上海合作组织工商界论坛、学界论坛。其中，最具特点的是其实业家委员会和银联体。

因为上海合作组织成立发展基金和上海合作组织银行的条件尚不成熟，在这种情况下，利用民间的资本和非政府力量来推动局部、多边贸易投资便利化，成为推动上海合作组织贸易便利化的前提和基础，实业家委员会和银联体就应运而生。2006 年上海峰会通过的《上海合作组织实业家委员会决议》为实业家委员会的成立奠定了文件基础。2006 年 6 月实业家委员会正式成立，这是联系各成员国的实业和金融界的非政府组织，由各国大中型企业参与，以推动企业之间的务实性经贸合作为目标。实业家委员会的主要任务是推动成员国在经贸、金融信贷、科技、能源、交通、通信、农业以及其他本组织实业界和金融界有效区域合作的发展；同上海合作组织成员国及其他国家经济金融组织、工商会及企业相互协助并加强联系，交换信息，协助上海合作组织实业界开展境外经营活动。并通过举办一系列经贸活动，创造新的贸易和投资机会。上海合作组织实业家委员会每年轮流在各成员召开会议，实业家委员会的建立对于落实经贸合作纲要及其他协议，逐步推进成员国间贸易投资便利化进程，落实多边经贸合作起到了推动作用。

2005 年 11 月上海合作组织银联体成立。该联合体由中俄双方共同倡议，是成员国金融界走向合作，落实中亚地区大型联合投资项目的重要平台。参与签署协议的银行分别是中国国家开发银行、哈萨克斯坦开发银行、吉尔吉斯斯坦结算储蓄公司、俄罗斯对外经济银行，塔吉克斯坦国民银行和乌兹别克斯坦共和国对外经济银行等，银行联合体的宗旨是：依托政府的协调和推动作用，按照市场运作方式，共同为上海合作组织框架内合作项目提供融资支持。上海合作组织银联体依托成员国政府的推动作用和企业的广泛参与，创建适合本地区特点的多领域、多样化融资合作模式，共同为上海合作组织框架内的合作项目提供融资支持和金融服务，促进成员国经济社会可持续发展。

上海合作组织还充分发挥各种论坛的作用，构建政府、学术界、工商界互动的机制化平台。2006 年 5 月成立的上海合作组织论坛是上海合作组织的长期评审和科研机构。[①] 2005年成立的欧亚经济论坛主要是探求和发展新兴区域对话与合作模式,促进中国中西部与中亚及俄罗斯建立全方位、多层次的沟通和合作平台。除此之外,还应该发挥上海合作组织投资论坛、工商论坛的作用,为上海合作组织的更好发展出谋划策。[②]

总之,从法律渊源来看,上海合作组织经济合作的各类协议多为框架性文件,如宣言、备忘录、纲要和会议纪要等软法为表现形式,规定得较为宏观、权利义务界定不清晰、直接约束力低、缺乏明确的法律效力,也没有相应的争端解决机制之保障。例如,《贸易投资便利化备忘录》共8条,包括上海合作组织各成员国开展区域经济合作的基本目标、贸易和投资便利化的实现途径、加强重点领域合作、建立部长会晤机制等内容。其议定书共11条,为部长会晤机制的具体内容。作为投资便利化的主要法律文件,有关投资待遇、保护等义务性规定都是缺失的。

从组织机制层面来看,上海合作组织首脑会议和总理会晤是经贸合作的最高的解决机制。相较于WTO、EU等国际组织,上海合作组织在经济领域的部长级会议更像是一个联络协调机构,论坛性质的机制导致已经签署的各项协议落实困难。作为国际组织的上海合作组织在组织机制和法律机制上存在硬法机制缺乏、执行力差的情况。有学者认为目前上海合作组织是一种中低水平的制度化合作,存在由"论坛化"向"强机制化"转变和向低水平制度化合作转变的两种可能。[③] 从总体上看,在上海合作组织框架下,缺乏投资便利化的直接法律渊源,在多数与投资相关的法律渊源中,软法又占据了较大比例,这就使上海合作组织投资便利化进程起步很早但进展缓慢。

## 三、上海合作组织投资便利化机制的启示

### (一)上海合作组织的软法及柔性机制在"丝绸之路经济带"建设中具有重要意义

不同于EU、NAFTA这样极具代表性的国际组织,其以成员国相似的价值观、传统文化为基础,成员国主权让渡程度高,国际组织对成员国经济合作标准

---

① 徐雅雯:《上海合作组织贸易投资便利化问题研究》,东北财经大学2012年博士学位论文,第49页。

② 同上。

③ 李进峰主编:《上海合作组织发展报告(2018)》,社会科学文献出版社2018年版,第73页。

高度统一,并有相应的争端解决机制保证多边机制下的权利义务得到落实。上海合作组织成员国彼此间差异巨大,不同的政治经济体制,经济体量和综合国力悬殊,宗教文化显著不同。尽管经济结构上的互补是加强彼此间合作的动力,但俄罗斯和中亚国家并不满足于只充当资源供给地,特别是中亚国家对中国的贸易及投资都存疑虑,希望能够优化不良经济结构而不是被固化,能够建立自己完整的工业体系而不是被替代。成员国间经济利益诉求差异较大,并不具备深度经济合作的基础。赵华胜教授在分析上海合作组织模式特点时认为:“上海合作组织不是联盟,在国内政治制度、对外政策上没有一致要求。因此,它不可能是一个紧密型组织。同时,上海合作组织也不应只是一个论坛,它是一个有宪章、有行动纲领、有执行机制的组织。它有一致性和约束性要求。各成员国有相应的权利,同时有相应的义务和责任。因此,半紧密型形态最适合上海合作组织的特点和性质。上海合作组织各成员国能力差别较大,各国国内条件十分不同,对外政策也有明显差异,因此张弛适度,总体上约束性适中,这样最有利于上海合作组织的生存和发展。而且这也使上海合作组织有较大的余地,有利于增强这一组织的生存弹性”。① 他将上海合作组织的模式特点归结为:以地区代表为身份定位,以多元文明为共处基础,以平等为相互关系准则,以地区问题和区域合作作为基本议题,以“软约束”为组织制度,以差异性为发展途径。这些特征的综合即为上海合作组织的模式。②

笔者认为,现行上海合作组织的柔性机制实际上是成员国间长期博弈的妥协结果和现实反映。一方面,由于存在的较大差异,建立组织平台的条件并不具备;另一方面,基于不同利益诉求和对中国的疑虑,硬法机制的应用成本高、阻力大而可能适得其反。而“丝绸之路经济带”沿线国家与上海合作组织成员有着共同的特性,中亚5国(除土库曼斯坦)既是上海合作组织的主要成员国,又地处“丝绸之路经济带”建设核心区。“一带一路”沿线国家生产力水平差距大,文化各异,对“丝绸之路经济带”建设诉求也不一致,而且更为重要的是缺乏组织化的平台,而且也不具备签订广泛的多边协议的条件和建立组织化机制的基础。所以,上海合作组织的柔性机制理应成为“丝绸之路经济带”建设的合理借鉴。在“一带一路”方略建设中,广泛利用官方之框架协议、宣言等软法及官方、半官方的论坛、培训等柔性机制,充分发挥民间类似于实业家委员会及行业

① 赵华胜:《上海合作组织评析和展望》,时事出版社2012年版,第31页。

② 同上书,第32页。

组织等对于广泛宣传和推动"一带一路"方略意义重大。

**(二)上海合作组织与"丝绸之路经济带"的紧密契合**

"丝绸之路经济带"倡议之提出始于中亚国家,而中亚国家又是上海合作组织的主要成员国,作为一带之核心区,注定了中亚国家与"丝绸之路经济带"倡议历史命运紧密相连。"丝绸之路经济带"是中国倡议的,而上海合作组织是以中国城市命名的,也决定了上海合作组织理应成为"丝绸之路经济带"建设的重要平台,在推进中国与中亚国家投资便利化的进程中,借助上海合作组织的平台,利用现有的机制,助力"丝绸之路经济带"建设之应有之义。

"丝绸之路经济带"是习近平主席在2013年9月13日于哈萨克斯坦举行的上海合作组织比什凯克峰会上提出的,习近平主席第一次将"丝绸之路经济带"倡议与上海合作组织发展联系起来。

2014年9月,习近平主席在上合组织元首杜尚别峰会上首次提出"欢迎上海合作组织成员国、观察员国、对话伙伴国积极参与'一带一路'建设,共商大计,共建项目,共享收益,共同创新区域合作和南南合作模式"。[①] 此后,在上海合作组织成员国元首理事会第十四、十五、十六、十七次会上,习近平主席都论及"一带一路"倡议,并号召成员国参与其中。[②] 2015年3月,国务院授权国家发改委、外交部和商务部共同发布了《推动共建丝绸之路经济带和21世纪海上丝绸之路的愿景与行动》,要求发挥上合组织、亚信会议、中亚区域经济合作等现有多边合作机制作用,加强相关国家加强沟通,让更多国家和地区参与"一带一路"建设,强调上海合作组织是推进"丝绸之路经济带"建设的重要平台。俄罗斯乌法峰会上,习近平主席希望"丝绸之路经济带建设同上海合作组织各国发展规划相辅相成"。哈萨克斯坦阿斯塔纳峰会上,习近平主席表示,"中方和有关各方正积极推动'一带一路'建设同欧亚经济联盟建设等区域合作倡议以及哈萨克斯坦'光明之路'等各国发展战略对接,上海合作组织可以为此发挥重要平台作用。"[③]中国"一带一路"方略与上海合作组织的对接已经取得了上海合作组织及其成员国的普遍共识。在2015年7月上海合作组织元首理事会第

① 刘英:《上合组织助力推进"一带一路"》,载《社会科学报》2016年5月26日,第2版。

② 习近平:《推动上合组织与"一带一路"融合发展》,http://wemedia.ifeng.com/64503038/wemedia.shtml,2018年8月20日最后访问。

③ 《习近平主席讲话弘扬"上海精神"助力打造共同繁荣引擎》,载人民网,http://theory.people.com.cn/n1/2018/0611/c40531-30049024.html? from=singlemessage。

十五次会议上发布的《上海合作组织成员国元首乌法宣言》中明确宣布，支持中国关于建设“丝绸之路经济带”的倡议。在2018年6月青岛峰会上发布的“青岛宣言”中，俄罗斯联邦、吉尔吉斯斯坦、塔吉克斯坦、哈萨克斯坦、巴基斯坦和乌兹别克斯坦再次重申支持中华人民共和国提出的“一带一路”倡议，肯定各方为共同实施“一带一路”倡议，包括为促进“一带一路”和欧亚经济联盟对接所做的工作。总体上看，自“一带一路”倡议提出以来，上海合作组织的历次峰会，均含有支持“一带一路”倡议的重要内容。上海合作组织秘书长拉希德·阿利莫夫表示，上海合作组织大家庭成员发展战略同“一带一路”倡议的对接，将进一步巩固上海合作组织的基础，扩大各成员国间的经贸合作，激发新的增长点，为全球化背景下的区域发展带来新动力。①

上海合作组织为“一带一路”倡议的落实提供了一个重要的机制和合作平台。同时，“一带一路”倡议也为处于经济转型期或经济发展瓶颈期的上海合作组织国家提供了新的发展动力。自“一带一路”倡议提出以来，上海合作组织多数成员国都积极与“一带一路”倡议进行对接合作，包括与俄罗斯的“欧亚经济联盟”，与哈萨克斯坦的“光明之路”，与乌兹别克斯坦的“复兴古丝绸之路”，与蒙古国的“草原之路”，与白俄罗斯的中白工业园，与巴基斯坦共建的中巴经济走廊等，都是“一带一路”倡议的标志性工程。②

上海合作组织成员国和观察员国都是“丝绸之路经济带”沿线国家，上海合作组织所覆盖的地区也成为“丝绸之路经济带”的核心区域。“丝绸之路经济带”建设成为上海合作组织深化区域经济合作的切入点和区域经济合作的增长点，上海合作组织的经济合作进入“快车道”。《上海合作组织十七年进展评估》报告指出，“一带一路”建设为上海合作组织注入了新的发展动力，有助于促进区域经贸合作从双边到多边的转型，强化上海合作组织经济功能，推动上海合作组织同世界经济形势的变化进行有效对接。

“一带一路”倡议为沿线国家提供了丰富的公共产品，并可以被上海合作组织吸收利用。亚投行、丝路基金及金砖国家银行等“一带一路”倡议的建设成果可以与上海合作组织加强合作，为上海合作组织国家的发展提供资金支持。在“一带一路”倡议的项目中，许多重大项目都位于上海合作组织区域，如安格

---

① 张建平、王一迪：《青岛峰会将成为上合组织发展的里程碑和新起点》，载《中国经济时报》2018年6月12日，第5版。

② 刘英：《上合组织助力推进“一带一路”》，载《社会科学报》2016年5月26日，第2版。

连—帕普铁路、中哈产能合作总额270亿美元的项目清单、中蒙俄经济走廊的建设、拟建设的瓜达尔港、卡洛特水电站、中巴经济走廊等约400亿美元的项目。到目前为止，在上海合作组织区域内，中国已经完成了4000公里铁路、10,000公里公路的建设；提供了约50亿美元的贷款用于上海合作组织成员国的合作项目融资；推动上海合作组织开发银行的成立等。这些项目不仅造福了当地百姓，而且极大推动了当地的经济发展。

在2018年青岛峰会上，中国建议要促进发展战略对接，推进"一带一路"建设，加快地区贸易便利化进程。中方将在上海合作组织银联体框架内设立300亿元人民币等值专项贷款，推进基建互联互通和全方位经贸合作。① 在2018年10月12日的上海合作组织成员国政府首脑理事会上李克强总理再次强调："上合组织是'一带一路'倡议的首倡地，也是'一带一路'建设的重要平台，中方愿将'一带一路'倡议同各国发展战略更好衔接，共商共建共享，使上合组织成为地区国家开放合作、共同发展的典范。"②

国家间共识构成了上海合作组织与"一带一路"倡议对接的政治保障，成员国与"一带一路"沿线国家的部分重合为二者的对接提供了机制平台，上海合作组织和"一带一路"倡议在推进区域经济发展、促进贸易投资便利化内在需求的高度契合则是根本动力。就投资便利化而言，推进"一带一路"倡议框架下的贸易投资便利化，加快沿线国家在投资准入、投资保护、投资信息的透明化、投资争端的解决诸领域的沟通协调，有助于上海合作组织对自身职能开发的尝试和探索，是上海合作组织成员国为区域经济合作贡献"上合方案"的重要渠道。上海合作组织成立之初就倡导贸易投资便利化，建立自由贸易区。而"丝绸之路经济带"则明确提出实现"五通"，即政策沟通、设施联通、贸易畅通、资金融通、民心相通。交通、能源、金融和农业合作均是"丝绸之路经济带"建设和上海合作组织经济合作的重点领域和主要内容。上海合作组织在文化、科技、教育等人文领域合作，也与"一带一路"倡议的民心相通，遥相呼应，相辅相成。

如前所述，"一带一路"沿线国家政治差异大、经济发展水平不一，倡议实施灵活性高但机制化程度低，而历经21年建设的上海合作组织已经在投资便利化方面形成了以软法和柔性机制为特点的制度平台，"丝绸之路经济带"建设可

---

① 刘英：《上合组织助力推进"一带一路"》，载《社会科学报》2016年5月26日，第2版。

② 李克强：《在上海合作组织成员国政府首脑（总理）理事会第十七次会议上的讲话》，载《人民日报》2018年10月13日，第2版。

借力上海合作组织，为“一带一路”倡议进一步提供安全保护环境，密切协调立场，从法律层面推动互联互通务实合作，保护贸易自由化和投资便利化。在未来建设中，“一带一路”倡议的推进需进一步利用好上海合作框架内的磋商渠道，推进利益共享，推动成员国之间的团结和政治互信，进一步扩展经济合作的范围。

# 第七章　中国与中亚投资便利化法律机制之完善

“一带一路”倡议的实施是沿线国家的合奏曲而非独角戏，全球性的立场决定了“一带一路”倡议的定位不能仅基于中国之利益需求，而应该将沿线国家聚合起来形成利益共同体进而建立命运共同体。“一带一路”倡议理应是中国倡导的全面、平等、合作和开放的新兴国际治理模式。其基础是政治互信、经济融合和文化包容，倡议的基本路径是政治搭台、文化助力、以贸易投资为核心，近期目标就是推进贸易投资的便利化。以贸易投资便利化为突破口，是“一带一路”方略实现短期目标的主要路径。

## 第一节　推进国际软法机制在投资便利化中的应用

### 一、“丝绸之路经济带”投资便利化和投资保护的法治需求

作为全球经济发展的组成部分，“丝绸之路经济带”注定要纳入全球经济体系之中，并成为全球经济发展的巨大动力。世界经济是法治经济，在国际经济法的庞大体系中，包含从全球到区域性的各类规则体系。“丝绸之路经济带”倡议作为以地理联系为纽带的区域性经济发展模式，也需要形成区域性的经济规则体系。

### (一)“丝绸之路经济带”建设的法治需求

丝绸之路经济建设是系统性工程,其沿线国家经济发展水平差距大,资源禀赋不同,宗教文化多样,利益诉求各不相同。这就需要作为倡导国的中国求同存异,寻找利益交汇点,利用各种形式形成多主体参与、多维度谋划的合作机制。在政治制度、语言文化和经济发展模式存在巨大差异的背景下,只有通过统一的法律规则体系才能找到长期稳定的行动规则。作为规模宏大、合作基础差异较大的区域性合作模式,“丝绸之路经济带”倡议本身就是国际合作模式的创新,其建设也是一个不断探索和深化的过程,需要寻求国家间合作、经济融合的共同规则和程序,成为“丝绸之路经济带”建设的“共同语言”。在国际交往过程中,条约和惯例就是国家间交往均可接受的“共同语言”。以条约和惯例为主要形式的国际法历经长时间的发展,已经形成了大量的原则和规则,而且这些原则和规则在形成过程中已经兼顾了各种现实差异,并涵盖了人类社会的大多数领域,也赢得大多数国家明示或默示的接受。任何时候,国家都可以依据国际法规则进行交流,而任何道德、伦理和宗教由于其特殊的文化特性,都难以起到这样的作用。①

在“一带一路”方略的纲领性文件——《推动共建丝绸之路经济带和21世纪海上丝绸之路的愿景与行动》中,中国已经提出了“一带一路”方略共建原则和合作机制等,但如何共商共建、如何实现开放包容?没有可操作的平台、机制和程序只能停留在宣传层面。“丝绸之路经济带”建设必须坚持规则导向,就是要求“一带一路”倡议中的合作与开发活动遵循现有国际法原则和规则,尊重普遍适用的国际商业规则和惯例,进行全面的制度构建。同时,规则导向原则还要求参与“一带一路”建设的商事主体尊重东道国制定的法律,要求各国政府及司法机构在解决“一带一路”商事纠纷时尊重国际商事主体选择适用的法律以及相关国际公约和国际惯例。② “一带一路”建设需要共同规则的制定,在这一过程中,中国应该抓住历史机遇积极推进各项规则的制定,在全球治理的规则制定方面行使话语权,发挥其应有的作用。

### (二)“丝绸之路经济带”建设的法律机制选择

“丝绸之路经济带”的法律机制选择本质上是倡议实施的法治化问题。如

---

① 王林彬:《国际法内在“合法性”的经济分析——以交易成本理论分析为视角》,载《法学评论》2011年第1期。

② 刘敬东:《“一带一路”法治化体系构建研究》,载《政法论坛》2017年第5期。

上文及第一章所述，"丝绸之路经济带"建设必须建立在法治基础上。法治需以法制为前提和基础。而"丝绸之路经济带"建设需要全球性、区域性、双边性条约以及相关国家的国内法律的综合体系来支持。国内学者对"丝绸之路经济带"倡议配套之法律从不同视角有所侧重。有学者从宏观意义上阐述国内法、国际法等整体意义的法律构建①；或者从专门研究主题诸领域出发，如国际能源合作法律机制；金融合作国际机制；国际投资法律机制及国际争端解决等②。有学者提出"丝绸之路经济带"从立法到司法法律供给的立体方案，如在国际法层面法律保障，可从贸易与投资准入壁垒的减少、行政程序的简化、物流与运输法律制度的统一与协调、金融合作机制的建立、国际司法协助机制的建立、争端的解决以及地区安全国际法机制的完善等六个方面来保障实现。③ 甚至有学者提出：鉴于目前全球贸易体系正在经历着自 1994 年乌拉圭回合谈判以来最大的一轮规则重构，加之国际金融和国际投资体系也在发生着深刻的变化。故此，在"一带一路"方略下研究国际经贸规则的重构具有超强的现实意义。④

从总体上看，"丝绸之路经济带"法律保障机制应包含沿线国家国内法规范、双边条约、多边条约（包含国际组织、区域性和全球性）等多种法律渊源。从法律规范的约束力和规制强度看，又包括国际硬法规范和国际软法规范。面对"丝绸之路经济带"的稳步推进，法治供给也需要与时俱进。

一方面，"一带一路"方略法治体系的建构需要充分利用和发挥现有国际经贸规则的重要作用。从政府层面大力推动与沿线国家经贸关系的法制化和规则化，充分利用现有之双边和多边规则，例如，以《联合国货物买卖合同公约》作为指导货物贸易的基本规范，以 WTO 条约体系规则为导向，大力倡导贸易投资便利化和经济一体化，推动《承认与执行外国仲裁裁决的公约》签署和在"一带一路"方略中商事活动中的适用。另一方面，中国应与"一带一路"沿线国家一道，共同梳理现有双、多边贸易和投资协定，以贸易、投资便利化为核心，推动与沿线国家和地区签订不同层级、不同水平的贸易投资协定。⑤

从国内法方面，作为先行国际经贸体制的受益者和坚定维护者，在推进沿

---

① 彭何利、毛勇：《"新丝绸之路经济带"的国际法治构建》，载《法学杂志》2015 年第 8 期。

② 岳树梅：《中国与海合会能源合作法律机制的构建》，载《法学》2015 年第 5 期。

③ 何芳、张晓君：《丝绸之路经济贸易投资便利化法律机制研究》，载《人文杂志》2015 年第 7 期。

④ 张乃根：《"一带一路"倡议下的国际经贸规则之重构》，载《法学》2016 年第 5 期。

⑤ 刘敬东：《"一带一路"法治化体系构建研究》，载《政法论坛》2017 年第 5 期。

线国家经贸自由化和便利化的同时,更应以身作则。在美国奉行“美国优先”之单边主义背景下,中国反其道而行之,应该以更加包容、开放和更加市场化的姿态推动与沿线国家的经贸往来。在投资领域,中国已经确立了“负面清单+准入前国民待遇”的市场准入条件,大幅度降低了对华投资门槛。中国还应该修改对外贸易法、出口管制法、海关法、外汇管理法、税法、知识产权法等,尽可能减少行政许可简化行政审批手续和流程。强化国际知识产权保护力度,并在司法、仲裁方面提供更多选择和更加公平公正的司法环境。大力推进“丝绸之路经济带”沿线国家之间的司法协助,协调司法管辖权的冲突、完善国际司法判决、仲裁裁决的承认与执行机制。通过上述举措,形成有利于“一带一路”方略建设的良好国内司法环境。作为“丝绸之路经济带”的倡导国,只有自由、包容、开放的姿态和依法治国的治理模式才能彰显中国巨大影响力,才能将倡议的实施纳入法治化轨道。

## 二、国际软法机制在对中亚国家投资中的意义和运用

### (一)硬法与软法:对中亚国家投资法律机制的不同意义

“一带一路”倡议要以规则为导向,其本质就是推行“一带一路”倡议的国际法治,用国际法作为“一带一路”倡议沿线国家彼此合作的“通用语言”,实现共商、共建、共享的国际新秩序。“一带一路”倡议的实现过程就是不断寻求在区域内渐进有序的法治化,因而是国际法治的一部分。依治理手段来看,国际法治可以分为强式、中式和弱式,从国际法治的治理运作层次来看,可以分为超国家之治、国家间之治和次国家之治。① “一带一路”倡议的治理模式从多边意义上看,由于不存在统一的多边条约为依据,缺乏涵盖整个区域的国际组织机制,基于政治制度、经济发展水平和文化信仰之诸多差异,不可能形成能包含整个沿线国家的强势国际法机制。故“一带一路”倡议的治理模式应该是一种弱势、国家间之治为主的国际治理模式。

就中国与中亚投资法律机制而言,从国内、双边和多边三大法律渊源来,国内渊源多为是硬法机制。国内投资法,特别是投资东道国的国内投资法律体系直接决定了该国基本投资法律环境,中亚国家的《外商投资法》《土地法》《企业法》《矿产法》《自由经济区法》等均为国家立法机关制定,对投资者产生直接约

① 何志鹏:《国际法治:一个概念的界定》,载《政法论坛》2009年第4期。

束力并由国家强制机关保证实施，内容上也明确规定了法律关系主体的具体权利和义务关系。鉴于投资关系比贸易更复杂敏感，中亚各国国内投资法对投资者、市场准入和投资待遇及保护都有详尽的规定，并辅之以综合性的争端解决机制。各国国内投资法成为中国投资者投资中亚必须关注并严格遵守的硬法规范。

而国际层面，就中国与中亚而言，除了部分双边 BIT 和诸如 WTO 体系外，基本上属于软法机制。"一带一路"倡议建设中的软法机制主要指：为达到平等互利的合作目标，我国与"一带一路"沿线国家合作行为体通过共同同意制定或认可的一套无正式法律约束力，但包含实质性行为准则，并能够对合作行为体产生实际影响的原则、规范以及决策程序。[①] 依创设主体可将其分为：国家间非约束性合作协议；国家机构间非约束合作协议；政府部门与非政府之间非约束性合作协议以及非政府行为体间的非约束合作协议。从外在表现形式上看，国际软法机制包括各种国际宣言、行动纲领、行动计划、倡议、建议和标准等。[②]

从"一带一路"倡议这一名词本身来看，作为中国主导的一项国家方略，在国际层面就体现出软法的本质。在推动"一带一路"倡议的建设中，各种形式的法律机制都在发挥着作用。如倡议提出之前既已存在的国内投资法和沿线国家与中国签订的 BIT 和 FTA 等，还有前文提到与中国及"一带一路"沿线国家重叠或者交叉的多边国际机制，如上合组织、亚太经合组织和中国 - 东盟自贸区等。就投资法而言，这些国际组织法律体系无一不包含相关投资法规范，而这三大国际组织的投资法也包含大量的宣言、行动计划和实施措施等国际软法。

毫无疑问，"一带一路"倡议建设的法治进程需要法制供给，除了充分发掘和发挥"存量"制度之功效，为引导、推进"一带一路"倡议，如何为其新增制度供给，增加什么样的制度供给是顶层设计必须考虑的问题。考虑到"一带一路"倡议缺乏形成大规模多边机制的基础，更不可能形成广泛性、强机制约束的硬法而建立全新的"一带一路"倡议法律体系。那么在现行法律机制的基础上，以非约束力为基本特征但又具备一定法律效果的国际软法机制就成为中国推动"一带一路"倡议国际法治的必然选择。

---

① 韩永红：《"一带一路"国际合作软法保障机制论纲》，载《当代法学》2016 年第 4 期。

② 软法概念源于国际法，后延伸至国内法，学界已有罗豪才等相关论著，限于本书主旨，不展开论述。

**(二)推进国际软法机制在中亚投资中的应用**

国际软法是一种以国际原则、声明或者标准等呈现的无直接法律约束力但具有直接或间接法律影响的行为规则,是通常会产生实际效果的法律文件。如前所述,在合作程度较低的情况下,短时间内,“一带一路”倡议的推进过程中无法形成有影响力的法律机制以及对地区投资便利化产生整体性、有约束力的多边规则。即使是影响范围最大的上海合作组织,也未能在中国与中亚国家间形成实质性的投资法律规则。在国际法层面,不能为中亚投资提供坚实有力的法律制度供给,那么国际软法机制就是填补制度缺失的有效手段。

1. 在中亚积极倡导国际投资法的基本原则

我国在引领沿线国家共同构建“一带一路”投资便利化法律制度过程中应遵循循序渐进、由软法至硬法、由双边至区域的方针,最终目的是形成具有约束力的法律文件,即《“一带一路”投资便利化协定》。[①] 由于投资关系的复杂性和敏感性,大范围的多边投资协议只能是长远规划,在短期内,以区域为中心,大力倡导投资自由、投资保护基本原则,提高区域内对投资便利化和投资保护的共识,以达成无约束力法律文件,峰会、论坛方式形成软法机制为完善双边 BIT 和签订区域投资协议奠定基础。

在各类软法渊源中,国际投资法基本原则通常被视为是国家间建立和提升投资关系的基石。例如,自然资源永久主权原则强调了对投资东道国,特别是发展中国家基本经济权利的确认。中亚国家大多数属于资源输出型国家,中国对中亚国家投资也主要集中于矿产资源领域。与中亚各国共同开发自然资源而不是资源掠夺,形成稳定良性的资源供需关系是中国与中亚投资关系必须达成的共识。

互利共赢是国际投资关系中的根本原则,按照《联合国宪章》和《联合国经济权利与义务宪章》的规定,国际合作以谋求发展作为所有国家的一致目标和共同义务,是中国与中亚在投资实践中均应遵守的基本国际法准则。中国与中亚 5 国经济发展水平、文化制度、社会制度均有所不同,要实现投资便利化必须要进行有效的合作。合作的最初动机便是共赢,共赢的理念才会带来合作的动机;而要想持续推动两国合作互动,深化合作层次,则需要增进政治上的互信。共赢和互信作为加强合作的行动理念,看似独立却密不可分:增进互信,增加对

---

① 费秀燕、杨宽:《“一带一路”倡议下投资便利化的法律制度构建》,载《中国社会科学文摘》2019 年第 8 期。

话,才能为合作创造平台,才能实现共赢,才能减少经济合作过程中的政治阻力。要以共赢为目标,才可以打消两国合作的顾虑,增加凝聚力,将两个独立的经济体构建成利益共同体,从而实现两国投资便利化合作的长久目标。中国对中亚国家的投资不是经济掠夺,而是互通有无、取长补短的合作共赢。这就意味着,中国投资者必须确保东道国的基本利益,确保环境保护和劳工待遇。盈利不忘公益,在东道国投资获利也需履行基本社会义务。必须始终对中亚投资倡导和恪守基本准则,共同合作共谋发展是对中亚国家投资关系的价值选择,任何单方面的利益攫取最终都会破坏既已形成的投资合作关系。

2. 在中亚地区积极推进现行国际投资便利化的软法机制

从现实情况来看,中国对中亚投资日益增多的背景下,有关投资便利化硬法机制的不足是制度供给的一大缺陷。即使是拥有上海合作组织这一平台,组织内部却从未形成有严格约束力的投资法硬法机制。如前文所述,在从软法机制的实现路径上看,可以首先通过对话及类似方式来达成共识,通过宣言及类似形式来表达共同意愿,进而从宏观着手,订立框架性协议,在某些方面作出努力,在条件成熟时签订实质性的、对各方都有约束力的贸易规则。在中国对中亚国家投资便利化进程中,上海合作组织是得天独厚、可以借助的重要平台。如本书第六章所述,历经 21 年建设的上海合作组织已经在投资便利化方面形成了以软法和柔性机制为特点的制度平台。从立法层面来看,上海合作组织已经就交通运输、农业投资、金融合作、海关合作、能源合作等方面达成一系列的协议,并公布了《投资便利化备忘录》,相关协议基本上为无直接约束力的软法。在组织架构上,上海合作组织内部有各专业委员会、实业家委员会和银联体负责联络与协调。在推进中国与中亚投资便利化进程中,应充分发掘、利用既存之软法机制,通过高端论坛、研讨会、交流会等形式为各国提供沟通交流的平台,促进各国达成共识。

3. 鼓励企业等非国家行为参与投资软法机制的适用和建构

制度建设是国家推动“一带一路”方略建设的题中之义。但制度供给根本上还是要推动民间经贸和文化交流,实现政府搭台、企业唱戏。在中国与中亚国家投资关系中,企业才是真正主体。因此,国际投资合作的参与主体不仅包括国家行为体,还包括非国家行为体,如企业、社会组织和个人。实际上,在国际软法的形成中,非国家行为体是诸如行业技术规范和标准这类软机制的重要参与者。例如,基础设施建设标准的统一,往往与商会、企业及其联合体的共同推动密不可分。国际铁路联盟(UIC)推出了一套行业技术规范与标准,简称

UIC 规程。实践中，中国、伊朗、土耳其等国采用的国际标准轨，轨距为 1435mm，俄罗斯和哈萨克斯坦等国采取的是宽轨，轨距的不统一构成中国—中亚互联互通的巨大障碍。所以，中国与中亚轨道交通建设中，应充分发挥企业在标准设立方面的积极性，考虑参考 UIC 规程。

## 第二节　中国与中亚投资便利化之国内法完善

在贸易保护主义抬头，国际经济自由化经受挑战的背景下，作为自由贸易的维护者和积极倡导者，中国坚定不移的推进全球经济一体化。2018 年中国已经成为第一资本输入国，2016 年成为世界第二资本输出国。国际投资体制的变化将直接影响中国的切身利益。故在改善国际投资治理水平，推动国际投资法治化进程中发挥重要作用已成为中国的使命之一。

### 一、完善中国投资便利化法律机制

#### （一）积极倡导并推动投资便利化理念

相较于全球投资的迅猛发展，全球投资法的发展明显滞后，全球投资法治进程进展缓慢是不争的事实。无论是 WTO、OEDC 均试图建立全球性兼顾实体和程序的投资法体系，均以失败告终。投资关涉各国国家安全、文化传统和根本经济利益，体系完备并有法律机制保障的投资法至少在短期内很难建立。相对而言，投资便利化是涉及各方利益分歧较少的领域，它主要通过东道国政府的措施来便利投资者的投资活动，这既是东道国吸引外资的自身建设需要，也是投资母国对外投资发展的重要因素，符合双方的共同利益。同时投资便利化本身是一个具有包容性、指导性的概念。在指导各国投资政策走向时，也提供了灵活调整规则的空间，更加符合一国的实际国情，较容易得到各方接受。而作为“一带一路”倡议的倡导国，中国在推动沿线国家投资法治化过程中，应先从大力倡导投资便利化理念入手。

通过本书第三章对中亚国家投资环境及投资法制的分析，可以得出的基本结论是：中亚国家与中国相互投资具有地理接近、经济结构互补、国家互信等巨大优势，但囿于经济发展差距、利益诉求不一致等导致投资规模不尽如人意，离对“丝绸之路经济带”核心区的预期相去甚远。其中在制度层面的原因，很大程度上可归因于中亚国家投资壁垒过高、投资风险较大，制约了中国对中亚的投资规模和投资效率。所以，欲推动中国与中亚国家投资发展，应力求先从理念到行动上推动投资便利化。投资便利化之效果就在于减少投资关系中的隐性壁垒，在不触及相关国家之核心利益的情况下，容易为各方接受，进而通过渐进方式推动投资法的实体性变革。

从国际层面来看，投资便利化虽未形成统一共识，其理念一定程度脱胎于贸易便利化，但近些年发展很快，也已经形成了具有软法性质的国际法律文件和机制。早在 2008 年亚太经合组织内部就制定了《投资便利化行动方案》（具体见第六章）。上海合作组织发布了《投资便利化备忘录》，OECD 在 2015 年发布《投资政策框架》（PFI），联合国贸易和发展会议（UNCTAD）在 2016 年公布了《投资便利化全球行动清单》。2017 年在 WTO 第十一届部长级会议上通过了《关于投资便利化的部长联合声明》。据 UNCATD 发布的《2017 年世界投资报告》显示，2016 年实施的投资政策中，79% 旨在实现投资自由化和便利化。[①]虽然在上述法律文件中，投资便利化概念和措施不完全相同，但全球推进投资便利化已成共识。

中国已经成为投资便利化理念的重要倡导国，并作出了自己的贡献。中国利用多个国际组织和论坛就便利化问题展开交流，并推动形成投资便利化相关协议。在 2001 年上海合作组织成立之初，在中国的倡导下，上海合作组织就通过了《上海合作组织成员国政府间关于区域经济合作的基本目标和方向及启动贸易和投资便利化进程的备忘录》，即《投资便利化备忘录》。在中国的推动下，金砖国家贸易部长级会议于 2013 年发布了《金砖国家贸易与投资合作框架》，于 2014 年发布了《金砖国家贸易与投资便利化行动计划》，又于 2017 年厦门会议上就投资便利化问题发布了《金砖国家投资便利化合作纲要》。

有关投资便利化理念及措施并不缺少国际法律文件的指导，也有了相关的中国实践。笔者认为，在与中亚国家投资合作中借助 WTO、上海合作组织、丝路基金、亚投行等组织平台，利用“一带一路”峰会、各类论坛、研讨会及民间组织交流形式，大力推广和倡导投资便利化理念，形成投资便利有助于实现双赢的共识，以实现逐步减少中亚投资中的有形或无形的障碍。特别是要将上海合作组织已经签署的《投资便利化备忘录》中规定的投资便利化措施渐进式的从软法向硬法过渡，最终形成上海合作组织内部的《投资便利化协定》。

---

① 漆彤：《“一带一路”国际经贸法律问题研究》，高等教育出版社 2018 年版，第 12 页。

**（二）推进中国投资便利化**

就中国与中亚相互投资而言，由于中亚5国对中国投资较少，所以中国是最主要的投资母国，而中亚国家是资本东道国，而中亚对中国的投资可以忽略不计。2008～2017年，中亚5国对华投资合计10，543万美元，其中投资最少的塔吉克斯坦共计22万美元。① 故中国与中亚投资便利化实质上是中亚国家对中国投资的便利化。中国作为投资便利化的倡导国和“丝绸之路经济带”的领导者应该起到表率和引领作用，己所不欲，勿施于人，只有自身的便利化水平提升了，才能对他国提出要求。近年来随着中国对外开放的不断深入，投资准入门槛大幅度降低，各种类型的投资障碍不断减少，整体的营商环境迅速改善。为促进投资便利化，创造优良投资环境，可以在以下几个方面进一步推进。

1. 全面落实“准入前的国民待遇＋负面清单”模式

对于投资东道国而言，投资准入和投资待遇是投资法体系中最核心的问题，也是国家权力对外资进行规制的集中体现。准入前国民待遇＋负面清单模式实质上是对外资的全面开放，东道国对外资的管理从事前审批转变为事后监管，能够极大便利外资的进入，可以有效破解外资市场的准入壁垒，降低外资入境和运营成本。对东道国而言可以吸引更多外资，对资本输出国更为有利，为本国资本输出创造更佳投资环境和降低投资成本。

准入前国民待遇＋负面清单已经成为国际社会通用的投资管理模式，中国作为资本输入大国，是否实行准入前国民待遇＋负面清单的模式被视为投资法律环境是否得到提升的根本标志。基于中国深化改革扩大开放的自身需要和引领“一带一路”方略投资便利化的率先垂范，都需要在国内全面落实准入前国民待遇＋负面清单投资管理模式。

中国准入前国民待遇＋负面清单模式肇始于2013年7月中美第五轮战略与经济对话谈判，中国首次明确同意以准入前国民待遇＋负面清单作为中美投资协定谈判之基础，标志着中国开始拟确定准入前国民待遇＋负面清单作为外资管理基本模式。2013年9月准入前国民待遇模式在上海自由贸易区首次试行，其后又在福建、广东和天津自由贸易区陆续推广。2015年国务院发布了《关于实行市场准入负面清单制度的意见》，2016年3月，中国制定《市场准入负面清单草案（试点版）》，在天津、上海、福建、广东四省市先行试点。2017年，

① 数据源于2008～2018年中国统计年鉴分析。

试点范围扩大到15个省市。2021年12月29日由国家发改委和商务部联合发布了《外商投资准入特别管理措施(负面清单)(2021年版)》,该负面清单已于2022年1月1日经国务院批准在全国实施。此后,国家发改委与商务部又先后发布了适用于全国的2019年版、2020年版和2021年版《外商投资准入特别管理措施(负面清单)》。《外商投资准入特别管理措施(负面清单)》(2021年版)于2021年12月27日发布,自2022年1月1日起实施。

在党的十九大报告关于新时代我国对外开放的总体部署中,要求推动形成全面开放新格局,要实行高水平的贸易和投资自由化便利化政策,全面实行准入前国民待遇+负面清单管理制度,大幅度放宽市场准入,扩大服务业对外开放,保护外商投资合法权益。2015年中国商务部着手起草的《外国投资法(草案)》将准入前国民待遇+负面清单纳入其中,我国开始大力推进《外国投资法》的立法进程。2019年3月15日,十三届全国人大二次会议表决通过了《中华人民共和国外商投资法》(以下简称《外商投资法》),自2020年1月1日起施行。《外商投资法》主要从以下五个方面作了规定:

一是明确对外商投资实行准入前国民待遇加负面清单管理制度。

二是明确国家支持企业发展的各项政策同等适用于外商投资企业;制定与外商投资有关的法律、法规、规章应当听取外商投资企业的意见和建议,与外商投资有关的规范性文件、司法判决应当依法及时公布;国家建立健全外商投资服务体系,为外国投资者和外商投资企业提供法律法规、政策措施、投资项目信息等方面的咨询和服务。

三是明确外商投资企业平等参与标准化工作和政府采购活动,标准制定应当强化信息公开和社会监督,强制性标准平等适用于外商投资企业,政府采购依法对外商投资企业在中国境内生产的产品平等对待。

四是明确外商投资企业可以依法通过公开发行股票、公司债券等证券以及其他方式进行融资。

五是明确地方各级人民政府可以在法定权限内制定外商投资促进政策,各级人民政府及其有关部门应当进一步提高外商投资服务水平。

2. 提高行政效率,减少投资壁垒

在全球投资规模大幅度下行的情况下,中国吸引外资磁力依然逆势而行。这与中国扩大开放,着力改善投资环境密不可分。世界银行《2019年营商环境报告》显示,中国在多项指标上取得了明显的进步,中国总体排名比前一年上升32位,位列全球第46名,为世界银行《营商环境报告》发布以来中国的最好名次。中国是东亚及太平洋地区唯一一个进入世界银行《2019年营商环境报告》十大最佳改革者名单的经济体。国务院出台了若干积极利用外资的政策措施，对于改善引资的政策环境具有正向影响。长期以来，我国监管机构侧重于事前监管，不同的政府部门各自为政，相互之间缺少沟通和协调，监管效率低下，监管不到位的情况非常普遍，这无疑对中国政府的行政能力提出了巨大的挑战。[①] 改善投资环境除了大幅度降低投资门槛和提升投资待遇，全面实施准入前国民待遇+负面清单，还需要大力提升行政效率，减少投资运营中的各阶段成本。需要协同各个政府部门行为，形成积极利用外资的合力；保持利用外资政策的连续性和稳定性；落实外资企业公平参与市场竞争的政策措施，提高政府效率；制定落实投资便利化措施路线图，促进外商投资便利化；完善法律体系，强化外商投资保护力度，维护外商投资企业正当权益。[②]

在投资便利化方面，国务院在前述2018年6月通过的若干措施中明确指出：要大幅下放审批权限，将外商投资准入负面清单内投资总额10亿美元以下的外商投资企业设立及变更，统统由商务部改为省级人民政府来审批。放宽企业开展外汇资金集中运营管理试点的备案条件，支持跨国企业集团办理跨境双向人民币资金池业务，提高外商投资企业资金使用的便利度。提升外国人才来华工作、出入境便利度，积极推进外国高端人才服务“一卡通”的试点，简化外国人才来华工作许可的程序，中国境内注册企业如果选聘外国人才，可以在2个工作日之内获发签证。

鉴于本书第四章对中亚国家投资法律制度的全面分析，可以得出的基本结论是，中亚国家普遍适用的是准入后的国民待遇+正面清单这类传统投资管理模式。中亚5国对外来投资普遍实施投资许可制度，对外国投资领域、投资方式、投资期限均有具体要求，并需获得政府部门批准。对投资准入的领域而言，都以正面清单的方式规定了哪些是许可外资进入的领域，部分规定了外资禁入领域。传统的投资管理模式事实上形成内外资的不平等，并对外资准入和外资待遇给予歧视性对待，构成了对外资的主要投资壁垒。所以，在中国推进与中亚国家投资便利化进程中，自身的便利化程度将是谈判和对话的有力依据，并以此为引领，借助上海合作组织等国际平台及峰会、论坛等将“中国经验”推广

---

① 漆彤：《“一带一路”国际经贸法律问题研究》，高等教育出版社2018年版，第17页。

② 李玉梅、桑百川：《中国外商投资企业营商环境评估与改善路径》，载《国际经济评论》2018年第5期。

给中亚国家,以改善其投资环境。

## 二、中亚国家投资便利化法律机制之完善

在本书第四章,笔者已较为详尽地分析了中亚国家投资法中存在的障碍:在投资准入方面存在禁止性和限制性规定;投资方式和资本的特殊要求;外资股权转让的权利限制;严格的外国劳动力准入制度;环境保护加重投资负担和投资风险;较为严格的汇兑形成投资风险;投资保护机制不完善等。实际上,各类隐性壁垒如海关通关不畅、互联互通标准不一、政府腐败与效率低下等都成为中国对中亚投资的制约因素。

一国之投资法律制度乃主权的产物,虽存在各种弊端,但一方面可能更契合本国实际,另一方面也不容他国左右。故中亚国家存在各种隐性和显性的壁垒,都对投资便利构成障碍,但囿于主权之限制,中国亦无权对他国投资法加以指责和干涉,以外部力量迫使他国修改其国内法以满足中国投资需要,也不符合我国“一带一路”倡议的共商、共建和共享的基本原则。

对于中国投资者而言,中亚国家投资障碍是既存的现实,除了充分了解和适用该国之投资法律制度,规避投资法律风险之外,也可以通过前述之软法机制之引导,借助上合组织的规制,通过双边、多边投资协议由外及内,促进中亚国家深入开放市场,渐进式的减少投资壁垒(详见本章第三节)。

中亚国家投资法律制度的完善不可能一蹴而就,是一个渐进过程。而对于中国投资者而言,如何全面把握中亚投资法并规避其风险是当务之急。在中亚的投资企业首先应充分了解中亚国家的社会文化、法律法规及合作企业的基本情况,避免因信息不对称造成的文化冲突、违法和违约损失,保障企业员工和企业资金安全。其次,提高中亚地区外派人员的风险防范意识,特别是提高管理层风险识别能力,在投资前正确选择投资领域和投资目的地,审批程序符合中国及东道国法规政策的管理规定,积极争取现有的优惠政策,投资后实时关注中亚地区宏观经济形势及投资政策的变化,对投资潜在风险做到早意识、早防范、早准备、早撤离。同时,加强风险防控体系建设,增加风险管理投入,购买海外投资保险,必要时可委托第三方机构进行专业的投资风险评估,对投资风险高地区和项目进行适时监测,制定风险应急方案。此外,还应该充分利用现行海外投资保险制度(详见本章第四节),将对中亚投资风险降低到最小范围。

## 第三节 中国与中亚投资便利化之国际法完善

基于“一带一路”倡议的开放性和与沿线国家的地缘分散性，短期内从区域或者多边层面为沿线国家提供投资法律制度供给的可能性不大，“一带一路”倡议从现实意义上看，聚焦于中国与沿线国家双边投资协定，提升 BITs 质量，助力“一带一路”，以双边 BITs 为基础，以自贸协定为目标，最终形成多边投资协定，这是“一带一路”倡议投资法治化的基本路径。

“一带一路”倡议沿线国家众多且国情多样，从零开始、另起炉灶建立投资法律合作机制缔约成本过高，不具有可行性。充分依托中国与有关国家的双边和多边合作平台，发挥已有机制或者正在谈判条约的延续和升级，是推进投资便利化机制的现实性选择。在多边层面上，针对中亚国家，就要充分利用为上海合作组织、欧亚经济联盟等既有的合作机制，为其注入新的内容。

2018 年 5 月 17 日哈萨克斯坦阿斯塔纳经济论坛期间，中国商务部与时任欧亚经济委员会执委会主席萨尔基相及欧亚经济联盟各成员国代表共同签署了《中华人民共和国与欧亚经济联盟经贸合作协定》。该协定范围涵盖海关合作和贸易便利化、知识产权、部门合作以及政府采购等 13 个章节，包含了电子商务和竞争等新议题。双方同意通过加强合作、信息交换、经验交流等方式，进一步简化通关手续，降低货物贸易成本。[①] 笔者认为，与中亚的投资合作应以形成区域性的多边投资合作协议为最终制度建设目标。应充分实现与欧亚经贸联盟的对接，在贸易便利的基础上更进一步，大力倡导投资便利化，从软法到硬法机制步步推进。

就上海合作组织而言，在 2015 年上海合作组织政府首脑郑州会议上，上海合作组织首次将成员国的经济合作纳入“丝绸之路经济带”建设框架中来。会议通过《上海合作组织成员国政府首脑（总理）关于区域经济合作的声明》，并首次认为“一带一路”倡议契合上海合作组织发展目标。要将上海合作组织打造成“丝绸之路经济带”建设的“安全合作平台、产能合作平台、互联互通合作平台、金融合作平台、区域贸易合作平台、社会民生合作平台”。[②]（有关充分发

---

① 商务部：《中国与欧亚经济联盟正式签署经贸合作协定》，载凤凰财经，http://finance.ifeng.com/a/20180517/16288119_0.shtml。

② 刘英：《上合组织助力推进“一带一路”》，载《社会科学报》2016 年 5 月 26 日，第 2 版。

挥上海合作组织平台，推动中国与中亚国家投资便利化的建议详见本书第六章第三节）。

除此之外，针对中亚国家，中国还可以借助由中国主导、已经初步成型的金融、基础设施建设的多边机制，如亚投行、金砖国家新开发银行、丝路基金、上海合作组织开发银行等，这些均是中国为推动“一带一路”倡议而主导建立的金融合作机制。上述治理制度在组建过程中具有平等、高效的特征，在制度上具有包容性、合法性强的特征，有效地体现了中国的倡议权和主导地位，并积极保障了发展中国家的话语权，弥补了西方国家因实力衰落而无法提供公共产品的不足，与世界银行、亚洲开发银行等西方主导的国际制度并立而行，各有所长，相互激发。[①]

多边体制下的中国与中亚国家投资便利化的最终成果应当体现为《中国—中亚投资便利化协定》，可以使区域内的投资准入、投资待遇及保护、提升政府投资管理效率等问题保持一致性，有效降低投资成本和投资风险。在时机成熟时，中国可以积极推进与中亚国家先行达成《投资便利化协定》或者推动上海合作组织在其框架内，在之前的《投资便利化备忘录》的基础上形成组织内部的投资便利化协定，实现从软法向硬法的转变。

## 第四节　完善投资争端解决促进投资保护

投资保护与投资自由是一体之两面，相互促进。缺乏完善的投资保护，意味着国外投资者权益得不到充分的保护，投资者面临巨大的投资风险可能望而却步。故投资保护可视为是投资自由的题中之义。很难想象，一国投资市场高度自由，但投资保护机制却付之阙如。投资保护机制本质上是投资自由的保障机制，充分完善的投资保护可以有效抵御或减轻投资风险，从根本上促进投资自由。

### 一、中国与中亚投资风险救济的制度保障

#### （一）中国对中亚投资的投资保险制度

中亚国家自然资源丰富，经济发展潜力较大，但经济结构单一、增长缓慢，

① 门洪华：《“一带一路”规则制定权的战略思考》，载《世界政治与经济》2018 年第 7 期。

由于地缘政治因素且皆为多民族、多宗教地区，政治风险度较高，社会冲突易发。一般而言，投资者除了要面对投资经营的一般商业风险，如信用风险、违约风险、侵权风险等，还需警惕投资东道国内的非商业性风险：通常是指东道国政府对外国投资采取的国家行为而产生的征收风险，以及政策与法律不透明或频繁变动、严格限制投资、政府违约等风险，实践中表现为：战争、动乱、恐怖袭击、国有化等风险。① 对于商业性投资风险，属于企业投资追逐利润所必须承受的市场风险，可通过市场风险评估、强化企业投资风险监管机制来尽可能规避。而面对政府违约或者国有化、动乱等非商业风险，企业则只能通过投资保险和投资争端解决机制来进行事后救济。就中国对中亚投资企业而言，非商业性风险转移与救济措施主要通过投资保险和国际投资争端解决两种方式进行，前者是投资风险救济的消极保障机制，后者是积极保障机制。

投资保险是企业为预防非商业性投资风险而采取的事前规避措施。目前，中国企业基本上有两种选择：一是中国出口信用保险公司（中国信保）可以为其提供汇兑限制险、征收险、战争及政治暴乱险、政府违约险和承租人违约险；二是投保《多边投资担保机构公约》（MIGA）的国际保险。中国信保成立于2001年，是中国唯一的海外投资担保机构，但目前中国企业投保多以贸易类为主，国际投资类业务占比较低。自“一带一路”倡议提出以后，中国信保承保的海外投资风险项目大幅度增加，至2017年承保的面向“一带一路”沿线国家的投资项目达到4400亿美元。2017年11月8日，中国信保与国家发改委签署合作协议。中国信保将为“一带一路”重大产能合作项目提供支持，对风险可以控制的项目应保尽保。② 中国对中亚国家投资企业应该抓住时机，充分利用国家政策扶持，扩大对中国信保海外投资承保的利用，大型项目投资尽可能向中国信保投保以转化非商业投资风险。

MIGA是全球最具影响力的国际投资担保机构，已有181个成员国，中国是其创始会员国并持有3.358%的股份。MIGA提供的政治险种类包括大多数非商业风险：货币汇兑险、征收险、违约险、战争和内乱险、不履行主权财务责任险。从实际效果来，有效防范了发展中国家的投资风险。由于缔约国主要是适

---

① 孙南申：《“一带一路”背景下对外投资风险规避的保障机制》，载《东方法学》2018年第1期。

② 郭玲：《“一带一路”背景下我国海外投资保险制度的立法构想》，载《西南金融》2019年第8期。

格的成员国,既是股东又是投资东道国,所以,当政治风险出现可在理赔之后获得代位求偿权,从而有效确保投资者的利益。此外,在受理保险申请的过程中,MIGA 需对投资者及投资进行尽职调查,对项目的政治风险、经济及财务可行性、环境、社会影响和项目对东道国发展的贡献予以详细分析,并征求东道国的同意后再签发保险意见。由于 MIGA 在承保过程中要出具专业可靠的可行性投资分析报告、环境和社会情况的尽职调查报告,以确保投资项目合规以降低投资风险,故 MIGA 的投保实际上帮助投资者进行了部分投资风险评估的工作。

中亚 5 国都是 MIGA 的成员国,也是 MIGA 适用比较多的国家。2014 年 MIGA 承保的项目以欧洲和中亚地区的居多,占比 33%。相较于欧盟和日本等发达国家,中国虽是创始会员国,也认购了一定的股份,但中国企业利用 MIGA 防范风险的实践极少。中国应制定国内配套机制,鼓励企业了解 MIGA 的操作规程,加大对 MIGA 利用的程度,从而提高政府在操作层面上的法律支持力度和服务引导力度。政府部门和社会服务机构主动培养真正熟悉 MIGA 投保业务的专业人才。中国的中亚投资者对 MIGA 的利用潜力巨大,应通过各类渠道推广 MIGA 在投资中的适用,并为投资提供专业性的技术和法律服务,以减少投资风险。

**(二)多元化的投资争端解决机制**

作为"丝绸之路经济带"的核心区,中亚国家总体上与中国政治关系良好,经济往来比较密切,我国对中亚投资风险应更多地借助法律机制。目前从制度供给来看,与中亚投资争议有多元化的争端解决机制可供选择。

1. WTO 争端解决机制

中国与中亚区域内并不存在可统一适用的多边性投资条约,也就缺乏统一的投资争端解决机制。但除了乌兹别克斯坦和土库曼斯坦之外,中国与哈萨克斯坦、塔吉克斯坦、吉尔吉斯斯坦 4 国都是世贸组织成员国。WTO 框架下《与贸易有关的投资措施协议》(TRIMs)是一揽子协议的一部分,WTO 争端解决机制对其有强制管辖权。尽管 TRIMs 协议并非一个完整的投资协议,但对与之相关的对贸易构成扭曲的投资措施可以成为被禁止的行为而诉诸 WTO 争端解决机构(DSB)。故 WTO 争端解决机制可以成为中国与中亚投资争端的选择。但基于 WTO 争端解决机制受理国与国之间的争议,且 DSB 之裁决只要求败诉方纠正其相应措施而无权要求赔偿,这对作为私主体之投资者而言,其保护是不充分的。考虑到诉诸 WTO 可能带来的政治成本和风险,中国与中亚国家不会轻易选择WTO作为投资争议的解决方式,因而WTO的争端解决机制很大程度上只是备而不用的选项之一。

2. ICSID争端解决机制

基于对国际投资的敏感性,投资东道国和投资母国通常对于投资争端的救济方式有较大分歧。东道国往往强调用尽当地救济,而投资母国则为保护本国企业的投资利益主张外交保护,因为除此没有更好的选择。ICSID的出现是对二者作出了协调,其立意在于将彼此争端提交中立的第三方裁决。即在当事人自愿选择的情况下采用调解或者仲裁的方式解决投资争端,这种去政治化的方式很快为世界很多国家所接受,当然,ICSID的局限在于它受理的投资争端仅限于东道国政府与外国投资者直接因国际投资而引发的法律争端(ISDS)。

1993年中国正式成为ICSID成员国,中亚国家中除了塔吉克斯坦,其他四国皆为ICSID缔约国。当前,ICSID已受理案件中与中国相关的一共有11起,我国国民起诉其他缔约国的争端有8起,我国作为被起诉主体的争端有3起。[①]中亚国家在ICSID受案占比也比较高,从区域来看,东欧中亚国家涉诉案件排第一位,占比达25%。[②] 中国从1993年加入之后,对ICSID的态度逐渐从不接受到部分接受逐步过渡到当前全面接受。这主要与中国从单纯的引资国转变为对外投资大国及我国投资市场不断开放的进程相适应。

3. 双边条约中的投资争端解决机制

在全球范围内,多边投资条约体系下的投资争端解决机制非常有限,具有代表性的有TRIMs、NAFTA及ECT的投资争端解决机制。而这些投资条约均各有适用范围上的局限。对大多数国家而言,投资争端解决主要依赖于双边投资条约即BIT之相关规定。

中国与中亚国家中的乌兹别克斯坦、吉尔吉斯斯坦、哈萨克斯坦、土库曼斯坦4国于1992年签订了《关于鼓励和相互保护投资协定》,1993年与塔吉克斯坦签订了双边BIT。后于2011年与乌兹别克斯坦签订了新的BIT。就投资争端解决而言,大体上规定是一致的。如出现投资争议,争议双方尽可能的通过协商方式解决,如6个月内无法协商解决,则将征收补偿额有关争议交专设仲裁庭。随后还规定了具体涉及仲裁的一系列问题,其中包含仲裁员的组成,仲

---

① 梁咏:《国际投资仲裁中的涉华案例研究——中国经验和完善建议》,载《国际法研究》2017年第5期。

② 张瑾:《“一带一路”投资保护的国际法研究》,社会科学文献出版社2017年版,第134页。

裁的规则、裁决的作出及其费用的承担等事项。

在目前中国与中亚国家无法形成统一的多边投资争端解决机制的情况下，修改和完善以双边投资协定为基础的投资争端解决机制是对中国投资者提供投资保护的现实选择。

## 二、中国与中亚投资争端解决机制之完善

从总体上看，中国与中亚国家的 BITs 项下的投资争端解决机制的规定比较简单，已经不能适应“一带一路”倡议背景下对中亚投资的需求。在区域性的有约束力的多边投资协议在短期内难以达成的情况下，实践中，中国与中亚国家的投资争端，无论是国与国之间就投资协议之履行，还是投资者与东道国之间投资争端（ISDS）均未出现依据双边 BITs 或者多边争端解决机制来解决的情况。这意味着，中国与中亚先行之投资争端解决机制并未发挥充分有效的作用以解决投资争端保护中国投资者的利益。中国应聚焦于双边 BIT 的修改和完善，特别是完善和细化争端解决机制之规定，以充分保护中国投资者的利益。

### （一）BITs 框架下中国与中亚投资争端解决机制之完善

1. 外交协商制度之完善

中国与所有中亚国家签订的 BITs 中有关争端解决机制中均规定了“外交途径”解决，经外交途径 6 个月未能达成一致，则可以提交专案仲裁庭。总体上关于“外交途径”的规定过于笼统和模糊，在实践中类似于“友好协商”解决，缺乏可操作性而使之成为法律形式上的“政治术语”。“友好协商”是否应该成为争端解决的必经程序或者是下一阶段的前置程序？是否有时间限制，从何时起算？未经协商会产生什么样的法律后果？模糊性的规定使其流于形式或引起适用上的困惑。

“外交途径”应该回归国际争端解决机制中的磋商本质。其优点在于保持争议双方在可控、私密状态下的沟通交流，确保不因提交仲裁或者司法而产生不可控的外溢效应。磋商在本质上是明确法律定义的具有程序性和法律效力的争端解决方式，在实践中是提交仲裁或者司法之前的冷静期。基于磋商在国际争端解决的重要意义，中国与中亚国家的 BITs 中应该将“外交途径”或者“友好协商”改为磋商，或者为“友好协商”设定细化和可操作性的法律程序。首先，可借鉴 WTO 争端解决机制中关于磋商的规定，如规定“外交途径”的启动时间、答复时间、磋商的基本程序，以及磋商的最长时限等。其次，还应该规定

“外交途径”之申请的具体内容，法律依据等。最后，应规定“外交途径”之法律效果，如规定其为必经之前置程序，未经协商不得进入后续的调解、仲裁或诉讼。如果投资者将未经磋商的事项提交后进入仲裁或者诉讼程序，东道国可以提出抗辩等。

2. 扩大可仲裁范围、明确仲裁程序及法律适用

在中国与中亚国家（除了与土库曼斯坦 BIT）20 世纪 90 年代签署的 BITs 中均规定有仲裁程序，但仲裁之运用仅限于与“征收补偿数额引起的争议”。例如，中哈 BITs 中第 9 条规定：缔约一方与缔约另一方投资者之间任何有关征收补偿数额的争议可提交仲裁庭；仲裁庭应自行制定其程序规则，在此种情况下仲裁庭在制定程序时可以参照斯德哥尔摩商会仲裁院规则。[①] 此类缔约模式代表了中国在 20 世纪八九十年代与他国签订 BITs 时的惯常做法。在法律适用方面，除土库曼斯坦之外的 BITs 中均明确规定：解决征收补偿款额的有关争议以外的投资争端所适用的法律，包括适用东道国国内法、双边协定及国际法原则，其弊端在于并未规定投资争端适用法律时的顺序。

时移世易，中国已经成为对外投资大国，对中亚国家主要扮演资本输出的角色，在 BITs 签订此类 ISDS 之仲裁条款时，理应扩大仲裁范围才能全面保护我国投资者的利益。在与中亚国家进一步完善投资协议时，应该明确所有投资争端均可提交仲裁，且在提交仲裁之前用尽当地行政复议救济的限制应被合理破除。此外，在仲裁庭的选择方面，应该扩大范围提升效率。例如，除了双方合意建立专设仲裁庭外，亦可选择国际知名仲裁庭管辖，并明确提出仲裁各阶段的时限。在仲裁规则方面可以借鉴中国与乌兹别克斯坦 BITs 的规定，直接引入《联合国国际贸易法委员会仲裁规则》。[②] 在法律适用方面，应明确法律适用的优先顺序。为保护中国投资者的利益，尽可能扩大投资条约及国际法原则的适用。

3. 明确或者扩大 ICSID 争端解决机制的适用

中国与中亚国家（除塔吉克斯坦）皆为《关于解决国家与他国国民之间投资争端公约》（ICSID）的缔约国。但该公约规定只有双方争议者均同意 ICSID

---

① 《中华人民共和国政府和哈萨克斯坦共和国政府关于鼓励和相互保护投资协定》（1992 年）第 9 条第 1、3 款。

② 《中华人民共和国政府和乌兹别克斯坦共和国政府关于鼓励和相互保护投资协定》（2011 年）第 12 条。

的管辖,该争议才受 ICSID 的管辖。在与中亚五国签订的 BITs 中,仅有中国与乌兹别克斯坦在 2011 年新签订的 BITs 中规定可选择将投资争端提交 ICSID。故中国与其他中亚国家的投资争端并不必然接受 ICSID 的管辖。ICSID 是全球影响力最大的投资争端解决机构,根据世界银行提供的数据,70% 的已知 ISDS 案件都是由 ICSID 中心受理的,且缔约国负有执行其裁定之义务,极大增强了其裁决的执行效力。中国与中亚国家完善双边投资协议过程中,应推动塔吉克斯坦加入 ICSID,并重点推广 ICSID 争端解决机制的适用,在与哈萨克斯坦、土库曼斯坦、吉尔吉斯斯坦等国的 BITs 中明确纳入 ICSID 作为投资争端解决的选项,或者引入"岔路口"条款来扩大 ICSID 争端解决机制的适用。

**(二)构建区域性多元化的投资争端解决机制**

"一带一路"倡议本质上是一个包容性、开放性的区域经济合作机制。其成员国并无明确的限制,实际上,随着"一带一路"倡议不断深化和拓展,"一带一路"倡议所覆盖的国家和地区也在不断扩大。伴随这一进程的发展,投资争端不断增多是可以预见的。在"一带一路"框架下的投资争端解决机制有双边 BITs 项下的争端解决机制、有区域性的如中国 – 东盟自贸区争端解决机制、诉诸 ICSID 解决及 WTO 争端解决机制等。并不存在可以覆盖所有国家的"一带一路"的争端解决机制,现有的以双边 BITs 为主的各色争端解决机制实际上形成了"一带一路"区域内争端解决的碎片化。笔者认为,如同"一带一路"倡议需要法治保障,需要逐步实现投资立法的一体化一样,投资争端解决也需要经历一个从无到有、从双边到多边的渐进过程。其基本的路径也应该是充分发掘利用现有机制,创建区域性机制,再向全部沿线发展。投资争端解决机制的完善也应该是:签署 BITs、完善 BITs 争端解决机制,选择一致性较强的区域,建立区域性投资争端解决机制。

中国与中亚国家已经初步具备了建立区域性投资争端解决机制的基础。一方面,中亚国家国情相近,与中国政治经济关系良好,对中国投资需求较大,双边关系具有较高的一致性。另一方面,中国与中亚具有建立区域性投资争端解决机制的法治基础。与中亚国家签订的 BITs 从结构到内容都基本一致,除乌兹别克斯坦外,中国与中亚其他国家签订的投资争端解决机制的规定完全相同。更重要的是,中国与中亚国家拥有一个稳定的国际组织平台——上海合作组织,可以充分利用上海合作组织经贸合作机制,在投资领域更进一步,在推进投资便利化的同时,建立区域内的投资争端解决机制。

1. 替代性争端解决方式的适用

当前国际上关于投资争端解决的方法主要包括磋商、调解、外交保护、仲裁、诉讼等程序。就中国与中亚国家之间的投资争端解决，考虑到中亚国家与中国经济实力的巨大差距，投资争端解决机制的设计应采用较为灵活、综合性的方式，既能够保护中国投资者的利益，又能避免投资者滥用诉权，兼顾中亚国家对其主权的维护。故替代性争端解决方式是很好的选择。

狭义的替代性争端解决(ADR)主要指磋商和调解等非诉讼(仲裁)在争端解决时的运用。由于具有自主性、灵活性、经济性和可执行性等特点，ADR 在提高争端解决效率、节约成本和达成双方可接受的解决方案上具有明显优势。磋商、调解的结果并不完全拘泥于对条约的解释和对违约的认定，形式也不限于损害赔偿，争端方可通过创造性争端解决方式实现“双赢”。更重要的是，通过自主协商解决争端，也有利于维系投资者和东道国的良好投资关系和后续合作。[①] ADR 在全球各类国际投资协定广泛适用，这种具有政治化解决方式能较好的兼顾各方利益，不会产生硬性适用仲裁而对国家关系产生的消极影响。

就中国与中亚而言，由于经济实力和法律传统的差异，适用磋商和调解为仲裁等法律争端解决方式的前置程序，能较好地缓冲彼此间的冲突，成为解决争端的有效手段。如前所述，需要强调的是，无论磋商还是调解，都是具有法律效力的正式争端解决方式，在制度上不应政治泛化而应该有严谨的程序设计。例如，可借鉴中国－东盟《争端解决机制协议》中有关磋商的做法：起诉方在仲裁之前应给予对方充分的磋商机会，在提出磋商请求后，在 7 日内给予答复或进行磋商，30 日内未能开始磋商或者 60 日内磋商不成的，方可向仲裁机构提起仲裁。在磋商和仲裁过程中，双方可随时展开调解，也可以随时停止调解。除了国家间投资争端需要确定磋商调解程序外，在中国与中亚 ISDS 机制构建中，也应细化磋商的程序性设计，从而使磋商真正发挥解决纠纷的实质作用。[②]

相比磋商一般为前置程序，调解因其灵活性的特点可在任何阶段展开。调解一般以磋商为基础，但需借助第三方力量的介入，相比仲裁和诉讼，调解可节省大量的时间和金钱成本而成为争端解决的一种可能。在 WTO《关于争端解

---

① 石静霞、董暖：《“一带一路”倡议下投资争端解决机制的构建》，载《武大国际法评论》2018 年第 2 期。

② 同上。

决规则与程序的谅解》第 5 条、ICSID 第 3 章、NAFTA 第 20 章以及中国 – 东盟自贸区(CAFTA)《争端解决机制协议》第 5 条中,均已将调解纳入其中,成为国际社会广泛认可的一种投资争端解决方式。2002 年,国际贸易法委员会正式公布了《国际商事调解示范法》,共 4 条,内容涉及适用范围、调解程序、调解后的问题等。①

中国签署的 BITs 及区域贸易协定(RTA)中少有将调解规则纳入其中的,与中亚国家的双边投资协定均未有调解之规定。但考虑到中亚五国均为发展中国家,国际仲裁时间长、成本高,对中亚国家可能构成沉重的负担,故成本低、灵活性高的调解不失为投资争端解决的一种选择,也符合中国倡导"一带一路"倡议之共商、共建、共享的基本原则。

2. 对国内司法管辖与用尽当地救济原则的谦抑原则

作为"丝绸之路经济带"倡议沿线国家,中亚国家对中国的投资持欢迎态度,主要目的在于希望吸引中国资金改善基础设施、提升产业结构的资金和技术。但作为发展中国家,中亚国家对涉及国家主权的问题非常敏感。故在投资争端解决机制的制度设计中,需要在东道国对外资管控和保护投资者利益之间找到相应的平衡点。既要顾及中亚国家的主权情感,尊重东道国对外国资本的管理权力,同时也要兼顾投资者利益,尽可能减少政治性风险带来的损失。

在 ISDS 机制中,国内司法和用尽当地救济的行政复议程序是争端解决的重要方式,也是体现东道国外资管理的主要手段。但当代的国际投资争端解决并未固守"卡沃尔主义"片面强调用尽当地救济。相反,从晚近投资争端解决的发展趋势来看,如 NAFTA 争端解决机制对用尽当地救济持消极态度,大多不规定用尽当地救济原则。在 ICSID 争端解决程序中,并未规定用尽当地救济作为提交仲裁的前置程序,除非当事方在之前的协议中明确规定非用尽当地救济不能诉诸仲裁。

在中国与"一带一路"沿线国家签订的 BITs 中,大多数约定用尽当地救济条款。但又细分几种情况:一是选择性适用用尽当地救济。二是附期限的"准前置性用尽当地救济",如中国与波兰签订的 BIT 第 10 条规定:就投资征收及补偿额发生争议可在 1 年内向东道国提出申诉,如在 1 年内未能解决,则投资

① 廖丽:《"一带一路"争端解决机制创新研究——国际法与比较法的视角》,载《法学评论》2018 年第 2 期。

者可选择将争议提交有管辖权的法院或者国际仲裁机构申请裁决。三是将用尽当地救济作为国际仲裁的前置性程序。

中国与中亚国家的双边投资协定也并未以用尽当地救济或者适用东道国司法管辖为前置程序。除与乌兹别克斯坦2011年新签署的双边投资协定外,与其他四国签署的BITs均未涉及国内司法管辖和用尽当地救济。而与乌兹别克斯坦之间的BIT则一定程度上反映了中国对用尽当地救济和国内司法管辖的基本态度。中乌BIT第12条第2款为争端当事方提供了四种选择:国内法院管辖;ICSID管辖;适用《国际贸易法委员会仲裁规则》的专设仲裁庭管辖;经双方同意的其他仲裁机构管辖。关于用尽当地救济则规定“缔约另一方可以要求该投资者在提交国际仲裁之前,用尽缔约另一方法律和法规所规定的国内行政复议程序。”通过中乌BIT第12条可以看出:首先,国内司法管辖和用尽当地救济均属于当事方自愿选择适用的范畴,并不是强制性的前置程序,国内司法管辖和国际仲裁平行并列,由当事方决定采用何种救济方式;其次,用尽当地救济虽属“可以”范畴,但对于乌兹别克斯坦而言,在实践中是不会放弃这一对其有利的救济方式的,故用尽当地救济实际上是必经的前置程序。考虑到中亚国家司法公正及清廉指数均不高,对中国投资者的权利救济存在一定的风险。

笔者认为,完全摒弃用尽当地救济和国内司法管辖,直接适用国际仲裁,对中亚国家未免过于刚性,故一定程度上保留用尽当地救济,但作适当限制是较好的选择。可以借鉴中国与巴基斯坦签署的《自由贸易协定》中的规定,“要用尽东道国的行政复议程序,但将因国有化或补偿等原因产生的纠纷排除在外。”将中国投资者可能面对的最大政治风险——国有化风险排除在外。另外,还应该规定用尽当地救济的时限,例如规定:如提交东道国行政复议之日起3个月未得到复议之结果可直接将争端提交仲裁。总之,在如何平衡东道国主权权力与投资者利益保护问题上,当事国均应秉承谦抑原则,过分迁就任何一方都将使双方利益失衡,不利于争端得到顺利解决。

3. 扩大国际仲裁的适用范围

自20世纪80年代以来,中国对国际仲裁解决国际投资争端的态度经历了一个从排斥到部分接受再到完全接受的转变。在早期对外签订的投资协定中,即使约定了国际仲裁,也将仲裁范围仅限于“涉及征收补偿数额的争议”。“一带一路”沿线国家多为发展中国家,与中国签订双边投资协定年代较早,其中有

40 个国际投资条约中规定仅“涉及征收补偿数额的争议”可以提交国际投资仲裁。[①] 这样的限制使中国投资利用国际仲裁方式保护投资利益时得不到管辖上的支持。例如，黑龙江国际经济技术合作有限公司、北京首钢矿业投资有限公司、秦皇岛秦龙国际实业有限公司于 2010 年依据《中国—蒙古关于鼓励和相互保护投资协定》将采矿权许可被撤销的争议提交常设仲裁法院审理，2017 年 6 月仲裁庭以仲裁申请不属于“征收及补偿争议”裁定无管辖权。随着中国逐步向资本输出大国转变及市场开放程度不断加深，近些年中国签署的 BITs 及区域贸易协定中逐步将仲裁范围改为“因投资产生的所有或任何争议”。这种开放式的仲裁约定极大地扩大了国际投资仲裁的管辖范围，有利于投资者利益的保护，但对投资东道国不可避免地带来大量被诉风险。

中国与中亚 5 国的 BITs 签署时间较早，对以国际仲裁解决国际争端或无约定（与土库曼斯坦），或仅限于“征收及补偿数额争议”，中国与中亚投资的扩大是可以预见的趋势，因此，扩大 BITs 中国际仲裁的适用范围是大势所趋。不同的是，是否必须将仲裁范围扩大到“因投资产生的所有争议”还值得商榷。作为脱离苏联母体的不足 30 年的新兴国家，中亚国家普遍对涉及主权问题高度敏感。笔者认为，可借鉴 TPP 协定关于投资争端解决的制度设计，即采用正向列举的方式细化可提交仲裁的具体范围，同时作出反向排除规定。

在 ISDS 体制中的国际仲裁分为临时仲裁（又称专设仲裁）和机构仲裁，机构仲裁通常指 ICSID。临时仲裁的规定在中国签署的 BITs 中广为存在，而 ICSID 机构仲裁只在近晚期的 BITs 中逐步出现。考虑到国际争端方式上的多样性，可在与中亚国家修订 BITs 中，将两种仲裁方式都加以规定，作为国际仲裁的选择。

4. 构建中国—中亚区域性国际投资争端解决机构

“一带一路”沿线国家大多为发展中国家，总体政治稳定性差，营商环境不佳，投资风险高于平均水平。中缅、中柬合作的水电大坝项目被无限期停止、2014 年斯里兰卡科伦坡港口项目在总统被替换后至 2016 年才重新启动；本应在 2015 年启动的中泰高铁项目因泰国政府原因至 2017 年年底才开工；2018 年马哈蒂尔上台后陆续取消了中马高铁和天然气管道项目。根据 UNCTAD 发布的《2018 年世界投资报告》统计，74 个“一带一路”沿线国家涉及的 ISDS 案件

---

① 明瑶华：《“一带一路”投资争端调解机制研究》，载《南通大学学报（社会科学版）》2018 年第 1 期。

达到总发案量的50%以上。这些都说明,“一带一路”沿线区域是投资争议的高发区。

就争端解决的方式来看,据相关统计,我国企业现阶段签订的各种涉外合同当中,主要存在3类“90%现象”,即争端解决方案当中90%是以仲裁为主;对于商事纠纷案件来说,我国企业中90%均是选择国外仲裁机构来解决纠纷;在发生争议的情况下,我国企业90%均以败诉告终。①

如前所述,中国与中亚国家投资争端解决主要依赖于双边BITs中规定的投资争端解决机制。在可以依托的上海合作组织体系内并不存在专门性的投资争端解决机制,其投资便利化谅解协议亦没有投资争端解决的规定。而即使是在现行BITs框架下,中国与中亚国家投资争端解决也存在可操作性差、仲裁范围小及法律适用碎片化的特征。

对中国与中亚投资争端解决机制进行完善的两条基本路径:一是通过对现行双边体制加以改革和完善;二是构建中国与中亚区域性的投资争端解决机制。笔者认为建立中国与中亚国家之区域性投资争端解决机制具有一定的现实意义。

首先,中亚五国总体上在宗教、文化、经济发展水平以及政治法律体制上比较一致。可以将中亚五国看成是相对整体的一方,中国为另一方,且双方分别扮演东道国和投资母国的角色,各方诉求比较清晰一致,如中亚国家主张对来自中国投资的规制权,在争端解决方面强调用尽当地救济、友好协商解决、限制ICSID及国际仲裁的适用范围等。中国作为投资母国则希望保护本国投资者权益,借助国际仲裁等第三方解决投资争端。基于中亚国家之间较强的一致性,中国与中亚间的投资争端解决机制更易达成,缔约成本较低。

其次,中国与中亚国家建立区域性争端解决机制有较好的缔约基础。中国与中亚国家在区域层面来看,政治关系较好,外交、经济往来密切,有良好的合作意愿和需求。而且在20世纪90年代就签署了双边BITs,除土库曼斯坦外都是上海合作组织成员国,有稳定的国际组织平台为依托,除此之外,丝路基金和亚投行的建立也为区域性的投资争端解决奠定基础。区域性的投资争端解决机制可以在上海合作组织框架下构建,也可以依托丝路基金和亚投行建立专门性的投资争端解决机制。有学者主张亚投行可主持制定《“一带一路”投资争

① 张鸣起:《推进“一带一路”建设的法治思考》,载《中国人大》2016年第16期。

端解决公约》,确定具体的争端解决规则和程序,构成投资争端解决之范本。①

笔者认为,建立中国与中亚投资争端解决机制应注意以下几个方面的问题:

(1)兼顾中亚国家主权权力与中国投资者利益的平衡

在区域投资争端解决的谈判中,因中亚国家更需要中国投资因而在一定程度上形成了对中国有利的局面,但基于共商、共建、共享的基本原则,中国不能为一味攫取利益而片面扩大对本国投资者的保护而有损中亚国家的主权,要充分考虑中亚国家对外国投资的规制权。例如,要尊重中亚国家司法、行政救济的有效性,无须将用尽当地救济作为必需的前置程序,但也应该作为争端解决方式的必要选项。在法律适用方面,应充分尊重中亚国家的国内法,允许争端双方选择东道国国内法为准据法之一。从中亚国家的经济发展水平和偿付能力出发,决定赔偿的数额,而不是僵化的模仿 ICSID 的做法,进而形成赔偿实际无法执行局面。

(2)多元化争端解决方式的适用

多元化的争端解决方式最大的优势是充分尊重当事国的不同利益诉求采取多种选择,尽量将彼此争议控制在当事方内部,可以广泛利用磋商、调解等手段通过紧密沟通、消除误解达到互利共赢,避免零和博弈的出现。

(3)消除区域性争端解决机构的管辖权冲突

区域内的投资争端解决通常会有多元的选择,协商、调解、国内诉讼、国际仲裁、外交保护等,这最易产生与既存 BITs 协议争端解决机制之间的冲突。要确保新建立的争端解决机构在管辖权上的排他性,以免造成平行管辖后的冲突。当然,不能直接赋予投资争端解决机构强制性管辖权,应当以选择性管辖为基础,但一旦选择中国 - 中亚投资争端解决结构,则必然排除东道国的国内司法及行政复议救济,投资母国也不得采取外交保护措施,同时也不得再寻求 ICSID 争端解决机制的救济。

此外,也要注意与中国国际商事法庭管辖权的区别。区域性的国际投资争端解决机构受理的是国家与国家、投资者与东道国(ISDS)之间的投资争议。而中国国际商事法庭已于 2018 年 6 月正式建立并开始运作,受理平等商事主体之间的商事纠纷,本质上属于中国国内司法体系,其管辖依据为我国《民事诉

① 张晓君、陈喆:《"一带一路"区域投资争端解决机制的构建》,载《学术论坛》2017 年第 3 期。

讼法》之第 35 条协议管辖，而不是国际条约。根据最高人民法院《关于设立国际商事法庭若干问题的规定》第 3 条，中国国际商事法庭的外国当事方为外国人、无国籍人、外国企业或者组织，并不包括外国政府。故不能设想用中国国际商事法庭取代区域性投资争端解决机制，二者根本性质不同，前者是国内法的制度安排，审理涉外经济纠纷（包括平等主体间的投资纠纷），后者是国际制度安排，审理国家间或者投资者与东道国之间的争端。

# 参考文献


## 一、著作类

### (一)外文类

1. Boris Rumer, Stanislav Zhukov, *Central Asia: The challenges of Independence*, AAKAR BOOKS 2003.

2. Ian Jeffries, *The Caucasus and Asian Republics — at the Turn of the Twenty-first century*, Routledge Taylor & Francis Group 2003.

3. Gregory Gleason, *Markets and Politics in Central Asia*, Routledge Taylor & Francis Group 2003.

4. Olivier Roy, *The New Central Asia*, New York University Press 2000.

5. E. K. Dosmukhamedov, *Foreign Direct Investment in Kazakhstan*, Palgrave Macmillan 2002.

6. Richard Pomfret, *The Central Asian Economies Since Independence*, Princeton University Press 2006.

### (二)中文类

1. 漆彤:《"一带一路"国际经贸法律问题研究》,高等教育出版社 2018 年版。

2. 孙力主编:《中亚国家发展报告(2017)》,社会科学文献出版社 2017 年版。

3. 石佑启等:《"一带一路"法律保障机制》,人民出版社 2016 年版。

4. 陈波编著:《中亚投资——法律风险与典型案

例》，中国法制出版社 2016 年版。

5. 张宇燕主编：《“一带一路”——中国智库观点》，中国社会科学出版社 2017 年版。

6. 北京大学“一带一路”五通指数研究课题组：《“一带一路”沿线国家五通指数报告》，经济日报出版社 2017 年版。

7. [塔]拉希德·阿利莫夫：《上海合作组织的创建、发展和前景》，王宪举、胡昊、许涛译，人民出版社 2018 年版。

8. 张瑾：《“一带一路”投资保护的国际法研究》，社会科学文献出版社 2017 年版。

9. 李琪：《历史记忆与现实侧观：中亚研究》，中国社会科学出版社 2016 年版。

10. 吴宏伟主编：《新丝路与中亚：中亚民族传统社会结构与传统文化》，社会科学文献出版社 2015 年版。

11. 赵会荣：《中亚国家发展历程研究》，社会科学文献出版社 2016 年版。

12. 张春敏主编：《中亚四国经济》，中国经济出版社 2016 年版。

13. 孙力主编：《中亚国家发展报告（2018）》，社会科学文献出版社 2018 年版。

14. 李进峰主编：《上海合作组织发展报告（2018）》，社会科学文献出版社 2018 年版。

15. 徐小杰等：《俄罗斯及中亚西亚主要国家油气战略研究》，中国社会科学出版社 2015 年版。

16. 尼合迈提·霍嘉等：《新疆与哈萨克斯坦农业合作发展战略研究》，浙江大学出版社 2013 年版。

17. 商务部：《对外投资国别（地区）指南：哈萨克斯坦》，中国商务出版社 2017 年版。

18. 商务部：《对外投资合作国别（地区）指南：吉尔吉斯斯坦》，中国商务出版社 2017 年版。

19. 商务部：《对外投资合作国别（地区）指南：乌兹别克斯坦》，中国商务出版社 2017 年版。

20. 商务部：《对外投资合作国别（地区）指南：土库曼斯坦》，中国商务出版社 2017 年版。

21. 商务部：《对外投资合作国别（地区）指南：塔吉克斯坦》，中国商务出版社2017年版。

22. 高鸿业主编:《西方经济学》,中国人民大学出版社2014年版。

23. 姜波克编著:《国际金融新编》,复旦大学出版社2012年版。

24. 王林彬、秦鹏主编:《中亚经贸法律制度研究》,兰州大学出版社2011年版。

25. 王林彬、王晓峰:《哈萨克斯坦投资法律制度研究》,兰州大学出版社2012年版。

26. 栾政明主编:《俄罗斯中亚国家矿产资源法》,王志华、张振利、丛凤玲翻译,中国政法大学出版社2013年版。

27. 阿不都热合曼·卡德尔:《上海合作组织经济合作法律机制研究》,社会科学文献出版社2013年版。

28. 饶戈平主编:《国际组织与国际法实施机制的发展》,北京大学出版社2013年版。

29. 李进峰、吴宏伟主编:《上海合作组织发展报告(2012)》,社会科学文献出版2012年版。

30. 孟夏主编:《中国参与APEC合作问题研究》,南开大学出版社2010年版。

31. 赵常庆:《中国与中亚国家合作析论》,社会科学文献出版社2012年版。

32. 赵华胜:《上海合作组织评析和展望》,时事出版社2012年版。

33. 马幸荣:《中哈区域经济合作法律制度研究》,吉林人民出版社2011年版。

34. [美]利雅卡特·艾哈迈德:《金融之王》,巴曙松、李胜利译,中国人民大学出版社2011年版。

35. [美]弗朗西斯·加文:《黄金、美元与权力:国际货币关系的政治》,严荣译,社会科学文献出版社2011年版。

36. 樊纲、黄益平主编:《亚洲区域合作与国际储备货币体系改革》,社会科学文献出版社2011年版。

37. 张幼文等:《金融危机冲击下的世界经济格局》,上海社会科学院出版社2010年版。

38. [美]弗雷德里克·S. 米什金:《货币金融学》,郑艳文、荆国勇译,中国人民大学出版社2011年版。

39. 金宜久主编:《当代宗教与极端主义》,中国社会科学出版社2008年版。

40. 张文显主编:《法理学》,法律出版社 2011 年版。

41. 秦放鸣等:《中国与中亚国家区域经济合作研究》,科学出版社 2010 年版。

42. 崔颖:《上海合作组织区域经济合作——共同发展的新实践》,经济科学出版社 2007 年版。

43. 王沛主编:《中亚五国概况》,新疆人民出版社 2006 年版。

44. 新疆维吾尔自治区统计局编:《哈萨克斯坦(新疆周边国家系列丛书)》,中国统计出版社 2000 年版。

45. 新疆中亚科技经济信息中心、新疆对外贸易经济信息中心编:《中亚五国及俄罗斯经贸法律法规汇编》,新疆人民出版社 2005 年版。

46. 苏尔丹诺夫主编:《哈萨克斯坦—中国》,新华出版社 1997 年版。

47. 赵常庆主编:《中亚五国概论》,经济日报出版社 1999 年版。

48. 王海燕主编:《经济合作与发展——中亚五国与中国新疆》,新疆人民出版社 2003 年版。

49. 徐亚青:《中亚五国转型研究》,民族出版社 2003 年版。

50. 潘志平主编:《中亚政局走势微妙》,新疆人民出版社 2005 年版。

51. 庄鸿铸等:《近现代新疆与中亚经济关系史》,新疆大学出版社 2000 年版。

52. 秦放鸣等:《中亚市场新视角》,中国社会科学出版社 2006 年版。

53. 马大正、冯锡时主编:《中亚五国史纲》,新疆人民出版社 2005 年版。

54. 赵常庆等:《中亚五国与中国西部大开发》,昆仑出版社 2004 年版。

55. 库满、薛洁编译:《哈萨克斯坦商务活动法律基础指南》,石油工业出版社 2006 年版。

56. 余劲松主编:《国际投资法》,法律出版社 2007 年版。

57. 董世忠主编:《国际经济法》,复旦大学出版社 2004 年版。

58. 孙南申:《国际投资法》,人民大学出版社 2008 年版。

59. 陈安主编:《国际投资法学》,北京大学出版社 1999 年版。

60. 许新主编:《转型经济的产权改革:俄罗斯东欧中亚国家的私有化》,社会科学文献出版社 2003 年版。

61. 吴恩远主编:《俄罗斯东欧中亚国家发展报告》,社会科学文献出版社 2011 年版。

62. 杨恕:《转型的中亚和中国》,北京大学出版社 2005 年版。

63. 雷琳、陈彤主编:《国际视野下的中亚研究:中亚政治经济法律国际论坛文集》,企业管理出版社 2012 年版。

64. 朱成虎主编:《十字路口:中亚走向何方》,时事出版社 2007 年版。

65. 柳丰华:《俄罗斯与中亚:独联体次地区一体化研究》,经济管理出版社 2010 年版。

66. 中国国际问题研究基金会、俄罗斯中亚研究中心编:《中亚区域合作机制研究(论文集)》,世界知识出版社 2009 年版。

67. 麦勇:《中国新疆的特色产业选择与发展战略——与中亚五国的比较研究》,上海财经大学出版社 2010 年版。

68. [美]玛莎·布瑞尔·奥卡特:《中亚的第二次机会》,李维建译,时事出版社 2007 年版。

69. 张小济主编:《面向 21 世纪的中韩经贸合作》,中国发展出版社 2006 年版。

70. 丁伟主编:《经济全球化与中国外资立法完善》,法律出版社 2004 年版。

71. 吕岩峰等:《国际投资法》,高等教育出版社 2005 年版。

72. 刘笋:《国际投资保护的国际法制》,法律出版社 2002 年版。

73. 韩健:《现代国际商事仲裁法的理论与实践》,法律出版社 2000 年版。

74. 陈安主编:《国际投资争端仲裁——"解决投资争端国际中心"机制研究》,复旦大学出版社 2001 年版。

75. 余敏友:《WTO 争端解决机制概论》,上海人民出版社 2001 年版。

76. 曾令良:《世界贸易组织法》,武汉大学出版社 1996 年版。

## 二、期刊类

1. 石静霞、董暖:《"一带一路"倡议下投资争端解决机制的构建》,载《武大国际法评论》2018 年第 2 期。

2. 周宇:《构筑丝绸之路经济带的现实意义与实施困境》,载《延安大学学报(社会科学版)》2015 年第 1 期。

3. 顾华详:《论"丝绸之路经济带"视域下的文化交流》,载《克拉玛依学刊》2014 年第 2 期。

4. 李悦、杨殿中:《中国对中亚五国直接投资的现状、存在的问题及对策建议》,载《经济研究参考》2014 年第 21 期。

5. 刘艳、黄翔:《“一带一路”建设中国家风险的防控——基于国际法的视角》,载《国际经济合作》2015 年第 8 期。

6. 王林彬、刘晨虹:《哈萨克斯坦矿产资源投资政策的变化及其对策分析——以哈国〈地下资源及其利用法〉的变迁为视角》,载《新疆大学学报(哲学·人文社会科学版)》2014 年第 2 期。

7. 王晓峰、王林彬:《丝绸之路经济带背景下哈萨克斯坦投资壁垒及中国的对策研究》,载《国际商务研究》2016 年第 4 期。

8. 叶芳芳、昆波拉提:《哈萨克斯坦投资法律环境利弊分析》,载《伊犁师范学院学报(社会科学版)》2008 年 3 月。

9. 沈铭辉:《APEC 投资便利化进程——基于投资便利化行动计划》,载《国际经济合作》2009 年第 4 期。

10. 张建平、樊子嫣:《“一带一路”国家贸易投资便利化状况及相关措施需求》,载《国家行政学院学报》2016 年第 1 期。

11. 崔日明、黄英婉:《“一带一路”沿线国家贸易投资便利化评价指标体系研究》,载《国际贸易问题》2016 年第 9 期。

12. 张亚斌:《“一带一路”投资便利化与中国对外直接投资选择——基于跨国面板数据及投资引力模型的实证研究》,载《国际贸易问题》2016 年第 9 期。

13. 包运成:《“一带一路”建设的法律思考》,载《前沿》2015 年第 1 期。

14. 车丕照:《“一带一路”建设与中国法院的国际担当》,载《中国审判》2015 年第 15 期。

15. 韩永红、石佑启:《论 21 世纪海上丝绸之路法律保障机制的构建》,载《国际经贸探索》2015 年第 10 期。

16. 彭何利、毛勇:《“新丝绸之路经济带”的国际法治构建》,载《法学杂志》2015 年第 8 期。

17. 侯学霞、王晓军:《外国公司进入哈萨克斯坦油气勘探开发市场的方式与选择》,载《国际石油经济》2008 年第 11 期。

18. 王林彬、郭婷婷:《制度变迁对哈萨克斯坦矿业投资法律环境的影响》,载《开发研究》2010 年第 5 期。

19. [哈]伊万·沙拉法诺夫、任群罗:《中国企业在哈萨克斯坦投资环境评价及风险研究——基于 69 家中资企业调查研究》,载《俄罗斯研究》2016 年第 4 期。

20. [哈]琶克古丽:《哈萨克斯坦不承认国际投资仲裁裁决的应对措施》,

载《华北电力大学学报(社会科学版)》2018 年第 3 期。

21. 张栋、张怡:《后危机时代中亚五国贸易和外商直接投资发展:回顾、比较和展望》,载《金融发展评论》2017 年第 8 期。

22. 王维然、赵凤莲:《欧亚经济共同体对中亚区域一体化影响的研究》,载《国际经贸探索》2012 年第 10 期。

23. 杨恕、王术森:《俄白哈关税同盟的发展及其影响》,载《国际问题研究》2014 年第 4 期。

24. 邓婷婷、马春雪:《新区域主义视角下"一带一路"的合作机制研究》,载《时代法学》2017 年第 4 期。

25. 仇韪、李金叶:《中国与中亚国家交通运输业的合作发展探讨》,载《对外经贸实务》2016 年第 12 期。

26. 王义桅:《论习近平"一带一路"思想》,载《学术界》2018 年第 4 期。

27. 陈静、卢进勇:《投资环境指标视角下的中亚五国投资环境分析》,载《现代管理科学》2017 年第 6 期。

28. 赵儒玉:《中国与中亚国家交通便利化》,载《俄罗斯中亚东欧市场》2006 年第 6 期。

29. 郭文帅、荣朝和:《综合交通运输研究综述》,载《经济问题探索》2013 年第 10 期。

30. 王海运:《中亚地区安全形势及强化上合组织维稳合作的思考》,载《俄罗斯中亚东欧研究》2011 年第 1 期。

31. 白永秀、王颂吉:《丝绸之路经济带的纵深背景与地缘战略》,载《改革》2014 年第 3 期。

32. 宋魁:《推进中俄石油天然气合作的对策建议》,载《中国市场》2011 年第 7 期。

33. 朱显平、邹向阳:《中国－中亚新丝绸之路经济发展带构想》,载《东北亚论坛》2006 年第 5 期。

34. 王海运:《上合组织能源俱乐部:互利共赢的新型能源合作平台》,载《国际石油经济》2007 年第 12 期。

35. 唐宏等:《中亚五国能源产业发展及其对区域经济的影响》,载《干旱区地理》2014 年第 3 期。

36. 祝辉:《中亚的地区特点与中国的中亚能源外交》,载《新疆大学学报(哲学·人文·社会科学版)》2011 年第 2 期。

37. 杨泽伟：《共建“丝绸之路经济带”背景下中国与中亚国家能源合作法律制度：现状、缺陷与重构》，载《法学杂志》2016 年第 1 期。

38. 常庆：《中亚五国经济体制与发展模式探讨》，载《新疆社会科学》2001 年第 1 期。

39. 王海燕：《哈萨克斯坦的经济改革与发展》，载《东欧中亚市场研究》2001 年第 11 期。

40. 郑国富、张养志：《哈萨克斯坦经济体制转轨的模式与绩效》，载《俄罗斯中亚东欧市场》2006 年第 4 期。

41. 陈江生：《中亚的转轨：哈萨克斯坦的经济变革与发展》，载《中共石家庄市委党校学报》2007 年第 1 期。

42. 伊尔纳扎罗夫：《哈萨克斯坦和乌兹别克斯坦独立以来的转型战略：悖论和前景》，王时芬译，载《俄罗斯研究》2009 年第 5 期。

43. 于洪君：《哈萨克斯坦独立后的经济和社会发展状况》，载《东欧中亚研究》1998 年第 1 期。

44. 法尔哈提·法·萨伊布拉托夫、张银山：《哈萨克斯坦产业结构变动及对中哈贸易合作的启示》，载《俄罗斯中亚东欧市场》2011 年第 5 期。

45. 吴宏伟：《中国与中亚国家政治经济关系：回顾与展望》，载《新疆师范大学学报》2011 年第 2 期。

46. 赵常庆：《中国对中亚的投资关系》，载《欧亚社会发展研究》2003 年年刊。

47. 钟立国：《经济全球化背景下国际投资法的新发展》，载《法学》2003 年第 7 期。

48. 都豪：《论国际投资法的新发展》，载《当代法学》2001 年第 6 期。

49. 苏磊、王林彬：《浅析中亚国家对外经贸法的发展及对新疆边贸的影响》，载《新疆财经》2003 年第 4 期。

50. 刘想树：《西部开发中利用外资的几个法律问题的宏观透析——以 WTO（世贸）相关法制制度为基准》，载《法学家》2001 年第 3 期。

51. 单文华：《外资国民待遇基本理论问题研究》，载陈安主编：《国际经济法论丛》（第 1 卷），法律出版社 1998 年版。

52. 徐崇利：《从实体到程序：最惠国待遇适用范围之争》，载《法商研究》2007 年第 2 期。

53. 白莉：《哈萨克斯坦投资法的新近发展和基本内容》，载《新疆社会科学》2008 年第 1 期。

54. 刘国胜:《哈萨克斯坦共和国外商投资法述评》,载《伊犁师范学院学报(社会科学版)》2007 年第 3 期。

55. 郑国富:《哈萨克斯坦吸引外国直接投资的现状与前景分析》,载《经济与管理》2009 年第 12 期。

56. 于飞、秦鹏:《政治、经济、法律——析中亚国家投资环境》,载《新疆大学学报(哲学社会科学版)》1999 年第 2 期。

57.《哈萨克斯坦共和国外国投资法》,郑滨译,载《东欧中亚市场研究》1996 年第 2 期。

58. 王晓峰:《中亚三国外资经营活动监管比较研究》,载《新疆大学学报(哲学·人文社会科学版)》2007 年第 1 期。

59.《哈萨克斯坦共和国国家支持直接投资法》,载《东欧中亚市场研究》1998 年第 11 期。

60. 宋晓:《论双边投资条约对国际投资法的发展:中国视角》,载《江苏行政学院学报》2005 年第 6 期。

61. 白莉:《中国与中亚国家区域经济合作法律保障机制研究——基于上海合作组织的视角》,载《新疆社会科学》2009 年第 1 期。

62. 余劲松、詹晓宁:《论投资者与东道国间争端解决机制及其影响》,载《中国法学》2005 年第 5 期。

63. 胡晓红:《中外双边投资协定争端解决机制模式选择——以中国与上合组织成员国间 BITs 为视角》,载《甘肃政法学院学报》2009 年第 2 期。

64. 余劲松、詹晓宁:《国际投资协定的近期发展及对中国的影响》,载《法学家》2006 年第 3 期。

65. 刘笋:《论如何正确认识 TRIMs 协议》,载《现代法学》1999 年第 6 期。

66. 慕亚平、黄勇:《论〈TRIMs 协议〉对国际投资法和我国外资法的影响》,载《中山大学学报(社会科学版)》2001 年第 1 期。

67. 叶兴平、田晓萍:《〈与贸易有关的投资措施协议〉及其对我国外资法的影响》,载《深圳大学学报(人文社会科学版)》2001 年第 1 期。

68. 阿不都斯力木·阿不力克木:《哈萨克斯坦对外贸易投资环境分析》,载《俄罗斯中亚东欧市场》2010 年第 6 期。

69. 段秀芳、胡国良:《哈萨克斯坦投资政策特点及外商直接投资现状》,载《俄罗斯中亚东欧市场》2010 年第 1 期。

70. 崔炳强:《哈萨克斯坦对外贸易的特点、现状及启示》,载《新疆财经》2009 年第 1 期。

71. 李文韬:《APEC 贸易投资便利化合作进展评估与中国的策略选择》,载《亚太经济》2011 年第 4 期。

72. 李轩:《中国与东盟投资便利化的进展与合作研究》,载《东南亚纵横》2016 年第 5 期。

73. 姜青克:《中哈金融合作的务实选择——建立中哈人民币国际支付和结算体系》,载《知识经济》2014 年第 21 期。

74. 徐奇渊:《促成上合组织框架下的经济金融合作》,载《中国国情国力》2014 年第 5 期。

75. 姜青克:《人民币国际化视角下的中哈金融合作》,载《合作经济与科技》2014 年第 22 期。

76. 张文中、孙钰:《中国与中亚五国金融监管合作及其前景》,载《新疆财经》2012 年第 6 期。

**三、学位论文**

1. 韩东:《推进中国与中亚五国贸易投资便利化研究》,新疆大学 2015 年博士学位论文。

2. 徐雅雯:《上海合作组织贸易投资便利化问题研究》,东北财经大学 2012 年博士学位论文。

3. 樊雪君:《丝绸之路经济带之中国与中亚五国交通便利化法律制度探析》,新疆大学 2016 年硕士学位论文。

4. 陈丹:《中国与中亚国家能源合作法律机制研究》,西南交通大学 2018 年硕士学位论文。

5. 陈其钢:《中国新疆与哈萨克斯坦区域经济合作战略研究》,新疆农业大学 2007 年博士学位论文。

6. 王晓峰:《中亚国家投资立法比较研究》,新疆大学 2006 年硕士学位论文。

7. 邢东:《哈萨克斯坦共和国投资法》,中国政法大学 2006 年硕士学位论文。

8. 刘书平:《国际投资条约中东道国利益的法律保护研究》,大连海事大学

2010 年硕士学位论文。

9. 徐媛:《中国和中亚国家外商投资法比较研究》,新疆大学 2007 年硕士学位论文。

10. 刘红星:《哈萨克斯坦共和国投资法律环境研究》,新疆大学 2010 年硕士学位论文。

11. 李玲艳:《新丝绸之路经济带背景下中国—中亚金融合作法律机制研究》,新疆大学 2016 年硕士学位论文。

## 四、常用网站

1. 中国一带一路网:https://www.yidaiyilu.gov.cn/。

2. 中华人民共和国商务部条约法律司网:http://tfs.mofcom.gov.cn/。

3. 中华人民共和国驻哈萨克斯坦共和国大使馆经济商务处官网:http://kz.mofcom.gov.cn/。

4. 中华人民共和国驻乌兹别克斯坦共和国大使馆经济商务处官网:http://uz.mofcom.gov.cn/。

5. 中华人民共和国驻塔吉克斯坦共和国大使馆经济商务处官网:http://tj.mofcom.gov.cn/。

6. 中华人民共和国驻土库曼斯坦共和国大使馆经济商务处官网:http://tm.mofcom.gov.cn/。

7. 中华人民共和国驻吉尔吉斯共和国大使馆经济商务处官网:http://kg.mofcom.gov.cn/。

8. 中国服务贸易指南网:http://tradeinservices.mofcom.gov.cn/。

9. 中华人民共和国商务部官网:http://www.mofcom.gov.cn/。

# 后　记

本书是国家社科基金项目的研究成果，立项之时，正值笔者担任行政管理工作，繁重的行政工作几乎占据了全部时间，导致所有科研工作全部停滞，因个人能力有限无法兼顾，最后不得不在管理和专业二者之间作出选择。卸下重任方能重新起航，2018 年 3 月，项目研究才算是正式启动，两年后有幸结题。

项目结题到最终出版，因种种原因几经波折，最终得以成书，离不开多方支持。感谢新疆大学法学院对本书的资助，学院长期致力于中亚法制研究，也积累了较丰富的成果，在中亚法制研究领域有一定的影响力，但如何将地缘优势转化为科研优势，还有很长的路要走。感谢我的博士研究生袁保生、李玲艳、郝晓和董芳，在我最忙碌的那段时间，协助我完成了本书第三章和第五章的内容。感谢武汉大学法学院邓朝晖老师、浙江大学法学院罗国强老师对本书出版提供有益指导。当然，本书能够在法律出版社出版，离不开法治与经济分社沈小英社长及刘晓萌、王鸿两位编辑老师的悉心审读，对本书字斟句酌的修改体现了法律出版社各位老师精益求精的敬业精神，对此深表感激。

王林彬

2023 年 3 月